顧憲成全集

中

[明]顧憲成 撰
王學偉 編校

已總括大學。而又曰「在親民」何？恐人認此德是一己之德，特指其血脈條理，與民親切相關處，明即同明，暗即同暗，無一人可漏，無一處可隔。所謂「修己以安百姓」，一夫不獲時予之辜也。然而必曰「在止於至善」，何見得此德無別樣？明「至善」是也。本性來純，是這至當不易道理，吾適止於是，更無一絲班駁夾雜，何等光明！明之所在，在此而已。明者，明此善；止者，止此善；得者，得此善。其實「明明德」工夫，「知止」焉，盡之矣；「知止」工夫，「格物」焉，盡之矣。知到止的所在，真是惟精惟一。爲君便止仁，爲臣便止敬，爲子、爲父便止孝、止慈，件件停當，事事物物，一一光明。定靜安慮中，自有此真得正，不須物物執着，事事安排，乃是本末終始，一以貫之之道也。何則？有本故也。譬如樹木，有此本根，便有此枝葉，何嘗本外生末？如此開花，便如此結實，到得結實，依舊萌芽，何嘗終則無始？夫身亦然，自明明德之謂修，明明德於家、於國、於天下之謂齊、治、平。本本末末，終終始始，共修一大身而已。是以大學「自天子至庶人，一是修身爲本」。格致以精之，誠正以一之，如此以明其明德也，明明德於身，即明明德於天下矣。「物有本」一節，全爲揭起一「本」字，知得這本真切，然後事事物物一綫貫到底，更無兩個格物者。格透此本，每有個至善所在也，如舜只載克諧，徽典敘揆，工虞教養，各得其理，真是善格物。如本文好惡欺慊，上下、前後、左右、本末、内外等，皆格物也。「自明」章專言明德。「盤銘」章將「明德」連「親民」説。曰用極，即「止至善」，亦該言之。「邦畿」章言「知止能得」，所謂「君子無所不用其極」也。「聽訟」節略舉「使無訟」之旨，而「修身爲本」了然矣。即知本，即知之至，而格致之義了然矣。可見「格物致知」原未曾缺亡，細看下文「誠意」幾章，那一件不是修身爲本？

大學之道，其道大，故其學亦大，此是千古學脈。「大」，在心體渾全處説，只一「明明德」盡之。「親民」，即明明德於天下也，「親」字不必作「新」字，合下便見得天下國家，是推不去的，爲吾性分内事，何等親切！此德合庶人以同明，己德未明，自然不能親民，民有未親，還是己德不明，所以堯、舜猶病。而其學脈只在「精一」後邊。格、致，是惟精工夫；誠、正，是惟一工夫，無非尋求到至善處，若夾雜一毫不善，便是明鏡中着了一點疵翳。至善正所謂明德，明德只是個良知，良知本於繼善之性。即是至善，原來純粹中正，一毫不容偏駁，其要在於明而止之。「止至善」，正所以明明德也。「至善」無時不有，「止」亦無盡頭處，然學者入手之時，辨在毫釐。有似至善而實非至善者，頭路易差，最難剖析，故非知不可。曰知，是會其德之原明處也，知則於德體中實見得個定静安慮的本來。止者，即常定、常静、常安、常慮之謂。故知止，則止中之真境一一現出。此心本體,至善無形,是極恍惚的道理,到此則心體處處湊合成了極實在的學問,故曰得。後章説「文王緝熙敬止」,而無所不止,是「能得」的榜樣。究竟功夫,原非玄遠,只要知本而已。本末一物,本自該末。而事之終,終此;事之始,始此。本末、終始,一以貫之之道,修身爲本是也。知先後,則知本矣,提得本處清,道纔有總領,脈絡纔貫通。故近其喫緊,只在格物。家、國、天下,無非是物;身、心、意,亦無非是物。一知即致,一致即格,如燈照室,如日中天,萬物皆備,豁然廓徹,此身就是天地萬物一體之身,故曰「修身爲本」。修身,只完得「明明德」「止至善」工夫,亦歸併到身上來。心、意、知爲内身,家、國、天下爲外身,修則無内外之可分。體受歸全,純然天理;親疏物我,一體同條。從此明明德,即從此親民,一以貫之,故曰本也,是在條目中揭個本體。末節反結,正見本之爲重意。

克明德章

此章不是解「明德」,是解「大人之學,在明明德」。堯、湯、文都是古之明明德於天下的大人,然喫緊在認真一「自」,自明自己,一了百當,所謂修身爲本也。此「自」不是「自私自利」之「自」,正是先聖後聖同源的所在,天子庶人合脈的所在,誰人無自分形骸，不分性命？世數雖殊，道揆則一，堯、湯、文之脈絡，何非即羲、軒、虞、夏的心傳？堯、湯、文之本體，何非即顓蒙夫婦的恒性？但古大人多矣，獨舉堯、湯、文者何？文蒙難艱貞，其德處晦能明；湯曰台有慚德，却仍是順天的。故援「明命」一言，見其德可質上帝，何等光明！「顧諟」者，只是虛靈，無一些昏昧，到底與天命不相違也。堯開帝之首，若其德只庸庸常常，何以冠百王？謂之曰峻，乃巍乎蕩乎，民無能名，然正是「光被四表」的種子。三聖纔可爲「明明德」的榜樣，而明德原是我性中自有的，明明德便是自明自性，若失其所爲明，則亦失其所爲自矣。着一「皆」字，見千聖的傳，只此一脈，此明明德所以爲大學也。孔子之經，應與典誥並垂不朽。

湯之盤銘章

「新」之爲言，只剖露他潔浄本體出來，如日月中天，光耀常新，時時精彩，刻刻明瑩。日日比，苟日又別，又日比，日日又別，就是無所不用極的樣子。作新新命，就是文、武之日新、又新也。所新雖在民，作而新之之機實在我，我之自新有息，則彼之作新亦息矣。作新者，鼓舞振作，從污俗中，重提出個原新的民來。「天視自我民視，天聽自我民聽」，天人一理，民之新與命之新，非二也。玩「其命」二字，指舊邦之精神命脈言，蓋於民之新上，見其國家命脈之焕發也。新之不已，便是極處，蓋事事有極，息息有極，一日自有一日之用極。若今日如此用，明日不如此用，即是不新；若今日如此用，明日只如如用，亦是不新。是故君子通己與民與天，無所不用其極。「極」字，有何境地可指？正在用處見得用，則愈無極，却不容不造其極，正新之象也。傳者歷引三王，總是唱起末句，儼然有「考三王」「俟百世」之意。

邦畿章

通章重示人知止。「文王」「敬止」，其極則也。君臣、父子等彝倫日用，各有個當止道理，真是「惟民所止」，不是聖人止得，吾人止不得的。首節「民」字正與三節五「人」字相應，見人之所以爲人，原有此「止」。借鳥爲喻，只重人決當「知其所止」意。「知」字即首章「知止」之「知」，乃明德中之覺性也，又特借文王以歷標所當止之處。五者之「止」，皆其敬心運用，纖微畢貫，合下便完完全全，十分滿足，心體上本合如此，聖人恰好如此，無些子欠缺。五「止」亦只一「止」，月落萬川，處處皆圓，實無二月。總是至善在心，隨處發現，遇君臣即仁即敬，遇父子即孝即慈，與國人交即信。然此亦只完得個人身上事，文王何以異於人哉？若以文王爲不可及，即如衛武公下手功夫，不從學修做起乎？「切磋」，是理欲上挑剔得十分明；「琢磨」，是這私欲磨刮得十分盡。「自」字可玩，自家自心，自家修理，即自明之義。下此等功夫，把許多妄念私意都掃除了，而此心純是一個嚴敬，更無餘物，是謂恂慄，幾與文王「緝熙敬止」一般。「威儀」，即恂慄之發於外者，此表裏自然之符，其盛德在躬，正所謂至善。至於民不能忘幾，與親賢樂利，没世不忘一般。世守其功令，至善所貽之謨也；世席其成業，至善所貽之烈也。優游於太平之福者，至善之流風也；安享於永賴之休者，至善之餘澤也。此就是君子小人止的所在。可見人人有所止，人人自知其所止而已。

誠意章

喫緊説個「毋自欺」，見誠意更無別法，只不要瞞昧了本心之知，任他輪迴變幻，而真種子却未嘗斷。故誠意者在直認取本心，依着良知運用，自家曉得，即自家不肯瞞過。「毋」字有斬釘截鐵、毅然斷之之意。「如惡」三句，正形容毋自欺光景，好惡起念處是意。好惡，第一念是誠，若轉第二念，便是自欺，非於戒欺外別有求慊功夫。「此之謂」三字，正與「所謂」相叫應，言必如此，而後可得吾心快足耳。而用功全在慎獨上，慎獨者，慎於未有意之先設欺，然後戒不慊，求慊，此已晚矣。惟是獨體良知炯炯，善善惡惡，了然分明，一些瞞昧不得，正須自家認取，謹嚴不放，更不作第二念頭，自然常慊無欺。「小人閒居」一段，是其獨之積欺，正傳者指點人處，甚是喫緊。不曰「視之」，而曰「視己」，自家肚裏瞞不過也。「何益」，照上「而後」字看，原初不謹，到此纔方揜著，亦已無及，有「咨嗟痛惜，覺發其良心」意。常人看中外是兩截，所以有慎有不慎；君子看中外是一的，所以不畏衆而畏獨。其慎獨之嚴，不論形與不形，就此幾微獨體，乃是十目十手指視叢集之地，即欲不潔除淨盡，自家畢竟放寬不過。惟嚴便不容不慎，能慎獨則意誠，誠意是當下工夫，就是明明德，故直以德與之意，是心身交關。自欺不誠，便見出許多消沮閉藏情狀來；慎獨而誠，便顯出潤澤廣胖境界來。意豈可不誠得？君子而不誠意，明德一關即從此蔽障了，安能令此心此身復與天地萬物同流暢乎？爲此之故，君子所以一味慎獨，求「毋自欺」而已。

所謂修身章

正心修身，功在誠意中。兹復舉身心相關處言之，不但説心爲形君，其實除却正心，别無修身法。蓋修非修其軀殼，修其空空洞洞一塵不滓者也，修其靈靈瑩瑩感而遂通者也。所以喜怒憂懼之身，還養之於未發之中，視聽飲食之身，必授之以皆中之節。四個「有所」，是從軀殼上起念。物而不化，則此心偏倚，失其澄湛之本體，故曰「不得其正」，見非原來不正也。人心原來至靜亦至動，如鏡子隨照隨滅，故常照。若有個影子在鏡上，便不受照了。聖人之心無在，故無不在；常人之心有所在，故有不在。視聽飲食，盡不得修身事，只举此以示例，其視以目不以心，其聽以耳不以心，其食以口不以心，故不見、不聞、不知味，就是粗而易見者已，全不領得，況其深乎？「此謂」二字，要得結意。「正心修身」，不粘上二節。這「在」字是尋那不在的去處而着力挽回意。身心無二相，正修無二功。看上兩條，可見不正之心，邪即生，身修於何補？已正之心，身即歸正，無所事修。

齊家章

修身者，明明德於身也。身有明德，可以喻國人，可以絜矩於天下，況家乎？如身一不修，則德體受蔽，好惡偏了，即家人之情，有美有惡，有美中之惡，惡中之美，棼然不齊，吾俱不能以虛心照之，情之所之，往而不返。「辟」字從「之」字生來。五「辟」，就是不能知處，只這眼前情事，明白易見的，儘自不能知，儘有大差大謬而不自知，平日格致功夫何在？引諺作證，總見其辟，不曰人不知，而曰人莫知。「所謂」「鮮也」兩節，俱言身不修，如此則非。惟家人不聽我齊，我亦齊不得家了。末節「不可」二字，屬「齊家者」身上説，口氣喫緊，正與「壹是皆以修身爲本」相關應。

治國章

齊治無他，仁讓而已矣；仁讓無他，孝弟慈而已矣。「事君」等不作推原説，以此心而事親則爲孝，以此心而事君則爲忠，隨在異名耳。但令人所令未有不喻其孝弟慈的，然而卒不能喻，所好非也。故一國本一家，一家本一身，一身本一心，心果好之，不令而行。令出乎身的好，則藏乎身的所謂誠意也。引「誠求」句，正指真心之自然流貫處言之，若待學而能，則便不誠。有而後求，即心誠求之也。如方此喻諸人，即不中不遠也。恕之可行者，誠也。「藏」對「顯」言，藏身於恕，則恕之熟而渾然仁體，即堯、舜之帥也。看那「興仁」「興讓」，[二]一機相縮，藏身喻人，一恕相通，治不越齊，其故洞然。故治國在修身以齊其家也。修其身纔可以言教，身不修則我無可以教家者，故首節「不可教」，正與後「而後可教」「而後民法」相關。引詩見國之人民喻

[二]「興仁」，底本作「興民」。按，大學云「一家仁，一國興仁；一家讓，一國興讓」，據改。

吾之恕，從吾之帥，而共興於仁讓光景，其實歸結有國者身上去。宜之者，身也；足法者，身也。故曰「壹是皆以修身爲本」。末「此謂」二字，指詩所謂也，與「故治國」不同。

平天下章

大原在於慎德，所慎之德，就是明德。「老老」三句，正是明明德於天下處，而明德有同然，須要絜矩，從藏身之恕而出之。此道可行天下而不窮，上下前後左右，已盡了天下的人了，分明畫出個矩字模樣，以見六面皆平，若有一處不平，便不是矩。絜者，不是空空揆度，有許多運量處置在，下文理財用人，都包在内。理財用人，固不平對，然天下所以平不平，只此兩件相關。用的君子，平日所圖國事，心心念念只要慎德以愛民，自然不外本而内末，就是生財，亦自有大道，所以天下人心並無不平，好義終事，其實證也。用的小人，平日所議論的，畢竟以慎德爲迂圖，以貨殖爲長策，剥民自肥，那一事不是施奪之政？那一件不是悖入之貨？所以天下人心，個個不平，災害並至，無可救藥，其實證也。究竟用人之失，全由誤用一娼嫉相臣，其人原無學問，識見陋劣，所以有技彥聖，不爲之用，而群小狎至，興利之言易入。乃專利根源，全由人主不能清心寡欲、自慎其德，一團私意做了不仁種子，所以民之所好惡之，民之所惡好之。亦且有内多欲而外施仁義者，不忠不信，去絜矩之道弥遠。甚哉！有國者不可不慎，而慎必以德，出之必以忠信，是所以清絜矩之源也。

顧憲成全集卷四十二

中庸説[1]

端文顧公著

天命之謂性章

人只看道是人爲的，便欲各立法門，故其教往往索隱行怪，甚而逆旅天地，芻狗萬物，把子臣弟友大倫都蔑棄不管，所以爲小人而無忌憚。殊不知道率之性，一毫矯强不得；性命之天，一些安排不得。修道君子，知這個道是不可須臾離的，道即命即

① 中庸説以無錫文庫第四輯影印復旦大學圖書館藏清抄本中庸説爲底本。

性，性命之理，無息不流，一息離道，則性命一息斷絶矣。「不可離」二句，正解「率性」，以下則解「修道」。「修道」者，修之以復還本性，修之以合於天。天命本體，原自「無聲無臭」來的，豈可得而覩聞？「不覩不聞」之所，便是「喜怒哀樂未發」處，常要提起此心在這裏，所以立個戒懼慎獨之教。戒，自然慎；慎，自然恐懼。戒、恐懼，總完得一個慎，故下文只挈一「慎」字。「莫見」「莫顯」，與「十目所視」三句不同，此乃有無合一之妙，正見道不可離處。「獨」者，单单一點良知，更無一絲夾雜。君子時時彀得此獨體現前，不增一知識，不動一情塵，便是慎，便是修道實功。將天命本體養到中和極處，連喜怒哀樂四者，還歸天命自然。一真自如，萬境不染曰中，因而不拂，亦化而不留，渾是恬然之象。曰「和」，未發是發的主宰，性之渾淪處，已發是未發的流貫，性之流行處，到發而中節，依舊是未發的氣象。這個「性」，不是一人之性，乃天地萬物所共根之大本。這個「率性」，不是率一人之性，乃天地萬物所共洽之達道。兩「天下」字，正對「獨」字言，「大」字、「達」字，正其顯見處。「獨」惟有關於天下，所以爲「莫見莫顯」，所以當慎，慎則大者無失其爲大，便是致中；慎則達者無失其爲達，便是致和。即此「致中和」，即此位天地、育萬物，渾是天命充周，性真融暢。潛伏屋漏，自有此通徹三極的境界；經綸參贊，直顯此不覩不聞的精神。道如此，何等廣大，何等精微，又何等平平常常！至易至簡，夫是之謂中庸。

君子中庸章

「中庸」二字不平。「中」即是未發之中，人能脱得情識時，一切俱是平常事，即聖人也諟不得一些精彩。説個中庸，便要分剖君子小人所以截然不同處，全在心體上見個毫釐千里之辨。君子戒懼慎獨，養得未發之中，自然發皆中節，時時是中；小人全無戒懼工夫，只管任情作意，胡亂做去，托名中庸，以逞其無忌憚之私，實則與中庸相反到底。君子中庸，謂此中庸完全在君子身上，即君子即是中庸也。纔説小人，便是反中庸，其無忌憚處，絶似君子之時中，而只是心腸不同，豈可模糊相混？假如唐、虞授受，湯、武征誅，周公制禮作樂，在聖人不過迫而後動，不得已而後應，無非時中。小人依樣做事，自以爲中庸，却都是無忌憚。

中庸其至章

中庸，天下之達道，便是天下之至道，極精粹，極純懿，乃到頭地位，愚不肖減不得一分，賢知增不得一分，如何鮮能之久？上無修道之教，故下多離道之民也。人人求之庸言庸行之外。下章「鮮能知味」，即是此節註疏。

道之不行章

知是行之明覺精密處，行是知之真切篤實處。惟知得方能行，必能行方是知。知行不合一，只爲不曾體認自家性體，却溷溷於道之影像處，方個意見，生個執着，不覺隨其氣禀，失之過不及了。夫子把賢知人與愚不肖一例看，煞有深意。次節「人」字，直頂首節，直説盡知愚賢不肖無人不在道中。道是人之日用飲食，同得是性，同率是性，原是不可須臾離的。何爲人人自相離遠，都昏昏昧昧浪過一生，更没一人解得？明是當面蹉過也。

道其不行章

道豈其不行？其不行者，固自有不得辭其責者在。自此以下，都從「鮮能知味」「知」字引發議論。

舜其大知章

天命之性，空空洞洞，此中靈明圓照，周遍六宇，原無一人可隔礙。所以聖人無彼無我，無遠無邇，衹覺狂夫可擇，蒭蕘可採，自然好問好察，有個孜孜不已的意味。「邇言」，發自恒人之口，不經思慮，未落意障，已寓至理，儘堪咀嚼。「問」者，天籟自鳴；「察」者，天倪自動。皆本於自然而然，更無掛礙遮隔，故曰「好」。就兹問察中，善還之善，惡還之惡，絶不留一毫意障。合衆論不同之極，而酌而量之，參而詳之，是以有其中，究竟中不自我用而用於民。似鏡照物，照原依物，鏡體何與？斯其虚明，何等廓徹無間。舜之所以爲舜，具在於此。若以舜一人心思耳目求舜，不幾遠乎？

人皆曰予知章

「予知」二字，正是賢知一生受病處。「予知」，即不肯居易，平平常常，依着道理上行，却一味行險，弄出罟獲陷阱，自家驅陷其中而不知辟，可謂大愚。「予知」，即不能戒慎恐懼，從性命中討個道理源頭，却將聰明意見擇取中庸，終身無可依據之地。「不能期月守」，正是隱怪引之而去，亦真是大愚。

回之爲人章

中體惟一，中之用有萬。「擇中庸」者，擇此善也，非合理欲而擇之。其毫釐之辨，正在天理中同原而異派處分别出來。去其不一者以歸於一，此所謂繼之者善也。「得一善」，纔是中庸，乃爲人的本體。見得本體，自然戒懼不容已。此便是服膺弗失，實實身體力行，並無些子放逸。能擇，所以勿失；勿失，正見其能擇。「擇」，亦一無窮；「得」，亦一無窮；「服膺」，亦一無窮。「擇」，即博文之時也。至「得一善」，則知博之未始不爲約矣。「服膺」「弗失」，其欲罷不能之意乎？

天下國家章

上三句，只是以天下所駭爲難者，形容「中庸不可能」意。天下事，任是驚天動地，極不易做的，才情意見，儘可勉强馳騁，惟是中庸，易而易知，簡而易能，然一毫才情意見參入不得，所以「不可能」，只狀中庸之妙，與「難」「能」有别。三者一裁於中庸，便是至德。

子路問强章

「天行健，君子以自强不息」，此天命之性也，率性則爲中和，一落習氣，便囿於方所。南北之强，一則有意忍人所不能忍，一則平日自負了死而無悔的念頭，俱是氣質之偏。學問，正所以變化其氣質者也，君子學問之功勝，認得天命本至剛至健，脱一切習染而還其本來。和不流，即是天下之達道；中立不倚，即是天下之大本。君子惟率其性，而非有心於不流不倚也。「有道」「無道」「不變」，正以中和原於天命之性，不可得而變也。到底只是不流不倚，純是完固的精神，自然有壁立萬仞氣象，自然在在中庸。

索隱行怪章

道也者，不可須臾離也，須臾不可離者，畢世弗能已者也。只因名根不盡，所以惑於新奇可喜，做得半上半落，隱怪取名，決可已得，故決弗爲。率性謂道，若廢半途，直是離性失命，此決不可不爲，故決弗能已。知至知終，躍然見有誕登之岸在，雖欲不前，自住不得。工夫若透得這個真機，此處剖得路頭明白，纔是見得中庸。吾性吾命，吾依吾性，吾依吾命，平常淡簡，原不足致人知，亦無介介於人不知。「遯世」與「辟世」別，辟者必隱，遯者不必隱。君子有中庸之德，而世人自與之相違，如天山之兩相望而不相親也。不曰聖人而曰聖者，不過就上君子而直指之言，如是則行造其極，以至於聖，君子之能事始畢耳，蓋勉人之詞。

費而隱章

「費」「隱」二字，離看不得，斯道充塞極廣，然只在吾性之不覩不聞處。千變萬化，皆從此出，以其非君子不能盡，故曰「君子之道」。「道」該夫婦聖人、天地萬物在內。夫婦聖人、天地鳶魚，要渾看做一件，聖人即是夫婦，夫婦即是天地。鳶魚之飛躍，即是夫婦之知能；飛躍之天淵，即是有憾之天地。斯道活潑潑地，自彰自著於其間，一毫掩匿不得，一些假借不得。但在夫婦曰端，在天地曰至，還其與知與能之良，即可以爲聖人參贊之極。相忘於天地有憾之大，便冥合乎不知不能之真。「夫婦知能」，照下文子臣弟友。首章喜怒哀樂，即愚不肖的人，亦有與聖人暗合處。「及其至」，就是與知與能之良，大段着力不得處，不可以知知，不可以能能，便有聰明力量，到此處總用不着。「天地有憾」，是因聖有不知不能，更推上一步，只是極形容道之難盡處。道無大小，因語而有大小。載者與所載者，皆道也；破者與所破者，皆道也，安得而載之破之？引詩，與上節意無兩層，特指點出真機，以形容道妙，舉在目前。「察」字正與「隱」字對，與末節「察」字一般。「察乎天地」，從夫婦之端而究言之也。與知者，不知之端；與能者，不能之端。端，即至也。君子戒慎恐懼的功夫，即首持之此，故曰「造」。收拾到實體處，將夫婦日用工夫，明個無上易簡至理，見人不必求道於聖人，所不知能處，惟率其夫婦知能之端，則日用中有聖人、有天地在，分明將費隱結煞到人身上。

索隱行怪，正欲知聖人所不知，能聖人所不能也。不知君子之道，即夫婦與知與能之道，及其至也，聖人不知不能，天地有憾，直可存而不論。所以君子語道之大，無小而非大，任舉現前知能，而六合之間無所不冒，天下如何載得？語道之小，無大而非小，任舉覆載知能，而毫芒之中無所不貫，天下如何破得？嘗試仰而觀，俯而察，天下有淵，淵上有天，其間鳶得之而爲飛，魚得之而爲躍，各率自然之性，道機活活潑潑，合上與下，流動充滿，昭著如此，更於何處隱藏？何須別徑搜索聖人？天地所不知不能，正如易鳶而躍，易魚而飛，失其大常，畢竟非道。吾所謂君子之道，夫婦非不足，天地非有餘，端倪具足分量，分量不離端倪，無所不可知可能，而實莫窺其所以知所以能，夫是之謂費隱。

道不遠人章

道即在人身上，是即物即則者也，非有取而則者也。所爲人，子臣弟友是也，終日言而不離乎是，終日行而不離乎是，何必遠爲？·遠爲者，非道者也。非道而并以治人，是强人以不願者，非忠恕之君子也。君子以人治人，是復其所以爲人也。「改」者，得其所以爲人也。「道不遠人」，得其人，即得其道。「止」者，即此是道之意。「勿施」，正爲道之事，而以「己之不願」爲則，故曰「其則不遠」。子臣弟友之求，即不願勿施，實用力處。求者，求愜其願也。「庸德」「庸言」，兩「庸」字，正是中庸之「庸」，正對「遠人」「爲道」者説。「不足」「有餘」，心上見得如此，愈行愈見不足，愈謹愈見有餘，故益勉益不敢盡。「不敢」，即首章「戒慎恐懼」，有此心神相攝，自然言行相顧。「顧行」，是言之精神全在行處；「顧言」，是行之精神全在言處。内外合一之學，君子所以進於誠也，故曰慥慥。想「胡不爾」口氣，俱是退步，直貼「道不遠人」，不得泥贊美。

「不遠人」，即不遠子臣弟友之人也。人認以人爲道，君子直以人治人，適復其所以爲人而止，此忠恕之事也。若責以過高難能之行，己必不願，人亦必不願。從來君子之道四，是施諸己而己願，施於人而人願者也。今通天下人，豈有子不願孝、臣不願忠、弟不願悌、友不願信者乎？言此爲庸言，行此爲庸行，正須以忠恕實心，於有餘不足處着實謹勉。子實成其爲子，臣實成其爲臣，弟友實成其爲弟友，胡不慥慥爾，真切完全自家性命者耳。於此見索隱行怪一生功夫都無着落。

素位章

身之所居爲位，位不能無得失，要於吾身之無失耳。無失莫如素，素即是中庸，即性也。率性則素位而行矣，起念不依本性便是願外，此性入富貴而不淫，入貧賤而不移，入夷狄患難而不驚。天不能造我榮枯，人不能司我順逆，廓然平易，坦然高明，君子所爲通天地萬物爲大身者也，故曰「反求諸其身」。自得之「自」，正己之「己」，總來一個「身」字。不得之外，而得之內，故曰「自得」。自得者，我做得主宰起也，把柄在我，惟我所置。若外物做主，便是得物之得，却有一個失來相對也。正己，正是自得來由，從君子平日學問功夫上看，只是正己，毫無願外，何等簡易！所謂盡其在我，聽其在天，俟命不在易居之外，此正「無入不自得」處。其俟命不是一味任運，自家没了主宰，功夫全在正己上，故又點出「反求諸身」，與「正己」相應。射者之反身，正其正己；君子之正己，正其反身。皆從源頭上着力，此之謂「素位」，此之謂「居易」。

正己反求，乃君子爲己實功，連素位而行，只作見成説。素位中有淡素意，亦有素定意，蓋道理具在，當身只此一個中庸，隨位所值，素而行之，雖變化推移不同，要皆行吾身内所當行，與身外絶不相涉，所以無入不自得。得内非得外也，世所謂得，必因於求，君子正己不求，己時時是正，乃其默默自得也。以故陵援怨尤險倖都忘，而常居易以俟命，其實得無所得，因何有失？失即失於正之内，還須自求自身，自得自正，無可於其外置一念想，惟是射者失正求身念頭，直將君子心腸繪出。

行遠章

言端，而人即以端局之；言察，而人即以察馳之。道幾不得其自也，則證之君子。而君子之自，并不可得而執也，則爲言「辟如」。大約學問之功，必從實地上做起，非懸空超脱者可入。行遠，只自邇處行之；登高，只自卑處登之。不離庸行而上達天德，亦何漸頓之有？即如父母妻子兄弟，總是人倫日用之常，只就家庭克諧，便是宇宙太和景象。

君子之道，高遠卑邇，原是合一，其工夫必自卑邇着力，故步步踏實。如樂妻子，翕兄弟，順父母，平平常常，只在實地上着精神。一團太和元氣，盎溢庭闈，即此是中和極致，即此是位育境界。然則自邇自卑，斷然如此，君子決不虛騖高遠也。

鬼神章

鬼神，道之寓也。贊鬼神，正是贊道。天地間無處非鬼神，無處非道，體物不遺，妙萬物而無不在也。即祭祀，而鬼神體祭祀也；即承祭祀之人，而鬼神體人也。使天下之人，乃人心之精誠，自不容已，若或使之，則人心皆鬼神也。連那齊明盛服處，亦驗其不遺處，如在上而上不遺，如在左右而左右不遺。引詩，正引容無不在之意，通贊德之盛，誠即在德內，人以誠成物，天地以誠生物，鬼神合德於人，同德於天地，而體物豈有不誠的理？鬼神體物而誠，又體鬼神者也。物不遺於鬼神，而鬼神又不遺於誠者也。知鬼神誠，則知天下之物無一非誠。夫微之顯，非言其微也，言其顯也，實實落落有個不見不聞而不可遺道理，故曰「如此夫」。「此」字直指上文。「此」，結語耳。更將「夫」字宕起，正打着鬼神之德之盛處。鬼神，一中庸也。

自「索隱」章至此，皆明君子之道明白顯易，即如鬼神不見不聞，可謂天下之極玄微者矣。然而顯不可掩，如此是皆一陰一陽，伸至歸藏，與天下人心共發其靈，乃實實落落道理，何待强索？蓋鬼神一中庸也。

大孝章

致之而塞乎天地，溥之而横乎四海者，莫非其孝之極際，故曰大。孝本是庸行，然孝至於舜，便致得無限好處來。惟其德爲聖人也，德亦只無忝所生。種種諸福，都是德中該得的，聖人不敢自必，但一意修德，自然件件完備。合四個「必得」看，分明有篤厚申重、稠疊無已之意，即生物可明必得之理。可見有德者，天一定要培他的。詩言令德之宜民人，即物之栽也。此「德」字，影起末句「大德」之「德」，受禄而佑命，「申」即天之培也；此「命」字，影起末句「受命」之「命」，受命不必於命，而必於受命者也。格天，即以格親。受命於天，惟舜無怍也；受眷於天，惟舜無弗至也。舜其父事天乎？夫子舉舜作一榜樣，贊其爲天下古今所不常有，末句看一「者」字，不粘定舜説。

「德爲聖人」，典稱「濬哲文明，温恭允塞」，其實不過率天命之性，立中和之極，無他奇也。此一件便該得舜之大孝，至「尊、富、饗、保、禄、位、名、壽」，乃大德中自然有的，在世人看做奇特事，在聖人若固有之，只看得極平常事，故結云「大德必受命」，言受命固所以成舜之大孝，總來只成舜之庸德。

無憂章

曰「父作之」，在文王必有以承之；曰「子述之」，在文王必有以開之。惟文王能盡道，所以無憂也。曰「惟」，見惟文王能之，而他人不與也。文王三分有二以服事殷，武王竟一戎衣而有天下，豈不是大拂文王心者？易侯而王，另起一番事業，分明是改創的，夫子却叫他纘緒，直將「觀兵孟津」與「有二服事」之念打作一套事，會成一片心，而征誅之業竟與大舜同一受命。「尊爲天子」四句，在舜言諸福畢集，在武言大有作爲。文王所當爲者，王季先爲之；文王所未爲者，武王又必爲之。若没有武王，則大勳終於未集，文王猶有憂也。然使有武王没有周公，則制作欠缺處多，不惟武王事未終，而文王子述之處，畢竟未曾了得，亦以貽文王之憂也。故又揭出種種成德處，祀典也，葬禮也，喪服也，俱在天理人情之至上制出來，故曰德。「追王」二句，是成其以孝祀先人之德。「斯禮也」以下，是成其以孝治天下之德。節中「達」字，一則自上達下，一則自下達上，已暗伏下章「達孝」意在内。

聖人之憂，總是爲天下後世之公心。凡前後應作述之事，而前後人不能作述，可憂也；凡前後不應作述之事，而前後人漫作之漫述之，可憂也。惟文王寬然於前作後述之間，而獨自盡其道，以承先而啓後，還顧天下後世當吾身，而真可無爲，真可無歉，此文王所以爲文王也。至武王纘緒，而適有一戎衣之事，則述也，而兼作之任，憂乃在武王矣，當時爲天下所欲爲，故顯名不失，而「尊、富、饗、保」宴然若未嘗有革命之變，是武王自盡武王之道也；至周公，而適承受命之終，則述也，而兼成之會，憂乃在周公矣，當時爲天下所不得不爲，故禮樂作，而文、武之德成，自先公以上，諸侯大夫以下，皆曲盡天理、人情之極，是周公自盡周公之道也。

達孝章

武、周盡倫盡制，那一件少得？那一件不該？如此合幽明上下，總是其孝心所通。藹然廓然，無滲漏，無壅閼，故曰達。人志人事，不必定有是志有是事，其隨時變通，不疚於我的志事，即不戾於前人志事，總自其「繼述」處，善體貼出來。「繼述」不盡於祀典，祀典特其大者。「春秋」二條，一時事。「踐位」節，直總上文，正見「繼述」

之善，起先王於今日一般。「孝之至也」，與「其達孝矣乎」應，通於人曰達，盡於己曰至。末節正提「明達」字，意以歸束一篇大旨。禮以義起，義以時宜，郊社禘嘗之禮，圓融活潑，無處不推廣得去。即此治國，明禮、經濟滚作一團，正聖孝之達於天下處。由上文達祖考，達子孫臣庶，合之達天地，達乎其先，達天下萬世治平之極，無非武、周冥心合氣，周旋曲折，要之，至善而後已，真是天理人心同然之妙，所以爲達孝。

哀公問政章

文、武之政，全從他心上惻怛至誠處發運出來，如蒲蘆含有生理一般，生理存即人存，生理亡即人亡，故緊着「仁者，人也」一句。試看五達道，存個君臣、父子、夫婦、昆弟、朋友，總是這個人；試看「九經」，存個親也、賢也、大臣、群臣、庶民、百工、遠人、諸侯，總是這個人。天地間許多人，總是一團生理流行活潑，到處聯屬，故曰「人道敏政」。若人各其人，便是不仁，不仁那有義禮？不仁那有知勇？如何行五達道？如何行九經？行處，只此一處。一者，何也？曰誠也。誠爲天道，故不可不知天；誠之爲人道，故不可不知人。合「學、問、思、辨、行」，盡人以達天，只完得個肫肫其仁的本來，果能此道正，果然能以「人道敏政」也。明就是「知之一」，强就是「成功一」，隨你愚柔的人，無不知愛其親。故章中説「思事親」，説「順乎親」，正見「親親爲大」，此所謂「爲仁之本，本立而道生」也，於以治天下國家何有？

「誠之者，人之道也」，是通章綱領。文、武之人，只是個誠身之人，故其要在修身，修身之道在仁，就是以達德行達道了。「義」「禮」，俱仁中條貫。「宜」字貼「人」字説，義豈有個定體？只人之心自己恰適處，便是等殺處，即是禮，自然秩敘，如生成一般，一毫加減不得，非天而何？説個「天」字，則人之與身定有根源印合的所在。蓋「知天」是修身源頭，正「所以行之者一」的意思。又臚列出道德中許多名目來，件件歸併在吾人身上，正要學者在天命源頭處着力。夫行之非難，即困勉之人，能好學，能力行，知耻便近知、近仁、近勇了。未遽一之，須求近之，既曰近之，自能一之，知斯三者以修身，知此身原是知、仁、勇之身以行達道的，知得徹時，則以身取人，以人舉政，天下國家治理，俱從此做出。天下國家，以九經治之。九經之效，實效也；九經之事，實事也。故所以行之者，只是一誠。誠身工夫，由於明善，善是本體，即「誠者，天道也」。常人迷却本來，所以離真遂妄，若當下識得本心，則真性自然顯露。「明誠」，即知仁之謂也，知以知之，仁以行之，勇其在中矣。反身而誠，渾然天命之本然，便歸之天道。「不思而得」，是其善之悠然會心處；「不勉而中」，是其善之安然恰合處。天道原自從容，聖人合天，只是純亦不已耳，指在人之天，不指在天之天。可見，誠乃生人之根，汩没不得。參透至善之理，實實行之，至於果能，此誠之之人道，便合了天之道，便是文、武之身一般，則其人存而政舉矣。

自誠明章

性，即天命之性，指人的本性言；教，即修道之教，指人盡性的方法。分别個「性」「教」出來，正欲學者由教而得性，性只有此誠。明，即性中不滅之靈光也。從誠入者，合下就誠；從明入者，亦求到那誠處。「誠則明」，是性不礙教也；「明則誠」，是教不礙性也。不平對，語氣重下一層。

盡性章

天命之性，不過一誠而已。誠是實體，性是虛體。實體十分具定，無一毫損壞，爲誠之至；虛體十分圓滿，無一毫欠缺，爲性之盡。其實誠即是性，誠之至，即是性之盡。至誠盡性，實實做「中和位育」等事。若天地無聖人，人物之性，必有未盡處，化育便有缺陷處。「至誠」，無人己、物我之異，一盡俱盡，即天地化育所不及，皆至誠補之，所以與天地參。三個「盡性」，固是合一，煞是有實事。

致曲章

句句與上節相照，「次」字照上「至」字，蓋誠之不思不勉者爲「至」，而誠之未遽至者爲次也；「曲」字照上「性」字，蓋性乃誠之本體，曲則性之端倪也。其實，曲即性體，以未渾全，故謂之曲。「致」字照上「盡」字，盡則一舉而性分以畢，致則漸充而求復其性也。致曲中，大有擇執功夫，致曲之盡，即曲能有其誠矣。盡人物，贊天地，至誠者能化也，由「形、著、明、動、變」而至「化」，正是漸漸致極處。化其「動、變」所由來，併化其「著、明」所自出，己與人、物共渾一誠之內。致曲者，亦與至誠同，則是天能者能，人能者亦能也；盡性者盡，復性者亦盡也，即「及其成功，一也」之意。

前知章

至誠之道，即天之道也。「至誠」，不言人而言道，最可味。蓋言人則至誠之造，非聖人不能當，言道則匹夫匹婦當其一私不着，便是至誠，便有可以前知之理。「禎祥」，興兆也，非興本也，必有所以興；[一]「妖孽」，亡徵也，非亡本也，必有所以亡。所以者何？即章中之「善」「不善」，是未落「蓍龜」「四體」之源頭處。「善」「不善」與「禍福」字有辨，禍福未至也，連那「善」「不善」亦在隱隱隆隆之間。善幾先兆，即合着繼善之性；不善幾先兆，即違着天命之理，於此先知，默默斡旋，信惟至誠能徹髓見得，亦惟至誠能極力做得。以誠體物曰神，以道通神曰誠。誠也，神也，總之一道。

自成章

天命以來，自性本體，真一無僞，乃吾所以自成其人。於此有率性之道，乃吾自家責任實落該做，一毫無可推諉。你看天地間物，吾性皆備之物也，那一件少得誠的？誠者，是物徹終徹始，聯絡無盡的道理。不誠即有始無終，物之真脈從此斷了。是以君子貴誠，見得誠與物貫，再離不得，須盡自道功夫。誠者，不是成了己便罷，所以成物也。是這個誠，物我皆成。己合萬物一體以成己，是其仁；物本吾心，徹照以成物，是其知。成物之知，須從成己看出來。蓋洞見己之即物，而成物之理，即在成

[一]「必有所以興」，底本作「必有所必所以興」，又下文有「必有所以亡」一句，故删去「所必」二字。

己之中。總來德體渾同一性，分不得孰内孰外。「合」字固是性體，亦根「自成」「自道」功夫來。本性既合外内仁知，而「自成」「自道」者，又能使所合者不離，直遊於天命流行。物與無妄之初，時闔時闢，時消時息，何時而非中，何措而非宜，纔不合時，便是己私，便是不誠。時者，誠之實際也，此自道之妙，所以終終始始，完其自成之極也。

無息章

大哉誠乎！聖人以之，而致功用之極；天地以之，而立造化之原。誠，合外内之謂徵，使吾心有一息之不在，而使天下有一物之不得其所，皆息也。「息」，便不能不已。無息不專，以静時言，事來即應，應時即化，渾是一團生意。説「至誠無息」之徵，極之「高、厚、悠、久」，俱誠之精神透現處。而盡兩間之所有，原具在至誠心體中，真是無物不在「覆、載、成」中，而絶不參一些知識，不着一點安排。「至誠」，一天地也，説天地生物之盛，極之日星、河岳、昆蟲、草木，何所不有？卒莫測其所以然，而悉歸於不貳。不貳，從爲物處想見之，一真默運，豈容纖妄參入？爲亦無爲，是爲生成之根，天地一至誠也。人但知天地至大至誠，人也未必能與配合，及勘到「於穆不已」之命，「不顯之德」之純，「至誠」直與天同運，並行共一不已，是其所以爲主宰處，並無絲毫間隔，何待比擬而後合哉？

尊德性章

道，非聖不大，便知非人不行。聖人之道，本原於天命，而顯設於典禮。禮，原從天命人心自不容已處流出，經之緯之，委曲詳盡，禮儀之不得不三百也，威儀之不得不三千也，皆其自然者也。不三百不三千，即於天高地下萬物散殊之中，有一缺漏不完之處，此優優充足，所以爲發育峻極之實際，此道之所以行也。道本具足自性，然非至德，則性體浮散，自然翕聚道體不來，所以要做工夫修德。尊之者，正求其至也。致之功夫在「道問學」上，廣大精微，高明中庸。故與新，厚與禮，皆德性所自有者。盡之，極之道之，温之知之，敦之崇之，皆「道問學」，以全此德性事。「精微」等俱虚字，只「禮」字是實字。禮非外飾，德性本厚，自然具有許多節文，是禮儀、威儀所由來，三百三千所由生也。厚之不敦，雖有煩文縟節，不過襲一切虚套，與德性了不相涉，而禮始卑矣。故厚乃所以爲禮，敦厚乃所以崇禮。「敦」字正與「凝」字相映。崇者，合於德性而尊也，惟德至而道行，上下治亂都是性道周流之處。這性中一點靈光，朗然獨照，隨物賦形，拈起便用，不煩思議，不待湊泊，渾然一天命之初。保身者，保天地萬物之大身也。

自用章

天下之所奉者，天子也，位非天子便是賤，與德非聖人而爲愚者一般，愚賤不可作禮樂，則生今之世，即當以愚賤自安也。好自用，便是好自專之人。自用自專，便是生今反古之人。所謂「小人而無忌憚也」，豈知禮度？文必禀於天子，立章程，定品式，裁其器數等第之宜，正其點畫聲音之舛，皆天子事也。議禮所以制行，故「行同倫」；制度所以爲法，故「車同軌」；考文所以合俗，故「書同文」。玩「今天下」三字，有提醒當世意。我周之典章猶在，所以有位無德與有德無位者，皆不敢有所作，雖以夫子之聖，且不敢冒自用自專之嫌，況他人乎？今用之，與今天下相照，言天下尊周之制，故不從夏、殷而從周，因其時也，其實從周，那舍却夏、殷？斟酌夏、殷之禮，以爲損益之定制，尤得不倍之神者也。

三重章

「無徵」之身，過去身也；「不尊」之身，未來身也。曰「本諸身」，便知其爲現在持世之身矣。身是有「三重」的本子，而知天知人，是本諸身的精蘊。惟知天知人，斯本諸身者盡善。天地可參，而何疑於鬼神？三王可四，而何惑於後聖？謂我之禮度文章皆天降地出，可也；謂裁成輔相乎天地，可也；謂鬼施神設，可也；謂我泄鬼神之秘，可也；謂我率由三王之舊章，可也；謂我損益三王而得其宜，可也；謂我立千聖之大法萬世無弊，可也；謂後聖有作補偏救弊皆傳我之精，可也。到此地位，自無過動，無過言，無過行，遠近信從，不待言矣。不曰「天下道君子」，而曰「世爲天下道」云云，口氣仍歸到君子身上。君子本不欲干譽，自然有譽者，乃「本諸身」之驗，正是「徵諸庶民」而寡過處。如此渾承上文，并世道、世法、世則在内，即「無射」「無惡」意，總指制作盡善説。

祖述章

堯、舜精一之道，即爲文、武緝熙執競之法，堯、舜、文、武之道法，即合天時水土之精。仲尼不是一一摹倣拘守，蓋會帝王天地之精神而融之一心，自然爲道爲法，爲方爲圓，各通其脈，各用其極。天地覆載萬物，仲尼覆載萬理，同一包舉被冒。「錯行」「代明」，重「錯」字、「代」字，有仲尼而道常行常明，如四時日月，往來不窮也。總説如天地，天地有小德，而流其所敦，爲物之辨，爲道之倫焉，其斯以爲不害不悖也。有大德而敦其所流，爲物之命，爲道之本焉，斯其以爲並育並行也。須認得不相害悖，是言天地，非言物與道。易簡，妙動静之機，而一神兩化，以盡其利。乾坤，備性情之德，而日新富有，以成其能。此天地之所以爲大也，不必再贅仲尼所以爲大，已影影畫出一個真仲尼。

至聖章

「至聖」，原本一性，「聰明」五段，即就性體中摹其天德渾全，有如此者，正不待見之作用，而本體之用，已無不具足了。「溥博淵泉」，緊承「足以」字。「時出」，在體不在用。五德川流，總從一源發脈，其聲名非起於「敬、信、悅」，正自本來至足中洋溢出來。至聖配天，原在不顯之德之純，但德不可見。看到「莫不尊親」，真是太和元氣，渾融流動，無一些滲漏，則「配天」之義了然矣。

達天德章

「惟天下至誠」，固聰明聖知者也，達天德者也，所以經之綸之，全是天下之大經。所謂聖人，人倫之至也，是盡性作用處。經綸之妙，全根於立本，是天下之大本，即是天命之性，所以化化育育者也。至誠妙契太極，動處即化育之陽，靜處即化育之陰，相爲出入，渾然流通，故曰知是會着性的源頭，説到心通天地，則全是太空運用，焉有所倚？凡有倚是見聞覺知，無倚是聰明聖知，有倚是假，無倚是真，真實不虛，所謂固也。此等「肫肫」「淵淵」「浩浩」之境，知識意想，都無所着，豈賢知慧巧所能知？故惟至誠知天地，亦惟至誠知至誠。

入德章

闇然之道，即是中庸之道，其味、其文、其理，絕無些子增飾。其用功下手處，獨知「近」「自」之幾，而操其鍵於「微」，顯就在微中。知得微顯合一，則戒慎恐懼之功自不容已。三「知」字，都是闇然中之覺照，非影見虛悟，實由體認中來。此德即「不顯惟德」，達天之德也。達天德，即是「無聲無臭」地位。而無聲無臭之德，只始於闇然一念，則曰入德，闇者，人之所不見也，不可及，惟在此處。若過此關頭，便潛滋暗長，力無及矣。不動不言，闇之寧一也。「近」「自」「微」，所以愈謹愈密也；「不賞」「不怒」，闇之收攝也；「風」「遠」「顯」，所以自變自化也。篤則闇之極，平則章之極，而總歸於「所不見」也。若天下不同返於微，便是微體未盡處，亦便是志之不能無疚處。篤恭而於是我與天下同歸，到天命之□□□「無聲無臭」，是「於穆不已」之命，而德所以至於命者也，君子□□□□□□□□，[二]只完得一個「尚絅」素心，所以依乎中庸遯世。

[二] 底本末葉下半葉左上角缺失，共缺十一字。

顧憲成全集卷四十三

語孟説略[①]

語孟説略上

無錫顧憲成涇陽氏輯

學而時習章

論語一書，乃聖人言語，與大學、中庸、孟子不同。大學一書，必是帝王纔做得；

① 語孟説略以無錫文庫第四輯影印復旦大學圖書館藏清抄本語孟説略爲底本。上、下分卷依底本。

中庸、孟子論道理精微處，必是聖賢纔會得，常人皆有所不能也。聖人之言，高下大小皆宜，即如「學而時習之」一章，常人亦做得，以之爲聖賢，亦只是如此。其餘所記，莫不皆然。語上而不遺下，語精而不遺粗，此所以爲聖人之言也。徐儆弦。

弟子章

餘力學文，文亦我也；專務於文，我亦文也。薛畏齋。

賢賢易色章

前輩謂：「讀得一尺，不如行得一寸。」亦子夏之意。子夏謂能是四者，雖曰未學，吾必謂之學。反而觀之，則不能是四者，雖曰已學，吾必謂之未學矣。子夏之言，亦未可盡以爲有弊。徐儆弦。

君子不重章

先正謂：「人最怕氣輕，氣輕最害事。」不重即是氣輕，惟其不重，則志氣內亂，精神外浮，所以學亦不固。荆川先生云：「學問之極功，雖足以變化氣質，而氣質之不美，亦足以爲學問之累。」是也。徐儆弦。

子禽問章

或與或求，易之義；求則得之，事之常。今云「温良恭儉讓以得之」則是。但有一「得」字，不見其所謂求，亦不見所謂與也。徐儆弦。

聖門學者淺深造詣雖殊，宗旨知本則一，蓋皆不求之人而求之己。所謂不在人分上做功夫也。陳亢之疑，只爲信不及此。渠但見得當時夤緣攀附之輩，乘危僥倖之人，多少費心勞力，曾不足以動邦君之一盼。而夫子轍環周流所至，輒蒙尊禮，下賢圖治之主，知其不多望於天下，而以爲夫子之必有求矣。此處若不明本，須與他理論。之楚時，夫子如何不曾求？之齊時，夫子如何不曾求？周羅對證，如辨是非，不但夫子之心跡未易以明，而學問之旨亦終於不明白矣。子貢却達此也，故不與他理辨是非，直從夫子身上點出「温良恭儉讓以得之」，渾然太和元氣，盎然通理黄中，善戲謔兮，直認夫子作求，只是異乎他人之求之，不曾在人分上着半點精神耳。至今千載而下，讀之猶可想見其氣味多少深厚，其識趣多少高遠，其度量多少寬洪，其感孚多少神妙。詞説不繁，意有獨至。豈獨夫子？直自黄帝、堯、舜、禹、湯、文、武以來，相傳脈綫，只是一個「異乎人之求之」，壹是皆以修身爲本而已矣。後之學者只不明此，所以高騖虚玄，卑流功利，抑誰識「温良恭儉讓」之透體露心，渾然一天之命者乎？李見羅。

禮之用章

「和爲貴」之「和」，和於理；「知和而和」之「和」，和於情。和於理者，與禮爲一者也；和於情者，與禮爲二者也。有子所言，是當時二弊。周末煩文勝質，不和於身心，使人不安夫先王制禮之本意。當時有一等人，如莊周、子桑扈之徒，以爲「禮之體，和而已矣」，不原禮之本，却於情處求和，一任情做去，遂至流蕩忘反，都與禮不相湊泊。如西晉風流一般，則禮法大壞。又不如周末文勝，存得此禮之粗跡在。由此觀之，流與離均之失禮之本，而流之害則甚於離矣。故聖人雖教人「興於詩」，又必「立於禮」，乃「成於樂」。夫善善惡惡之真心，乃天理之本然，此固是制禮之原，然必有些把捉處，使情意不流，然後善端涵養，漸漸成熟。有子此言，所以救流與離之弊也。程子所謂「敬則自然和樂」，亦是此意。薛畏齋。

君子食無求飽章

不求安飽，是爲學之根原；敏事慎言，就正有道，是爲學之條目。這個條目，當時凡爲學者皆如此。只是安飽念重，根原處不潔浄，雖去敏事，亦是勉於外；雖去慎言，亦是强制於口；雖去就正有道，亦見他不到。只學得他皮膚而已。如此去學，學雖同，而非求之於心者也，安得謂之好學乎？薛畏齋。

貧而無諂章

病痛都掛搭在氣質上，若無氣質，亦無病痛，以其無掛搭處故也。「貧而樂，富而好禮」，氣質消融者也。氣質既消，純是真性，真性之中，曷嘗有驕諂來？無諂無驕，是子貢氣質未消，而禁其諂驕，則病根終在，先儒所謂以石壓草者也。薛畏齋。

諂驕，是氣質上受病。氣質聽命於心，若心作得主，不使放心邪氣得入，則諂驕無從而生。而貧富之來，皆吾性分中物矣。夫子此言，是拔本塞源之論，省氣力的功夫。如子貢所爲，費多少氣力，惜不足以語此。同上。

子貢引詩，非以是問於夫子，乃感悟自嘆之詞。徐儆弦。

詩三百章

「惡者，可以懲創人之逸志」，今人多疑此句未妥。陽明先生以爲孔子所定三百篇皆雅樂，詩不删鄭、衛，此必秦火之後，世儒附會，以足三百篇之數，亦未必然也。徐氏曰：古詩三千，夫子删之爲三百，蓋十而存一，使果男女淫巧鄙褻之詞亦不删去，則所删者爲何等語耶？古詩，如今之歌曲，里巷狹邪妖詞豔語，類能使人溺心蕩志，不可收拾，何曾見有懲創者？朱子後來刊定楚詞，宋玉神女之賦，登徒子好色之賦，陳思王洛神之賦，亦皆不録，而謂夫子録淫奔之詩以傳世，豈其然哉？故鄭、衛諸詩，説者紛紛，以爲只從原序他有所刺爲當，雖言有涉於狎暱者，不害其爲主文而譎諫。卿大夫亦可歌之，朝會燕好亦可歌之，亦是情性之正，無戾於「思無邪」之旨。若以其詞涉狎暱，概指爲男女淫奔相贈答之語，則不獨鄭、衛，即如二南「有女懷春，吉士誘之。求我庶士，迨其謂之」，亦詞涉狎暱，而不得謂之「無邪」矣。詩在六經別爲一教，須得之於言外，此言似有理，於夫子「思無邪」之訓更爲直截。馬端臨論之頗詳，可并觀之。徐儆弦。

吾十有五章

此章是孔子自述其一生之學，在諸弟子不能深知，亦恐不能描摹到此。蓋衆人有衆人之學，學在希賢；賢人有賢人之學，學在希聖。乃聖人別自有聖人之學，學何爲哉？合於天命之初而已。此章書看來只重「知天命」一句便了也。「志」字、「學」字、「不惑」字，皆言下學所以希天上達之事，既知天命矣，何思何勉乎？「耳順」「從心」，只一團天機融貫，窮神盡化處。雖云聖人天縱，不假學力，然心靈湛如，比之吾輩倍加兢業；如有細工夫，雖云直入聖域，不須層累，然心境歷然，比之吾輩大有精進；如有細程節，今人心上學力高一層，其苦力精進尤加於他人，則聖人之自知必獨有至處。故自稱曰：「世莫我知，下學而上達，知我者其天乎？」子思子云：「非聰明聖知達天德者，其孰能知之？」此其際淵乎微矣。昔程伯淳言十四五時，便思量做聖人；乃孔子十五時，便思量上學堯、舜，近學文、武、周公，折衷百王，旁收群籍，爲萬古乾坤定一大中繩尺，此乃是孔師之志、孔師之學，而規規如所云格致誠正，志乎大學云爾者，此非知聖人之言也。志學如此，將這萬古大中之衡，實能出頭，在千聖座上把得牢定，此乃孔師之立，非吾人所謂立也。把得權衡定後，自能貫串萬品，透徹精微，一絲不謬，此乃孔師之不惑，非吾人所謂不惑也。如此精勤四十餘年，則天命在我掌握矣。乃知從太始以前，有此混濛物，方能開天闢地，放出萬古世界，與我性靈一般，自然流轉，何嘗有一物之不備具在我者？又知人世上安危治亂，人物種種安全生養，皆混濛中分出，自足自圓，與我性靈相通徹，補救裁成，一一皆性中本分之事，並無一物放閑在範圍之外者。此知天達命，天人合一，物我同源，古今不隔之大宗指也。孔師到此地，愈神愈妙，縱耳之所聞，經訓群言，皆天命之注疏；即鳥語泉音，靈根盡透，縱心之所欲，經綸删述，皆天命之矩度。即身律聲度，左右皆宜，何聞之逆？而何矩之踰乎？故曾子得之「明明德於天下」，收之以「絜矩之道」；子思得之「合天地所以爲大」，收之以「上律天時」。然則孔子「時中」，不出一「律」字；平均天下，不出一「矩」字。故吾師之學，雖超玄入粹，無聲無臭，而無一不歸之「大中至正」之矩。雖進退千古，自立鍘範，而無一不約之三綱五常之律。洋洋乎，至今高出二氏百家，上爲生民日用之所必資者，其矩矱而律度定也。辟之天焉，日月四時，不差一杪；草木果實，不差一候。元氣混濛間，至精至密，惟吾師之道之學，天壤與之同符，豈虚乎哉？嗟乎！大聖人之學，每一年一進，遂以七十年立此道於天壤。想其晝不食，夜不寢，發憤汗背，大苦心矣，故每十年一倍神采。吾輩之學，朝更夕怠，日作月輟，未嘗有十年不變之功力，安得有十年大進之心境？此余每一思之，媿汗不覺沾裳者也。學聖人者無他，一意以天命爲宗，併力向前，孜孜焉終吾身而已矣。沈長水説義。

常人之學，只是口耳於學；聖人之學，却是志於學。口耳於學者，他所學只是資得口耳；聖人之學，却是培養吾之良知良能，耳目感觸處，無事不與吾心相通。盡天下之事物，盡吾之見聞，此心此理，無不與相湊拍。培養日久，良知良能日充，成了一個大人體段，如赤子之血氣充足，而能卓立，故謂之立。既立之後，則事物之理備具於我，而耳目口鼻應用處都是一理感通，無少疑慮，故謂之不惑。不惑處，猶有知也，還是屬人。到知命處則無心，無心則無疑處可言。其動處乃是一理流行，知天命之默運，而四時行，百物生，蓋大而化之，與不惑以下絶跡矣。耳順從心，俱知命中事無漸次，亦無淺深。耳順者，事都是理，不知有事也。從心者，耳目口鼻都是心，不見心也。無事則無物，無心則無我，渾是一個理，不惑以下着得力，知命以上着不得力。薛畏齋。

志從心生，心學乃能志於學。不是心學，只是口耳於學。聖人十五歲以前，小學事都是實心去做，所以十五而志於學，見得天下之事，無適非心，志都通得去，亦是他小學時，養得心明故也。常人小學，只是習其事，誦其文，而與身心不相湊拍，到大來，只是粘皮帶骨，雖自謂無所不學，其實與志不相通，只是增得些助襲辨博而已。同上。

孟懿子問孝四章

前二章告大夫，一是循理，一是守身，其辭婉；後二章告門人，一是敬親，一是愛親，其辭直。徐儆弦。

吾與回言章

吕涇野曰：「夫子於人，有不可與言者，有欲無言者，有與言終日者，自有許少多等級，不似今人逢人開口便道『一貫』也。」又曰：「要知終日所言者何事。」徐儆弦。

要看得「發」字意出。所謂發者，如草木生意，充滿勃鬱於中，而暢茂條達於外，謂之非造化之力則不可，謂之盡出於造化亦不可。同上。

胡氏曰：「此一發字最有力。」夫子嘗曰：「語之而不惰者，其回也與！」惰則不發，發便不惰。孟子曰：「有如時雨化之者。」先儒以顏子當之，物經時雨便發，顏子一聞夫子之言，便足以發。故周子曰：「發聖人之蘊，教萬世於無窮者，顔子也。」同上。

「吾與回言終日，不違如愚」，口耳皆心也；「起予」「助我」，心亦口耳也。泥口耳則非心，離口耳亦非心，學者當有得處。薛畏齋。

聖人無異教，其與回言，與他人言，都是一般。至領悟處，存乎其人耳。但平日以口耳爲學者，悟之以口耳，只是説過，於身心無得。故曰「助我」，曰「起予」。若以心學者，悟之以心，言言皆得之於心，言與心不相背，何言之有？故曰「不違如愚」，曰「語之不惰」，曰「無所不悦」。「吾與回言，終日不違」，是聖人無言處；「亦足以發」，是顔子有言處。知顔子之有言，則知聖人之無言矣。同上。

違者，心不受也。平日不是這個學問，故不受之於心也。惟心學者，無所不受，顔子是也。其餘或待其能受而後告之，曾子是也。或拔出他不受的根苗，而後啓其受，若子貢是也。這不受的根苗，諸弟子通病，但子貢其後猶能受，其餘則終不受耳。同上。

君子周而不比章

夫子説「君子周而不比，和而不同」，而易卦乃有曰「比」、曰「同」者，何也？蓋易之比，乃一陽爲衆陰所比，而陽居五，爲得其正，是其比也，乃所以爲周；同人乃一陰爲五陽所同，而陰居二，爲得其正，是其同也，乃所以爲和。徐儆弦。

學而不思章

「學而不思」，是謂徇物。徇物者，不通於理，口耳之學也。思而不學，是謂絶物，絶物者，不安於身心，空虚之學也，學術大敝，只此二端而已。薛畏齋。

攻乎異端章

愚嘗謂有天地以來，百般學問，皆起春秋、戰國之時。不惟中國有許多人出來，雖佛氏亦生於西方，此亦天地運氣之一會也。所以後來有咸陽之一炬。徐儆弦。

由誨女知之章

子路是個聰明才辨的人，他於事物上都信口説得去，若反求諸心，有多少不安者在。夫子若欲事事救正，如何費得許多力？故就他根本處，教以知之之道，根本者，心也。蓋在耳目上論，必以無所不知爲知；若在心上論，只是知得知與不知處是知，既不知處亦是知，則雖一無所知，而吾之知固在也，何必一於知也？若必以無所不知爲知，而於其所不知者，亦强以爲知，是以耳目役心，知愈多而心愈蔽，力愈勞而知愈遠矣。從此有蔽之知做去，有多少害道在。如以正名爲迂，如何成得國？以治民事神爲學，却不誤了子羔？若此者，皆由他平日以無所不知爲知，連那心上的知與不知，都不知也。故夫子指出知之真切處與他説，欲其反而求之曉得知心上，事事反求諸心，則知不知處都瞞昧自家不得，而於此等話，自不敢説矣，不禁之禁也。薛畏齋。

凡心地明，則聞言皆受益；若心地不明，雖聞言只作泛常説過，或因而役志累心。夫子此言，亦爲子路受言之地也。同上。

子張學干禄章

聞見豈能牿心？心自牿於聞見則有之。譬之飯食然，有病之人，一切美飯食，皆成痞悶，然飯食奚罪？彼自有病耳。若無病之人，飯食便能消化，自然膚革充盈。徐儆弦。

子奚不爲政章

方山先生曰：「昭公爲季氏所逐，薨於乾侯。六月癸亥，喪及壞隤。戊辰，定公即位，又從季氏之役，葬昭公於墓道南，俾不與魯先君同兆。」孔子不仕，而以孝友答或人之問，意者其在是時也。及觀其爲魯司寇，卒溝昭公之域而合諸墓，則其初年不仕之意可知也。徐儆弦。

陽貨懷寶迷邦之問，想亦與此同時，初年則人疑其不仕，晚年則人疑其不隱。夫子之心，亦無以白於天下矣。同上。

子張問十世章

聖人一言，盡古今之變，暴如秦，亂如五代，夷狄如胡、元，而因革之大致，不能易也。徐儆弦。

按「禮」字，當是指隨時制作之禮，聖王迭興，雖各有所制作，然不能不用前代禮文而損益之，如曰「夏、殷之禮，吾能言之」，又曰「吾學周禮」，又曰「周監於二代」，皆指禮文，不指三綱五常。以三綱五常爲禮，不知馬氏何所據也？同上。

孔子言所因所革，世百世可知。孟子言天下之生，一治一亂，皆萬世不易之定論。同上。

見義不爲章

昔夫子有感而嘆「吾未見剛者」，或對以申棖。子曰：「棖也慾，焉得剛？」只此五個字，斷盡了天下人。夫錫多則卷，金且失堅，豈有慾而能剛之理？又嘗觀慈湖之語西山也，曰：「希元有見道之心，乃未能忘富貴利達，何也？」西山愕然，請問。慈湖曰：「子嘗以命訊日者，故知之耳。」功利中人，如油入麪，絲毫縈絆，力敵萬鈞。雖有關於宗社安危，生民休戚，如一指蔽目，泰山爲之不見矣。此孔子所以謂「見義不爲，無勇也」，推原其故，豈有他哉？則以秉志之立操，合下來不曾判決得清楚，以致當機履局，不免雜於利害而計。只一離於利害，便是兼帶了世情，而義之分數畢竟輕，利之分數畢竟重矣，雖欲勇於爲義，其將能乎？伯夷非所謂聖之清，民到于今稱之者乎？然一頭放着個千乘，一頭放着個饑死，甘守餓死，不顧千乘，此其節所以竟立。比干，非殷之宗臣，孔子之所稱仁者乎？然一頭放着個國相，一頭放着個剖心，甘棄國相，直趨剖心，此其道所以終勝。他日，因子貢必不得已之問，謂於「去食」「去信」將何所先，曰：「去食，自古皆有死，民無信不立。」嗟乎！此可以斷千古爲義之勇矣。古稱死有重於泰山，有輕於鴻毛。等死耳，何以重比泰山？則天經地義之所維持也，世道人心之所回斡也，此其所以重也，則伯夷、比干是也。等死耳，何以輕比鴻毛？則狗苟蠅營，趨利趨名，往而不知返也，合污同流，朝昏苟度，如鳥獸草木之等，時澌盡而莫知尋繹也，此其所以輕也，則千駟之齊景，萬斛之元載，與蠢蠢蚩蚩者皆是也。彼其初未嘗無擇也，特其甘棄義，庶利之有獲也，畢竟所獲何多？甘處不義，謂害之可避也，畢竟害孰爲甚？此愚所以謂：「果其求仁而得仁，怨亦是仁；果其欲仁而得仁，貪亦是仁。」必如是，而後可以判見義必爲之勇。李見羅。

孔子謂季氏章

先王制禮樂以正上下，杜陵僭，豈能人人而禁其不爲？亦是各人心上自過不去，故不爲也。只這過不去處，便是禮樂之本原，人極所以立者，賴有此耳。若此心一喪，則誰不可爲者，所以季氏至於僭八佾，爲忍心之甚也，尚何禮樂之有？薛畏齋。

古之亂臣賊子，至於弑父與君，其原皆生於一忍字。夫子於季氏，特以「是可忍也」責之，蓋亦誅意之法也。徐儆弦。

東萊呂氏曰：「儒者之議禮，每力爭於毫釐尺寸之間，如天子之席五重，諸侯之席三重，所爭者，纔再重耳。天子之堂九尺，諸侯之堂七尺，所爭者纔二尺耳。由庸人而觀，天子、諸侯之分，豈再重之席、二尺之堂所能抑揚？何儒者之迂耶？大堤雲横，屹如山岳，其視尺寸之土，若不能爲堤之損益，然水潦暴至，勢與堤平，苟有尺寸之土未没，則瀕水之人，可恃無恐。當是時，百萬生靈之命，係於尺寸之土焉。尺寸之土，可以遏昏墊之害；尺寸之禮，可以遏僭亂之源。然則儒者力爭於毫釐尺寸之間，非迂也，勢也。同上。

三家者章

謝上蔡云：「『八佾舞於庭』，不仁者之所爲。」以雍徹，不知者之所爲；「禘自既灌而往，吾不欲觀」，諷魯之詞婉；「奚取於三家之堂」，譏三家之詞切。徐儆弦。

朱子曰：「使魯不用天子之禮樂，則三家亦無緣見此等禮樂而用之，此程子所以獨歸咎於成王、伯禽賜受之非也。」按魯惠公請郊禘於平王，平王許之，然尚未之舉，至僖公之末年始舉之，此見於呂氏春秋，司馬遷史記之矣。是成王未嘗賜，伯禽未嘗受也。夫成王在襁褓，周公遂以道義教之，伯禽同學，亦與聞之，古今所謂聖賢之徒也，曾不知名分所在，遂以之賜、以之受乎？大抵東遷之際，王跡熄而綱常紊矣。故惠公敢於請，而平王遂與之使，誠爲成王之賜，孔子之春秋可據也。歷隱、桓、莊、閔、僖凡五公，幾百年，至僖公末年始郊，又以不吉而罷，何其疏闊如此？魯頌閟宮，亦誇誕之詞，但足以證郊禘非成王之賜也。其二章曰：「王曰叔父，建爾元子，俾侯于魯，大啓爾宇，爲周室輔。」下章惟云「乃命魯公，俾侯于東，錫之山川，土田附庸」而已，未嘗言賜郊禘也。此下即云周公之孫，莊公之子，龍旂承祀，以往郊廟而已。即此觀之，可見僖公以前未嘗郊，封伯禽之時亦嘗賜也。使爲成王之賜，宜世世行之，何直至僖公而後舉？敘封之詞，山川土田附庸皆及之，於郊禘獨遺之耶？同上。

季氏旅於泰山章

季氏若知泰山之不當旅，則知君之不可僭，此聖人開導之微機也。惜冉有不足以語此。薛畏齋。

季氏旅泰山，是自欺其心，誠不具矣。其所具者，特儀文而已。禮不在儀文而在誠，誠就是禮之本。當周末文勝，林放生其時，獨覺其非，此是他心神虛文罔他不得處。今季氏不以禮事泰山，而以虛文事泰山，若泰山享之，是爲季氏所欺，不如林放也。推此類，凡不合於禮、不安於心者，却是以虚文自欺，不能欺人也。季氏專魯，其欺人處多矣。若能於此言有省，有多少進益。同上。

巧笑倩兮章

六經皆稽實待虚之詞，不特易教爲然也。今之讀詩者，以某章之詩爲某人之作，而詩學亡矣。看子貢、子夏論詩二章，可以得古人讀詩之法。徐儆弦。

黄厚齋曰：「逸詩篇名，若貍首、驪駒、祈招、轡之柔矣，皆有其詞。惟采薺、河水、新宫、茅鴟、鳩飛無詞。」或謂：「沔水，河水也；新宫，斯干也；鳩飛，小宛也。」周子醇樂府拾遺曰：「孔子删詩，有全篇删者，驪駒是也；有删兩句者，『月離于畢，俾滂沱矣。月離于箕，風揚沙矣』是也；有删一句者，『素以爲絢兮』是也。考之周禮疏，引春秋緯云：『月離于箕，風揚沙』，非詩也。『素以爲絢兮』，朱子謂：『碩人詩四章，他章皆七句，不應此章獨多一句。』蓋不可知其爲何詩，然則非删一句也，若全篇之删，亦不止驪駒。」

愚按：三百篇之詩，皆樂章也，被之管絃匏竹之間者也，或爲宫，或爲商，各有音調，即如今之歌曲一般，若删去一句兩句，便不成調矣。非若彼文字者之可删而節之也。周子醇之言，誠不諳詩之旨矣。

商、賜可與言詩，此聖人達才之教也，「起予、助我」與「無所不悦」，是當時兩般學問。無所不悦者，得聖人之心；起予助我者，得聖人之言。蓋總是一般説話，學者看兩様，若聖人則無行不與，非有隱也。薛畏齋。

夏禮吾能言章

孔子生周之世，知生今反古之爲非，而屢思夏、殷之禮，何也？蓋周末文勝，思夏、殷者，所以思周之舊也。周監於二代，夏、殷之禮猶存，至末而夏、殷之禮蕩然矣。孔子所以興思而屢嘆也。徐儆弦。

夏、殷之禮，杞、宋既不足徵，夫子何以能言之？呂涇野曰：「禮失而求諸野，當時老聃、萇弘之徒，亦庶幾有傳者，故夫子能言之。」

按左傳，杞，夏餘也，而即東夷，故不足徵。

禘自既灌章

禘而繫之魯，不待貶詞而惡自見矣。且父母之國又不可顯言者，聖人一言一字之不苟如此，故不可專重「既灌」也。周禮在魯，而乃僭禮若此。夫子魯人，深有感於心，故發此嘆。他日作春秋，亦因禮之變而書，或以卜，或以望，或以牲，或以牛，皆失禮之中又失禮者，亦嘆「既灌」之意也。徐僦弦。

或問禘章

朱子曰：「禘之意最深長。如祖考與己身未相遼絶，祭禮亦易理會。至如郊天祀地，猶有天地之顯然者，不敢不盡其心。至祭其始祖，已自大段闊遠，難盡感格之道。今又推其始祖所自出而祀之，苟非察理之精微，盡誠之極至，安能與於此？故知此，則治天下不難也。」[二]此尚明得，何況其他？此尚感得，何況其他？夫子曰「不知者」，以或人不能知此而辭之也，以魯不當有此而諱之也。魯不當有此，則不得言禘

[二] 此處引朱子語，見朱子語類卷二十五論語七，文字略有不同。朱子語類作「禘之意最深長。如祖考與自家身心未相遼絶，祭祀之理亦自易理會。至如今郊天祀地，猶有天地之顯然者，不敢不盡其心。至祭其始祖，已自大段闊遠，難盡其感格之道。今又推其始祖之所自出而祀之，苟非察理之精微，誠意之極至，安能與於此哉？故知此，則於治天下不難也」（宋黄士毅編，徐時儀、楊艷彙校朱子語類彙校，上海古籍出版社，二〇一六年版，第六五五五頁）。

之意，或人智不及此，則不得言禘之義也。徐儆弦。

祭如在章

儀文非祭，如在乃祭也。不得致其如在之誠，是不祭也。所以必須與祭。

王孫賈問章

夫子對王孫賈只説一個「天」字，便壓倒了「奥」與「竈」。朱註云：「天即理也。」不消在「奥」「竈」上較量輕重，只這一「媚」字，便自有愧於心。獲罪於天處，無所禱，猶云心病難醫也。薛畏齋。

詞氣似覺稍緩。徐儆弦。

周監章

周監於二代，不是以文去損益忠質，損益忠質故文耳。忠、質、文，亦自後世名之，當時夏亦不自以爲忠？商亦不自以爲質？周亦不自以爲文也？蓋其説出於禮記漢儒附會之言，而非孔子之定論也。徐儆弦。

此章可與「夏禮吾能言之」一章參看，一是嘆二代文獻之不足，一是美有周人文之可徵，而深傷周禮之墜，不得如先進損益之初，蓋恐當代之如杞、宋也。

白山倫氏曰：「天下之生久矣，自洪荒以至於黄帝、堯、舜，風氣漸開，人文漸著，天下無一日而不趨於文，此勢之自然，而理有所必至者。等而上之，結繩之世，則虞、夏爲已文；等而下之，商、周之世，則虞、夏爲已質。文質相形，而世道之變盡於此，奚事於忠與敬也？夏、商之衰，天下日入於浮靡，惡有所謂民敝而愚而野也哉？武王克殷，反商政，政由舊，湯之纘禹可知也，皆自文而復之於質，惡有所謂救野以敬，敬以文者哉？中古之文，極盛於武王、周公之時，不能不爲之事制而曲防，於是繁文縟禮生焉。雖然爲之度數品節，使天下無過乎文而已矣。誠知天下之文不可勝救，而質不可以卒復，故以大聖人之質而酌天下之文，庶幾可以久立而無敝。天下習見其文，而遂以爲尚文，不亦惑乎？武王、周公之不以文率天下，亦明矣。夫子之從周也，猶其從先進也。故曰：『周監於二代，所損益可知也。』曰『監』，則有因革存焉；曰『損益』，則非徒增飾之而已。贊之曰『郁郁』，若贊堯焕乎其有文章焉耳，惡得借夫子之言，而謂周尚文也哉？」又曰：「草昧之初，天道改物，生民雜處，智勇俱盡，碩果不食，真精固完，若小開闢然，此文復爲質之機也。善知時者，及是而保合太和，使天下無失其質而可矣。然而不數十年，而天下已趨於文矣。世道之循環，自文而質者不十一，自質而文者常十九也。敦質以約文，猶懼其不勝，而又奚循環之有乎？武王、周公，蓋將求虞、夏之質而未能，今乃曰虞、夏求周之文而未至，何其昧於時義，而敢於誣民哉？」

子貢欲去章

聖人看器處就是道，餼羊處就是禮，不以羊視羊，而以禮視羊，更無精粗隱顯之别，此所以教子貢也。薛畏齋。

苟志於仁章

志仁則無惡。若不志仁，則欲爲善，又有惡以爲之間；欲爲不善，又有羞惡之心。從此一念悠悠不真，便誤了一生。徐儆弦。

富與貴章

「無終食之間違仁」，言無一時不依乎仁也。下二「必」字，正見其不違處。上二節是就闊大處看君子，此一節却説入細密處去。前重兩「不」字，後重兩「必」字。徐儆弦。

富貴貧賤是仁之兩敵，故貪富貴、厭貧賤是去仁之兩案。簞食瓢飲，不改其樂，所以仁存。厭貧賤，仁不存矣。浮雲富貴，仕止久速，一切斷之以道，所以仁存。貪富貴，仁不存矣。此蓋聖人揭出顯然之公案，以看天下之學者，口未嘗不悦仁，只一到富貴貧賤，失得交參之際，便墮體黜聰，現出本相。世間固無有不仁的君子，然亦烏有貪富貴、厭貧賤之仁人乎？故曰：「君子去仁，惡乎成名？」渾身是欲體，湊底無有仁，而尚以稱於天下曰君子，誰則信之？聖人辭氣雖平，意殊切至。玉未琢前猶索辨，金經煅後更何疑？煅而流以冒稱爲君子者，吾見亦多也，此雖勘之已清，猶恐體之未密，説個「無終食」，即自朝至暮，念念此仁矣。説到「造次必於是，顛沛必於是」，則無久暫無常變，此仁矣。「大哉乾元，萬物資始；至哉坤元，萬物資生」，豈有毫髮間斷？故聖人繫象於乾曰：「天行健，君子以自强不息。」看來無别巧，只有「自强」兩字，是仁之命脈，便是富貴貧賤之對頭。人生中其所遭值，件件有之，非富貴則貧賤，非造次則顛沛，若不靠得自强，如落絮遊絲，管取拖泥帶水，故惟自强，乃能不息，果不息，即是仁矣。李見羅。

我未見好仁章

「好仁者，至於無以尚之，惡不仁者，其爲仁矣，不使不仁者加乎其身。」味此語，是何等用力！徐儆弦。

「有能一日用其力於仁」，所用之力何力也？猶曰「吾力不足」，便是騎驢覓驢。

此章首言仁之難得，中言仁之可爲，末言仁之可爲而人不自爲。反覆嘆惜，皆於三個「未」字見之。

「一日用力於仁」，此真心好惡者也。真心好惡，不問氣質，故力無不足，所謂志之所至，氣必至焉者也。常人非無一念好惡之真，如怵惕於孺子之入井，不受嘑蹴之食，此真心也。但不能常常如此，及至他事，又被氣質奪了，外物遷將去，這個念頭終是不得力。須是常常如此，一去永不回頭，這氣質纔聽他指揮。奪他不得，纔是力足。所謂「一日用力於仁者」也，與「一日克己復禮」之一日同，都是到頭説話。蓋平時暫退暫進之心，到此日已永絶了，不是到此日方奮發起也。薛畏齋。

君子之於天下章

「無適也」三句，文勢接得甚緊，是一連的。若分爲兩截，則所謂「無適無莫」者，未免出於有意，而所謂「義之與比」者，亦爲屋上架屋矣。徐儆弦。

君子懷德章

懷德，是無爲而爲善；懷刑，是有所畏而不爲惡；懷土，雖未能遷善，亦未爲惡也；懷惠，則無所畏而爲惡矣。懷土，則惟溺所安，而忘其所謂德；懷惠，則惟利是逐，而不顧其所謂刑。懷德、懷刑，其爲善也，雖有淺深之不同，而同出於公，同歸於君子也；懷土、懷惠，其爲惡也，雖有淺深之不同，而同出於私，同歸於小人也。安土則謂之君子，懷土則謂之小人。懷者，意所便安；安者，無入不自得也。徐儆弦。

放於利章

「放於利而行」，則有貪一身之利，而貽千萬人之害者；貽千萬人之害，則千萬人之怨叢之矣。有狃一時之利，而基千百年之禍者；基千百年之禍，則千百年之怨歸之矣。故曰「多怨」。徐儆弦。

參乎章

要曉得是夫子之道，要曉得夫子之所謂一者如何。今之人開口便講一貫，而究其所謂「一」者，則茫然無所見，何濟於事？故必有聖人之神明，而後可以語一貫；有曾子之學力，而後可以唯一貫，不然盡皆空設，終非實際也。蓋曾子之未唯，則三省尚有不足。既「唯」之後，則「一貫」亦爲剩語，此固有無關於口耳者在也。徐儆弦。

夫子一貫之道，在顏子則可以無言，在曾子則不待於多言，在子貢則必待於言。承示，詢及曾子、子貢聞「一以貫之」之指，有異耶？抑無異也，夫「一以貫之」則一耳，分知行者，俗說之謬也。聖門如曾子，至沈篤矣，資性頗鈍，故超悟之機少，層累之力多。夫子呼而覺之曰「參乎，吾道一以貫之」，豈有許多節次哉？此掃其一向胸懷間層層級級，直與以一條覺路，「一以貫之」云者，爲曾子蹊徑設也。子貢聰明博達，耳目常支離於聞見，欲如顏氏之超悟，真隔重山絶阻，不能捨筏凌風而徑度矣。夫子呼而詰之曰「賜也，以我爲多學識之者乎」，而非也，此掃其一向胸懷間枝枝葉葉，直示以本來靈根，「一以貫之」云者，爲子貢蹊徑設也。向非二子者受病在用力之中，亦不出此等話頭提訓之矣。然二子向來積習，凍釋冰融，一言盡解，乃夫子直自任曰：「此一貫者，吾之道自如此。」又云：「予非貴多者，予一以貫之。」分明不與他人共此物矣。即所云「惟我與爾有是夫」之指也。然則聖人之道，豈難知哉？聖人虛員融徹之心，即吾人純一不雜之心，天與神明，定無二印，扣之即靈，觸之即動。周偏萬事，而此心無弗達；含攝萬理，而此心無弗通。行乎天下國家，經緯變化，而不踰一實；考之六經群言，貫串該總，而不礙其虛。入竅入微，八方孔道，路路大通，徹頭徹尾，針芥鋒芒，一齊都了。人若一夕恍然得此靈通消息，真個是天下極樂無上菩提也，豈不快哉！子貢他日問終身可行，子曰「其恕乎」，只一恕可以終身行之。忠恕之無不貫，何疑焉？孟氏得曾氏之學，他日曰「博學而詳說之，將以反說約也」。反約之途，乃取詳博中多學之貫於一，又何疑焉？故自堯、舜言「惟一」，伊尹言「克一」，「一」之說，自古聖人已記言之。乃「一」之所以貫，則出夫子提撕後覺之深衷耳，其意若曰：「面前千變萬化者，皆此件所爲貫串，若無此件，將散索不收拾，若不能收拾，總千變萬化，則此件物亦塊然形器耳。」試想天壤間色色形形，若無神理，何以能不言不笑，物物精神？吾人日應萬端，若無主持者，何以能伸眉吐氣，一撥便轉？千古以來，世風搖蕩，若無元陽在中間運旋，何以能太守持平，到今一絲不動？於此透入，不消層累，直入聖境，不費勤求，單提法眼，故云「其物不貳」，又云「易簡而天下之理得」，吁，只如此盡之矣！世之儒者，猶溺舊聞，牽性稟，多築層階，常在淖泥中淤浥，廣添雜物，飽貯一腔，自以爲得新安正派，惜乎不見正於仲尼之門，令灑然仰天庭而覩白日也。[一] 鄙淺如斯，以質大雅，兄當盡力發我蔀蒙，幸乃得之言表矣。沈長水與滕學憲少松兄書。

君子喻於義章

君子但曉得有個義，於中亦得了義的滋味，更不復計所謂利也。小人但曉得有個利，於中亦得了利的便宜，更不復計顧所謂義也。徐儆弦。

張南軒曰：「無所爲而爲者，皆義也；有所爲而爲者，皆利也。」朱子深有取乎其言。今學者雖是爲善，若有一毫求利之心，雖做得好，亦總是人欲之私，與君子之心，天地懸絕。同上。

[一]「仰天庭而覩白日」，底本作「卬天庭而曙白日」。按班固答賓戲云：「守突奥之熒烛，未仰天庭而覩白日也。」據改。

見賢思齊章

見賢固思齊，然非未見時先有一個爲善之心，則見時豈能思齊？見不賢固内自省，然非未見時先有一個去惡之心，則見時豈肯内省？今人見賢者，不羨之，則忌之，或又病其可憚而遠之矣；見不賢，不訾之，則笑之，或又樂其可親而狎之矣。皆由爲善去惡之志不素立。徐儆弦。

事父母章

程氏曰：「人合者以義，故君臣曰信而後諫；天合者以情，故父子曰悦則復諫。」徐儆弦。

古者言之不出章

纔開口便覺難，這道理纔是身心上體貼過去。古者言之不出，蓋以此耳。薛畏齋。

事君數章

事君交友之間，不能以誠感其心，而數數焉取必於言辭，乃所謂煩瀆，取辱取疏之道也。但子游之言未盡，須如夫子之告子貢，忠告而善道之，不可則止，無自辱焉。其理乃爲完備耳。忠告善道者，誠也。薛畏齋。

事君不特以言數見辱，其或輕身枉道，文繁意薄，是亦數也，亦足以取辱；交友亦不特以言數見疏，其或聚居狎見，忘德思怨，是亦數也，亦足以取疏。事君不可數也，而父母有過，則號泣而隨之；朋友不可數也，而兄弟有過，則涕泣而道之，何也？恩義不同也。徐儆弦。

子使漆雕開章

「斯」字，論語中多有此等字眼，如「智及之」「之」字一樣，學者須要理會。若云指此理而言，便是贅語。徐儆弦。

漆雕開最見得學問源頭的確。蓋信者，信此心也。如仕而爲仁，須是仁心出之，方可信吾之有仁；仕而爲義，須是義心出之，方可信吾之有義。若只恃聰明才辨做去，外面做得好，亦只是思慮勉强之私，而非感通順應之真心矣。聖門之學，只是從事於心，開平日見得還是有我之心，不是感通順應之心。仁義禮智之德，尚非己有，應用處信此心不得，所以不肯出仕。可見他用心於内，與諸子之用心於外者不同。夫子所以説之也。薛畏齋。

孟武伯章

夫子於由，許之治賦，而曰「不知其仁也」；於求，許之治民，而曰「不知其仁也」；於赤，許之治賓客，而曰「不知其仁也」。夫子雖不言仁，而玩味於三言之外，亦可以識得仁體。徐儆弦。

女於回也章

顔子知十，孔子多能，都盡他分量不得，向上更有在。薛畏齋。

回、賜二子高下，夫子素曰洞知之矣，何乃有孰愈之問？不曰不如，却曰孰愈，試其自知何如？賜直曰「何敢望回」，則明謂之弗如矣。夫子喜之曰：「汝真弗如耶！」此弗如之心，真心也；知弗如之心，即是真知。真知一朗，萬竅皆融，無一無二亦無十，合下心體，直與日月並明，千聖合符，豈待他日方進，乃始如回乎？即今一瞬，靈明轉變，便已如回矣。無知無不知之本體，無層累階級可設，此一了即了之道，余聞近溪羅先生之教如此。[二]道本空洞，超乎對偶數目外，有對偶數目則不徹。象山一日問同學："知二知十，何以見得弗如？"其人對曰："看來只是尚嫌少在。"象山爲之首肯者久之。陽明他日論學，時時爲同志者重宣此義，良知之指，不言了然。僕意亦如二先生之教，但愚見以爲賜不如回者，一則是徹底洞然，一則尚靠揣量億度。所以弗如，其分別正在此處。若自家見得如此分明，即便徹了，世豈有自知其爲揣量對待，猶不超脱者乎？豈有自知不如回之徹底洞然，而猶不洞然者乎？所以夫子與之者，不是與其他日向進，與其當下直見性明心，則億中之伎倆，貨殖之營爲，合下盡消到空空去矣。大凡天下事物，千百總雜，曲折奥渺，即聖人不能徧知，必須諮訪，必待終日終夜精思，必採納衆流之善，酌之調之，方能經時濟物。獨其天性中一點真明，合下廓然無礙，無首無尾，無所不貫，故謂之聞一知十。一者，數之始；九者，數之究；至於十，則子數盡而還其母矣。聖人真知，得母知子，既知其子，仍還其母，本體

[二]「近溪」，底本誤作「近谿」，據小心齊劄記、當下繹、大學通考等改，常提及「羅近溪」。

朗如。吾人落在是非利害毁譽成敗中間，纏綿算計，不出兩頭對待外，亦何超朗之有乎？故云「回也屢空」。到十數上，是盡頭歧路，故云空也。「屢」者，如貧子再無長物也。「億則屢中」者，我實流失，揣摩他寶，曾得爲吾有乎？故大舜用兩端之中，用之則非兩也，一而已。孔子扣兩端而竭焉，既竭矣，何兩之可言乎？故真知只是惟一，一則統體具存，頭足皆完。知之亦知，不知亦知，知亦不知，不知却知。今人真知不出者，以其胸中尚有二物之介也。沈長水答陸生。

宰予晝寢章

蔡氏曰：「聖人之心如天然，天運無一息之停，聖人之心，亦無一時之間。」冬乃天之夜，夜乃人之冬。天閉藏於冬，而人宴息於夜。動極而静，静則復動，亦無間可容息也。聖人以生知安行之資，尚發憤忘食，樂以忘憂，不知老之將至，尚終日不食，終夜不寢以思，其好學之功，至於如此。況學者無聖人萬分之一，苟不愛日惜陰，黽勉進修，而悠悠度日，則四十五十而無聞，終歸於下達矣，如何而不責之深？徐徽弦。

夫子之文章章

夫子之言性，曰：「性相近也，習相遠也。」只兩言，而後世性善惡紛紛之論，俱爲剩語；夫子之言天道，曰：「天何言哉？四時行焉，百物生焉，天何言哉？」只數語，而後世天問天對紛紛之論，俱爲曲說。則知夫子之言性與天道，真有不可得而聞者也。徐儆弦。

令尹子文章

微、箕、比干，忠也，而夫子許以三仁；伯夷、叔齊，清也，而夫子許以求仁得仁；令尹子文，忠矣，而夫子不許其仁；陳文子，清矣，而夫子亦不許其仁。此全在心術隱微上較量。徐儆弦。

甯武子章

或謂成敗利鈍，非人之所能逆覩，即使武子不能濟君保身，其愚亦自不可及，不知天下事正不當如此論。龍逢、比干，謂之不可及亦可也；李固、杜喬，謂之不可及則非矣。此等處，要自有權衡，不可少差。徐儆弦。

知處假得，愚處假不得，故曰可及不可及。愚者，蒙昧之名，當時以武子爲愚，是使乖弄巧見識，昧却武子心事。若在武子身上説，則其愚處，乃根心之忠，明哲所發，却是真知，但見理不明，徇時俗之見者，看他是個愚耳，其實時之所謂知，凡有聰明者皆可能之；時之所謂愚，非見理之明者不能到也。夫子此言，不惟破時俗知愚之見，亦以闡武子之微也。薛畏齋。

孰謂微生高章

柳下惠之和，疑於不介，聖人明其介；夷、齊之疾惡，疑於刻，聖人明其不刻。臧文仲以智稱，聖人明其不智；微生高以直名，聖人明其不直。皆微顯闡幽，以垂世立教也。徐儆弦。

微生高之直，不特人以爲直，而微生高亦自以爲直，連微生高亦不自知，被夫子探他隱微處出來，他的直纔説不去。夫子此言，不但爲微生高，蓋以直教人，使知所謂直者，不在外而在内也。若理得於心，從真而發，便隱微處亦是直，故曰直在其中。詩稱文王「不識不知，順帝之則」，蓋無思慮知識之心，而後能顺帝之則，凡道理皆如此。故觀微生之直，而陳仲子之廉之類，皆可推矣。薛畏齋。

巧言令色章

假心人做事，瞞不得真心人，左丘明耻之，是真心人替他愧耻。當時惟丘明有此心，與夫子同，則其他之不知耻者亦多矣。薛畏齋。

顔淵季路侍章

吾視千載而上，明學問於廟堂之上者，唐、虞也；明學問於泉石之間者，洙、泗也。其臣主之都俞，師弟之切磋，雖言人人殊，而大旨大宗，未嘗不協於一。故學者讀經，最要就此理會。如子路之車裘共敝，顔子之無伐善施勞，孔子之老安少懷，淺深分量，自有不同。然却不可苦爲較量，只要見得車裘共敝，是甚麼樣的心腸，[二]其學問是甚麼樣的血脈；無伐善施勞，是甚麼樣的心腸，其學問是甚麼樣的血脈；老安少懷，志誠大矣，亦看他是甚麼樣的心腸，其學問是甚麼樣的血脈。蓋吾輩學爲聖

[二]「是」，底本作「自」，下文兩見「是甚麼樣的心腸」，據改。

人者，只是學得聖人之學，不能驟然躐得聖人之等，若不從宗旨上討明，而漫從品分上摹擬，是爲凌躐，凌躐者決無到手之理。不從明學上講求，而第從分量上考較，便是末上，便是向人分上求，敝舌疲精，到底無學明之理。子路小，顏子大，孔子化，儘力講來講去，只是孔、顏分上的事，於己何干？李見羅。

老安、少懷、友信，是聖人將這個身子公共放在天地萬物中一般看，故以一物不得其所爲己憂，以萬物各得其所爲極至，在一家則行於一家，在一國則行於一國，在天下則行於天下，各隨其寓而無不有以大其施也。徐儆弦。

聖人之言，只是平常日用之間，即今日言之，今日就有下手處，非若二子之尚須着「願」字也。此所以爲聖人之言也，然於平常之中而玩之，自有天地之量。同上。

十室之邑章

孔子平生，不以賢知先人，故曰「若聖與仁，則吾豈敢」。至於「出則事公卿，入則事父兄，喪事不敢不勉，不爲酒困」，亦曰「何有於我哉」，何其謙之至也！獨於好學，則平生直以自當，亦不多以許人。「爲之不厭，誨人不倦，則可謂云爾已矣」，「其爲人也，發憤忘食，樂以忘憂，不知老之將至」，又曰「我非生而知之者，好古敏以求之者也」，又曰「十室之邑，必有忠信如某者焉，不如某之好學也」，何其任之甚也！愚嘗因此考之，孔子雖云天縱之資，自人視之，一切見成，無待於學，由孔子自看，學既入頭，却是把定脚跟，步步挨將進去。今觀「志學」一章，每十年方纔換出一段風光，進一階級。若説孔子十五歲時便能耳順從心，則天下之人固不肯信，若説耳順從心必待六十七十，則孔子分明是學成，不是生成。孔子實信得這步好學之力，所以實承當這句「好學」之任。實承當好學之任，不是自誇，正欲天下後世學者實信受奉行「好學」這句，庶幾陟聖躋賢。世間多有其人，而渠亦不致枉費了一生的苦行，直以其質稟少異，便謂之父母胞胎裏長就了的，不曾費半分功夫也，豈不惜哉！李見羅。

聖人以忠信爲美質，而今人以聰敏爲美質；聖人以敏事慎言爲好學，而今人以讀書能文爲好學。噫！敝也久矣。徐儆弦。

雍也可使南面章

夫子於仲弓之問伯子，則曰「可也，簡」；於仲弓之論簡，則曰「雍之言然」。味此兩言，真是渾厚和平。徐儆弦。

居敬行簡，是有主宰；居簡行簡，是無主宰。所以不同。同上。

子桑伯子，得簡之意而失簡之理，故夫子曰：「可也，簡。」言他爲人也好，其行事亦知所簡矣。仲弓認「可」字作「全好」字樣，言：「伯子之簡，頭原差了，乃是大簡，如何謂之『可』？」仲弓此言，雖未喻夫子「可」字之意，他認得學術原頭端正，此子桑之所以爲異端，而不同於吾道者，故夫子然之。然周末文勝，至於滅質，子桑能悟其失，欲反諸簡，是亦質美之人，但未學問耳。若在聖門，亦狂者之流，可裁之而使歸於中道者。仲弓雖認得原頭處正，而不悟此意，亦是他學問未精處。聖人亦不好與他説這話，故曰「雍之言然」，蓋以成德達才之教待仲弓，而未可語於時雨之化矣。薛畏齋。仲弓之不與子桑，即孟子之闢告子，皆在孔子範圍中，聖賢分量不同如此。同上。

哀公問弟子章

前輩謂：「懲忿工夫，當遏之於始，忍之於中，制之於後。」又謂：「於怒時遽忘其怒，而觀理之是非。」雖亦是治怒之法，便恐怒之方發，一時禁制不得，須要平日有涵養克治之功。徐儆弦。

問：「聖人無過，顏子不貳過，此是聖賢之別。若不遷怒，恐聖人亦不過如此。」曰：「聖人心本無怒，因物而怒，自然不遷。若顏子必用許多工夫，乃能到此，然猶守之也，非化之也。」同上。

七情皆當克治，而夫子獨言怒者，蓋人之七情，易發而難制者，惟怒爲甚。故易象傳以「懲忿」與「窒慾」爲對，而大學傳亦以「忿懥」居「恐懼、好樂、憂患」之先，良有以也。同上。

人之遷怒者，多是血氣用事；貳過者，多是私欲流行。若好學之心一萌，則分數可減七八。同上。

「遷」與「怒」，是降伏這氣不下，被他使了。「不遷」「不貳」，是以理制心之功，義理立得脚定，不爲氣所使矣。若聖人則氣即是理，「不遷」「不貳」，不足言矣。薛畏齋。

回也其心章

後儒論學，開口便説心，一部論語，言心者只有「回也，其心三月不違仁」一句，不知學者到此，曾着一思量否？此其中真有無窮的道理，合作敲推，至妙的機關，合當究辨，試發一問，如何叫做心？又如何叫做仁？孟子曰：「仁，人心也。」後來相沿説「心即仁也」，果然心即是仁，則説了心，不必更説仁，説仁又説心，叠床架屋。違者，背而去之，謂異體者乃有背，同體者不相違。「三月不違仁」、「幾希」，二物。至者，至到之義，至國曰至，至家曰至，日月一至焉。彷彿別有歸宿，故直截謂爲「二物」，何待深詣？三尺童子亦未肯信；謂爲一物，則當其背違時，仁將何處歸藏？心將何處背棄？區區此駁，大似破碎支離，葛藤縈絆，果有明眼士直截從兹剖決，則此疑團，未必不開悟者。試思之，試思之。姑毋笑其破碎支離，葛藤縈絆。李見羅。

論語二十章不言心之仁，而此章獨言心之仁；易三百八十四爻不言仁，而復卦獨言仁。若顔子之不違，即易之所謂「不遠復」也，諸子之日月至，即易之所謂「頻復」也。徐儆弦。

「簡在帝心」，天之心也；「從心所欲，不踰矩」，聖人之心也；「其心三月不違仁，其餘日月至焉」，大賢群哲之心也；「飽食終日，無所用心」，衆人之心也。同上。

伯牛有疾章

顔淵之死，則謂之「天喪」；伯牛之亡，則歸之於命。蓋在顔淵則可以言天，在伯牛則可以言命。不盡其道而死者，皆不可以言命也。徐儆弦。

孔門列德行之科者四人，而一以短命死，一以惡疾亡，可見氣數之厄。同上。

賢哉回也章

或問：「孔、顏所樂何事？」朱子曰：「不要去孔、顏身上問，只去自家身上討。」徐儆弦。

人不反求諸身，而欲尋仲尼、顏子樂處，所謂「爾非魚，何以知魚之樂」。同上。

聖人樂在疏食飲水之中，故曰「亦在」；顏子樂在簞瓢陋巷之外，故曰「不改」。樂在其中，安仁也；不改其樂，不違仁也。同上。

夫子稱顏回曰「賢哉！回也」，而又再言「賢哉！回也」以贊之。其稱禹曰「禹吾無間然矣」，而又再言「禹吾無間然矣」以贊之。而其所稱者，皆不出飲食居處之事，故曰：「禹與顏回同道。」同上。

在聖人則簞瓢陋巷，就是性分中樂地，不知其爲簞瓢陋巷矣，[一]故曰「樂在其中」，顏子只是不爲簞瓢陋巷所動，理能制欲者也，故曰「不改其樂」。薛畏齋。

無伐無施，不改其樂，顏子只是少一「忘」字，若忘得便是聖人，觀「老安、少懷」

[一]「瓢」，底本作「飄」，據上下文「簞瓢陋巷」改。

「樂在其中」可見。同上。

子游爲武城章

吾輩士大夫立身行己，當以名節自重，海内英豪，自有識者交與之間，豈可自輕？乃若在事君子，若能鑒别名流，敦尚風節，將不大聲色，士習自正，教化自行，又非簿書錢穀間人所能及此。夫子之問，子游之對，意念深矣，倘亦今日者賢有司與賢士大夫，所宜三復也。昔子游在聖門，稱學道君子。初試武城邑宰，武城是魯邑，有周公崇義敦禮之風焉。夫子且不問何以治武城，而從容諮訪其邑之才賢長者，曰：「女在地方，必有好友相與，亦曾得其人焉爾乎？」子游拱手對曰：「人才難得，武城雖小，將爲君子焉，有一個友生澹臺滅明者，胸襟落落，風概稜稜，其人可親不可狎，偃敬之重之，非所及也。請試言其概，此人也，不是閉關獨處，曾見他行走出來，只是從那大路上，坦坦平平行着，其旁蹊小徑，衆人所取捷去處，絶不打從這路上算便而行，這是一節可敬處。此人也，不是絶物離群的，曾至偃之室，奉一日之教，但必是邑中有件公禮公舉，事關典則，動係風尚者，方來下顧，除此外，並不至偃之室。高風在望，不可得而數數見也，這又是一節可敬處。武城地方，良多君子，偃在事之日淺，安能盡交邑之賢大夫士，與游處乎？所知者，此澹明一人。」所以重澹明者，此一二事，夫子問及，敬以斯人對，不審何如。顧誠足當子之衡量否也。由此論之，這兩句話頭，原只是一句，世豈有置其身於規圓矩方之中，一步不苟者，而肯俯首下氣，常到邑宰之室乎？豈有會疏見少，邑宰庶幾覩風儀而不可得，而其人肯由袤邪别路，自貶生平者乎？故守己峻者，常不以謁候爲恭，難親者，必其言可法，其行可則，以此論人，思過半矣。自世風之衰也，人情好諛，士薄於名檢，持身不論禮義，只以勢利爲媒；遇事不顧廉恥，只以便捷爲巧；交際往來不拘繩墨，只以趨前曲奉爲恭。上之人品格不高，權衡淆混，嘗以委曲捷給者爲能，而周行大道之明絀矣。以顔面慣熟者爲親，而遠跡高尚之士疏矣，正直者既遠，面諛者日來，此趨走之路，所以百轍千歧，可嗤可厭。不特升邑宰之堂，且到其室，密地酸鹹，顛倒白黑，朝趨暮走，十輩爲群，俯仰酬之，而卒不能當其意。此機械關節，閃爍翕訛之習，所自來也。末路多歧，言之良亦可嘆。讀聖賢書，到此一段，要見夫子所問得人，是何等人品；子游所對所取的，是何等人物；澹明子所自處者，是何等器局。今日士大夫肯如此行身否？聖賢一問對問，不過兩三句，令千載思之，士君子之節行，賢有司之好尚，卓然自立於風塵之外。廉頑起懦，高標冷冷，令彼好諛趨炎輩，直可汗流僵仆，無置顔面處。其於世風士習，良非小補。敬爲諸君子誦説其大義如此。沈長水講義。

質勝文章

裁成天地之道，輔相天地之宜，此聖人與造化和合顔色的方子，却是物各付物，一毫無所用其加損，如是乃可謂「文質彬彬」，成君子之德矣。薛畏齋。

齊一變章

齊之難變，以壞於霸習，則霸圖本欲興衰，而適以病國；魯之易變，由存乎王道，則王道雖微，猶足以扶國家於既敝。魯，周公之後，先王之遺風尚存；齊仲孫湫謂「魯秉周禮」，晉韓宣子謂「周禮盡在」。魯哀公用田賦，猶使人問孔子，齊安得有此氣象？徐儆弦。

博施於民章

堯、舜其猶病諸，聖人不得以盡仁，天地之大也，人猶有所憾，天地不能以盡道。徐儆弦。

己立立人，己達達人，即目前做亦得，便做到堯、舜地位亦得，若起頭便欲博施濟衆，便一步不可行。同上。

述而不作章

夫子贊易自伏羲皇也，訂書自堯、舜帝也，删詩自商湯王也，修春秋自魯隱伯也。當時六籍，經夫子一番整理，後雖遭秦炬，而不能爲之掩蝕，至今與日月俱懸。朱子所謂「其事雖述，而其功則倍於作」者，不誣也。徐儆弦。

默而識之章

仲弓問仁，夫子告以「己所不欲，勿施於人」，是即所謂「能近取譬，可以爲仁之方矣」，備矣。乃必曰「出門如見賓，使民如承祭」，本無賓，本無祭，翼翼小心，如見如承者何事？子張問行，夫子告以「言忠信，行篤敬，雖蠻貊之邦行矣」，義備矣。必曰「立則見其參於前也，在輿則見其倚於衡也」，無言無行，忠信篤敬亦何有？嗟乎！此正所謂默而識之的消息也。「止於至善」之脈路也，「穆穆文王，於緝熙敬止」，每以「在宮雍雍，在廟肅肅，不顯亦臨，無射亦保」者當之學問，若無這一步，畢竟不入微，畢竟不達本。說本體，固有合有離；說功夫，亦有斷有續。只一個「默而識之」，真所謂通乎晝夜之道而知也，教與學果何事？即所謂默而識之的條件也；默識又何事？即所謂教與學的主腦也。予於大學中挈出「止、修」兩法，正有悟此。此蓋孔子落實做手，故屢屢以之自當，至此却又揭以自歉，大率謙己誨人意，未嘗不寓，而就孔子三十四十以前，則亦未諒其立與不惑，自信之爲何如也？世間決無有一個不實的聖人，又安得有一句不實的說話？說個「何有於我」，容或有未有於我；說個「是吾憂也」，確實是有憂也。「終日不食，終夜不寢」，「發憤忘食，樂以忘憂」，費了多少氣力，而可云泰然無有惕厲兢業，一切熟路輕車，何有於我？李見羅。

子之燕居章

「申申」「夭夭」，已涉形容，然「申申」而曰「如」，「夭夭」而曰「如」，又見非言語所可名狀，姑借此以擬議之也。徐儆弦。

「申申」「夭夭」，弟子之記夫子者如此，然夫子之在當時，微生則譏其「栖栖」，東門則譏其「皇皇」，又若有不豫色然者。蓋「栖栖」「皇皇」，憂世之志也；「申申」「夭夭」，樂天之誠也。知夫子有申申夭夭之容色，又當知夫子有栖栖皇皇之容色，然後可。同上。

甚矣吾衰章

戴少望謂：「顔淵死，聖人觀之人事；鳳不至，圖不出，聖人察之天意；不夢周公，聖人驗之吾身。然後知斯道之果不行，而天之果無意於斯世也。」徐儆弦。

志於道章

「志」者，尚非我有，但有志於此。「據」者，已爲我有，若據之然，惟恐有奪而去之者。至於「依」，則與我相安，若依之而無少頃刻違矣。「游」字甚好，纔不着意便是廢業，纔着意便是牿心，於中有妙趣在。徐儆弦。

不憤章

心求通而未得通，則其意憤然而不能自已。憤者，鬱懑之意。口欲言而未能言，則其貌悱然而不能自伸。悱者，屈抑之貌。「啓」如啓户，略開之也；「發」如引弓，發其機也。「舉一隅」，另是一般人。徐儆弦。

子謂顏淵章

行是行個甚麽？藏是藏個甚麽？聖賢作用在此，抱負亦在此，此等處不可不理會。徐儆弦。

或問於余曰：「顏、路二子道德重師門。他日侍側，夫子嘗令各言所志，蓋並稱大賢矣。一日乃獨謂顏淵曰：『有物在此，用之則可行，舍之不用，則又可藏，此惟我與爾兩人者，有是夫？』彼時季子在侍，分明置之此局外矣。『行三軍則誰與？』季子所以自負而願有請也，夫子直外之曰：『暴虎憑河之徒，吾不與也。』雖行三軍，亦用不着，其所稱『臨事而懼，好謀而成』，此一輩人者，不知於用行之事有當乎？抑與孔、顏行藏之義合乎？不合乎？」余應之曰：「君子處世界中，用舍不聽之人，其主持常在我。我胸中渾渾淪淪，有一物者，函蓋六幕，主張萬化。可以用，用便有此物在，德施大行乎天下。可以不用，不用亦有此物在，自足涵暢其胸中。用亦有，不用亦有，行固有個推行方略，藏亦有個安頓去處。用根於藏，藏顯於用，此之謂善藏，其用行萬物於把握間，藏天下於針風不漏之地。所謂隱居求志，行義達道，達可行於天下而後行者，此物是也。」彼豈汲汲世名，沾沾才技，盡露鋒鋩，與世局爭衡者哉？故蕭蕭環堵，默默無言者，反可以酌四代而準百王，行行兼人，乘桴浮海者，反不堪濟艱難而樹功伐。嗚呼！聖賢之涵養見於此矣。請言用藏之義。天下大矣，萬物雜矣，利害相攻，安危相倚，未嘗一日暫静，吾居其間，即使乘時遇主，上有君王秉局當陽，何能一一盡如吾所欲行？下有百司兆庶，人各一心一見，安能盡如吾一人所施設？故用舍行藏，非兩截事，即行即藏，即藏即行，曲有微機，大率以善藏爲主，什九在中，什一在外，此不盡用之之謂藏。因天而天，因人而人，因時而與變化，此不行吾意之謂藏。庶職自明翼，群材自匡襄，國論自揚吐。我默握其機，聽天下各盡其情，而了無妨礙。此以人用人，以事應事之謂藏。大有剖斷，不顯其能，大有鎮持，不顯其功，大有掃蕩清滌，不顯其略。作事在彼，得效在此，提制在後，救助在旁。精心苦志，天下莫能闚，輕輕灑灑，一拂便了，此之謂以不用用之謂藏，凡吾所用者，皆吾之明也；凡吾所不用者，皆藏吾之神也。既藏其神，兼藏其器；既藏其名，因藏其用，孔子贊易，所稱通天下之志，定天下之業，斷天下之疑，聖人以此洗心退藏於密，古之聰明睿智，神武不殺之謂也。而暴虎馮河，一團浮氣何爲乎？古之君子，百煉純鋼，[一]擲之無景，真

[一]「鋼」，底本誤作「綱」，據文意改。

金足色，火氣全銷。凡以藏神太空，而大用人群之術也。此義若透，其於治天下，如反掌然，不費絲毫力。即臨事戒懼，不爲禍首，何異乎時幾之兢飾？即遇事好謀，博集群策，何異乎嘉謀之僉同？即事必美成，百昌百里，何異乎續續用之平成？禹、益徂征，班師舞羽，七旬苗格，此之謂善藏其用。嗚呼！三軍之事，又豈在用行之外哉？故知孔子材季子及與子淵之意。精機無殊，在人善領而已。余嘗告肩吾氏曰神龍之力，能大奉以風雷雲物，騰揚九天，爲霖四海，亦大播弄矣，然不能不釋風雲而藏九淵之下，故大海得以其浩闊無倪。制神龍之柄，吾輩用天下，是用其所以藏，藏其所以用。只此微機，可聖可神，乃文乃武，三代下誰能及此？吾讀南華，至「踟躕滿意」，「善刀藏之」，爲千古英雄落淚。嗚呼！用世之難，自昔嘆之矣。沈長水說大指。

子在齊章

「不圖」句，有不可形容之妙在，蓋其平昔所覽於書，觀於周，尚未覺其盡善盡美，至於此極，故不覺其嘆息之深如此也。徐儆弦。

蘇氏曰：「孔子之於樂，習其音，知其數，得其志，知其人。其於文王也，見其穆然而深思，見其高望而遠志，見其黯然而黑、頎然而長。其於舜也可知，是以『三月不知肉味』。」

飯疏食章

孔、顔之樂，有淺深亦未可知，但所謂不改其樂，樂亦在其中，語意亦只是一般。若在此上較勘其淺深，便是以常人之心度聖賢之心也。徐儆弦。

經煅煉，迺可辨金；臨境界，迺真見學。虛意見，只好背地矜誇；空話頭，只好閑時播弄。小小利害當前，心悸魂摇，手忙脚亂，便都假不得了，用不着了，此便是煅煉士子之真火候也。所以聖人論學，每每諄切於此，所謂「富而可求也，雖執鞭之士，吾亦爲之，如不可求，從吾所好」，又曰「飯疏食飲水，曲肱而枕之，樂亦在其中矣，不義而富且貴，於我如浮雲」。富貴貧賤的境界，不可託大看了。多少有志之士，到此關透不過，誰能信得命及，斷以不求？誰能守得義住，浮雲相視？象山曰：「富貴利達之不足慕，豈足多較於學者之前哉？果然學有得力，最大者莫如死生，亦是閑事，富貴貧賤，又曾足道？苟非其人，大言高視，未論死境，現前些小利害，便渾身放倒了也。懷居者不可爲士，富貴淫，貧賤移，威武屈，試問之，還別有大丈夫否？廣居正位大道云云者，總虛託矣。李見羅。

我非生章

心齋王氏曰：「孔子雖天生聖人，亦必學詩、學禮、學易，逐段研磨，方得明徹之至。」徐儆弦。

「生而知之」者，如本明之鏡，不待刮磨，自然光瑩。「學而知之」者，[一]未便明徹，必待刮磨，始得開豁。古人典章，皆所以印證此心。「好古敏求」，即所以下刮磨之功也。同上。

天生德章

公伯寮欲害子路，夫子則委之命；桓魋欲害己，夫子則信之天。委之命者，不能必其不害；信之天者，決知其不能害。此可以見聖賢之別。徐儆弦。

[一]「學而知之」，底本脱一「之」字，據論語補。

蓋有不知章①

愚答詹德甫書有曰：[一]「聖人之學，只愁不止；後世之學，只愁不知。」因舉「吾有知乎哉？無知也」，斷之曰：「直直認個不知，隨感而應，自無不知。」舉「蓋有不知而作之者，我無是也」，斷之曰：「正是只愁不止，不愁不知。」嗟乎！此義之不明也久矣。驟而語之，人誰肯信？先輩每謂「孔子無不知而作」，[二]「顏子有不善未嘗不知」，「百姓日用而不知」，只争一個「知」字，[三]是矣是矣，曾不思孔子何緣便無不知？[四]百姓又何緣日用之而不能知？大率返本一步，則日靈日聖；離本一步，則日蔽日愚。

①　此章又見無錫市圖書館藏明萬曆李復陽刻本見羅先生書卷五論語大意蓋有不知而作章（以下簡稱「見羅先生書」）。故此篇以之爲校本，擇要出校。

[一]「答詹德甫書」，底本作「答詹純甫書」，據見羅先生書改。

[二]「每」，見羅先生書作「有」。

[三]「只争一個『知』字」，見羅先生書作「只是争此一『知』」。

[四]「曾不思」，見羅先生書作「却不曾思量」。

靈從何來？從本而出。蔽從何來？緣感而增。[一] 孔子無不知而作，[二] 常止也，吉在幾之先也。顔子有不善未嘗不知，知止也，故不遠而能復也。百姓日用而不知，則放其心於膠轕紛擾中，日馳騖而不知反也。今不本其知與不知之由，而惟較其知與不知之等，徒手望洋，終無必濟。[三] 學者亦誰不知孔、顔，庸子知不知之曠然有分別乎？若只在「知」上討求，就「知」上角競，則「多聞而擇，多見而識」亦何嘗不是本知？何嘗不是用知？而聖人乃以爲知之次乎？人只有一個心，決無兩心，故亦只有一個知，決無兩知，知其只有一知，則孔子之所以無不知，顔子之所以未嘗不知，其立命歸宗，不專在「知」上求討也決矣。[四] 「多聞而擇，多見而識」，亦自有此等學問，亦足幫添得知，以此應事宰物，角技争名，亦自有所補矣。[五] 然以語於「盡性至命」之機括，

[一]「緣感而生」，見羅先生書作「從感而生」。
[二]「孔子」，底本作「孔孔」，據見羅先生書改。
[三]「必濟」，見羅先生書作「入路」。
[四]「也決」，見羅先生書作「昭昭明」。
[五]「以此應事宰物，角技争名，亦自有所補矣」，底本無，據見羅先生書補。

則茫然未有入也。[一]　故聖人斷以爲「知之次」，正以其病在「知」上著功，[二]而不本其知之所自來也，豈以爲人真有兩知，而此乃其「知之次」者乎？今若必以知爲宗，[三]就知求知，沿知著致，知無停機，致無停用，轉致轉訛，轉知轉遠矣。雖自謂異於「多見多聞」，而不知其杪忽毫分之差别，亦將安所托始乎？聞而能擇，見而能識，亦非全然泛濫馳騖之比。特以其知有知不知有本，知有致不知有止，立命歸宗之底奥，與聖人無不知之宗趣，默默分款項耳。此最學之毫釐，所宜深辨。予於他書亦屢發之，而此尤聖人自揭大公案，僭一申之，志於明宗者，庶藉之一考矣。李見羅。

互鄉章

王厚齋曰：「闕黨之童，遊聖門者也。夫子抑其躁，是以知心之易放，互鄉之童，難與言者也。夫子與其進，是以知習之可移。」徐儆弦。

[一]「未有入」，見羅先生書作「未之及」。
[二]「著功」，見羅先生書作「求討」。
[三]「知」，見羅先生書作「致知」。

文莫吾猶人章

「文」曰猶人，於「尚可及人」，見「不難能」之意；於「不能過人」，見「不必工」之意。合而觀之，又見「不遜其能之中，而實寓謙之」之意。「躬行」曰「未之有得」，見「行之維艱」意，見「其以必得爲效」意。合而觀之，又見其「汲汲於此，而不敢有一毫自足」之意。一言而曲折詳盡有如此。徐儆弦。

愚自幼讀論語，到今積有歲年，始見得聖人之道，渾是一團和氣發出；聖人一身，渾是太和元氣周流。學、庸、孟子，便無此氣象。論語中一言一行，皆可以窺聖人沖和之藴，即玩此上幾章，亦自見得。楊子法言、文中子中説，要學論語，彼未嘗有一段沖和氣象在胸中，如何學得論語？法言便説得急迫，中説只學得影響而已。同上。

子疾病章

「某之禱久矣」，此五字雖含蓄許多自任意思，然其意渾厚不露，所以爲聖人之言，真加減一字不得。註中意只可於言外説出。徐儆弦。

泰伯其可謂至德章

黄直卿曰：「泰伯不奔父喪，非本心也。奔則王季辭立矣，逃而適他國足矣。必之荆蠻，斷發文身而後已。蓋不示以不可立，則其心不安，其位未定，終無以仁天下，繼父志，而成其遠者大者。」朱子曰：「此意甚好，非惟説得泰伯之心，亦説得王季之心也。」蘇子云：「漢東海王以天下授顯宗，唐宋王成器以天下授玄宗。」皆兄弟終身無間言，何必斷髮文身？若使王季之心如漢顯宗、唐玄宗，則此説可也。若有叔齊之心，則不能一朝居矣。王季之心，豈下於叔齊哉？然泰伯三讓而不失其正，是乃所以爲時中也，故夫子以至德稱之。愚按：今之稱泰伯三讓者，俱以爲讓天下於商，由本文有「天下」兩字故也，畢竟此説不爲通論，何以言之？太王實始翦商，此魯人之誇詞，非當時之實録也。計太王之時，適當武丁朝，諸侯有天下之日，當時商方全盛，周雖强大，一侯國耳，豈敢遂有睥睨王室之意哉？泰伯雖智，亦安能遂知百年之後，天下之必爲周哉？泰伯之讓，讓王季也，尊父命也，重天倫也。今舍家庭父子之近，而憂及商、周君臣之事，不以目前可讓之位爲言，而乃獵取百年以後他人之天下以爲讓，噫！亦過矣。曰：「然則夫子所謂天下者何？」近歸氏所謂國與天下，常言之通稱也，其論之尤詳，茲舉其要云，雖與朱傳不合，學者亦不可不知。徐儆弦。

泰伯與文王之德，皆足以有天下而不有，故均謂之至德。但文王顯其跡於臣道克盡之時，人猶得而知之，泰伯泯其跡於子道克盡之日，人不得而知也。故夫子表而出之。薛畏齋。

恭而無禮章

恭也，慎也，柔德也，有禮則爲柔善、爲柔中，反是則柔惡矣；勇也，直也，剛德也，有禮則爲剛善、爲剛中，反是則剛惡矣。徐儆弦。

啓予足章

人之一身，可以爲父子，可以爲君臣，可以爲夫婦、長幼、朋友。身可以修百行，心可以通三才，至尊至貴者也。父母生你出來，把這一個至尊至貴的身體交與你，豈是教你飲酒食肉？豈是教你縱色淫聲？是要你盡這個道理。勾當造化底許多事，你了許多事，臨死將這個身體還造化，還他方謂之不愧於天地，不愧於父母。若一有不盡，滅絶其真，慎「不可以爲人」「不可以爲子」，便是把他身體都毀傷了，何以復命於天地父母哉？曾子平日戰戰兢兢，臨深履薄，只是爲這一個念頭，臨死方才了當，不是但爲手足之無傷而言也。人若有曾子之心，便是龍逢、比干之身首分裂，與曾子之「啓手啓足」一般。不然便老死牖下，亦與盜賊之刀鋸僇辱無異。故觀此章者，可以醒然。薛畏齋。

手足不是爲持行，要他周旋禮義。人若能周旋中禮，便更完全手足，舉一體而百體可推，此曾子「啓手足」之意。同上。

以能問於不能章

人若血氣未盡，則有能有不能，有多有寡，有虛有實，[一]有人有我。若天理中皆無之，顏子克己功至，胸中更無一物爲礙，不見己之能，亦不見己之多。故天理流行，取善之心，無有厭足。己不有其有，人亦不得而見其有，其有也，若無而已；己不足其實，人亦不得而知其實，其實也，若虛而已。人若去犯他，他血氣已盡，是非之心，無緣而起，都消融於和氣中，更無計較之心，都是天理用事，故云幾於無我，但守而未

[一]「虛」，底本作「有」，據文意改。

化耳。薛畏齋。

士不可以不弘毅章

人之身，都是血氣做來，有血氣則有我，有我則有欲。有耳目口鼻之我，則有聲色臭味之欲，有我者，血氣爲主，志易滿，氣易盈，些須事業，便塞滿了，如何任得重？有欲者，染累多物，物得而屈之，如何做得到頭？曾子平日看得氣質上病痛，莫大於不毅不弘，士之所以不能任重道遠者，都是這病痛爲之累。故言求道之人，須是弘毅。蓋弘毅不是離了氣質去做，只是克治了氣質，使義理爲主，則有我而無我，自然能弘；有欲而無欲，自然能毅。如聖人何嘗不任耳目口鼻？但天理用事，耳目口鼻更作主不得，所以堯、舜有天下不與，許大功業，在性分中無一毫，這便是「仁以爲己任」處，何重如之！亦何嘗不與聲色臭味相接？只是累他不得。如堯、舜兢兢業業，一日二日萬幾，直到死方休，生存更無懈怠之時，這便是「死而後已」處，何遠如之！「弘毅」二字，是曾子平日得力處，故舉以示人。薛畏齋。

仁爲己任，是理之不遺；死而後已，是理之不息。蓋天之所以與我者，本如是其大且久，只借我身心盛載他。「弘」與「毅」，是身心與此理一般久大，孟子「配道義」之説本諸此。同上。

興於詩章

夫子見詩、禮、樂足以爲學之資，故如此説。非謂人之興、立、成專靠詩、禮、樂也。吾心自有無言之詩、無體之禮、無聲之樂，特假外之詩、禮、樂以贊助之耳。若不知求諸心而專務於外，則詩亦章句訓詁而已，禮亦名物度數而已，樂亦鐘鼓管籥而已，於心何得哉？徐儆弦。

聖人此言，見得詩、禮、樂之教，先王不是强人，是吾心原有的，何以明之？如「好善」「惡惡」，吾心原有詩也；肌膚有會，筋骸有束，吾身原有禮也；惡可已則不知「手之舞」「足之蹈」，是吾心原有樂也。故誦詩、習禮、學樂，雖始學之事，然自學者進德以至於成，不越乎此。如誦詩而好惡之真機忽動，此興於詩也。誦詩到興處，則詩不在三百篇，而在吾之心矣。故口耳非詩也，興處乃詩也。古人教之誦詩，欲其興而已，豈口耳之謂乎？學禮而至於德性堅定，外物不奪，卓然有立處，是立於禮也。學禮到立處，則禮不在三千三百，而在吾之心矣。故儀文非禮也，立處乃禮也，古人教人學禮，欲其立而已，豈儀文之謂乎？若功夫純熟，血氣消融，其於聲容舞蹈之間，蓋有聲爲律而身爲度，動容周旋而不自知者，是成於樂也。學樂到成處，則樂不在聲律，而吾之身心皆樂矣。故聲容非樂也，成處乃樂也，古人教人學樂，欲其成而已，豈聲容之謂乎？薛畏齋。

好勇疾貧章

好勇疾貧，則義心已絶；疾惡過甚，則仁心已絶。義心絶，則自家奈何那血氣不下；仁心絶，則人無生路矣。皆自我致亂，故曰生亂則一。薛畏齋。

如有周公章

驕者，謂天下之莫己若也；吝者，恐天下之與吾能也。驕者，矜己之有餘；吝者，幸人之不足。此等人，渾是一身病痛，雖有才美，亦餘事耳。故曰：「其餘不足觀也已。」徐儆弦。

集事之謂才，才只是幹得事去。但周公之心，天理爲主，他幹事都是天理當然，與己無與，故才美不見，驕吝何從而生？人若有周公之才美，也幹得事去，只是平日無事心之功，私意爲主，人我未忘，恰似我能而人不能一般，未免有「挾己所有，驕人所無」的意思。驕吝一生，實心俱喪，做的事業都無意味。知管仲九合一匡，没個器識去包裹他，身未没而叛者已九國；周公之功，至於今誦之不衰，蓋有溢出於知能才美之外者。此「足觀」與「不足觀」之驗也。薛畏齋。

篤信好學章

篤信守死，是氣質好。好學善道，須從學問來。薛畏齋。

狂而不直章

「吾不知」者，不知所以教也。蓋學者心地上不受病，氣質上病痛儘不妨。聖門學者，氣質儘多般，他心地只一樣。故五尺童子羞稱五伯，寧可做不到五伯事功，並没有這般樣心地，王伯之分原於此。薛畏齋。

巍巍章

人皆以「有天下」爲巍巍，夫子獨以「有天下而不與」爲巍巍。稱舜、禹者，非獨以其爲匹夫，亦以其得於揖讓，一旦偃然而有之也。徐儆弦。

堯、舜以天下與人無有也，舜、禹受人之天下而不與也。此等氣象，學者觀之而有得，亦足以消鄙吝之心。同上。

「高大」對「卑小」而言，心局於物則卑小，超於物則高大。有天下不與，便是巍巍之實。不與者，因物付物，都是天理自然如此，於吾性分上都無加損。舜、禹不獨有天下不與，便是耕稼陶漁亦不與，獨言「有天下」者，舉人情所重而言耳。薛畏齋。

大哉堯之爲君章

蔡氏曰：「天之大，是盛德大業。堯之同天，亦是盛得大業。『蕩蕩』難名，德之盛也；『巍乎煥乎』，業之大也。須平説，若謂『德不可名』，所可見者惟功業文章而已，則其詞氣爲有抑揚，不應曰『蕩蕩乎』『巍巍乎』『煥乎』一氣説下，德亦不是玄妙，成功文章亦不是粗跡。」此説好，但與傳註不合。徐儆弦。

夫子以「大哉」稱堯而以「君哉」稱舜，以「大哉」贊乾而以「至哉」贊坤，可見舜終在堯範圍之内。同上。

舜有臣五人章

朱子曰：「文王之事紂，惟知以臣事君而不計其他，所以爲至德。」若謂三分天下，紂尚有其一，而未忍輕去臣位，或以商之先王德澤未忘，歷數未終，紂惡未甚，而不敢以遽取。則是文王之事紂，非其本心，有不得已者耳，豈可以言「至德」哉？徐儆弦。

禹吾無間然章

夫子稱堯曰「大哉」，舜曰「君哉」，而於禹曰「無間然」，似有深意。然下此而爲湯之「有慚德」，武之「未盡善」，則是未免於有間然矣。徐儆弦。

大哉孔子章

聖者，大而化之。既謂之聖，則有不離於博學多能，而亦不囿於博學多能者。在黨人以博學爲大，太宰以多能爲聖，泥於其跡，既不曉得不囿於博學多能的意思，子貢云又多能也，將聖與多能分作二事，又不曉得不離於博學多能的意思。故孔子曰：「吾何执？」言藝無窮，將何所執乎？此教門人不可以博學求大也。又曰「不多也」，言君子無所不知，而一無所知；無所不能，而一無所能。其所以爲君子者，不在於多知多能，而在於無知無能處，又何貴於多哉？此教子貢當於多能處求其不多，不可析而二之也。要之，「博學而無所成名」，正是孔子聖處，惜黨人不足以知此。薛畏齋。

太宰章

以多能爲聖，此衆人之見。以聖爲兼多能，此賢人之見，雖有本末輕重之分，尚不免於粘滯。以聖爲不在多能，此聖人之見，則灑然矣。徐儆弦。

有美玉於斯章

子貢之言，病在於「求」；夫子之言，妙在於「待」。「沽之沽之」，既不以無心棄天下；「我待賈者也」，亦不以有心徇天下。詞氣甚和緩。徐儆弦。

子在川上章

人生天壤間，患不聞大道。所云大道者何？是天地古今常然如此之理。聖賢去人，只在這些子透與不透上，便謂之大覺大迷，全在此處分頭路。我嘗遍看着世間人，其知名當世者亦是千百輩中好漢，却都將此世界認做是我常住再不去的世界。居官，便認官職是安穩常快活不改換之物；居家，便認家業是安穩常自在不棄捨之物。多將此心與一世界人俯仰抑揚，争攘報復，包攬佔護，牽縛了一世。由明眼人視之，色色過影，一彈指間，便去了許多。正如木偶登場，暫時呼笑，被造物者將那綫索提去，放倒在壁柱頭上。嗟嗟！此圍木中間，尺五地方，豈是汝住頭之地乎？一出打渾過，後面一出又出來了。思之亦大可笑矣。所以吾師尼老，一日在川上感川流之逝機，洞千古之大竅，喟然稱曰「如是如是」，面前的人不見麽？原來此物，只是去的，不是住的。只是一去不回的，不是再有回轉的。又是個連晝連夜，[一] 滔滔汩汩，忙忙如鳥飛轂轉，只管去而不停的，不是一刻少住的。自古到今，你何曾見東馳之波，再

[一]「又是個連晝連夜」，底本作「又夜」，據明萬曆抄本長水先生文鈔川上之嘆大義補。

返源頭？過去世界，重新如昨也？嗚呼！千古萬古，被此一聲唱破，再無還復。人心中千念萬念，閃爍變幻，一片佔間佔舍，千年不了的癡漢心腸，被此老一聲提換，不由你不當下灰寒了也。蓋嘗浩蕩思之，日沉月升，是一日過去，光陰如馳；春往秋來，是一年過去，寒暑代變；朱顔皓首，是一生過去，韶華不住；龍争虎噬，是千古過去，英雄沉埋。假如軒、黄以前，渾噩世界過矣，接了唐、虞，又是一片揖讓熙和時候，則渾噩之風，再不得回來也；商、周以來，嚴正世界過矣，接了春秋、戰國，又是一片棼雜争雄時候，則商、周之治，再不得回來也。漢、唐、宋下，半明半晦，半否半泰，纔小可些，少間又壞了，何曾一日駐車停馬，有百年太平清明之日乎？江河風濤，頃刻百换，前浪後浪，激蕩難平。隙中之駒，半瞬不暫歇；郵亭之客，過去便無情。故曰：川閲水以成川，世閲人而爲世，此理常常如此，故謂之道。不得已而名之曰神曰化，曰元氣，曰太虚，曰太極二五，皆假借名之耳。佛家言「現在世界，新新不住」。道家言「大曰逝，逝曰遠」，與吾師「逝者如斯」之説，豈異指哉？皆歷世練熟，越局高談，了達世間之妙論，故識者尊而高之曰「此論道之言」。後儒乃轉韻之曰「天地之化，無一息停，君子當自强不息，純一不已，其要只在謹獨」，此其論學示人，言亦切矣。我以爲天自旋，日自行，水自流，鳶自飛，魚自躍，柳自發，花自鮮，宇宙中間，此理自然而然，一絲不勞人心。吾人若必晝夜劬劬汲汲，效其不息，毋乃太勤而遠於自然之道乎？若論道之本然，千古世界，自動自静，亦無動亦無静，只任自過自去，皆不可控揣拘執之物，即天地日月，亦在中推移，不能强爲之主。聖賢豪傑，亦在中維持，不能盡了其心。吾輩教中人，亦在中窺測得一二分，終不能於「川上一嘆」之上，再加點綴也。然則吾人處世宜如何？世界萬變而不定，光陰一老而不留，風波常動而不息，晝夜常運而不間。吾既朗然大達，豁然盡了，則無心以應，隨時處中。當用世時，用可行也，行可逝也；當渾世時，渾可忘也，忘可逝也。住一日，完一日之綱常；住一年，了一年之性命，可久速，亦可仕止，無意必，亦無固我，無可無不可，此真吾師心印也。彼汶汶以生，茫茫以没，吾無論矣，其間挺然名世，燁燁如明星之相望，涵爲道德，樹爲風節，垂爲文章，布爲事業，炳炳朗朗，自彼其時。譬之川焉，濡爲潤澤，激爲波瀾，升天爲雲物，住地爲霖雨，皆川流之作用，皆有功於天地民物。若循其本而論，請問誰爲常住者？故曰「逝者如斯，不舍晝夜」，言此六虚世界，并世界内區事，與我一生身世心腸，總只是這般明來暗去便了也，此之謂「窮理盡性至命」之説。若我真靈一物，本無來，亦無去，自有大常大定者，不曾散，亦不曾留，獨立千古，舉世人與我共此物不得。蘇長公所謂「逝者如斯，而未嘗往也」，學者自得之。沈長水説大義。

語之而不惰章

夫子之言，諸弟子得之於口耳，顏子得之於心。口耳之學與身無干，故惰；得之於心者自動於身，有所不能已矣，何惰之有？此亦足以發「欲罷不能」之意。薛畏齋。

唐棣之華章

夫子只借詩詞一反言之，而於中涵有無限意思，此上着一字不得，學者宜自玩味。徐儆弦。

讀詩必如夫子，然後爲善讀，然後爲有得，三復之，真是意味深長，令人感發興起。同上。

孔子於鄉黨章

「恂恂如也」二句，一連說，總狀其容貌詞氣。然在鄉黨，似一個不能言者，而在宗廟朝廷，又却便便言。味此二條，即得夫子沖和氣象，門人亦可謂善於形容。徐儆弦。

執圭章

門人狀夫子之容貌，每着一「如」字；見夫子之動容周旋中禮，有不能擬諸形容之妙。徐儆弦。

門之大，入之如「不容」；圭之輕，執之如「不勝」；氣之屏，又曰「似不息」；足之蹈，又曰「如有循」。門人之善於形容如此。同上。

色斯舉矣章

昔之記魯論者，既述尼師之至言妙道矣。其第十章中，記衣服顏色，動容居處之詳，正如繪化工者。及其羽毛鱗甲，根莖花萼，色色傳神，細細描寫，令人若登闕里、升孔堂，如炙如臨，有亦步亦趨之想。至其末簡，又申之曰「色斯舉矣，翔而後集，山梁雌雉，時哉時哉」之語，令人恍惚含想起江湖風波、世路崎嶇之慨。即我尼師之言曰「用則行，舍則藏」，我於世界中，「無可無不可」。嗚呼！此孟軻氏所稱聖之時者乎？夫出處行藏，亦人之巢林藪宅也。舉世茫茫，繒繳及之，哲人邈矣，冥冥高飛。請繹「時哉」一篇之文，夫曰「色斯舉矣」，色在人意想有無間，殺機藏之胸中，是鳥也，何以知之？舉者超然高覽，出塵垢而入煙霄，虞人無所施其巧，是鳥也，頃刻萬里，豈可籠哉？夫見色知人心，知之速忙去，少停留仍待，將恐禍機卒發，若不及備。嗟乎！士君子見幾斯作，不俟終日，理當如此。夫曰「翔而後集」，既已高舉，飄飄遠去矣，然豈能終住太空之宇，離却人間世也？故飛去乍迴，左盼右顧，得一片茂林高岡，蓊蔚深藏之處，乃始托翼焉。「翔」之云者，翱翔容與，不失吾常；「集」之云者，安定無虞，棲神甚穩。若審之未詳，擇之不安，終不敢輕易下來，以干人世之網。故翔舞之久，乃始集焉。嗟乎！士君子明哲保身，待時藏器，理當如此。山梁之雉，乃借此一事發上文之義。山是高嵬地，梁是行路傍，雉是文明物，雌是善伏者。身在高嵬，不忘世患，有時而舉，有時而翔，有時而集，故稱「時哉時哉」。夫子感小物得時，再三吟頌，以爲有當乎「用行舍藏」心事？三嗅而作，豈忘德輝？夫亦雅見仲子之顔色，故去也。着此子路「共之」一句，正與「暴虎馮河」義暗相映發。所謂海鷗忘機，見色群飛，人之精神，藏在五鬲，機事機心，默應禽鳥。故山間之鹿，可以隨虞、舜；山梁之雉，不免避尼師。則以仲子學力淺露，不能如燧人、赫連之世，可係羈以游，攀緣而闚也。乃悟鄉黨一章，模形肖貌，着此作結，大舉莊周「庖牛」「夢蝶」，機鋒相類，人世之難，悄然增感。甚矣，孔門諸子之善傳神也。嘗試論之，人生不能離群，貴人群而不亂。不特入群，又能出拔高翔；不獨高翔，更能應時合窾。其用人群也，天下樂推之不厭；其超世網也，天下仰重而不疑。其偕一世與之俱忘，天下默入範圍而不覺。故曰孔子聖之時，巧妙只在仕止久速間。嗚呼！蓋可忽乎哉？吾想人於生事，不過如化禽飲啄耳。澗沚之毛，清冷之水，普天之下，何處無之？所藉無多，釣餌烏能及我，終日飛舞，不離林樾，逍遥區宇，聊以散百齡懷抱，舊丘舊水，童時所游，没則斂手足藏焉。瓊闕瑶臺，簪金拖玉，所適不過一息耳。此豈我終身定局耶？潁水箕山，潛光不耀，時乎時乎，達人高飛耳。吾嘗歷選翔羽中，有三靈物，昔者唐虞道洽，簫韶九成，鳳兮鳳兮，乃始翔舞其廷，一見足耳，何必如後時者，集在祈年别殿，數日乃去乎？夫數日乃去，何鳳德之衰也？漢帝竚思商山，惠來青宫既定，[二]羽翼何在？帝乃作歌曰：「鴻鵠高飛，横絶四海。」使鴻鵠可羈耶，何殊凡鳥？又奚冥冥之慕焉？仙禽員吭，鳴則九天。自明遠一賦後，子瞻續而賡之，要以「抱明心於寥廓，寄輪羽以西飛」。千秋一化，乃來華表，人世紛紛，可久居耶？書稱鳳儀，詩著九臯，易表漸逵之羽，自是以下，鵝鶩之群，無足污吾頰者矣。然則尼師捄世之指何如？曰：「吾師之

[二] 底本「來」字涂改漫漶不清，據明萬曆刻本長水先生石林蕢草色斯舉矣一章説義補。

心之道，與世拳拳，自是關心特甚，乃世亦何拳拳於吾師之有？」不合於魯，不脱冕焉；不諧於衛，不再宿焉；削跡在宋，晏行韜寶焉；式微悲齊，接淅負釜焉。俯仰人途，荆榛罥足，何顔何面？干彼彌倉，既奥主之難期，復竈煬之可畏。所以達人見色早藏，知時遠遯，策白駒以長往，歌紫芝而不來。誠抱精守玄，灌園終身而不悔也。軻以論尼師曰「可以仕則仕，可以止則止，以爲可仕乃仕」，否則寧止耳，「不可則止」，是止之時常多於仕矣；「可以久則久，可以速則速，以爲可久乃久」，否則寧速耳，「三年不淹」，速之時常多於久矣。「無可無不可」，「時哉時哉」，以言避世之深，遠害之果，千古藏神之竅也。夫以尼師之聖之才，在魯三月，後終其身無一遇。然則攘臂摇目，爲人流涕太息者，何諧世之太勤乎？鳥不厭高飛，吾望雲而慚高鳥。以斯之解，揖拱聖門，右祖仲子，前席子淵，宜無多讓焉。」沈長水説義。

顔淵死章

夫子上接文王之傳，則曰「天將喪斯文」；下失顔淵之傳，則曰「天喪予」。以斯文興喪歸之於天，而以回之死生爲己之存亡。噫，其待回也至矣。徐儆弦。

由之瑟章

聖門自有許多階級，有不得其門而入者，有得其門而入者，有升堂者，有入室者，有在門墻則麾之者。徐儆弦。

季氏富於周公章

冉求聚斂，不是有心爲惡，只是被才使了，不知不覺做去。然學問之道，要反觀内省，照管本根。若徇才而往，何所不至？便是謀利計功之私，亦只是這一條路。所謂毫釐之差，千里之謬者也。聖門之徒，正其義不謀其利，明其道不計其功。若一失足，便了不得。故鳴鼓而攻，欲急救之。在冉求不覺，在聖人看來，罪惡極大。譬如拯溺救焚，勢不容緩，故言之嚴切如此。薛畏齋。

冉求無謀利計功的心，他做的却是謀利計功的事。以其有是事，故曰「非吾徒」；以其無是心，故「鳴鼓而攻」，猶可救藥也。同上。

柴也愚章

愚魯者，精神内守者也；辟喭者，精神外馳者也。務内者，外不足而内有餘，進道之資也；務外者，外雖可觀，根本荒矣，如何入得道？此正學術内外之辨。薛畏齋。

顔淵後章

昔夫子獨薦顔淵爲「好學」，後儒因「爲邦」之問，又許以爲有王佐之才。陋巷簞瓢，毫髮未徵世用。四代禮樂，非回設施，何取而稱王佐？獨家語所記孔語有曰「自吾得顔回而門人益親」，其所作用，略可彷彿，猶爲未盡。及讀論語，至子畏於匡，顔淵後，子曰「吾以女爲死矣」，聖人此言，亦有若喜若驚之意，蓋倉皇避亂，彼此相失，存亡兩不相知，一旦相見，不覺其驚喜之交集，故如此也。試看顔子如何對答，神閑氣定，不疾不徐，執誼甚高，致詞甚壯，曰：「子在，回何敢死！」顔子此言，蓋非見夫子而後知其必在，故不待見夫子而後不屑爲徒死也。他章，夫子之自言也，曰：「天之將喪斯文也，後死者不得與於斯文也；天之未喪斯文也，匡人其如予何？」是夫子蓋有以信己之必生，而不能必顔子之不死；顔子則有以諒斯文之未喪，而決孔子之必生。胡氏所云「捐生赴鬬，請討復讎」，自是師弟綱常，豈知夫天既無遽喪斯文之理，孔子又烏有遽離凶難之事？於此信得命及，乃爲知天；於此透得關來，乃爲達本。不容何病？不容然後見君子，此顔子之所以畢竟真知孔子也。「捐生請討」之論，去此識見胸襟，何啻天壤！古稱大舜烈風雷雨弗迷，正是此等景象。此所以垂裳恭己，不動聲色，而措天下於泰山之安也。佐王之學，際時行道，直致唐、虞，躋民仁壽，若顔子真優爲之矣。李見羅。

季子然問章

愚嘗看孔子最渾厚，却最激烈，其言語最和平，却最峻厲。如答王孫賈媚竈之問曰「獲罪於天，無所禱也」，答季子然由、求之問曰「弑父與君亦不從也」，皆凛然斧鉞冰霜，剗根折萌，震動肝膽。其判道理處，若「自古皆有死，民無信不立」，亦截然斷蛟剸兕，刃不濡血。後來每誦伊川「餓死事極小，失節事極大」之句，以謂有裨風化，不知其骨胎蓋脱自夫子也。夫子到義所當斷處，其峻切亦豈減於伊川？此所以「可止則止，可速則速」。至於「接淅」「不脱冕」，灑然瀟然，無毫髪濡滯也。「江漢」「秋陽」，愚每謂要於此等處看，此處斷不清，別無有秋陽江漢。李見羅。

子路使子羔章

人若少年做事，他聰明襯貼得起，血氣助襲得來，事儘做得。若不曾收斂，見得理分明，聰明血氣，有時而衰，到四十五十，便使不去，反壞了，夫子所謂賊夫人之子也。若收斂聰明，以擴充其身心，不馳騖於事物，使聰明愈斂，而理義愈明，到得積久，則血氣都化而爲義理，四十五十時，純是義理用事，乃爲明體適用之學。格天事業，從此而出。古人定制，使人四十而仕，五十而服官政，欲乘其理明義精、氣質變化之時而用之，意正如此。夫子之惜子羔，豈是爲欲他讀書也？子路若肯沉潛内思，悟得夫子之意，長多少見識，却只取辨口頭言語，教人更不好與他説這樣話，此便是佞之爲害。薛畏齋。

子路曾晳章

三子皆欲得國而治之，是恃其智能才美，有取必之心。曾點遇眼前景，做眼前事，説眼前話，都不見他智能才美，無取必之心。心無取必，智能才美不用，則事功所發，莫非天理之當然。以理應用，而不以己與之，推之堯、舜事業，不過如此。三子事業，是世上少不得的，他所少者，只這些意思而已。夫子與點，所以教三子也。然曾點亦只是氣質好，聰明見得到，不是從學問中實得的，何以知之？觀其言曰：「夫三子者之言何如？」夫三子之言，便是曾點之言。各言所志而已，有何高下？夫子所以哂由者，蓋爲世間的事，凡所當爲者，皆是天理合當如此，與吾性分中都無所與，而吾之應之，亦只是感通順應之常，智能才美都無所用，有何功勞？有何所與？三子却説由也爲之，求也爲之，非曰能之，恰似從他智能才美中做出來，都無個順應感通遜順的意思。不如曾點無所容心，思不出位，却見得這些大意。夫子所以哂由也。哂由者，所以哂三子也。曾點若是實見得這道理，理會得夫子的言語，則三言已盡，何須更問？却又問求、赤不是爲邦，蓋疑夫子之哂由，哂其爲邦也，不知爲邦之事便是浴沂詠歸之事，都是世間少不得的。除却爲邦，亦無志可言，無事可做矣，更説甚浴沂詠歸？以此見得這些道理，曾點不曾實有諸己，只是聰明見得到，還須從事學問之功，在事上理會。故夫子實其爲邦，以明有此志，即有此事，内外本合一，爲邦不是可哂的。有了曾點之志，要在三子事功上，見有其志而無其事，則事理不合一，曾點之志亦無用處，乃所以教曾點也。薛畏齋。

夫子何以之問？問其把平居何等學術去應人之知，非必問其人知之後何等設施也。三子之志，都説人知以後設施的事。曾點之志，則舉平居眼前的學術來説，而所以應人之知者即在此。曾點只是素位而行，隨其所遇，無不可樂。三子則願乎位之外，三子必要人知方行得。曾點不論人知人不知，隨時隨處皆可行。三子格局拘，曾點機括活。三子取必於人，曾點取必於己。三子等待他日做，曾點只在今日行。三子揀擇地方做，曾點即在此地行。此夫子所以獨與點。徐儆弦。

曾點之言志，便是素位而行，不願乎其外。如暮春只目前時候，不待三年，春服既成，亦不待玄端章甫，冠者五六人，童子六七人，皆同儕，皆魯産，不必其可事之君，可使之民，於沂而浴，於舞雩而風。沂與舞雩皆魯境也，浴之而風，適吾情也。又非有若邦國宗廟之不可必，爲國相君之不可期，道理取之左右，事功付之倘來，無所假借，無所等待，殆即夫子老安少懷之志也歟？同上。

昔者，夫子之高第弟子由、求、點、赤嘗在沂、泗之壇奉子之色笑。於時子見英賢滿座，默有世思焉。欣然語之曰：「我固有一日之長，然談道述志，不讓於師。今日却須有懷必吐，譬則家家懷崑田之璧，人人握靈蛇之珠，今者試各吐珠發璧以相示，爾我知交，盡傾懷抱，斯乃天下至暢快事。即莫我知乎，吾徒足以樂此，吾無憾焉爾已。」此夫子一片真情穠意，淡淡融融，亦何所着意其間者哉？及子路以可使有勇知方對，夫子略哂之。求見其如此，避席曰：「願得小國試焉，可使足民。」赤又見求如此，避席曰：「願爲小相，奔走而習禮容焉。」子於兩賢都無許可，及點舍瑟雍容，稱言揖讓，所志者，乃與三三兩兩同沐春光，浴沂風雩，詠歸浩蕩，全非子所屬問之指，[二]另作一道空曠無倪文字。夫子不覺喟然嘆曰：「吾其與點乎！」此道此心，千古未契，點即稱了達乎？猶然言下生疑耳。有與有不與，有哂有不哂，用者反見哂，不見用者反見與，於是點亦疑之矣。問三子者何如？疑其何以不與也？問何哂由？疑其以爲邦哂也。問求、赤獨非邦，疑二子者亦以爲邦不與也。夫既疑三子者，皆以爲邦不見與，然則夫子獨與點者，將以不爲邦乎？大非子之指矣。子第隨問隨答，淡淡融融，終不置可否，軒輊乎其間，則夫子之志，温厚可思也。余讀書至此，掩卷自怡，而試言之，曰：「夫子之道，惟顏氏獨契之。」故子曰：「用之則行，舍之則藏，惟我與爾有是夫。」所云「有是」者何物？出以示人，袖之懷寶，我有此寶，我自樂之，日用尋常，何之非是？豈必舍素位而旁睨乎？不必行，亦不必不行，用之則行；不必藏，亦不必不藏，舍之則藏。我既有此寶，用不加，舍不損，吾輩寥寥數友，高談堯、舜，等富貴乎

[二]「之指」二字底本被墨點污染，無法識讀，據明萬曆抄本長水先生文鈔滴露軒藏稿夫子喟然與點之意講義補。

浮雲，吾獨能爲此耳。用舍，大率由人，故自别於夷、齊之儔，曰：「我則異是，無可無不可。」非漫無指歸也，以在我者自有自足，無所不可也。孟氏知其心，曰：「孔子可仕則仕，可止則止，可久則久，可速則速。」若曰：「仕則仕耳，久則久耳，儻時之無常乎？即止即速，斂而懷之，吾何心之與有？」嗚呼！此點之言，現在即真，意必俱忘，正合聖人當日行境。固沂、泗杏壇前一幅玄圖也。吾不與點，當誰與乎？後之説者，又因點之再問，疑復生疑，解中覓解。以爲三子之粗不如點之高；又以爲點之虚不如三子之實；又以爲先與點以廓三子，而進之乎高朗，[一]再與三子以抑點，而進之乎實用。如是者，胸中分别太多，既失聖人無意無必之心矣，而學道之家，玄峻其説，以爲點之志可以同流天地，一體萬物，肩齊堯、舜，指顧唐、虞，斯不乃求之太高，言之小過乎？吾以爲夫子之道，用行舍藏之道也；夫子之心，無可無不可之心也。顔氏得其微，點也能言其解，三子解與不解未可知。然皆有禆當世之用，用之皆可行，特以不知不行耳。謂其必逐逐功名間者，又非也。或曰：「子之説誠辨矣，安知果夫子指乎？」曰：「夫子固云我特哂由之言耳。他日曰『可使治其賦也』，於求於赤，孰非千

[一]「而進之乎」，底本原作「以抑點而」，旁點改作「而進之乎」。

乘之才，而又何哂乎？然則始問『何以』者，此物是也，藏可行也；後稱『與點』者，此物是也，行可藏也。由亦與，求、赤亦與，都無不可用者，此物是也。四子與夫子始終共行藏者也，無軒輊也。一則曰『何傷乎』，亦各言其志也；再則曰『三子者，亦各言其志也已矣』。設使其時顔氏在列，夫子曰自言，豈别作一解乎？亦各言其志也已。」乃若世方清恬，群才秉軸，禮樂煇燦，兵食給足，而令我一輩不用之人，曳裾春風之中，嘯歌緑水之濆。儻亦若曾氏之游泳，程氏之吟弄乎？不知賢豪問渺論，以爲我輩視堯、舜氣象何如也。沈長水。

顔淵問仁章

人只是有這形骸軀殼，便爲那形骸軀殼，不特好货好色好名好利，百凡動作，要占便宜，亦只是爲我。人雖曉得私己是不好事，及事到面前，不知不覺又看得自己身上重了，所以己最難克。門人之記夫子曰「毋我」，亦只是此意。徐徹弦。

「克」字、「勿」字皆是着實用力字面。「克」字如斬截，不容復續；「勿」字如隄防，不容復潰。均非至健不能。同上。

仲弓問仁章

「克己復禮」者，理爲主，如天之包地，萬物變化於其中矣，故曰乾道；「主敬行恕」者，順理而行，如地之承天，物各有則，不敢踰越，故曰坤道。薛畏齋。

子張問崇德章

「徙」，如人之徙舍。安土重遷，人之常情；畏難苟安，人之通患。故夫子以「聞義不能徙」爲憂，而以徙義爲崇德。徐儆弦。

季康子問政章

康子纔説個「殺」字，孔子便説個「善」字來换他。康子欲殺惡人以成就善人，孔子便欲化惡人以爲善人。康子之意專任刑，孔子之意專任德。徐儆弦。

衛君待子章

子路問「爲政奚先」，夫子以「正名」答之。當時使夫子而執衛國之政，其所以正名者，必自有説。後世若胡文定之所謂「立郢」，朱晦翁之所謂「避父」，及近世陽明先生之所謂「感化」，非不爲衛國處分，然終以己之心度聖人之心。而其在聖人神化莫測，恐未必止是也。徐儆弦。

魯衛之政章

衛之政，父不父，子不子；魯之政，君不君，臣不臣。卒之，哀公遜於邾而死於越，出公奔於宋而亦死於越，其不相遠如此。徐儆弦。

苟有用我章

期月而可，「三年有成」，必世後仁聖人之作用也；大國五年，小國七年，大賢之作用也；「比及三年」，可使有勇，可使足民，賢人之作用也；「爲邦百年」，可以勝殘去殺，善人之作用也。古人之用世，皆可以計時而考成，非若後人之隨世以就功名者也。徐儆弦。

定公問一言章

此章要看個「幾」字。大凡言幾，便有介乎彼此之意。「如知爲君之難也，不幾於一言而興邦乎？」「如」字，與「不幾」字、「乎」字正相應，此中便含有「不如此，則興邦未必不至於喪邦」意。「如不善而莫之違也，不幾於一言而喪邦乎？」「如」字，與「不幾」字、「乎」字正相應，此中便含有「不如此，則喪邦者，亦未有不可興邦」意。興喪之源分於此，而興喪之幾亦介乎此。夫子數言，真爲治之藥石。徐儆弦。

國語晉文公問於郭偃曰：「始也吾以國爲易，今也難。」對曰：「君以爲易，其難也將至矣；君以爲難，其易也將至矣。」家語孔子告哀公曰：「昧爽夙興，正其衣冠，平旦視朝，憂其危難，一物失理，亂亡之端，君以此思憂，憂可知矣；君者舟也，庶人者水也，水所以載舟，亦所以覆舟，君以此思危，危可知矣。」史記子思言於衛侯曰：「君之國事，將日非矣。君出言自以爲是，而卿大夫莫敢矯其非；卿大夫出言自以爲是，而士庶人莫敢矯其非。君臣既自賢矣，群下同聲賢之。賢之則順而有福，矯之則逆而有禍。如此則善安從生？」同上。

葉公語孔子章

林氏曰：「石碏之爲父，而不隱其子厚。李璀之爲子，而不隱其父懷光。弑逆大惡不可隱，其事尤重於父子之倫也。石碏以父殺子，於理爲順；李璀以子告父，理似欠安。然李璀恐其君不知備，而見害於父，不是叛父，其後又能死之，此爲得也。」徐儆弦。

吕東萊曰：「子之證父，先有證父之曲，不必問其所證之事也；弟之紾兄，先有紾兄之曲，不必問其所紾之事也；[一]臣之訴君，先有訴君之曲，不必問其所訴之事也。」同上。

行己有耻章

子貢問及今之從政，是他本心要做的。蓋當時論者，皆以才不説德，只説這個便是士了。聖人説才是器，德是器中所容之物，有德而後才爲有用，猶有物而後器爲有

[一]「紾」，底本作「袗」，據文意改。

用也。若有才而無德，有器而無物，何所取乎？況今之從政者，都是小才，如斗筲然，終日盛量，而無合勺爲己有，撇來撇去，何足算數？蓋根基不立，只做得這般樣人。無可施學問處，不可以進於士，夫子所以寧取硜硜者以此。薛畏齋。

不得中行章

狂者有氣魄，狷者有筋骨。狂者如神人之凌虚御空，可望而不可即；狷者如風急天寒之夜，而當門定脚不仆。狂者如鵬，搏扶摇而上者九萬里；[二]狷者如鶴鷺之標致整潔，風格絶塵。然論其規模，則狷者終在狂者範圍之内。徐儆弦。

不恒其德章

做不善事的人，其心未嘗不自愧。若或進之也，觀於此詞，可以惺然。故夫子欲人玩其占。薛畏齋。

[二]「搏」，底本作「摶」，據莊子逍遥遊改。

克、伐、怨、欲章

「克伐」，是因己所有而生，氣盈也；「怨欲」，是因己所無而生，氣歉也。推本言之，又皆由欲而生也。徐儆弦。

克、伐、怨、欲不行，是無根之善，有種之惡，雖能力遏其衝，而所謂克、伐、怨、欲者固在也，一旦防檢稍疏，將投間抵隙，勃然而出，其難者於是乎不足恃矣。「可以爲難」，不是許之之詞，此非學者正當工夫，聖人全不以此教人。或以難爲勉然，仁爲自然，大繆。[一]

存天理，去人欲，説者謂爲「求仁之方」。克、伐、怨、欲不行，夫非去欲之法，乃曰「仁則吾不知也」。不知除却去欲，更有何法可以存仁？微矣微矣，却又點個「難」字，曰「可以爲難矣，仁則吾不知也」。僭謂自其着力處，固叫做難，而自其喫力處，亦叫做難，如何叫做着力？原憲蓋是個刻苦做人者，克、伐、怨、欲，一切剛制，回既倒之瀾，障而東之，使不得行，難矣難矣，故曰：「自其着力處，固叫做難。」尚有一説，古稱

[一]「當工夫，……大繆」底本爲一行，天頭有眉批云：「先難後獲，何也？」

涓涓不息，流爲江河，綿綿不絶，將尋斧柯。解牛者，刃遊虚空；破竹者，無煩着手。難易迥然，理可概見。子夏之交战而癯，病亦坐此，難矣難矣，故曰：「自其喫力處，亦叫做難。」由前之難，其所着力處，即是其得力處，原憲之所爲可許也；由後之難，其所喫力處，即是其受病處，原憲之所爲未可與仁也。知克、伐、怨、欲不行者之爲喫力，而所以求仁者，可以照知其用力之方矣。李見羅。

南宫适問章

禹未嘗躬稼也，而論語曰：「禹、稷躬稼而有天下。」稷未嘗過門不入也，而孟子曰：「禹、稷三過其門而不入。」此可見古人文字之不拘拘。徐儆弦。

愛之能勿勞章

要曉得此是誨，不是諫。諫者，小臣之職；誨者，大臣之道。涵泳「誨」字，自有深味。徐儆弦。

言愛言忠，不特君臣父子爲然。天以貧賤憂戚勞吾人，天之仁愛也；以災異譴告忠吾君，天之善誨也。愛人以德，師道亦有之；忠告善導，交誼亦有之。即夫子所言忠愛，亦初未必拘拘於君臣父子之間也。同上。

爲命章

裨諶不足，取之世叔；世叔不足，取之子羽；子羽不足，取之子産。討論其草創，而不爲矜己之長；潤色其修飾，而不爲形彼之短。故能合衆人之能，以成有國之美。徐儆弦。

或問子産章

「彼哉」，外之之詞；「人也」，内之之詞。徐儆弦。

子路問成人章

才質如鉛汞，禮樂如真丹。鉛汞若無真丹點化，不成黄金；忠信之質，未養成之丹也，亦勝是那空鉛汞無用處。薛畏齋。

晉文公譎章

此是當時一大斷案。孟子論春秋曰「其事則齊桓、晉文」，夫子有此斷案在胸中，所以作春秋，每每與齊桓而劣晉文，又於詩録木瓜，而唐風不録晉文，亦是此意。徐儆弦。

子言衛靈公章

孔子因靈公之無道，而又特取其用人。其所用之人，皆平日之所不與者，而又不没其才，此可見聖人至公之心。徐儆弦。

陳成子章

君曰「告夫三子」，是君下替而不君；之三子告「不可」，是臣上淩而不臣。徐儆弦。

以「吾從大夫之後，不敢不告」一句，涵許多意思。臣之弑君，已不待言，而鄰國之不可以不討賊，君之不可以不命三子，三子之不可以不從命，皆在其中。此等言語，自非夫子不能道。同上。

蘧伯玉使人章

「欲寡其過而未能」七字，意味深長，義理凝聚，最宜詳玩。徐儆弦。

君子思不出章

思不出其位，此理最妙，不惟能盡其分，且亦能定其心。徐儆弦。

疾固也章

固者，蔽錮此心之仁，故爲可疾。薛畏齋。

莫我知也章

不怨不尤，是下學上達張本。蓋有怨尤之心，則滯於物，他下學處更超事物不得；無怨尤之心，則虛明不累，而日用人事間莫非天理。心與天一，則精微之妙，豈恒情所能測哉？薛畏齋。

薛敬軒曰：「知天地之化育，是聖人之心與天爲一；知我者其天，是天之心與聖人爲一。」徐儆弦。

子路問君子章

欲立欲達，意同修己，少不得在「安人」上見。子路少之，可見他學問不合一處。還説「修己以敬」，已是盡了安人的道理。故夫子以「堯、舜猶病」抑之。説「如斯而已」，則此心全没個商量，學問全没個着落。

衛靈公問陳章

孟子曰：「孔子厄於陳、蔡之間。」考春秋，則其時陳服楚，蔡服吴，吴、楚交戰無虚歲，孔子蓋爲楚昭王，徘徊陳、蔡而厄於兵間也。徐儆弦。

賜也女以予爲章

「多學而識」，則以聞見牿吾心，其機窒；「一以貫之」，則以吾心統事物，其機神。徐儆弦。

到「一貫」，依舊不離「多學而識」上也。薛畏齋。

「一以貫之」者，他記我；「多學而識」者，我記他。同上。

子張問行章

「參前」「倚衡」，只是此心常存，常目在之之意。若把一個「忠信篤敬」常看在眼前，便如司馬温公常念一「中」字，便是執着了。聖門之學不如是。故論「參前」「倚衡」，當在勿忘勿助之間。「參前」「倚衡」其功密，故然後行其機順。只在「參前」「倚衡」處做下工夫，到得發邇見遠，出身加民，便如中流自在，更不費推移之力矣。徐儆弦。

顏淵問爲邦章

顏子「克己復禮」，所立卓爾，夫子告以四代禮樂足矣，而復有「鄭聲」「佞人」之戒，何哉？舜之授禹，「允執厥中」足矣，又益之以三言，又繼之曰「無稽之言勿聽，弗詢之謀勿庸」。夫子之意，即舜授禹之之意。徐儆弦。

孔子言王道，只言禮樂，如夏時、商輅、周冕、韶樂是也；孟子言王道，只言政事，如衣帛、食肉、井田、學校是也。同上。

舜咨十二牧，終於難壬人；命九官，終於塈讒説；孔子答爲邦，終於遠佞人。一也。同上。

蔡氏曰：「周人建子，先儒議論，紛紛不一。有謂時月俱改者，漢孔安國、鄭康成之説也；有謂改月不改時者，宋程伊川、胡文定、朱晦翁之説也。」有謂時月俱不改者，蔡九峰之説也。至於元儒吴仲達、陳定宇、張敷言、史伯璿、吴淵穎、汪克寬輩，則又遠宗漢儒之説，而力詆蔡氏之非。謂以言書則可從，以言春秋則不可從，是將何所折衷？嘗得菁齋讀書録，見其所作周正辨，謂周人未嘗改時月，而獨以建子爲歲首，是以此月爲正朔，非以此月爲正月也，且歷引易、詩、春秋、周禮、論、孟，及汲冢、周書、史記、漢書，以明其必然者，今亦不能盡述，其大略謂：「正朔與正月不同。正朔者，十二朔之首，史官紀年之所始也；正月者，十二月之首，曆官紀年之所始也。故皆可謂之歲首，前乎商之建丑也。書曰：『惟元祀十有二月。』商之正朔，以十二月爲歲首，而非以十二月爲正月也。後乎秦之建亥也，史謂秦既并天下始改年，朝賀皆自十月朔，故曰元年十月朔，是秦之正朔以十月爲歲首，非以十月爲正月也。由是推之，則周人之建子以十一月歲爲首，而非以十一月爲正月也。蓋周之正朔以子月爲首，而曆數仍以寅月爲首。但史官紀年必始於冬十一月，所以遵周正朔也；春秋紀年則始於春王正月，所以垂法萬世也。是春秋之於魯史，未嘗改其時月，但其編年所始之月爲不同耳。曰：『若然，則周曆之紀皆夏時矣，而又何必曰「行夏之時」哉？』曰：『商、周曆數雖與夏同，而正朔則與夏異，商、周之正朔曆數，分而爲二，揆之於理，固有未順。惟夏之正朔曆數，合而爲一，以統言之則爲人，以時言之則爲春，以月言之則爲正，揆之於理無不順，故舉之以爲萬世法也。』」愚按：此説實本於元儒朴卿呂氏所作春秋或問，以爲周禮有正歲正月之文，其説尤爲詳備，足破千古之疑。蔡氏所引，即其故説。同上。

蔡氏又曰：「春秋『春王正月』，即是夏時之春；夏時之正月，時月俱不改，但用以十一月爲歲首。孔子作春秋，不始書冬十一月，而首書春王正月，便是行夏之時。」[二]

後儒因顏子問「爲邦」，孔子酌四代禮樂以告之，因以爲有王佐之才，有天德便可語王道，顏子之無忝王佐明矣。然此特夫子論耳，非顏子之見諸設施也。昔人謂南

[二] 「不改，……便是行夏之時」底本爲二行，天頭有眉批云：「春二月無冰，何也？魯史又何以名春秋？」

面而莅天下，所共理者，將與相耳，相爲天子得人於朝廷，將爲天子得文武士於幕下，求天下無治，不可得也。堯憂舜，舜憂禹，爲學求人，汲汲皇皇，孔、孟之心，千載如見。蓋除却孕靈毓秀，爲世生傑，雖天地亦無別有經綸，以維持世界也。家語記孔子曰：「自吾得顏回，而門人益親。」只門人親處，是有多少作用，此顏淵死，所以子哭之慟也。蓋佐夫子之行道者，顏子也。窮居，則佐其師以求友；達處，則必能佐其君以求賢。李克所謂「窮視其所與，達視其所舉」，所與者如此，則所舉者可知矣。此則真所謂佐王之才也。又子畏於匡，顏淵後，子曰：「吾以女爲死矣。」曰：「子在，回何敢死。」只「子在」兩字，是有多大識見，恰好與「天之未喪斯文也，匡人其如予何」同一主見，何須説到「上告天子，下告方伯」，審如是，其所見者淺矣，其所以自衛者已疏矣。「回何敢死」一句，却又何等擔當！何等委曲！此又所謂「佐王之才」也。「終日如愚」，到此倉皇急迫之際，氣定神閑，萬兩千斤，道出一句來，真見力量。李見羅。

人無遠慮章

遠慮者，此心無一息一處之不到也。一息不到，則有一息之憂；一處不到，則有一處之憂。所以君子有終身之憂，無一朝之患也。薛畏齋。

不曰如之何章

「如之何如之何」，曾在心上理會一番，便差了也好捄。若心亡的人，便没奈他何。薛畏齋。

有一言而可以章

「不欲」處，即是非理，非理動處，真心自知得，恰依舊放過去，此是私欲盛了。真心作主不定，不能如心。故學問之道，只是不欲處，能勿施始得。得了真心，便一了百當，下學上達，只此一事，故可以終身行之。子貢被聰明使了，連真心都瞞昧却，故夫子欲其反諸心而求之。此與「非爾所及」意同，亦求仁之方也，工夫重在「勿」字上。薛畏齋。

人能弘道章

人心覺處就是道，纔覺這道，便可參天地育萬物，何弘如之！若離人則無心，離心則無覺矣，道從何處來？如何弘得人？故「以人弘道」則可，「以道弘人」則不可。

凡離性求道者，皆以道弘人者也。薛畏齋。

天下只有此兩種學問：人弘道，聖賢之學也；道弘人，異端之學也。以道弘人，則道自道，我自我，模擬雖似，不離知識之私，形氣之牿安能超然軀殼之外，而與天地同其大也？同上。

人能弘道，這人便可喚做道；以道弘人，道與我不相干也，依舊血肉之軀而已。同上。

記曰：「天地之性人爲貴。」書曰：「人爲萬物之靈。」易曰：「神而明之存乎人。」人者，天地間靈物，惟靈能覺，惟覺能運，惟覺能轉移，惟覺能深入，惟覺能充招，惟覺能變化。故天地賴人之心靈，裁成範圍，佐其所不及。人物賴人之心靈，開發寧輯，各各安全於天地之間。日月賴以明，山川賴以奠，三綱賴以立，五典賴以敦，九疇賴以敘，八法賴以修，自有宇宙繩牒來，四千年到今，此道堂堂嵬嵬於天下，豈非人之力而何也？若夫道者，無一息不行天壤，無一日不在人間。其體自然，無思無爲；其物混成，不增不減；其運無心，無成無毀。自有宇宙四千年到今，得之者聖，失之者狂，順之者治，逆之者亂。通由人，塞由人；用亦由人，不用亦由人；用之大由人，用之小亦由人。道安能主張充拓，以大斯人於天下？故道常虛，虛中有靈，獨鍾於人，人常靈，靈却能透入六虛去，無所不極。唐、虞之道，萬古稱隆，是堯、舜弘之，非道弘堯、舜也；洙、泗之道，萬古稱極，是孔子弘之，非道弘孔子也。人之力量能弘道，乃所以弘人。人弘，道益弘；道弘，則非人不能也。若自肯擔當，自肯獨往，即堯、舜、孔子來，尚有無窮世界、無限精微待我輩充拓。興言至此，能不慨如！故曰：「待其人而後行。」此孔、孟自任之至也。沈長水。

吾嘗終日章

「終日不食，終夜不寢」，聖人也。曾從辛苦中思索一番過來，到得後面，舉眼都是這個道理，比那思的時節較更着實，故曰「不如學」。其實無聖人之思，不可以言聖人之學，學者不可徒徇其言，又墮於「不思」的一邊去了。薛畏齋。

當仁不讓章

見孺子入井而怵惕形焉，此是好事，那時節便是師在前面，須着去做，不讓與他。這個心是人人如此，個個一般，無所爲而爲者，這便是擔當仁處。此是聖人指出人心一個當仁的本體示人，言如此乃可以爲當仁也。蓋曉得這個意思，則當仁的道理便在面前。不然，則當面蹉過，可惜也已。薛畏齋。

師冕見章

朱震謁謝上蔡，謝曰：「好待與賢説一部論語。」少選，曰：「聽説論語首舉『子見齊衰』章及『師冕見』章。」曰：「聖人之道無顯微，無内外，由灑掃應對進退，而上達天道，本末一以貫之。一部論語只恁地看。」徐儆弦。

季氏將伐章

玩夫子此章，憫然有公室之思。一以懼季氏，使不至於逼上，所以安魯；一以責冉求，使不至於逢君，亦所以安季氏。本爲貪利，乃曰「除害」，故爲冉求之飾辭。「有國有家」，以諸侯大夫言也，指魯君季氏也。曰「患」，因季氏之爲子孫憂者言；曰「貧寡」，因季氏之欲伐顓臾言；曰「均安」，因季氏之不得於魯君者言。徐儆弦。

「憂不在顓臾，而在蕭牆之内」，則憂不在子孫，而在季氏之身。「季孫之憂」，正與「子孫之憂」「憂」字相應，其後畔費者出於公山，墮費者出於孔子，則季孫之憂果不在顓臾，而在蕭牆之内也。同上。

天下有道章

陳止齋曰：「此章備春秋之終始。「禮樂征伐自天子出」，是春秋以前時節；「自諸侯出」，隱、桓、莊、閔之春秋也；「自大夫出」，僖、文、宣、成之春秋也；「陪臣执國命」，襄、昭、定、哀之春秋也。」徐儆弦。始之以有道，終之以有道，亦足以見夫子寓意之深。當時政在大夫，若三桓六卿七穆之専，正世道之一變，故夫子不能無有道之思。然自以匹夫而執二百四十二年南面之權，夫子非議政也，欲反其在大夫者而歸之於天子也，故曰：「春秋，天子之事。」同上。

益者章

「益」字有薰陶漸染，日進而不自知之意；「損」字有浸淫漸漬，日退而不自知之意。漢人有曰：「種樹畜養，不見其益，有時而長；磨礱砥礪，不見其損，有時而盡。」此可以見損益之義。徐儆弦。

蔡傳解曰：「便者，順人所欲；辟者，避人所惡。因人好惡而爲趨避，便是不直。」此頗與朱傳不同。同上。

「便辟」「便佞」，皆便也，便於人則人損；「驕樂」「晏樂」，皆樂也，樂於己則己損。天下之事，未有不成於憂患而敗於安樂者。同上。

見善如不及章

「見善如不及，見不善如探湯」，是人之真性如此。隱居求志，行義達道，是從真性上建立起來。有此真性，擴而大之，方能心境合一，神化無方耳。看來誠於好惡，如孔子所謂「善人有恒」，孟子所謂「善人信人」。求志達道，則聖人、君子、美、大、聖、神之流耳。薛畏齋。

志與道，都在吾性中。隱居乃所以求吾之志，行義乃所以達吾之道。外面的物事就是裏面的物事。那個真性直包羅天地，充塞無間。人人有此真性，那個能充擴得到這田地？故曰：「未見其人也。」同上。

齊景公有馬章

景公千駟，不如夷、齊之餓死；顏子一瓢，乃同禹、稷之用世。學者於此可以深省。徐儆弦。

陽貨欲見章

使陽貨欲見而即見之，有餽而不往拜之，往拜而不瞯其亡，遇諸途而或避之，皆非也。孔子處之，却一一有節度；其答之也，立談數語，從容不迫，直而不至於亢，遜而不至於屈。真可以爲處惡人之法。徐儆弦。

公山弗擾章

如有用我，其爲東周。聖人作用，神化莫測，豈可以尋常概論？近世林氏乃謂：「夫子見用，必因陪臣還政於大夫，因大夫還政於諸侯，因諸侯還政於天子，所以説爲東周。」此如稱貸之人挈物以償人，由甲以還之乙，而又由乙以還之丙，其爲説之戇，有不待辨而明者也，而以擬聖人之施爲，亦謬矣。徐儆弦。

聖人道大德宏，人人傾慕。公山弗擾，叛逆之臣，身處死地，思量只有孔子救得他。他來召子，亦只爲救死之計。如今之罪人去禮佛一般，思量只有佛超度得他，故曰：「豈徒哉！」言他必定辨得一片信心來也。孔子到那裏，必將陳君臣之義，以感動其心，使之釋邑請罪，就死司寇。那時節，季桓子亦必感動，知得家臣不可叛大夫，大夫亦豈可叛諸侯？必將歸政魯君，魯君亦因此感動，修舉周政，以事周天子。一舉措間，而名分正，綱紀立，政治修，文、武、周公之治，赫然復建於東方矣，豈不可以爲東周乎？薛畏齋。[一]

由也女聞六言章

蔽，只是此心被私意遮隔了，私意遮隔一層，此理便通透不去，隨分你外邊做得近似，只是氣質之偏，不是達德，故須學以去蔽。然學又須好學，而不好只是口耳之私，反增長得蔽，去他不得。好學如何？只是隨時隨事，有得於心，如誦詩，便有個興、觀、群、怨的意思；見賢，便有個思齊的意思；見不善，便有個内自省的意思。這個幾微處，一毫私意也容不得。如此，則真心發見，氣質不用事，這個真心便是德；如見孺子入井而有怵惕之心，便是仁；這道理分分曉曉，不可陷，不可罔，便是知；實有此理，無所爲而爲，便是信；順此理而達之，便是直；發之勇

[一]「文、武、周公之治，……薛畏齋」底本爲一行，天頭有眉批云：「此段可去。」

決處，便是勇；此理不屈不撓處，便是剛。皆不從外得者，此之謂「好學」。子路知學，未必知好，未免滯於口耳，則理未透徹，其蔽有所不免矣。夫子之言，亦因其病而藥之。薛畏齋。

小子何莫學章

愚按：六經皆稽實待虛之言。苟讀詩者有所感發，則興、觀、群、怨，事父事君，隨所玩習，皆可有得，奚必讀陟岵而後可以言事父，讀四牡而後可以言事君也？如王子擊好晨風而慈父感悟，裴安祖講鹿鳴而兄弟同食，晨風、鹿鳴亦豈父子兄弟之詩耶？且可以興，可以觀，亦隨讀者之有觸，而能自得之，又安可謂篇篇皆有之也？徐儆弦。

禮云禮云章

「禮云」一章，且不說出「敬和」二字，令人一唱三嘆，深思而自得之，其味深長。君子語道，所以貴於涵蓄。徐儆弦。

鄉原二章

上章以似德而亂德，故曰「德之賊」；下章可以蓄德而不有，故曰「德之棄」。「賊」之云者，若加之以傷殘；「棄」之云者，若委之於道途。徐儆弦。

鄉原章

鄉原同流合污，似權而非權，害於權者也；其忠信廉潔，似經而非經，害於經者也。薛畏齋。

「色厲内荏」，是穿窬之盜；鄉原，是劫殺人的賊，不畏人知者。同上。

鄙夫章

王氏曰：「有心於輕功名富貴者，其流至於無父無君；有心於重功名富貴者，其流至弑父與君。」徐儆弦。

予欲無言章

「天何言哉」一節，早是把真機盡泄，方欲無言，已自言盡了，更又何言？徐儆弦。

宰我問三年章

三年爲禮，三年爲樂，此是外面把持的學問，他以食稻衣錦爲安，未必是他真心。蓋他認得這個事，該做就做了，何暇求諸心？然亦可見務外學術，驅率天下，能使人喪其真心如此，畢竟喪不得。如夷子思以易天下，而厚葬其親，畢竟到真心上過不得處，依舊不肯，此異端之所以不能勝正道，而先王之制，所以至今不墜也。夫子説「食旨不甘，聞樂不樂，居處不安」，不管三年與期，是宰我之所必有，既有此心，豈得安於食稻衣錦？亦可逆知其必不安也。兩言「汝安則爲之」，言「看你到那時安不安」也。末節是推所以不忍不安之故，決言宰我既逃不得，要短也有不能。蓋子之所以不忍不爲者，乃至愛根心而然，非有所强也，此宰我之同情。宰我既與人同其愛，又安能與人異其情乎？薛畏齋。

禮樂以養吾心之中和，中和是人情恰好處。如有三年之愛，則通服三年之喪，此禮樂之本原，儀文度數之所從出也。宰我不求諸心之所安，而從事於儀文度數之間，以求免於崩壞，抑末矣。同上。

飽食終日章

飽食終日，無所用心，到博奕便用心，然則終日之間，心從何處去？博奕之時，心從何處來？無他，用與不用耳。人若能回頭轉腦，都如博奕之用心，則虛靈知覺無處不到，戒慎恐懼無時不然，入聖亦不難矣。此是一個提省人心的大機括，學者讀此，便當惺然。孟子引好貨好色之心達天德，亦此意。薛畏齋。

君子尚勇章

子路曰：「君子尚勇乎？」問得來粗；夫子以「爲亂爲盜」答之，應得亦粗。此必初見夫子時事也。及問强，而夫子答之，則先之以南方之强，而終之以君子，其進之矣。徐儆弦。

君子亦有惡章

「君子亦有惡，賜也亦有惡」，兩「亦」字俱當玩。夫子所惡，惡人之不善者；子貢所惡，惡人之似善而非善者。徐儆弦。

楚狂章

「欲與之言」，亦只是鏡中看花，未知所言者何事？徐儆弦。

長沮章

「是知津矣」四字，含蓄有味，桀溺比長沮之言，發露殆盡，夫子只就桀溺之言反之，而長沮亦因以見，吾非斯人之徒與而誰與？便見聖人容受天下之量。天下有道，某不與易，便見聖人斡旋天下之權。[一] 徐儆弦。

[一] 「斡旋」，底本誤作「幹旋」，不辭，據文意改。

周有八士章

三仁去而殷墟，八士生而周熾。記者特記於是篇之始末，以見商、周興廢之故。而曰殷有三仁，周有八士，亦因以見三仁之不幸而值其衰，八士之幸而際其盛，皆不爲無意云。徐儆弦。

上章以魯初之事敘於魯衰之後，此章以盛周之事敘於衰周之時，皆傷今思古之意也。同上。

士見危章

見得喪祭皆言思，而見危獨不言思者，蓋死生急迫之際，須有激昂慷慨之氣方能致命，一有徘徊顧念之心，則不能矣，所以着不得「思」字。徐儆弦。

执德不弘章

执德不弘的人，得一善，自以爲足；有一善，便要人知；説他不善，便不能容受；人不知，便有所不滿。此其胸次狹隘，安能悉有衆善？·信道不篤的人，其初既見得是，少間又被人摇惑，有所改移，或移於是非，或移於利害，此其胸中眩亂，安能服膺勿失？此所以不能爲有無也，有無當就道德言，不以人言。徐儆弦。

「執德不弘」二句無病，「焉能爲有」二句便有病。聖人也説「执德弘，信道篤」，但不以「有」「無」言。子張分明着事説，他意説無所不执，無所不信之謂有，執而不弘，信而不篤，這所執所信還有限，不是道德之全體，算他不得是有；一無所執，一無所信之謂無，他如今亦有所執亦有所信，不是全然無見的，算不得他是無。以有無多寡説道德，則德非根心，道非率性之謂矣。若根心之德，須是無所執，乃能無所不執，率性之道，無所信，乃能無所不信。蓋人心原無一物，人性上亦添不得一物故也，豈可以有無言哉？故添着下句便有病。薛畏齋。

日知其所亡章

「日知其所亡」尚不難，至「月無忘其所能」方是難。知所亡，是用力處；無忘所能，方是得力處。人多是忘了，又從頭做起，所以常常如此，不能長進。然所謂無忘，亦是「得一善，服膺弗失」之意，若只是博聞强記，亦是爲心之累。徐儆弦。

大德不踰章

事則有大小矣，心有大小乎哉？小節之失，畢竟是心病，説不得「可也」。薛畏齋。

子夏之門人小子章

子游、子夏之學，俱是分本末爲兩段事。子游之意以爲教人以末，就當教之以本，如何專把末教他？子夏之意以爲，本末兼該，是聖人事，教學者須當先教以末，後教以本。其實皆非也，本就在末裏頭，精義入神，就在灑掃應對裏頭。聖人教人，都是灑掃應對下學的事。其精義入神，待學者之自悟耳，可以神會而不可以言傳者也。孰謂末之外，別有本之可言哉？薛畏齋。

孟莊子之孝章

獻子歷相君五十年，魯人謂之社稷之臣，則其所用之臣必賢，所行之政必善。莊子年少嗣立，又與季孫宿同朝，宿父文子忠於公室，宿不能守而改之，莊子乃獨能不改父之臣與父之政而終身焉，此夫子之所謂難。徐儆弦。

孟氏使陽膚章

得情而喜，則太刻之意，或溢於法之外；得情而矜，則不忍之心，常行於法之中。徐儆弦。

喜心生於任法，任法者有時而或濫；矜心本於好生，好生者終歸於無刑。同上。

君子之過章

君子之過，亦有不同。或進修之功，未能遽底於純，而一念之雜，雖盛德無以自免，蓋有不自知焉，而或罹於過者，若顏子之過是也；或事變之來，未必盡如吾意，而兩難之際，雖善道無以自全，又有不得已焉。而冒有其過者，若周公之過是也。徐儆弦。

衛公孫朝章

子貢之答太宰，則謂其縱諸天；其答公孫朝，則謂其學諸人。縱諸天者，夫子之所以將聖；學諸人者，夫子之所以益聖。徐儆弦。

堯曰章

堯、舜揖讓，湯、武征誅，是帝王之大事，故篇終及之。許大天下，堯、舜以之授受，其所囑付，只是四三言而止。至舜之授禹，又更無别説。此可以想見當時聖聖相承，精神契合，宇宙清寧氣象。至湯之伐桀，便去上請天命，下告諸侯，却費辭説，然亦只陳之誓告而已。至武王伐紂，便有許多收拾人心，扶植風紀之事，却費氣力。比之湯時，又自不同，此可見世道人心之變更。帝王之所以隨時區處者，不容不如此也。徐儆弦。

「予小子履」六句，見上帝命討之嚴，而脱然無利天下之心。「朕躬」四句，見在已寄托之重，而恐然有任天下之懼。同上。

紂爲天下逋逃主，所用皆是惡人。故武王伐商之初，便去加富善人，把此做個第一件事，即如漢高入關，除秦苛法，此是帝王收拾人心之要術。同上。

周有大賚以下，夫子零碎收拾，或舉其詞，或述其事，湊成武王一段事實。同上。

堯曰一章

事各有理，中也者，得其理而時措之謂也。堯、舜之禪受，湯、武之放伐，孔子之所謂五美，皆事也。堯、舜、禹、湯、武王、孔子，得其理而措之，則爲中。謂之寬、信、敏、恭，謂之美，苟不得其理，而措之不時，則惡矣。事之美惡，係於心之中與不中，措之時與不時。而世之治亂，學之得失，君之仁暴，人之聖愚，皆於此分。堯、舜、禹、湯、武王、孔子，或達而行道於上，或窮而明道於下，不過以中道相傳而已。中也者，千聖相傳之心法也，一部論語只説得一個「中」字。欲人得此理於心而時措之，故記者於篇終提出一個緊要字眼示人，以明聖學之所傳者，一於是而已。明此義，則事事有得，不然則是侮聖言也。薛畏齋。

顧憲成全集卷四十四

無錫顧憲成涇陽氏輯

語孟説略下

孟子見梁惠王章

「義利」二字，是治道學術大關節。於此分明，則純王雜伯，君子小人，皆一時勘破；於此不分明，則彼此出入，千蹊萬徑，終溺於利欲而不自知。此聖賢開口第一義也。是故大學之書以此而終，七篇之論以此而始。徐儆弦。

商鞅告君，三變其説，彼其刑名慘刻之學，恐孝公之不能從，故虚張帝王之道以脅之，然後有以堅其説而行其志。又有中無所主，惟視人君之向背以爲説者，則兩開其端，而使人主之自擇。若孟子之於惠王，其於利，則曰「何必」；其於仁義，則曰「而已矣」。啓乎此而閉乎彼，示其從入之門，而杜其不可由之途。辭嚴義正，確乎不易，誠爲愛君之厚也。同上。

「利害」兩字，原是相對的；「義利」兩字，亦原是相對的。故利中必有害，義中必有利，乃天地間自然之理也。同上。

天地間只有理欲二途。從天理上發，雖人欲上事，亦理也；從人欲上發，雖天理上事，亦欲也。故孟子告君不禁他欲，只從他念頭上分别一個義利公私，蓋未有心正而事不正者，此大臣格心之功也。○鴻雁麋鹿，君子之所有，只是賢者樂，不賢者不樂，何者？賢者之心公於人，不賢者之心私於己也。樂不樂在心，不在鴻雁麋鹿。惠王但當自慚其心之不如，賢君不必以鴻雁麋鹿爲慚也，蓋世未有絶物而可以言心者。惠王若能存其心，則鴻雁麋鹿之樂，正是他賢處也，而可以爲慚乎？然因鴻雁麋鹿而興慚，亦可驗其良心之不容泯，故孟子因而進之。蓋道心就在人心中，是處便是道心，非有二也。薛畏齋。

沼上章

孟子與時君言有二法：有時君以爲可，而孟子直以爲不可者，如「何以利吾國」，而曰「何必曰利」，欲問齊桓、晉文之事，而託之以無傳是也，所以嚴其私欲之防，於惡機之方動而遏之也。有時君疑其不可，而孟子以爲可，如「賢者亦樂此乎」，曰「賢者而後樂此，寡人直好世俗之樂耳」，曰「王之好樂甚，則齊其庶幾乎」；「寡人好勇」，曰「民惟恐王之不好勇也」；「寡人好貨」，曰「昔者公劉好貨」；「寡人好色」，曰「昔者太王好色」是也。不拂其欲，而亦不縱其欲，引而納之於聖賢之域也。以世俗觀之，利國之問，桓、文之問，若無害而可喜者，顧拒之甚嚴；臺池鳥獸，鐘鼓苑囿，好勇、好貨、好色、好世俗之樂，深有妨於治者，顧以爲無傷。似非告君之道，自君子觀之，一操一縱，一闔一闢，皆所以擴充其善心而格其非心，事庸君之法自當如此。漢武曰「吾欲」云云，此正欲爲堯、舜之機也，而汲黯乃於廷衆之中而深發其隱，觸其所忌諱，而遏絶其慕治之善心，忠則有之，而引君之道未盡也。雖然無孟子之才而竊效之，又未有不流於譎且佞者矣。徐儆弦。

言利、言伯，蔽心之全體，其爲蔽也大；好勇、好貨、好色，蔽心之一隙，其爲蔽也小。同上。

上只曰「賢者亦樂此乎」，下承之曰「賢者而後樂」，此不賢者雖有此不樂也。文勢甚緊，即將一句翻作兩意，即將他人之語翻作自家機軸，此是文字絶妙處。同上。

偕樂在君身，故終至於享其樂；偕亡在民心，故終不能保其存。文王之得其民也，雖上之臺池鳥獸，而民亦加之以美名；桀之失其民也，雖上之身，而民亦欲與之偕亡。此可以觀仁不仁之驗。同上。

利國之對，辭嚴義正，法言也；沼上之對，辭達意婉，巽言也。法言而不能改，巽言而不能繹，則亦末如之何矣。同上。

寡人之於國章

「盡心焉耳矣」一句，便是梁惠王的病根。假如「不違農時」兩條自有許多設施措置，法制禁令全今無施爲，只是一個盡心。便是有其心，無其政，與宣王不忍一牛之心一般，何可遂望民之加多也？徐儆弦。

五畝之宅，百畝之田，此古人井田之法，設爲大較如是，中間纖悉委曲，神而明之，存乎其人，但在後世決不可行。緣此等法與封建、學校、選舉、兵制一齊貫串，舉則皆舉，必有古聖賢萬物一體胸次，又終身久於其職，方幹濟得來。罷侯置守之後，官無久任，而一體之學亡，痛痒又不甚切己，當使誰爲之？故趨時達變，反不若柳子厚、蘇明允、葉水心、馬貴與之言爲不迂也。同上。

聖王之治天下，其服麻絲，其居宮室，其食粟米、果蔬、魚肉，其民士、農、工、賈，其法禮、樂、刑、政，其位君臣、父子、夫婦、朋友，其病醫藥，其死葬埋祭祀。故孟子論王道，始終不外農桑、田宅、魚鱉、鷄豚、狗彘之間，養生、喪死、庠序、孝弟之際，非有空虛無據之理，高遠難行之事，所以爲聖賢有用之實學也。同上。

「人死，則曰非我也」，「人死」二字中消耗了許多百姓，所以「民不加多」。「歲也」二字，便與「河内凶」「河東凶」二句相應。同上。

承教章

天地之間，人爲貴。曰「率獸而食人也」，曰「爲其象人而用之也」，「人不可象而用之」，況可飢而死之乎？又況可率獸而食人乎？此是孟子深文手段，亦是文字妙處。曰「惡在其爲民父母也」，「如之何其使斯民飢而死也」，此是發梁王惻隱之真機也。言至於此，爲人上者，可以警心而惕息矣。徐儆弦。

孟子於齊宣一相見，便將他一點愛牛之心提醒；於梁惠一相見，便將許多說話提醒他一點不忍人之心。此是行不忍人之政的根子，故每惓惓若此。苟無是心，則雖有施爲皆是徒法，何足以語於治哉？同上。

晉國章

當時七國之君，專事富强，以爲不嚴刑，則無以約束其民之筋力，而使之至於强；不厚斂，則無以充實其國之倉廩，而使之至於富。夫是以虐用其民而莫之顧也。孟子一開口，便道着「省刑罰」「薄税斂」，是其所言每每與戰國策士相反。然至於深耕易耨，則富亦在其中。壯者以暇日修其孝弟忠信，制梃以撻秦、楚，是强又未嘗不在也。徐儆弦。

梁襄王章

此是有宇宙以來，世代所以興亡一大機括。自古來未有嗜殺之君能得天下者，亦未有不嗜殺人之君不得天下者。以天心言之，天之愛民甚矣。「作之君，作之師」，使司牧之，以不失其性，豈肯舉元元之命，而投之於敲朴者之手也？以人心言之，戴之爲君，將以祈全其性命而已。網罟陷阱之區，鳥獸且知避之，靈而爲人，豈不如物？人方嗜殺，我乃相率而歸之，天下寧有是理耶？然秦法如秋荼，而卒并吞六國，混一宇内，豈孟子之言有不驗哉？以勢劫之，不能再世，卒之得天下者，除秦苛法之沛公也，孟子之言於此益驗。徐儆弦。

齊桓晉文章

孟子此章，反覆攻擊，細看來，俱是一難一解。「百姓皆以王爲愛也」，「臣固知王之不忍也」，此是一段發難語；「是乃仁術也，見牛未見羊也」，此是解上一段之難；「今恩足以及禽獸，而功不至於百姓者獨何與」，此又是一段發難語；「蓋亦反其本矣，與則盍反其本矣」，此又是解上一段之難。總而言之，第一段發難，是欲王之察識是心也；第二段發難，是欲王之擴充是心也；第三段發難，是欲王之作用是心也。

人之所以一體萬物，兼濟四海者，惟此心而已。人患無一點不忍之心，既有此心，則天下更有何事難做？更有何物不在吾之度内？然這一點不忍之心，觸物而見，端倪甚微，推而行之，功用甚大。其端微，故非察識之智者不能明；其用大，故非有擴充之功者不能盡。孟子此章，反覆詰難，無非欲齊王推是心以及天下而已。一開口時，便告之曰「是心足以王矣」，乃是孟子於利欲業中揭出一點真心，以示齊王。齊王不能察識此心，乃曰「是誠何心哉」，是自有而自昧之也。及孟子告之以「見牛未見羊」，以激發其不忍之心，遂不覺前日之心戚戚萌動，而又曰：「此心之所以合於王者何也？」則是雖真心而於所以推廣是心處，尚未之解。故孟子又告之曰，言「舉斯心加諸彼」而已，此正言「心之所以合於王」也。然齊王雖識真心，孟子雖告之以推廣之術，而齊王所以終不能作用是心者，則以其心爲物欲之所蔽也。故孟子又告之曰「心爲甚，王請度之」，繼而曰「然後快於心與」，此又是齊王妄心。孟子故即是以啓發其真心也，至於兩反其本，而是心之足王，有明驗矣。

此篇文字，如老衲談禪，機鋒錯出。曰「是心足以王矣」，是直指真心；曰「是誠何心哉」，是因真起妄；曰「於我心有戚戚焉」，是真心現前；曰「此心之所以合於王者何也」，是真妄錯起；曰「言舉斯心加諸彼而已」，是即妄顯真；曰「物皆然心爲甚」，是真妄交際；曰「然後快於心與」，是徇妄喪真；曰「將以求吾所大欲也」，是從妄心生來；曰「反其本矣」，是從真心發出。夫佛氏談心，皆以爲千古不傳之秘。而孟子此章盡藏機軸，則文字之妙，信莫有過於此者也。昔人有曰：「看一部楞嚴經，不如看一艮卦。」予亦曰：「不如看一篇孟子。」

孟子略道幾句，便能使王笑，又能使王説；又道幾句，王却笑而不言；又道幾句，王即云「吾惛不能進」，是皆精神鼓弄處。亦一篇中之機關也。

「無以，則王乎」與「然而不王者，未之有也」，二「王」字首尾相應，此是文字機軸。

說了「是心足以王矣」，即從是心中生出一個「愛」字，又生出一個「不忍」字，首尾兩端，使齊王自信自疑，尋自家心事不着。然後替他啓發真心，使之自悟，真是淩駕手段。通章骨子都在「是心足以王」一句。既以「愛」與「不忍」難之，又以「不忍於牛，而不能不忍於羊」難之，反覆詰難，皆欲王察識而得其本心。而王困於攻擊之驟，惘然自失，不能反本。而甘自誣伏，孟子乃又爲之多方出脱，稱之曰「仁術」，曉之曰「見牛未見羊」，以時天資暗合之見，而深嘉過奬，與「君子遠庖廚」之意同科，使本心復萌，慘慘觳觫光景，宛然畢露，而「是心足以王」之意，因此可以尋其源。此孟子善於開導之妙機也。

呂東萊曰：「『於我心有戚戚焉』，『獨何與』，『王請度之』，皆是孟子儆宣王切處。」孟子此章一開一闔，故其言易入而儆人深，細觀節次，便自可見，正如醫之治病相似。王曰「於我心有戚戚焉」，若非節節發之，此心何自而萌？自「常産」「常心」以下，方教之以藥方。

人之欲心，最不可長，況人君乎？薛敬軒曰：「一念之差，貽患生靈，有不可勝言者。」如漢武只因欲得西域善馬，甘心喪師不悔，及貳師再舉，僅得馬數十匹而還。是以數十匹馬易數萬人之命也，原其本，只由一念之差耳。

「後必有災」，却根着盡心力而爲之，此句甚有味。蓋惟吾之心力既盡於彼，則此一點愛牛的本心索然消盡，全是要做快於心的事，安得無後災？

「欲闢土地，朝秦、楚，莅中國，撫四夷」，此「欲」字，欲在於己；「仕者欲立其朝，耕者欲耕其野，商賈欲藏其市，行旅欲出其途，疾其君者欲爲之赴愬」，此「欲」字，欲在於民。欲在己者，我有是心，而不可必得；欲在民者，我無心，而民自不能舍之而他往矣。「求大欲」者，其於欲之所在，可不審諸。「王笑」節以後，凡「欲」字皆自「大欲」字生來，「大欲」字又自前「愛」字生來，「愛」字又自「不忍」字生來。此是文字根源，不可不知。

仰足以事，俯足以育，樂歲凶年飽而免於死亡，故曰恒産。孟子告齊、梁之君，皆有「五畝之宅」一條。孟子一生施爲，只有些子本事。及告滕文，又只從「五畝之宅」一件事内提出一説，却云「此其大略也」。可見孟子當時，只是説得梗概，若有權柄在手，更當自别。以上俱徐儆弦。

好樂章

初只説一個好樂，却將一件化作兩件，曰「好先王之樂，好世俗之樂」；又將兩件併作一件，曰「今之樂，猶古之樂也」。此是文字妙處。

好世俗之樂，本是好玩戲，孟子却反說要「好得甚」，此極可駭。齊王問如何是甚，孟子却將兩項人情同然處問王，王既曉得獨樂，不若與人之爲甚，與少樂不若與衆爲甚。則既得人之真情，便好與之言樂了。故言鼓樂田獵而人喜之，是不但獨樂而能與人與衆者也。自家見百姓如此，豈不轉加快活？這是好之甚。孟子言語每每放到極險處，因有「與民同樂」做骨子，一救便轉，真是取日虞淵手段。然亦帶戰國策士氣習。

曰「舉疾首蹙額而相告」，不問其今樂與古樂也。曰「舉欣欣然有喜色而相告」，亦不問其今樂與古樂也。下一「舉」字，是有意思在。以上俱徐儆弦。

問囿章

孟子將一個七十里之囿說却小了，又將一個四十里之囿說做大的，是甚麼手段？然却有個理在。蓋以文王而有七十里之囿，豈是不大？然以一國之民而共七十里之囿，民惟恐其囿之不大也。故曰：「民以爲小也。」以齊國而有四十里之囿，豈爲過制？然於一國之中而設四十里之阱，民惟恐其避之不遠也。故曰：「民以爲大也。」「殺其麋鹿者，如殺人之罪」，此是孟子深文手段。徐儆弦。

「率獸食人」，孟子猶特言以甚惠王之罪，尚未真也。「殺其麋鹿者，如殺人之罪」，則視人反麋鹿之不若，其罪大矣。同上。

交鄰章

此章即是「智、仁、勇」三字，然文字却敘得甚變。

吾人並生並育於天地之間，天之意亦欲使之相生相養而已，不曾教你去强者凌弱者，大者欺小者，此即是天之所在也。仁者有見於此，渾然與物同體，視天下猶一家，鄰國之民不獲其所，猶吾民之不獲也。視其君之能仁其民，猶吾之仁之也，不復知有大小强弱之跡，此所以爲樂天也。

纔説事大事小，便説到伐密伐紂來，既伐其鄰，又伐其君，便與交鄰説話略不相涉了。不知此是孟子當時做事業的底本，使孟子有權柄在手，把戰國世界，掀翻一做，便將這幾件事都做出來了。所以惓惓勸齊、梁之君行王道者，以有此許多大手段在。

既曰事大事小，又何以伐密伐紂？既云伐密伐紂，又何以事大事小？蓋仁、智與勇，理無二致，而交鄰除暴，事不相妨。苟仁專恤小，而不顧養亂以殘民；智專事大，而不思自强以立國。則仁必貽害於人，而反爲不仁；智必受辱於己，而反爲不知。故成湯事葛而征葛，勾踐事吴而謀吴，則勇者，又所以濟其仁、智之不及者也。以上俱徐儆弦。

雪宫章

曰：「有。人不得，則非其上矣。不得而非其上者，非也；爲民上而不與民同樂者，亦非也。」此文勢凡四轉，直從人君待賢處轉到人君不恤民上去，甚爲遒緊。徐儆弦。

巡狩述職，無非事者，省耕省斂，以休以助，是爲民也。「師行糧食」一節，便是不爲事、不爲民的樣子。至末節却云「蓋徵招角」，招，是也，便點出爲事、爲民意，與前面相照應。此是文字暗藏機軸妙處。同上。

其詩曰「畜君何尤」，言畜君而不爲君之所尤，以爲君悦其臣之意；孟子補之曰：「畜君者好君也，言晏子之心出於愛君，似爲臣悦其君之意。」此亦是作文家法也。同上。

明堂章

豐城朱氏曰：「『惠鮮鰥寡』，文王之所以王也；『哿矣富人，哀此惸獨』，幽王之所以亡也；『爰及征人，哀此鰥寡』，宣王之所以中興也。」徐儆弦。「文王治岐」一節，是從正道上説，如兵家之用正。「公劉好貨」「太王好色」二節，是從別道上説歸正道，如兵家之用奇。同上。

湯放桀章

虞、夏以前，未聞放伐之事，而湯、武行之。夫子以文王爲至德，以武王爲未盡善，而於春秋一書，尤致嚴於弒君之罪，未聞有殘賊之君，而孟子言之。湯、武直是敢做，孟子直是敢説。徐儆弦。

仁義者，人之心，殘賊去了心，更無與人同處，故曰獨夫。薛畏齋。

齊人伐燕章

齊王之意欲取燕，孟子說：「取不取由爾不得，今日但要捄民爲主耳，不當以取燕爲心也。」薛畏齋。

救燕章

誅其君，弔其民，此是爲政於天下的根子。殺其父兄，係累其子弟，毁其宗廟，遷其重器，此是畏人的根子。徐儆弦。

「王速出令」一節，正答「何以待之」一句，言父兄之已殺者，不可復續矣，猶幸有子弟之係累者可反也。宗廟之已毁者，不可復完矣，猶幸有重器之未遷者可止也。諸侯之謀我者不能禁矣，猶幸有燕衆之可謀以立君也，此是失却第一着。猶有第二着也，孟子之爲齊王謀者，可謂切至。同上。

鄒與魯鬨章

兩節對看，即見「出乎爾反乎爾」之意，穆公説：「吾有司死者三十三人。」孟子却説：「民之死於凶年者，不知幾千人，爾三十三人當甚事？」穆公説：「百姓疾視其長上之死而不救。」孟子却説：「你當時亦曾坐視其民之死而不救，今日正是報還你前日的。」如此則所謂「出乎爾，反乎爾」者，不煩費詞而自明白矣。徐儆弦。

築薛章

孟子告齊、梁之君，是何等大話；告滕文，只是勸他爲善。又以後來事寬慰他，又説不敢必，皆無可奈何之辭，其實句句皆是實事，無一毫迂闊，此所以爲孟子也。徐儆弦。

竭力章

當時爲文公計，死守是第一着，遷國是第二着。孟子於文公初問，即告以死守一着；於再問，始告以遷國一着；至於三問，乃并二者告之。乃先之以遷國，而終之以死守，則其意未嘗不在於死守，然教人去死甚難，故又使之自擇。徐儆弦。

魯平公章

晏嬰之沮，張子以爲命，惜晏嬰也；臧倉之譖，孟子以爲天，外臧倉也。徐儆弦。

當路於齊章

齊桓、晉文之事，管仲、晏子之功，皆當時之所歆羨而愛慕之者，故齊宣則曰「可得聞」，公孫丑則曰「可復許」，皆震望而不敢必之詞。徐儆弦。

曾西，註以爲曾子之孫，集註因之。經典序録：「曾申，字子西，曾參之子。子夏以詩傳曾申，左丘明作傳以授曾申。」曾西之學，於此可考。楚鬭宜申、公子申皆字子西，則曾西爲曾申無疑。同上。

以齊顯而後天下知齊，以齊伯而後天下尊齊，以齊王而後天下一於齊，知此則可以論功烈。同上。

黄厚齋曰：「商之澤深矣，周既翦商歷三紀，而民思商之心不衰。」考之商書，梓材謂之迷民，召誥謂之仇民，不敢有忿戾之心焉，蓋皆商之忠臣義士也。至畢命始謂之頑民，然猶曰「邦之安危，惟茲殷士」，兢兢焉不敢忽也。孔子刪詩存邶、鄘於風，[二]繫商於頌。吁！商之澤深矣。同上。

夫子加齊之卿相章

此文一節生一節，自「北宮黝」節至「不如曾子之守約也」，是從「不動心」生來；自「不得於言」至「必從吾言矣」，是從夫子之「不動心」與告子之「不動心」生來；自「子貢問於孔子」至「未有盛於孔子也」，又是從夫子「既聖矣乎」生來。前面若是，則夫子過孟賁遠矣。「曰是不難，告子先我不動心」，此一節驟看似冷，細看起來，却是一章骨子。說了一個孟賁，後而却數出北宮黝、孟施舍、子襄、曾子一項人來，此是一比事；說了一個告子，後面却數出宰我、子貢、冉牛、閔子、顏淵、子夏、子游、子張、伯夷、伊尹、孔子一項人來，此是一比事。前面終之以曾子，略見學問源頭，然終非其所願學；後面終之以孔子，而加之以願學，則孟子隱然以孔子之道自任矣。如此則遠邁百王，高出群聖，亦在於此。而又何有於卿相之位，伯王之業哉！徐儆弦。

[二]「邶」，底本誤作「邲」，按詩有邶風，據改。

程子曰：「心之躁者，不熱而煩，不寒而慄，無所惡而怒，無所悦而喜，無所取而起，君子莫大於正其氣。正其氣莫若正其志，志既正，則雖熱不煩，雖寒不慄，無所怒，無所喜，無所取，去就猶是，死生猶是。夫是之謂不動心。」同上。

義本是發强剛毅的，道本是盛大流行的，以此氣之至大至剛合之，如何不相配，此亦是形容氣之浩然也。大抵「至大」二節，俱是把一個「浩然之氣」形狀出來，筆端真會描寫。集義最難，如何謂之集？今人築堤捍水謂之集，致貨交易亦謂之集，言其逐一湊合，非一頓可成也。如何謂之襲？兵家掩人不備謂之襲，服制美飾於外亦謂之襲，言其專事掩取，不由中出也。生者，如苗生之生，得氣而自滋也；取者，如取求携得之取，舉手而可得也。孟子此等處字義，甚是下得精切。同上。

集義所生，其氣堅强舒展，而有從容之風；助之長者，其氣張皇急躁，而無悠遠之味。看鷄抱卵，真得有事勿正勿忘勿助之法，到時候便生鷄子出來。如時候未到，將卵打破，便壞了鷄子。又如煉丹，有文武火，火冷則灰死，火猛則丹走，惟慢火常在爐中，可使二三十年伏火，然後煉得成丹。孟子集義節度亦如此。同上。

程子曰：「孟子『養氣』一篇，諸君望潛心玩索，須是實識方可。勿忘勿助長，只是養氣之法，如不識，怎生養？有物始言養，無物又養個甚麽？浩然之氣，須見是一個物，如顏子「如有所立卓爾」，孟子言「躍如也」。「卓爾」「躍如」分明見得，方可。」同上。

陽明先生曰：「近歲山中講學者，[一]往往多説勿忘勿助工夫甚難，問之則云：『纔着意便是助，纔不着意便是忘，所以甚難。』區區問之云：『忘是忘個甚麽？助是助個甚麽？』其人默然無對，始請問，區區因與説：『我此間講學，却只説個必有事焉。不説勿忘勿助，必有事焉者，只是時時去集義。若時時去用必有事的工夫，而或有時間斷，此便是忘了，即須勿忘；時時去用必有事的工夫，而或有時欲速求效，此便是助了，即須勿助。其工夫全在必有事焉上用。勿忘勿助，只就其間提撕儆覺而已。若是工夫原不間斷，即不須更説勿忘；原不欲速求效，即不須更説勿助。此其功夫，何等明白簡易！何等灑脱自在！今却不必去有事上用功，而乃懸空守着一個勿忘勿助。此正如燒鍋煮飯，鍋内不曾漬水下米，而乃專去添柴放火，不知畢竟煮出個甚麽物來。恐火候未及調停，而鍋已先破裂矣。近日一種專在勿忘勿助上用功者，其病正是如此。終日懸空去做個勿忘，又去做個勿助，漭漭蕩蕩，全無實落下手

[一]「講學」，底本作「謀學」，據王守仁傳習録答聶文蔚書二改。下文「講學」同。

處，究竟工夫只做得個沉空守寂的人。纔遇些子事來，即便牽滯紛擾，不復能經綸宰制。此皆有志之士，而乃使之勞苦纏縛，擔閣一生，皆學術誤人之故，甚可憫矣。」同上。

動心者，氣也。孟子之不動心，養氣者也，如馬調習之久而受銜勒，與銜勒相安者也；告子之不動心，制氣者也，如馬之畏箠楚而受銜勒，不與銜勒相安者也。人之良心皆同，只是氣禀不同，難於調治。古聖王教人，欲使人皆復其良心，故十五而入大學，三十而娶，四十而仕，中間有二十五年調習氣禀之功，即孟子之所謂養氣也。孔門教人，如克復敬恕，隨才成就，各自不同，總是調習其氣禀。雖孔子亦是如此用功，故云十五志學，三十而立，四十而不惑，只這個教法，大聖大賢皆出其中。蓋古之聖王，算定人的氣禀千萬不同，要許多時磨煉消融，纔得渾化而爲義理。故雖孔、孟，亦須以四十年爲期，到此則理氣合一。從中而達，莫知其然而然。若告子只降伏定這氣，外面襲取個道理來，與聖賢之不動心，亦略相似，然把人之良心都蔽塞，正氣都屈死了。譬如揠苗爲長，而槁速矣。故古人之制，要先也先不得，所以聖人論王道，亦有三年必世之論。若伯者功業，可以朝夕見效，何消如此？孟子之學，王道也。如告子之學，必流而爲伯，故其學最爲害道。薛畏齋。

吾人要得不動心，須從動心忍性之功做來，蓋動而後能不動者也，告子先孟子，只爲少那一段動心之功故也。同上。

得於心者，理得於心，自然而然，無待勉强，如孔子之所謂「察其所安」者也。所爲善，所由善，不必其心之安，直恁做去，是謂「不得於心，勿求於氣」。若此者，就他行事與念頭處看來，直是要做聖賢，雖孔子、孟子不過如此，不謂之「可」「不得」。然善不由自得，是襲取而爲之也；氣不由養成，是矯揉而用之也。義與心不相屬，氣與義不相安，與孔、孟之學，養盛自致者，真毫釐千里。故孟子之闢告子，不在他不可處，而在他可處，乃所謂「惡似而非者」也。同上。

氣質原隨天命之性轉，只爲五行之氣不齊，略走作，便失了天命之性。故聖賢許多功夫只是治氣，降伏得那血氣定，則天命之性常爲主，而所謂志一動氣者可識矣。所以既言持其志，而又曰無暴其氣者，只怕氣一動志故也。蹶趨動心，是暴氣而持志不定之驗，見得志氣不可分開説，持志無暴，亦不可作兩樣看。同上。

有事只是集義，集義只是謹獨，學問功夫，至於謹獨。同上。

天德王道備矣，更有何事？但不可有取必之心。忘者，取必於内者也；助長者，取必於外者也。人之學，所以不能有事，其病痛只有此兩端。忘，如老、莊之無爲，絶物以求心，近於聖人之無爲。然聖人之忘，有事而忘者也；老、莊之忘，無事而忘者也，似忘而非忘也。助長，如告子之義襲，矯揉以爲義，近於聖人之行義。然聖人之義，由心而生者也；告子之義，由助而得者也，似長而非長也。孟子闢告子，故專就助長處言之，其實忠之與助，其害道則一。同上。

不動心，是當時學問一個大題目，然忘也能不動，助長也能不動。如老、莊棄絶事物，心齋坐忘，不以天下事物累其心，此忘而不動者也；告子襲取助長，而不求諸心，此助長而不動者也。有事之學，忘而不忘，長而不助，正與二氏相反。同上。

行一不義，殺一不辜，得天下不爲，聖人之心也。得百里之地，皆能以朝諸侯有天下，人信其心也。夷、尹、孔子自信其心，人亦信其心。吾人之心，但到可信處便是聖，故漆雕開曰「吾斯之未能信」，夫子喜之，以其可進於聖也。同上。

假仁章

王者念頭到處，人便服，故云「無不服」。薛畏齋。

人皆有不忍章①

孟子善開發人，如「乍見孺子」一節與「一簞食」一節，直從人欲横流中揭出一個真心出來示人。讀「乍見孺子」一節，便見惻隱之心，使人有戚戚心動處；讀「一簞食」一節，便見羞惡之心，使人有憤懣不平意。此真是好手段。徐儆弦。

友人問：「人皆有不忍人之心，其意何如？」余曰：「若論天地未分，人物未生時，直是没開口處。及天地既分，人物既生，乃有仁、義、禮、智名字，雖有名字，實無形相，雖然已生，其實即未生的消息，[二]正所謂性體也。然既有本體，便有發用，如所謂『不忍人之心』是矣。惻隱、羞惡、辭讓、是非，總是不忍人之心。」友人問：「羞惡、辭讓、是非，如何也是不忍人之心？」余曰：「内之耳目口鼻意，與外境相觸，神感神應，不由人不惻隱，不由人不羞惡，不由人不辭讓、是非，要忍也忍不得，故總屬之不

① 此章「友人問」一段又見中國國家圖書館藏明萬曆刻本白蘇齋類集卷十九讀孟子（以下簡稱「白蘇齋類集」）。故該段以之爲校本。

[二] 「其實」，白蘇齋類集作「實」。

忍也。」友人又問：「惻隱等心，何不便名仁、義、禮、智乎？」曰：「仁、義、禮、智是體，惻隱等是用。無感時，則名仁、義、禮、智；有感後，則名惻隱等。如惻隱，緣孺子感之而有，羞惡等亦各因感而有。無感則寂然，强名仁、義、禮、智耳。」友人曰：「無感則無有，如何又有仁、義、禮、智之名？」余曰：「其實只一真心，無多種心。[一]因感之而惻隱，則説他源頭是仁；感之而羞惡，則説他源頭是義。禮、智亦然，若不因感，則仁、義等名亦不立也。譬如空，一而已，在房則曰空房，在堂則曰空堂，在亭則曰空亭，在方器則曰方空，在圓器則曰圓空，因房堂方圓等器，故立差别空名，若無房堂等，即空名亦不立也。」又曰：「如何説惻隱等是仁、義、禮、智之端？」余曰：「見人影，則知有人；見鳥影，則知有鳥；見山中響，則知有泉；見瓦縫烟，[二]則知有火；見囊中尖，則知有錐。仁、義、禮、智是性體，非知可知，非識可識，惟於發用處見得耳，故曰端。考亭詩曰『問渠那得清如許，爲有源頭活水來』，『只看雲斷成飛雨，不道

[一]「無多種心」，底本作「多無種心」，據白蘇齋類集改。
[二]「瓦縫」，白蘇齋類集作「石縫」。

雲從底處來』，『始悟直源行不到，倚筇隨處弄潺湲』，細玩諸句，便見『端』字深義矣。[一] 孟子説『人皆有不忍人之心』，蓋人是天地之生機，既是一團生機，[二] 如何忍得？[三] 所以各各有不忍人之心，不因聖增，不因凡減者也。但凡民初觸物便有，隨即昏昧，如石火忽現，倏然便滅。先王有不忍人之心，便用出來治天下若運掌耳。人聞説治天下如運掌，便謂先王有多少奇特，[四] 豈知却甚平常。只從人人皆有的一副不忍人之心作出耳。如何見得此心人人皆有？即乍見孺子入井，而惻隱可見矣。謂之曰『乍見』，隨感輒應，那有毫髮許别意攙入？正所謂第一念也。蓋此個離元明本體不遠，不曾轉入第二念。如第二月非是月影，禪家謂之現量，轉入第二念，便是比量，非現量矣；禪家又謂之想元，轉入第二念，便是想，不是想元矣。[五] 此如九轉靈丹，一點則瓦礫皆黄金。堯、舜得此一點，將滿世界化爲時雍風動，故曰治天下可得於掌

[一]「故曰端，……便見『端』字深義矣」，白蘇齋類集無。
[二]「是一團」，底本作「一團是」，據白蘇齋類集改。
[三]「如何」，底本作「何如」，據白蘇齋類集改。
[四]「謂」，底本作「爲」，據白蘇齋類集改。
[五]「禪家又謂之想元，……不是想元矣」，白蘇齋類集無。

上。夫不忍於不惻隱，則當羞惡時，決不忍於不羞惡；以至當辭讓、是非時，決不忍於不辭讓、是非矣。若曰無此數種心，其必非人類而後可也。且道惻隱、羞惡、辭讓、是非是甚麽？這不是别的，就是人所驚駭，以爲決不可能之仁、義、禮、智的端緒也。可見盡天下人都是仁、義、禮、智的人，不然怎解如是惻隱，如是羞惡，如是辭讓、是非，人奈何自菲薄哉，而謂己不聖人若也？且如人必有四體，然後成人。四端就與四體一般，誰人不信自己有四體者？誰人以有四體爲奇特事者？奈何不信己有四端？[一]奈何以有此四端爲奇特事哉？説到此，尚恐人信不及，又以惡名激他。夫賊其身，賊其君，便是盜跖聞賊名也不甘，豈不是天地間第一惡名？今不信有四端，便是這般人了，可不懼哉！孟子無奈戰國人人麻木何！[二]説得痛的，的真是令人墮淚，[三]我輩猶然信不及，豈惟孤負先賢？[四]亦乃辱末自己也。夫四端既是決有的，宜乎通得到别處，如何别處又擴充不去？如乍見孺子，固然惻隱，及見鄉鄰失所者，

[一]「己」，底本作「也」，據白蘇齋類集改。
[二]「人人」，底本脱一「人」字，據白蘇齋類集補。
[三]「的真」，底本作「的底直」，據白蘇齋類集改。
[四]「先賢」，底本作「先言」，據白蘇齋類集改。

又全不相干，此其病在何處？在不能知耳。若還知得，皆能擴充了。便如始燃之火，必至燎原；始達之泉，必然盈壑。又當知，知即是擴充，非知了又另去擴充也。蓋既知之時，全體現見，豈不是擴充？『知』之一字最是喫緊。如所謂『百姓日用而不知』，所謂『民可使由，不可使知』，聖凡之隔，隔於一時耳。[一]故伊尹曰：『以先知覺後知，以先覺覺後覺。』千古聖賢設教，只是教人一知便了，擴而充之，便可以保四海，與治天下如運掌之先王，比功而並烈。若還不知而充之，莫說保天下，便自己妻子也保不得。人雖至下劣，豈可不求保妻子乎？而可不知爲也。要知帝堯克明峻德，當其初明時，四海已保合在一念中，時雍風動，特粗跡耳。孔、孟雖微賤，無一毫功業在春秋、戰國，不知已保合四海於一念中了。桓、文源頭不明，就能九合海内，亦止是以力服，非心服。非心服，豈能爲保？保者，聯屬之意。余往歲居村中，有人説傳記，[二]至龐氏拾柴買魚、作衣奉姑處，其時坐客都出淚。予視一客，其客收淚而笑，蓋其慚也。余曰：『你不須慚，孟子所謂「苟能充之」，便是充你這一滴淚。你這一滴淚，不數鮫

[一]「時」，底本作「知」，據白蘇齋類集改。
[二]「傳記」，底本作「傳奇」，據白蘇齋類集改。

人一滴珠也。且你一向是凡民，今幸而作一刻聖人，而又慚乎？』予因思坐中數客，有妻子全不相聯屬者，這便是不保妻子的人。這不保妻子的人，不是别人，就是先間聞龐氏事而出涙者，倏而聖人，又倏而下愚。下愚、聖人，信不隔一條綫也，可哀可懼。余讀此章，知孟子以齊王猶反乎？其胸中素定矣，豈有如公孫丑所疑動心之理？乃有謂孟子不能王而强欲王者，是何言歟？」袁。

矢人章

孟子亦多説術，如曰「仁術」，曰「術知」，曰「教亦多術」，曰「術不可不慎」，可見不學無術，終濟得甚事？徐儆弦。

善與人同説

舜居深山之中，無異山樊野人。此殆非以跡論，即以心論，舜之心何心乎？渾然一太樸耳。彼其純白中涵，機械全忘，天壤下色色與我心通而爲一，不自殊别。麋鹿可狎耦以游，鳥巢可攀緣以窺，丈豕可呼召以來，槁梧之枝可倚坐而瞑，他山之石可砥礪而交，無思也，無爲也，聰明退藏，湛空無倪，如此乃可謂之「寂然不動」。天下之至定，定故廓然而能虚，虚則洞然其自達，一善言，一善行，纖微並湊，誰非神機所徹？何待遲疑？故云「決江注河者，此感而遂通天下之故」之説也。蓋聖人心體，原與山樊野人一般。野人渾沌不分也，聖人也是渾沌不分；野人無先入成心，聖人愈無先入成心，所以能看得善是六虚間公物，是則共是，非則共非，可則同以爲可，不可則同以爲不可。無人無我，無智無愚，無所不通，無所不合，無己可舍，無人可從，取亦與，與亦取，如汲水江河，可挹可瀉，渾作一團物。彼耕稼陶漁之夫，深山之人乎？取之耕稼者之言之行之善，與聖人有異乎？無以異也。取之陶漁者之言之行之善，與聖人有異乎？無以異也。其心渾似野人無僞之心，其言渾似野人樸直之言，其行渾似野人率真之行，不用多歧，不消文飾，即此便是天下公理，萬世公論。故可與共肝膽，通膚髓，商事宜，談可否，大都撤形則見心，祛私則見理，去偏則見全，忘爾我則六合原是一家物。夫一事也，若合野人千萬心千萬口，必然有餘於聖人一耳目心思之力，何曾見己之不足？他家之物，便是我家所有。舜又能合千萬心千萬口，翕受采取，細細參裁，以共成天下之務，又必然有餘於衆心衆口獨至偏能者之所不及，何曾見人之有餘？我家所用，當原只是别家物。如大江大河，力大源長，吞吐天下名川，及其千流萬派，注而往歸焉。江河浩浩，豈復見群流之助也哉？舜在山中，便已萬物同體，具有君相天下之量矣，及其出山後，不必自用一己才力。明四目，廣天下之見；達四聰，廓天下之聞；闢四門，招天下之賢傑。無所不問稱「好問」，無所不察稱「好察」；無所不茹納，故常有隱覆，以不盡天下之情；無所不敷施，故時有顯揚，以鼓舞天下之志。一片心腸，只在樂善上用。其收之也，盡天下之衆思；其集之也，竭臣人之衆美。於是以吾澄寧渾樸心持衡兩間，虛懷而衷之。或並用，或單用，或合用，或分用，或裁割幅式，補短截長，如縫人用帛；或自執規繩，大棟小榱，如匠氏用木；或先本後標，或先粗後精，酌方準效，如醫師用藥；或潛神密畫，馭才使能，如大將用兵；或神遊意輸，百美盡銷，如我輩用墳典。惟其持此中，於兩端必竭之頃，色色見寶，八珍羅列，在吾所用，舜之真聰明真濬哲，全注在毫芒定奪之間。微乎微乎，此處妙不可言。所謂「道心惟微，允執厥中」，而天下治之心印也。舜自居深山，與河濱、歷山、雷澤、諸馮、負夏之田夫野竪，酣暢夷由，各盡其情。已自心事洞達，婦人小子，無不知名。一出登朝，與九官十二牧詢事考言，都俞堂皇，拜稽交讓，各殫乃心，光明樂易，令人人自奮於功勛，如在春風化日，總之至定至虛，太樸不二之真心耳。此外無伎倆，無殊異也。孟氏言「人人可爲舜」，顔氏言「有爲亦若是」，今欲爲舜，豈難知乎？心靈一掬，好樣相同，在聖不增，在凡不減，離之則愚，合之則聖。去機詐，捐城府，撤私邪，屏偏黨，以其空空洞洞之心，下徹四海九州無詐欺之野人田父。凡其言可行者，皆今日宜行久不行也；凡其言不可行者，皆今日宜去久不去也。茅茨短褐，若野而真；天上五雲，若明而暗。一日克己，天下歸仁。千古世界，如是而已。古之耕莘釣渭，築巖隱屠者，豈別有殊奇？善與人同，不改山中之素心耳。山中人片言之善，可當廊廟，素心赤誠，不渝舊樣。將精誠並流，天地鬼神，無拂拱嚮。即干羽可招，而簫韶可儀也。沈長水。

朝王章

非堯、舜之道，不敢以陳於王前，這不敢，是下之人不敢也；湯之於伊尹，桓公之於管仲，則不敢召，這不敢，是上之人不敢也。上不敢召，下不敢陳，此正是君臣主敬。徐儆弦。

平陸章

「然則子之失伍也亦多矣」，文勢接得甚緊，此非距心之所得爲也，已含着「寡人之罪也」一句。至「此則寡人之罪也」，又含「距心不得爲」意，若曰「此則寡人之罪也」，誠哉！「非距心之所得爲矣」，語法了而不了，真有雋永意味在。徐儆弦。

當時宋神宗行新法，何等嚴切，而一時賢臣又有能斡旋其間，若鮮于侁上不害法，中不廢親，下不傷民，人以爲難。邵雍亦謂：「賢者所當盡力之時，寬一分，則民受一分之賜。」以此觀之，爲政不可拘於法，而一諉之「不得爲」也。一命之士，苟存心於愛物，於人必有所濟，若一切諉之於「不得爲」，則君亦何賴於爾？民亦何賴於爾哉？同上。

沈同章

前一節「有仕於此」一段，是議賞事，所以明燕之可伐。後一節「今有殺人者」一段，是議刑事，所以明齊之不當伐燕。夫燕之與國，齊之伐燕，均爲得罪於天。一個是妄干天命，一個是僭行天討，非堯、舜而行揖遜之事，故有可伐之罪而亡，非湯、武而與征伐之師，故有必敗之勢而畔。徐儆弦。

燕人畔章

人之過，誰是該有的？孟子却説周公之過不亦宜乎？此語自來無人敢道，道得有力量，然只可以語聖人，不可以語常人。所謂聖人能立無過之地者，正在此等處看。若只循循然無過無失，則亦不足謂之聖人矣。徐儆弦。

居休章

公孫丑一篇，載孟子於齊始終、去就、久速之義甚備，學者所宜深究也。徐儆弦。

性善章

衆人皆不知疑，而世子獨知疑，亦好。然孟子既爲之解，却須篤信不疑方好。今之學者，有志欲學聖賢，而終身持不決之疑。又有胸中若兩人，欲爲善，如有惡以爲之間；欲爲不善，又有羞惡之心者。此等意氣，皆須刮去，方有進向處。徐儆弦。

夫道，一而已矣，此是萬世理學宗旨。滿世人只管道長道短，道是道非，都説得支離了。孟子所以説個道一，其實道理只是如此。近來講學者雖曉得此個道理，然却講向圓融渾同處去了。縱説得極玄極妙，而於道一宗旨，間隔霄壤，何啻一膜哉？曰：「孟子之所謂『道一』，畢竟與莊生之所謂『齊物論』何如？」曰：「『道一』者，道自然一，孟子非强一之也；『齊物論』者，物論自然不齊，莊子欲强齊之也。此所以不同。」同上。

喪禮章

朱子曰：「孟子答文公喪禮，不説到細碎上，只説齊疏之服、飦粥之食，自天子達於庶人，這二項便是大原大本。」自盡其心，喪禮之大本也；三年齊疏飦粥，喪禮之大經也。孟子生戰國，不見先王全經，然其學本孔氏之正傳，而於文、武之道識其大者。故其考論制度雖若疏闊，而於大本大經之際則有不可得而亂者。以是爲主，而酌乎人情世變以文之，則禮雖先王未之有，亦可以義起矣。後世議禮者，不明乎此，故常以其度數節文之小不備而不敢爲，卒以就乎大不備而後已。此劉向所以深嘆之也。然無孟子之學而强爲之，如叔孫通、曹褒之流，是又不免乎私意之鑿而已矣。徐儆弦。

問爲國章

孟子此篇，前面「文公問爲國」一段如棋譜一般，其體圓；後面「畢戰問井地」一段如下棋一般，其體方。雖截然分爲兩段，而大勢聯絡，錯綜照應，甚是周悉。前面有「文公問爲國」，後面有「畢戰問井地」，至末却結之曰「則在君與子矣」。此是雙应前後兩段，且前段「亦以新子之國」一「國」字，又與「問爲國」「國」字相照應；後段則「在君與子矣」，又與「子之君」一句相照應。「將行仁政」與前段「焉有仁人」相對看，「暴君污吏」與前段「賢君」相對看。「恭儉」二字是禮下取民的根子，禮下取民是分田制禄的根子。「夏后」二節言取民，「夫世禄」一節言制禄，而又徵之以助法之當行，文甚錯綜。後段曰井地，曰穀禄，曰分田制禄，曰治野人，曰養君子，曰圭田，曰餘夫之田，皆是與「禮下取民有制」相照應。觀此一章，不惟可以識治道，亦可以知作文之法。徐儆弦。

……

……①賊子懼，是孔子猶以一人之力，挽回一世之亂，而能使之至於懼也。至於孟子時，則既無權柄，又人不信他，連書也作不成，只是口説。蓋吾爲此懼，即孔子懼之懼，而未見其有楊、墨之徒，如亂賊之懼者，所以一人之力，挽回不來，又去望於一世之人曰：「能言距楊、墨者，聖人之徒也。」則是孟子之所處，豈不更難於孔子哉？

---

① 據底本卷前蔡家彬所撰提要，此處底本被撕去十六葉，「相對應的是孟子滕文公一章，疑是書中有違礙之詞，清代書主爲避禍撕去」。

徐儆弦。

愚謂生民以來，自太古至五帝是一截，堯、舜至戰國是一截，秦始皇至今日是一截，孟子孰知其身而後，又更一翻天下哉！同上。

有天道，有王法。道有是非，法有賞罰。以道而是非天下，天子爲之，匹夫亦得爲之；以法而賞罰天下，惟天子得爲之，匹夫不得而與焉。孔子以天道是非之公，而是非乎春秋之事，是者固所當賞，而孔子未嘗賞之；非者固所當罰，而孔子未嘗罰之，又何有於僭哉？孟子但曰「春秋，天子之事」，未嘗曰「天子之權」也。「事」字、「權」字亦當有辨，如敦典庸禮，自天子至於庶人，皆得爲之。盡此典禮者即爲德，背此典禮者即爲罪，命之討之，此天子之權也。匹夫不得以執天子之權而命討之。雖不得以權而命討之，但以道而是非之，豈必孔子而後可？凡知有是非之真，而能著是非之論者，即士庶人爲之，亦天子之所不禁也。何也？此事也，非權也，然則孔子作春秋，亦行其事耳。何嘗執其權哉？又何必以魯與周曲爲之解，然後見孔子之不僭哉？同上。

禹、周公皆有權柄在手，故水之逆行，禹惟承堯命治之而已矣；紂之横行，周公惟相武王誅之而已矣。孔、孟因無權柄在手，故於亂賊之肆志，楊、墨之塞道，特下一

「懼」字，見無奈之何，惟有懼而已矣。然禹爲堯使，周公爲武相，皆身任其責，故不得不汲汲，若世有亂賊，世有楊、墨，何與於孔、孟？而孔、孟爲之懼也，韓子所謂聖人畏天命悲人窮者。於此可見，古來聖賢，每每以一人之身擔當世界，誠爲此也。同上。

閑先聖仁義之道，塞楊、墨異端之源，使人心曉然不爲所蠹。夫人心是個根本，萬事萬化，皆從心中流出。有邪説一蠹其心，則大綱小節相因壞了，此理之必然者，故曰「聖人復起，不易吾言」矣。味此一句，見得聖人，必不以今日之言爲無益之辨，常人安得以好辨目之？同上。

其始也，孔子懼作春秋；其終也，春秋成而亂臣賊子懼。吾於孔子之懼，見世之一亂；於亂臣賊子懼，見世之一治。同上。

春秋誅首惡，其法尤嚴於亂賊之黨，此義行而爲惡者孤矣；孟子闢邪説，其意尤望於同距之徒，此義行而闢邪者衆矣。若無孟子，真□服左衽而言侏離。同上。

朱子曰：「此段正好看，見聖賢遭時之變，各行其道，是這般時節；其所以救之者，是這般樣子。這見得聖賢是甚樣大力量？恰如天地有缺罅處，得聖賢出來補，教他周全過得。稍久又不免有缺，又得聖賢出來補。這見聖賢是甚力量？真有闔闢乾坤之功。」同上。

楊氏爲我四句

聖人爲我，楊氏亦爲我，但有公我，有私我。聖人所爲者，天地萬物公共之我。聖人以一體爲心，不忍斯民之無知，視天下無一物非我，故出而爲之君臣，以治教之，必使人人各得其所，而後吾心始慰，吾身始安，故爲仁者所以爲我也。楊朱但知愛惜精神，而於一身之外，與我不相干，則其所爲者，特軀殼之我而已，君臣之義，於何而立？故楊氏之道，無君之道也。聖人兼愛，墨氏亦兼愛，但有公愛，有私愛。聖人之愛，由吾心而擴之，親親而仁民，仁民而愛物，爲之等則，爲之條教，使人人得以擴其良心，各親其親，各長其長，不假遠求，而愛無不遍。故各致其愛者，乃所以成吾之愛，聖人不自爲也。墨子欲以一身勞天下，而不求吾心之所安，强而行之，事事與真心相悖，如並耕則君民不安，薄葬則父子不安，齊價則精粗美惡無辨。其所謂愛者，是乃私恩小知之愛，而非本原致一之愛也。父子之親，於何而立？故墨氏之道，無父之道也。薛畏齋。

陳仲子章

陳仲子所行，亦告子、楊、墨之道也，他的廉在外面求，不在心上求，不是聖賢率性之道，所以行不得。大抵仲子之行，決是充不滿的。蓋母之食不食，兄之室不居，世間之人，更無有親於母與兄者，更有何食可食？何居可居？所以充不去。要充得去，須是不食不居，如丘蚓乃可。却又無此理，他這原頭，只是認一「廉」字差了，所以爲害道。薛畏齋。

道理皆從心出，心安則行雖過處，亦是道理，如父子相隱爲直，不探兄之惡爲仁，爲其心安故也。仲子不食母之食，不居兄之居，不知他心上如何過得去？於此可過，則其□□□□□□□□。夫區區細行，何足言哉！同上。

「夫蚓」一節，明廉須從心出，事物上去求不得。若在事物上求，將以何者爲義？何者爲不義？如所居之室，知是誰築？所食之粟，知是誰樹？鶂鶂之肉，幸兄之言而哇之也。苟兄不言，則不義之物又喫了，安能一一求伯夷之室而居之，伯夷之粟而食之乎？故就事物上討廉更討不來，除是不食不居，如丘蚓乃可耳。仲子不得如丘蚓，所以未得爲充其操也。同上。

「居」「食」二字是通章骨子。以仲子爲巨擘，是揚他；仲子惡能廉，是抑他。「是未可知也」，又含兩意，此是文字開闔處。「充仲子之操，則蚓而後可者也」，是喚頭；「若仲子者，蚓而後充其操者也」，是結尾。此皆文章妙處。徐儆弦。

離婁之明章

此章文體甚整，每説一段，必有一個證佐。「徒善不足以爲政」節是證前一段，「爲高必因丘陵」節又是證前一段，「城郭不完」節又是證前一段，「責難於君」節又是證前一段。觀每節首必加「故曰」二字可見。徐儆弦。

規矩章

此章前面説一個堯、舜，後面説一個幽、厲，中間却説一個仁與不仁。堯、舜是仁的，爲堯、舜則可以爲後世法；幽、厲是不仁的，爲幽、厲則不免爲後世鑒。堯、舜正與幽、厲對看。中間引孔子語，却是分擔兩頭的。徐儆弦。

三代章

天子猶有四海，諸侯猶有社稷，卿大夫猶有宗廟，士庶人所有，能得幾何？四體而已，可不畏哉？徐儆弦。

天下有道章

於「小役大」「弱役强」，見孟子之識時勢；於「大國五年」「小國七年」，見孟子之達國體。徐儆弦。

不仁者章

楊朱之泣歧，謂其可以南而可以北也；墨翟之悲絲，謂其可以玄而可以黄也；孺子之歌滄浪，謂其可以清而可以濁也。孺子之歌，渾沌未判，孔子感之，而有自取之論，則見解生，而渾沌者鑿矣。吾於是而知孺子之心一而純，聖人之心靈而應。徐儆弦。

孺子只言「清可以濯纓，濁可以濯足」，夫子却言「清斯濯纓，濁斯濯足」。下一

「斯」字，便生許多見解。同上。

男女授受章

經從權出，權不與經對。權也者，所以權而之經者也。如當男女授受之時，則不親授受爲經。至於嫂溺之時，則手援爲經，而不親授非經矣。此等處，在吾心權之，有莫知其然而然者，則權處乃所以爲經常之道。若當嫂溺之時，而守授受不親之理，則吾心死了，略無權變，不可以爲經，乃所謂執一。楊、墨、子莫與陳仲子之廉，皆執一之道，不得謂之中，以其無權也。故曰「經生於權，權不與經對」也。薛畏齋。

人不足與適章

上一章言「事親養志」，此章言「事君格心」，古之大孝大忠，皆於本原綱領之地加之意，而初不拘拘於儀文節目之間也。徐儆弦。

舜不告而娶節

瞽瞍私心不欲舜娶，公心却欲舜娶。舜不告而娶，猶所謂善繼善述，不可以尋常淺近看他。薛畏齋。

仁之實章

實者，無虛假之謂。事親之心，是仁之無虛假處；從兄之心，是義之無虛假處。如孩提之童，皆知愛親敬長，那有虛假。故仁義之道，其用至廣，而其實在此。從此推之，而仁義不勝用矣，豈惟仁義之實在此？這個念頭人人明白，人人不少，便是知之無虛假處；有此念頭，而節文自生，條理不亂，這便是禮之無虛假處；這個念頭無少乖戾，自根心生色，不能自已，至於手舞足蹈而不自知，這便是樂之無虛假處。得其實，則其用不差。故堯、舜之道，只是孝弟而已矣。薛畏齋。

天下大悦章

不順親，不可以得親；不能爲子，不可以爲人。順親者，得親之本；爲子者，爲人之道也。順親無他，盡事親之道而已；盡事親之道無他，盡吾心而已。吾心盡而親心悦，親心悦而天下化，有以動其心也。親心悦而天下之爲父子者定，心動而理得也。這個孝，服勞奉養，上求不得，所以爲大孝也。薛畏齋。

舜要盡個爲子的道理，就要做那順親的事業。許多精神都在那「順」字上。雖瞽瞍不順道理的人，至是亦底豫焉。可見舜有無限精神意氣，把瞽瞍一副心性都換過了。雖未敢言與道爲一，然較之前日欲殺舜氣象，何啻霄壤！徐儆弦。

君之視臣章

腹心手足是一體，犬馬土芥是物，國人寇讎是人。君之視臣如手足，則臣視君已如腹心；君之視臣如犬馬，則臣視君纔如國人；君之視臣如土芥，則臣視君纔如寇讎。可見君施一分好，則臣報十分；君施十分不好，則臣報一分。非所謂國士遇我，即以國士報之者也。如此，則爲君者尚憚而不厚施於其臣也哉！徐儆弦。

中也養不中章

養者，涵育薰陶，俟其自化。譬如養花木一般，栽培之，灌溉之，蒔之若子，置之若棄，則其天者全，而其性得矣，所以欣欣向榮也。「樂」字正從「養」字中來，亦有欣欣向榮之意。惟其養，故樂從生焉，國語所謂「其心安焉，不見異物而遷焉，其父兄之教不肅而成，其子弟之學不勞而能」是也。若急迫求之，則爲子弟者，惟見其辛苦艱難，而不相有融洽條暢之意，縱有所就，亦安能至於樂哉？譬之植草木者，愛之太深，憂之太勤，旦視而暮撫焉，其有不至於枯瘁者幾希矣。中也棄不中，才也棄不才，亦非純是不教誨他。凡人之爲父兄者，孰不欲子弟之爲中爲才？但或急迫求之，而不顧其安；至於責效之不遂，又遽絶之，而不能終其教，此即是棄之矣。夫爲子弟者，而不率父兄之教，固是不中不才；若爲父兄者，而不能教其子弟，是亦不可謂之中才也。其相去之間，能幾何哉？徐儆弦。

顧憲成全集卷四十五

四書講義[①]

無錫顧憲成叔時著

吾十有五章

這章書是夫子一生年譜，亦是千古作聖妙訣。試看入手一個「學」，得手一個「矩」，中間特點出「天命」二字，直是血脈準繩，一齊俱到。曰「志」曰「立」曰「不惑」，修境也；曰「知天命」，悟境也；曰「耳順」、曰「從心」，證境也。即入道次第，亦纖毫

① 四書講義以清同治甲戌（一八七四）虞山顧氏校刻本小石山房叢書所收四書講義爲底本。

不容躐矣。提這「學」字，乃與人指出一大路，以爲由此，雖愚者可進而明，柔者可進而强，但一念克奮，自途人而上，個個做得聖人，夫子所以曲成萬物而不遺也；提這「矩」字，乃與人指出一定準則，以爲到此，雖明者不得自用其明，强者不得自用其强，但一絲稍歧，總猶是門外漢，夫子所以範圍萬世於無窮也。

温故而知新章

這「温」字最好，「必有事焉而勿正心，勿忘勿助長」，極盡此一字形容。忘則冷，助則熱，惟温乃是一團生意，千紅萬紫，都向這裏醖釀出來，所謂新也。

舉直錯諸枉章

直，明明是君子；枉，明明是小人。只覺下個「直」字、「枉」字更有力，何以言之？謂之直，必然是曰是，非曰非，獨立自信，略無依違，此等人，下面公論極歸向他，上面人却最容易怪他，所以舉之爲難；謂之枉，必然是可爲非，非可爲是，曲意求媚，略無執持，此等人，下面公論極鄙薄他，上面人却最容易愛他，所以錯之爲難。是故均之君子也，而品不同，若一味清苦樸實，忠厚謹飭的，還不至見廢棄，惟危言危行，縱清明之時，亦往往取忤矣；均之小人也，而等不同，若一味貪污虚浮，苛刻恣肆的，還不至見寵任，惟諂言諂行，縱清明之時，亦往往被暱矣。乃知概曰用君子，猶未見其用之之實也，必連直者都用，纔用得徹底，纔喚得真能用君子；概曰去小人，猶未見其去之之實也，必連枉者都去，纔去得徹底，纔喚得真能去小人。聖人下此二字，一則將君子小人之情推勘到纖毫，含糊不得；一則將時君之情推勘到纖毫，矯强不得。其指精矣。

富與貴章

此章是孔門勘法，蓋吾人有平居無事之時，有富貴貧賤、造次顛沛之時。平居無事，不見可喜可嗔，可疑可駭，行住坐卧，即聖人與衆人無異。至遇富貴貧賤、造次顛沛，鮮不爲之動矣。到此四關，直令人肺腑俱呈，手足盡露，非能勉强支吾者。故就源頭上看，必其無終食之間違仁，然後能於四者處之如一；就關頭上看，必其能於四者處之如一，然後算得無終食之間違仁。子謂平居無事，一切行住坐卧，常人與聖人同，就大概言耳，究其所以，却又不同。蓋此等處，在聖人，都從一團天理中流出，是爲真心；在常人，則所謂日用而不知者也，是爲習心。指當下之習心，混當下之真心，不免毫釐而千里矣。

回也其心章

孔門設教，原有二科：一是爲初發心者設，但據其現在一念遂與誘掖，絶不苛求，此接引法也，故曰「與其進，不與其退」，所以成就互鄉童子一項人；一是爲久發心者設，必通照其平時細加檢點，略不假借，此磨煉法也，故曰「回也，其心三月不違仁」，其餘則日月至焉，所以成就及門諸大弟子一項人。自「三月不違」而上，則爲「於穆不已」，惟聖人有此境界；自「日至」而下，則爲時至，雖塗人亦有此境界。就仁之於人言，時至者，即其日至者；日至者，即其月至者；月至者，即其三月不違仁者，只是一個血脈，有何毫髮差池？所以要用接引法。就人之於仁言，時至者，自與日至者別；日至者，自與月至者別；月至者，自與三月不違仁者別，却有多少等級，不容毫髮混冒，所以要用磨煉法。用接引法，使人一朝鼓舞而有餘，可與入聖人之門；用磨煉法，使人終身勉勉而無盡，可與入聖人之室。

泰伯其可章

伊川曰：「泰伯三以天下讓者，立文王則道被天下，故泰伯以天下之故而讓之也，不必革命。使紂賢，文王爲三公矣。」此解最精。泰伯爲太王長子，一旦去之荆蠻，這事最奇。當時人必定推求緣故，亦安有不知？即註所謂季歷生子昌，有聖德，太王欲傳位季歷以及昌，亦是當時相傳下來的話，何以云「民無得而稱」？只是據這話頭，一似在太王身上起念，一似在王季身上起念。爲太王是以父子讓也，爲王季是以兄弟讓也，這也十分好了，乃泰伯更有大焉，是在天下起念，以天下讓也。以父子讓，以兄弟讓，是將文王做一家公共的文王，泰伯已是至公而無私。然就天下看來，猶未離乎私也。以天下讓，是將文王做天下公共的文王，爲傳道起見，即太王、王季不得而私之矣。這是何等心腸，非惟尋常人不能知，雖賢人君子亦未必能知也。故夫子特表而出之，以爲民無得而稱，至伊川直將天下點破，千載而下有知己矣。

樊遲問仁章

樊遲問仁，是向夫子求本體，夫子却教他做工夫。凡人於日用間，那個離得居處執事與人境界？第居處時，易於舒肆，若任其自然，只四肢安逸，此心都放逸了。恭則惺然不昧，吾心自没有放逸的病痛，這不是仁，是恭；執事時，易於苟安，若任其自然，只苟且忽略，此心都雜亂了，敬則主一無適，吾心自没有雜亂的病痛，這不是仁，是敬；與人時，易生爾我，若任其自然，只瞞人昧己，此心都詐僞了，忠則竭盡己心，自没有詐僞的病痛，這不是仁，是忠。故統體是仁，居處便恭，執事便敬，與人便忠，此本體即工夫。學者求仁：居處而恭，仁在居處；執事而敬，仁在執事；與人而忠，仁在與人，此工夫即本體。是仁與恭、敬、忠原是一體，如何分得開？且工夫全要在關頭上得力。今人居常處順也，能恭敬自持，推誠相與，及到利害生死關頭，便都差了，則平常恭、敬、忠都是假的。故夫子指點不處不去的仁體，却從富貴貧賤的關頭；孟子指點不受不屑的本心，却從得失生死的關頭。不處不去，欲惡都不見了；不受不屑，生死都不見了。故富貴不淫，貧賤不移，造次顛沛必於是，舍生取義，殺身成仁，都是關頭上打破。故曰：「雖之夷狄，不可棄也。」夷狄，是關頭盡處，此處不去，他處決不走作，纔是真工夫，纔是真本體。

行己有恥章

夫子於子貢問士，獨提出一「恥」字，這「恥」字極有精神，極有氣力。人若動了這念，真是無堅不入，無銳不破，只看所恥何在耳。恥道德不如人，究不到聖賢不肯干休，其處心積慮，便只知有是非，那一切利害如何遏捺得他？此是長養天理種子也，生路也。恥榮華不如人，究不至富貴不肯干休，其處心積慮，便只知有利害，那一切是非，如何管束得他？此是長養人欲種子也，死路也。中庸曰：「知恥近乎勇。」正謂兩下所恥，不容並立。知恥者，於此辨得清楚，只有不賢不聖之恥，更無不富不貴之恥也。

性相近也章

「性相近」，「近」字對「遠」字而言，只當作「同」「異」二字看。如中庸曰「道不遠人」，試思人與道是一是二？而第曰「不遠」，可無泥於「相近」之說矣。假令性果有善與不善，對這「習」字何處放着？曰「上智與下愚不移」，性耶？習耶？氣質耶？若以性言，即上智原不曾多却些子，即下愚原不曾少却些子，移個恁麽？若以習言，生於齊則齊語，生於楚則楚語，如何移不得？若以氣質言，人一己百，人十己千，愚必明，柔必强矣，如何移不得？王文成曰：「只是不肯移耳。」此言最是。何以見之？只看下個「移」字便可見，就人分上説，下個「不」字更好。是故上智之不移，上智不也；下愚之不移，下愚不也，非有或使之，或尼之也。或曰：「註云『美惡一定，非習能移』，如何？」曰：「此恐未安。謂之上智，正以其不必習於惡，非曰習於惡，猶不移於惡也；謂之下愚，正以其不必習於善，非曰習於善，猶不移於善也。」曰：「下愚亦有善端發露，何如？」曰：「此是他本來面目，澌滅不盡處，畢竟少間便消散了，何曾移得？」曰：「有言孟子道性善偏了，惟孔子這三句説得渾全，然否？」曰：「孔子既言『性相近』，又言『習相遠』，正恐人誤認相遠者爲性也；又言『上智下愚』，正恐人誤認不移者爲性也。如此看來，下句正是發明上句，孔、孟之旨同歸，於道性善有何偏全可言？」

天何言哉節

「天何言哉」，是喜怒哀樂未發氣象。「四時行，百物生」，到發處，依舊是未發氣象也。故曰「體用一原，顯微無間」。陽明所謂「原有個已發未發在」，覩其以鐘聲爲喻，曰「未扣時」「既扣時」，明明點出兩個了。

君子戒慎五句

或問：「戒懼慎獨，是一段事？是兩段事？」曰：「謂之『戒慎乎其所不覩』，則無所不戒慎；謂之『恐懼乎其所不聞』，則無所不恐懼。已包却『慎獨』在其中矣，而又言慎獨者，乃就中點出一個動靜關也。如論語言『君子無終食之間違仁』，已包却『造次顛沛』在其中矣。而又言『造次顛沛必於是』者，乃就中點出一個閑忙關、順逆關也。須透過這動靜關，然後成得個『戒慎不覩，恐懼不聞』。」

君子中庸節

中庸標個「中」字，是合知愚、賢不肖都招而入其範圍；加個「庸」字，却專爲賢知而發。此無他，誠以能寄吾道，惟在賢知；能亂吾道，亦惟在賢知。故等其過於不及，而並匡之，欲其知己之地分，僅在愚不肖之列，必將爽然退而矯其偏；甚其過於不及，而特匡之，欲其知己之隳落，反在愚不肖之下，必將悚然進而求其中也。聖人之爲賢知計如此。記「雅言」所以立的；記「罕言」「不語」所以示防。其記罕言也，本欲表夫子之「罕言命與仁」也。至於「罕言利」，凡稍有識者皆能之，何待夫子？却將個「利」來與「命」、與「仁」配列而爲三，其記「不語」也，本欲表夫子之不語「神」也，却將個「怪、力、亂」來與「神」配列而爲四。記者之意蓋曰：「世之好言命、好言仁者，方自以爲識貫天人，怎知恰與好人利者等？世之好語神者，方自以爲心通造化，怎知恰與好語怪力亂者等？」於以見吾夫子之雅言，乃所以爲高爲深，爲遠爲奇；而其言聖人之罕言，語聖人之不語者，乃所以爲卑爲淺，爲近爲庸也，其所以發聖人之藴深矣。

誠者天之道節

或問：「不思之謂神，不勉之謂化，性體原是如此，聖人盡性亦是如此，學者起因結果都應不出此四字，子屢有推敲，何也？」曰：「不思者自能不思乎？不勉者自能不勉乎？當必有個來歷矣。不思者貴其不思而已乎？不勉者貴其不勉而已乎？當必有個落脈矣。中庸言『誠者不思而得，不勉而中』，誠是來脈；曰「中」、曰「得」，是落脈。要之，來脈處即落脈處，所謂性體也。是故尋著來脈，方好入手，不然縱欲不思不勉，如何强得？勘明落脈，方好駐脚，不然縱能不思不勉，亦有何用？試看告子

『不得於言，勿求於心』，分明是個不思；『不得於心，勿求於氣』，分明是個不勉。然而證之性體，天地懸隔，何也？緣他只認得不思不勉是性，不認得善是性，竟作空頭帳耳。由此觀之，所以不思不勉，何可不加推敲？」

齊桓晉文章

孟子於齊宣、滕文，是兩樁公案。[一] 觀其「可得聞乎」一問，隱然有且驚且慕，惟恐不聞之意，其時通身倒入功利中，純是一副妄念。孟子却舉「易牛」一事反覆與之磨勘。曰「是心足王」，是歆動他；曰「百姓皆以王爲愛」，是挑激他；曰「臣固知王之不忍」，是提掇他；曰「牛羊何擇」，是折難他；曰「無傷」，是安慰他；曰「仁術」，是誘掖他；曰「見牛未見羊」，是開發他。一抑一揚，一收一放，悉中竅竅。齊宣始而茫然，没個話兒打發他，自家也忍笑不住。既而如醉，得覺先時堂下光景，恍然再呈目前，因向孟子具個實供，曰「於我心有戚戚焉」，此是將他過去的善端宛轉點破，抹煞他當下一副妄念也。滕文見孟子，得聞「性善」「堯、舜之論」。自楚反，又來見，這其

[一]「樁」，底本作「椿」，據文意改。

時通身倒入道義中，純是一副好念。孟子却慮其看得自家低，有所疑也，喻之「勿疑慮」；其看得聖人高，有所畏也，喻之「勿畏」；又慮其以己之言爲欺也，證之成覸、顔子、周公，以明其不欺。末引「瞑眩」二語尤妙，試看異時行三年喪，便有父兄百官來；梗行井田，便有許行、陳相來。梗到那所在，誰不手忙脚亂？只因預先道過「知世間事，原有許多難」，所以竟不疑不畏，而毅然直任。曰「是誠在我」，此是將他未來的變態明白抄破，堅固他當下一副好念也。然則孟子之言過去，非言過去也，正爲當下提出個源頭；其言未來，非言未來也，正爲當下提出個關頭。

孟子道性善節

「道性善」，是說本體；「稱堯、舜」，是說工夫。性個個是善，何嘗負人？人不能個個做堯、舜，却負了性，此孟子所以深責成於人也。曰：「註云『稱堯、舜以實之』，是否？」曰：「要實性善，當於乍見孺子入井之怵惕惻隱，呼蹴之弗屑弗受，人人同然處徵之，如以堯、舜實性善，則亦可以桀、紂實性惡矣。」曰：「自楚反至末云何？」曰：「都是發明這二句，『大道一而已矣』，這『道』字要仔細看。孟子生平論性，只說得惻隱、羞惡、辭讓、是非，推而上之，只說得仁、義、禮、智，並不曾說源頭。下二條，一言『疑畏』不可有，一言『瞑眩』不可無。『道一』，是就發脈處尋出一個來歷，使人識取本體，以竟道性善之指；『疑畏』『瞑眩』，是就下手處剖出兩個機緘，使人識取工夫，以竟稱堯、舜之指。」

人之所以異章

天地之性，人爲貴。天之所生，地之所養，惟人爲大。人爲貴，則物爲賤；人爲大，則物爲小。此判人與禽獸相遠之詞也。孟子獨言「幾希」，却是表人與禽獸相近之詞也。知其相遠，則爲人可喜；知其相近，則爲人可懼。

告子曰性六章

古之言性也，出於一；今之言性也，出於二。出於一，純乎太極而爲言；出於二，雜乎陰陽五行而爲言也。書曰：「惟皇上帝，降衷於下民。」詩云：「天生蒸民，有物有則。」蓋皆就陰陽五行中拈出主宰，所謂太極也。以其渾然不偏曰衷，以其確然不易曰則。試於此體味，可謂之有善有惡乎？可謂之無善無惡乎？可謂之能爲善亦能爲惡乎？是故以四端言性，猶云是用非體；即以四德言性，猶云是條件非統體。

惟知降衷物則之爲性，不言善而其爲善也昭昭矣。問：「論性者或以理言，或以氣言，或兼理氣言，何如？」曰：「厥初，一氣也，孰主宰是，理也。所謂性，蓋自其主宰言之也。」曰：「如此得毋遺氣？[二]」曰：「既曰自其主宰言，便就氣上點出理來，何嘗遺氣？吾儕要識性，須從主宰處認性，方有下落。」

曹交問曰章

此章乃孟子指點當下最親切處，「人皆可以爲堯、舜」一語，孟子一生精神命脈所注，曹交却舉以爲問，是恁麼樣見識？恒情只於儕輩間争長論短，曹交却與千古來聖人對較，是恁麼樣志趣？孟子從未曾遇此等人，不覺喜之特甚，遂語之曰：「爾既覷着個堯、舜，只立定主意去做，不須費許多閒計較。」又見他來時執禮謙恭，因示之曰：「即此便是堯、舜。」所以撥動他一團生機，使之歡天喜地，亦不枉他這一見也。更有妙者，世人指點當下，只説聖人是現成的，孟子拈出一個「爲」字，却説聖人是做成的。試思徐行是誰徐行？後長是誰後長？服是誰服？誦是誰誦？行是誰行？歸

[二]「毋」，底本作「母」，據文意改。

而求之，是誰去求？於此見不容諉之別人。此「爲」之一字，尤是提醒曹交最喫緊處也。

堯以天下章

萬章此問大奇，二典三謨經孔子親手删定，這件事書中載得明明白白，何須要問？但從來傳天下有世有及，無與人之理。今堯授舜而不惑，舜受堯而不辭，其中必有一定緣故。孟子答他却又大奇，竟將堯、舜放在一邊不説，只説個「天子不能以天下與人」，恰打著萬章心上事。於是萬章就「不能」二字委曲詰難，直窮到底；孟子就「不能」二字反覆分剖，直透到頭。然後知聖人心事，真如青天白日，非惟不以天下爲重，愛而戀之；抑且不以天下爲輕，藐而棄之。天下公器，幽有百神管著，明有百姓管著，非惟天子欲與人而不敢，抑且欲與人而不能。一切奸雄，亦可消却多少癡夢矣。

人之所不學章

孟子以「不學而能」點出人心之良能，以「不慮而知」點出人心之良知。非謂學能障人，却把良能來掃之也；非謂慮能障人，却把良知來掃之也。不慮而知，良知也；不知而慮，亦良知也。不學而能，良能也；不能而學，亦良能也。微良知良能，彼其有不知不能也，安於不知不能已耳，孰啓之而使慮？孰啓之而使學也？論本體，即凡人亦不學不慮；論功夫，即聖人亦學且慮。今人乍見孺子入井，皆有怵惕惻隱之心。仁也，是不學而能，不慮而知也，豈不在在圓滿？孟子却與他拈個「充」字出來，謂之「充」，即不免學且慮矣。嘑爾弗受，蹴爾弗屑，義也，豈不在在分曉？孟子却與他拈個「辨」字出來，謂之「辨」，即不免學且慮矣，何也？「良能不學而能，良知不辨而知」，天命之謂性也；「孩提知愛其親，及長知敬其兄」，率性之謂道也；「學而不思則罔，思而不學則殆」，修道之謂教也。夫何疑焉？大學言「致知」，文成恐人認識爲知，便走入支離去，故就中間點出一「良」字；孟子言「良知」，文成恐人將這個「知」作光景玩弄，便走入玄虛去，[二] 故就上面點出一「致」字，其意最爲精密。

[二]「玄虛」，底本避清聖祖玄曄諱改作「元虛」。

鷄鳴而起章

凡做人，須於起頭處着精神。有一生之起頭，則一日之吉凶悔吝係焉；有一日之起頭，則一日之吉凶悔吝係焉。古者八歲入小學，十五入大學，一生之起頭也；鷄鳴而起，一日之起頭也。孟子嘗言「孩提之童，無不知愛其親；及其長也，無不知敬其兄」，是就一生之起頭處，推出一個源頭，令人認取原初固有的心；至此曰「鷄鳴而起，孳孳爲善者，舜之徒也；鷄鳴而起，孳孳爲利者，跖之徒也」，是就一日之起頭處，推出兩個路頭，令人勘破後來攙上的心。誠能認取原初固有的心，那後來攙上的自然無所掛搭；誠能勘破後來攙上的心，那原初固有的自然無所混淆。庶幾可保必爲舜不爲跖矣。此真吾人喫緊第一步也。人只有善惡兩途，既曰孳孳爲善，應曰孳孳爲惡，舍曰惡而曰利，反覺放寬一步，何也？人本有善而無惡，亦本好善而惡惡，只緣他起了一點利心。凡事但問孰是利吾者，遂向前；孰是不利吾者，遂退後，更不暇問善惡耳。既不暇問善惡，自然善一邊少，惡一邊多。故爲惡者，爲利之標末；爲利者，爲惡之本根也。與其禁之於標末，不若禁之本根，故不曰惡而曰利，詞若寬而意更切矣。提「善」字與「利」對言，是就本心開發他；提「命」字與「利」對言，是就造化攔截他；提「害」字與「利」對言，是就禍患悚懼他。皆孟夫子一片婆心處。吉人爲善，惟日不足；凶人爲不善，亦惟日不足。孟子又就上提出「鷄鳴而起」，更覺十分鞭策。「人心惟危，道心惟微」，正是利與善之分。孟子又就中點出一「間」字，更覺十分細密。

形色天性章

孟子不特道性善，且道形善。所謂形色，天性是也，性之虚明湛寂不待言，形則不免重滯矣。由孟子言之，却是虚明湛寂的，何者？以肉眼觀，通身皆肉；以道眼觀，通身皆道也。然則知性者，尚不必掃去形，别求虚明湛寂，乃反掃去善，别求虚明湛寂乎？蓋善即性之本色，説恁着不着？如明是目之本色，還説得不着於明否？聰是耳之本色，還説得不着於聰否？又如孝子悦在得親，還説得不着於孝否？昔陽明公遭寧藩之變，日夕念其祖母岑與父龍山公不置。門人問曰：「得毋着相？」陽明曰：「此相如何不着？」快哉！斯言足以破之矣。

顧憲成全集卷四十六

涇皋藏稿①

涇皋藏稿一②

① 涇皋藏稿二十二卷，以無錫文庫第四輯影印上海圖書館藏明萬曆刻本涇皋藏稿爲底本，以臺灣「國家」圖書館藏明崇禎刻本顧端文公集二十卷（以下簡稱「崇禎本」）。其内容即涇皋藏稿，内容對應，惟合底本卷十四、十五及卷十七、十八爲一卷，則爲二十卷，其篇目與諸本亦多有出入，整理時兼收）、文淵閣本四庫全書所收涇皋藏稿二十二卷（以下簡稱「四庫本」）、清光緒丁丑重刊涇里宗祠藏板顧端文公遺書涇皋藏稿（以下簡稱「光緒本」）爲校本。底本各卷卷端皆有「無錫顧憲成著」一行，整理時將之删去。又，底本、崇禎本、光緒本卷次作「第某卷」，四庫本作「卷某」。

② 底本此卷每篇疏文皆另起一葉。

疏

恭陳當今第一切務疏 丁亥三月①

覩事激衷，恭陳當今第一切務，懇乞聖明特賜省納，以端政本，以回人心事疏。

臣於本月初一日接得邸報，②四川等道御史高維崧等一本乞恩認罪事。奉聖旨：「用人出自朝廷，你每不論是非，輒肆行攻擊，抗旨求勝，及有旨着推舉，却又推諉支吾，好生恣横反覆。本都當重治，姑念人衆，爲首的高維崧着降三級，趙卿、張鳴岡、左之宜各降一級，俱調外任。其餘的各罰俸一年。吏部知道。欽此。」臣見之，且疑且駭，退而思之，憂結盈腹，誠不自知其然也。

今夫工部尚書何起鳴，君子歟？小人歟？其訐都御史辛自修也，果有據歟？無

① 此卷底本、崇禎本各疏文題目冗長，殊非易檢，而具年月。四庫本題同而不具年月，正文連屬。光緒本則縮簡原題，别擬新題，而將原題作正文之首段，如此則既便檢索，也便閱覽，從之。本卷六篇疏文篇題皆據光緒本徑改，不出校。

② 底本凡表自稱之「臣」字皆縮小字號，以示謙卑，今皆恢復正常字號。後同。

據歟？而御史高維崧等之合糾起鳴也，公歟？私歟？此皆章章較著，不待辨而知者也。皇上爲起鳴罷自修，謝之矣，而又降及高維崧等四御史，何歟？皇上以爲用人出自朝廷，是也，今者起鳴訐自修則罷自修，訐維崧等則降維崧等，可謂出自朝廷歟？皇上亦嘗謀諸執政大臣歟？其謀之而不以告歟？其告之而不以聽歟？意者第謀之左右而已歟？或他有所獲罪，而起鳴因而擠之歟？皆不得而知也。夫自修者，其賢與否，臣姑無論也。職司考察，反被中傷，大計重典，一朝而壞，臣亦姑無論也。惟是謂維崧等之疏出自承望，則臣以爲謬甚矣。

臣竊見邇年以來，人心日下，猜忌繁興，讒誹殷積，或曰：「某也，某黨也。」或曰：「某也，某仇也。」或又曰：「某也，陽爲某而陰爲某也。」所附在此，則濟其私不濟其公；所傾在彼，則覩其非不覩其是。遂乃飾無爲有，騰一爲十，塗豕杯蛇，俱成公案，甚矣。時俗之過，爲揣摩幸人之災，而不樂成人之美也。幸而昨者本部奉旨考察，無論恩怨，一秉至公。命下之日，中外翕然稱服，以爲我皇上之明，二三執政之有容如此，無不愧恨其昔之窺之者太淺，而求之者之太深也。亦可以見人心之公不容泯，而挽回有機矣。何意復覩是紛紛乎？在起鳴既疑以宿釁蒙構，在自修又疑以忤時招尤。在起鳴既見以有援而巧爲排，在自修又見以受屈而急於辯，皆過矣。顧獨坐維崧等承望耶？即爾彼給事中陳與郊等深詆自修，何爲者耶？何怪乎人言之嘖嘖也？若曰一則公，一則私，臣不能解也。試使兩者平心定氣，易地而觀，臣恐我之所謂公，固即彼之所謂私；而彼之所謂私，亦即我之所謂公耳，奈何舍我而罪彼哉？

爲今之計，臣以爲莫若各務自反而已。起鳴當思何以爲衆論所鄙，自修當思何以爲儕友所猜，維崧等當思何以言出而召侮，與郊等當思何以言出而啓疑。至於執政大臣，尤應倍加檢省，風厲百僚。己雖有善，不敢輕以自滿；人雖未諒，不敢重以尤人。若無若虛，孜孜汲汲，積而久之，精神透徹，誠意欒如。本無偏好，誰能求同？本無偏惡，誰能求異？雖有褊心鋭氣，皎皎而負爲高者，亦聞焉而慚，見焉而悔，恍然自失而不知矣。如是而猶或貳以二，或叁以三，將君子薄之，輿論非之，共起而爲我驅也，何必遽與之校哉？

元輔申時行虚衷雅度，天下共推。次輔許國、王錫爵一心一德，和衷弼理，偕臻斯道，正自不難。要在卓然以皋、夔、稷、契相勖，不但如近時所稱名相而已，庶幾可以答天下耳。若乃以智角智，以力角力，釋仁義道德之用，而兢巧拙於毫毛，假饒得濟，終屬雜霸雜夷，非今日所宜用也。

先是御史甘士价進和衷之説，其指甚美，第不務拔本塞源，而徒欲調停於聲色之間，其究非强上以徇下，則强下以徇上，雖外貌可觀，病根終在。扁鵲、盧醫望而却走，而庸人方以爲無足憂，此臣之所以不容已於言也。

抑臣又因而有感焉，請畢其説。臣竊見今之時，凡非科道而建言者，世必訴之曰「是出位」，曰「是好名」，又曰「是爲進取之捷徑耳」。不然，則又曰「是多行不韙」。計畫無之，聊借以蓋醜而脱計網也。斯四者，亦誠有之矣，而不可不求其故也。

臣嘗妄謂，明興二百餘年矣，西漢之經術，東漢之節義，唐之詩詞，宋之理學，並彬彬稱隆，而獨言官之氣稍不振。天下多故，危言讜論，往往出於他曹，無論其遠。即如我皇上莅祚，故相張居正用事，數年之内，言官有相率讚頌已耳，有相率保留已耳，有相率祈禱已耳，以求吳、趙、鄒、沈、王、艾之儔，何寥寥也。

又如近日維崧等合糾起鳴，本屬公議，及皇上詰責所以，輒惶恐推避，莫適爲首，惟有謝罪不暇已耳。亦無能自見始末，開廣聖心者，曾不思皇上聰明睿智，從諫如流，有如維崧等披露情愫，曉暢事實，章晰誼理，剴篤言辭，即皇上一覽而悟，未可知也。臣甚惜之。

由此觀之，假令言官不爲利誘，不爲威惕，無事，不瑣屑以取厭；有事，不依回以取容。牽裾折檻，時不乏人，他亦無繇而奮其説矣。

然則使人之得以出位而言者，臺省之爲也，夫人情未有不喜順而惡逆者也，而況於居尊顯者乎？彼其喜也，能令人榮；其惡也，能令人辱。有一人焉，獨拂其所喜，干其所惡，端言正色，侃侃不顧，夫安得而不名高也？名高矣，而當之者方苦於不堪，厭恨之不足而至廢棄，廢棄之不足而至摧折，則天下皆咈然不平於其心。一旦時移事改，是非論定，夫安得而不加殊擢也？

且夫短長，人所時有也。天下非盡中行也，食肉者非盡賢與能也，而獨苛求於斯人，欲甘心焉，則天下必有藉爲口實者矣，又安得而不姑舍是也？是故抑者予其揚者也，屈者藉其伸者也，退者佐其進者也，斷可識矣。假令其言是，怡然而受之；其言非，廓然而容之。録其長，不疵其短；褒其直，不嗔其狂；欣其誠，不虞其矯。我用其言，何必計其人？我不用其言，何必疾其人？審如是，人人而能言也。何名可賈？何利可徼？而亦何醜可蓋？非徒然也，而我反因之獲容直之名，收用言之利矣。然則使人之得以賈名，得以徼利，又得以蓋醜者，廟堂之爲也。

至於建言者，其人大都負氣自喜，不耐矜束，闊略於規矩，遇事發憤，往往過當。聽者方内懷不服，退而詢其行事，又不足以滿其意，則曰：「爾以古人畜我，何不以古人自畜？」而前後之人察見意指，又因而媒孽之以取媚，尋垢索瘢，無所不至。於是遂置其言不復採，而并其人亦賤之矣。

假令士能潔躬修行，入不愧妻子，出不愧朋輩，則其人重，其言亦重，夫安得而無聽？然則使人之得以舉，而納諸群詬之中者，建言者之爲也，故臣以爲亦莫若務自反而已。自反，則上何暇以言爲罪？下何暇以言爲高？惟各盡其在我而已矣。先是，都給事中楊廷相條陳考察事宜，意欲痛懲矯激之非，蓋亦有說第人之常情。自是逆指者少，順指者多，不知自反，而徒彼此相尤，其究必多者日勝，少者日負。將來之患，正恐不在矯激耳。如曰曩居正用事宜尚異，今非其時也，宜尚同，則唐、虞之際，猶然朝有吁咈，野有誹謗，而孔子亦云「邦有道，危言危行」，方今君聖臣賢，千載一會，不以唐、虞有道望斯世斯民，而僅僅較短長於居正柄國之日，此臣之所痛也。

是故彼一時也，上下壅隔，群邪朋興，雖無一事不出於私，人皆以爲常；此一時也，上下寅恭，衆正彙集，少有一事不出於公，人皆以爲異，此臣之所以尤不容已於言也。

臣腐儒也，無所知識，生逢明聖，思見太平，情激乎中，不能默默，輒以自反之說進，熟念當今第一切務，無過此者。其用心寬而動物速，其操術簡而收效宏。

夫惟皇上超然遠覽，穆然深思，凝然獨立，反躬責己，端本澄源。無論大臣小臣，近臣遠臣，而皆視之爲一體；無論諷諫直諫，法言巽言，而皆擇之以用中。仍諭大小臣工，無猜無忌，自責自修：勿惜任怨之名，以逢君欲；勿希將順之美，以便己私；勿徇一時之喜怒，以貽禍將來；勿執一己之是非，以誤傷國體。至於左右近侍，亦時以此照察之，使其各知愛惜，共享榮名。

其維崧等四御史，姑令照舊供職，則皇上何以不若堯、舜在廷，諸臣何以不若皋、夔、稷、契？天下何以不若唐、虞？蓋變化人才，轉移世道之機，實在於此。大學曰：「自天子以至於庶人，壹是皆以修身爲本。〔一〕」中庸曰：「正己而不求於人，則無怨。」孟子曰：「行有不得者，皆反求諸己，其身正而天下歸之。」又曰：「以善養人，然後能服天下。」臣誠不勝惓惓，惟皇上裁察焉。

奉聖旨：「這本黨護高維崧等，〔二〕肆言沽名，好生輕躁，顧憲成姑着降三級，調外任用。前有旨，特諭各部司屬，欲陳所見的，都呈稟堂官，定議具奏。顧憲成曾否呈稟堂上官也，着回將話來。」

〔一〕「壹」，底本作「一」，據大學及諸校本改。
〔二〕「崧」，底本作「嵩」，據前文及諸校本改。

懇乞早建儲典疏 癸巳二月[一]

建儲重典，國本攸關，不宜有待。懇乞聖明早賜宸斷，以信成命，以慰輿情事疏。吏部四司公本。

臣等伏見皇上思祖訓立嫡之條，欲將三皇子暫一併封王，以待將來有嫡立嫡，無嫡立長。於此知皇上之心有惕然，其不敢自專者，而必以上合聖祖之心爲安也。又見皇上諭輔臣王錫爵等：「朕爲天下之主，無端受誣，以爲可痛可恨。」於此知皇上之心有歉然，其不敢自適者，而必以下合天下之心爲安也。有君如此，豈不真聖君哉！

乃臣等退而思之，惟是「待」之一言，有不能釋然而無疑者。皇上之所據以爲得在此，而天下之所共據以爲失亦在此。此吉凶之原，安危之幾，不可不早辨而慎防也。夫太子，天下本，立本所以不忘天下也，豫定所以固本也，如之何其可緩也？是故有嫡立嫡，無嫡立長，是也；待嫡，非也。就見在論嫡之有無，是也；待將來論嫡之有無，非也。夫「待」之爲言也，濡滯而鮮決，懸設而難期，撓不刊之典，潰不易之

[一]「二月」，崇禎本、四庫本同，光緒本作「三月」。

防，隳不携之信，叢不解之惑，開不救之釁，貽不測之憂，甚不可也。

臣請得而歷數之，皇上之稱祖訓惓惓矣，顧其所言「立嫡」「待嫡」二條，意各有主，質以建儲之事，判然不類。皇上第以其合於己，援而附之，是爲尊祖訓乎？是爲悖祖訓乎？其不可一也。

嘗考我朝建儲家法，東宫原不待嫡，元子並不封王，廷臣連章累牘，言之甚詳，歷歷可按。皇上第以其不合於己，置弗爲省，豈皇上創得之見，有加於列聖之上乎？其不可二也。

臣等聞之，凡有天下者稱天子，天子之元子稱太子，太子之元子稱太孫。天子繫乎天也，君與天一體也；太子繫乎父也，太孫繫乎祖也，父子、祖孫一體也。故親之主鬯承祧於是乎？在不可得而爵者也。餘子則稱王，王必繫之地，各有分域，可得而爵者也。今欲並封三王，元子之封何所繫乎？無所繫，則難乎其爲名；有所繫，則難乎其爲實。其不可三也。

皇上亦曰「權宜」云耳。夫權者，不得已而設者也。元子升儲，諸子分藩，於理爲順，於情爲安，於分爲稱，於訓爲經，有何疑顧？有何牽制？有何不得已而然乎？耦尊鈞大，偪所繇也，偪則凌，凌則僭，厲所階也，豈細故哉而姑任之？其不可四也。

皇上以聖祖爲法，聖子神孫以皇上爲法，皇上尚不難創其所無，後世詎難襲其所有。自是而往，幸而有嫡可也，不然是無東宫也。無乃誤萬世之大計乎？又幸而如皇上之英明可也，不然是凡皇子皆東宫也，無乃釀萬世之大患乎？臣每念及此，便自寒心，皇上獨能宴然而已耶？其不可五也。

且夫皇后者，所與皇上共承宗祧者也，期於宗祧得人而已，宗祧得人，而皇后之職盡矣，豈必有嫡而後爲快？夫皇上以父道臨天下者也，皇后以母道臨天下者也，一體也。是故皇上之元子即皇后之元子也，雖恭妃不得而私之也；皇上之諸子即皇后之諸子也，雖皇貴妃不得而私之也。何者？統於尊也。今庶民之家，妾之有子，亦以其妻爲嫡母，固其定分然耳，豈必自己出而後爲子？又豈必如輔臣王錫爵之請，須拜而後稱子哉？皇上何不斷以大義，而爲此區區乎？其不可六也。

況始者奉旨少待二三年，則是二三年而已；俄而改於二十年，則亦二十年而已；俄而又改於二十一年，則亦二十一年而已，猶可以歲月爲期也。今曰「以待嫡嗣」，則未可以歲月爲期也。德音方布而忽更，聖意屢遷而彌緩，非由預瀆，非由衆激，何以謝天下？其不可七也。

善乎皇上之言之也，曰：「朕爲天下之主。」夫爲天下之主者，未有不以天下爲心者也。自並封之命下，聞者莫不悵然若失，愕然若驚，一日之間叩閽而上封事者，不可勝數。至於閭巷小民，亦囂然聚族而議也，是孰使之然哉？人心之公也。而皇上猶責元輔王錫爵擔當，錫爵夙夜趨召而來，正欲爲皇上定此一大事。排群議而順上旨，非所謂擔當，豈其願之？惟是日夜惶悚，矢志積誠，必欲納皇上於無過之地，乃真擔當耳！不然，皇上尚不能如天下何，而況錫爵哉？其不可八也。

凡人見影而疑形，聞響而疑聲，[一]皇上神明天縱，信非溺寵狎昵之比，而不諒者一意揣摩，百方猜度，殆難以家喻而戶曉也。是故皇上方以爲無端受誣，天下且以爲無端反汗。無端受誣，豈惟皇上有所不堪？即臣等亦爲皇上不堪。無端反汗，豈惟臣等不能爲皇上解？即皇上亦不能爲臣等解。皇上盛德大業，比隆三五，而乃來此意外之紛紛，不亦惜乎？其不可九也。

凡此九不可，皆「待」之一言爲之也。故曰：「待者，事之賊也。」猶豫則亂謀，優游則妨斷，因循則失時，徘徊則啓伺，遷延則養禍，豈非天下之大戒哉？

伏願皇上反觀默省，長慮却顧，以成憲爲必不可違，以輿論爲必不可拂，以初命

[一]「響」，底本、崇禎本均作「嚮」，據四庫本、光緒本改。

爲必不可爽，以新諭爲必不可行，斷自宸衷，亟舉大典，皇元子首正儲位，皇第三子、皇第五子併錫王封，庶幾父父子子、君君臣臣、兄兄弟弟，宗廟之福，社稷之慶，千萬世無疆之休，悉萃於此矣。臣等曷勝惓惓，顒望之至。

懇乞休致疏 癸巳三月

感恩惶悚，循職披忠，懇祈聖明，特賜照察并乞休致以安愚分事疏。代孫堂翁立峰作。

臣自惟奉職無狀，具疏上陳，聖德如天，曲賜寬假，慰之以清慎，督之以救正，勉之以供職，展誦再三，且感且愧，夫復何言！獨念人臣之罪，莫大於專權；國家之禍，莫烈於結黨。臣日夜彷徨，莫知所以，不得不爲皇上一陳之也。

夫權者，人主之操柄也。人臣所司，謂之職掌，吏部以用人爲職，進退去留，一切屬焉。然必擬議上請，奉旨而後行。則所謂權者，固自有在，非人臣可得而專也。是故職主於分任，而權則無所不統；權主於獨斷，而職或有所不伸。君臣之分，於是乎在，蓋其際嚴矣。

臣世受國恩，皇上又不以臣爲不肖，令待罪銓曹，臣感激殊遇，勉圖報塞。受事以來，矢志奉公，内之不敢一毫有所顧戀，外之不敢一毫有所畏忌。夫孰非恃皇上之信之也？其或進或退，或去或留，夫孰非皇上之靈命英爽也？是謂之守職則可，謂之專權似未也。今以議留二部臣爲專，則無往而非專矣。況鄒元標諸人，海内日引領，望其柄用，顧屢推屢格，臣方内愧行能淺薄，無當聖心。至於疑貳沮撓，動成掣肘，自失其職，而更責以專權乎？

若夫「黨」之一字，漢、唐、宋傾覆之原皆在於此。臣非特口不忍言，目不忍見，抑且耳不忍聞，若之何其以爲戲也？凡科道論劾，下部覆議，自有去留，即外計拾遺亦然。今以議留二部臣爲結黨，則無往而非黨矣。且宋臣歐陽修言：「君子有朋，小人無朋。」方今在廷，號爲多賢，惟是人各有心，形跡岐而猜忌漸起，精神隔而議論漸煩。臣忝爲首臣，方愧不能雍容調劑，合君子而爲一，以共贊太平之治，而更責以結黨乎？

夫銓曹，重地也。非其人則不當居其地，業已使之居其地則不當疑其人。昔之專權結黨者，亦往往有之矣，並不在銓曹。誠使自臣而始，臣之大罪也。即以專權結黨爲嫌，畏縮消沮，自救不暇，則銓曹之輕，自臣而始，亦臣之大罪也。臣衰病日侵，任使不效，徒潔身而去，俾專權結黨之説，終不明於世。來者且以臣爲戒，又臣之大罪也。

臣憂結於中，不忍默默，輒用披露。伏乞皇上矜其愚，不録其罪，特加省察，并望賜臣骸骨，歸老林泉，與田夫野叟共祝聖壽於無疆，皇上之恩真同天地矣。臣無任悚息，待命之至。

恭陳愚悃疏 癸巳三月

聞命惕衷，自慚獨免，恭陳愚悃，以祈聖斷事疏。同考功司員外郎李復陽上。

頃者，皇上覽科臣劉道隆疏，切責吏部專權結黨，隨奉旨回話，皇上將該司郎中趙南星降調外任，一時聞者洶洶，相與求其故而不得。

乃臣等退而思之，惟有惶悚而已。竊念臣等與南星生平以道義相期許，及在同部，又以職業相切磨。惟兹内計之典，始而咨詢，繼而商確，臣等皆與焉。至於議留虞淳熙、楊于庭二臣，臣等亦以爲誼出憐才，嘗從臾之。今南星被罪，臣等獨何辭以免？南星一意奉公，不以情庇，不以勢撓，庶幾少挽頹風，以報皇上，而竟不免於罪。況臣等自揣才識不逮南星遠甚，其迂戇椎魯，又或過焉。若復靦顔在列，將來招釁速戾，有不止於南星者矣。然則與其去南星，孰若去臣等；與其留臣等，孰若留南星。用是不避煩瑣，仰瀆宸聽。伏惟皇上擴天地之量，垂日月之明，念南星自謀則拙，謀國則忠，還其原職，以示任事者之勸，無徒快被察諸人之心，臣愚幸甚。倘始終以爲專權結黨，乞將臣等一併罷斥，無令南星獨蒙其責，臣愚亦幸甚。臣等曷勝惶悚，待命之至。

懇乞回籍疏 癸巳十一月

患病不能供職，懇乞天恩，俯容回籍調理事疏。

臣章句書生，遭際明時，誤被甄收洊歷，今秩聖恩如天，慚無寸報，何敢言私？奈臣禀氣素弱，居平恒喜静而厭動，一遇煩勞，寢食俱廢。近者不意驟陟選司，諸務棼雜，朝夕拮据，遂致心脾受傷，頭目昏眩，兼之入冬以來，積感風邪，痰火寒熱諸疾一時併作。延醫胗視，咸謂元氣下墜，邪氣上乘，非謝絶群囂，投閒静攝，難冀痊可。隨具呈堂官，堂官再三督臣之出，臣於此進退維谷，實爲狼狽。萬不得已，仰瀆天聽。

查得萬曆二十年五月内，文選司郎中鄒觀光因病自疏乞歸，荷蒙俞允。伏乞敕下本部，照例放臣回籍調理，倘犬馬餘生僥倖不先朝露，尚得從田夫野老，祝聖壽於無疆也。臣曷勝迫切，懇祈之至。

懇乞休致疏 己酉十一月

聞命亟趨，屢牽夙疾，懇乞聖恩俯容休致事疏。

臣直隸常州府無錫縣人，由萬曆八年進士，歷任吏部文選司郎中，至萬曆二十二年罷歸。尋蒙恩詔復官，至萬曆三十六年十月二十一日接得邸報，吏部一本開讀事，奉聖旨：「顧憲成起陞南京光禄寺少卿添註，欽此。」臣聞命自天，不勝感激，謹望闕叩首謝恩訖。

竊念臣猥以疏劣，重負任使，歸田以來，日夜省惕。皇上宥，弗爲討，亦已過幸，更荷聖慈衰然優録，誼當竭蹷而趨，捐軀圖報。遂於今春二月啓行，不意十五年前所患眩暈之症壹時陡發，不能前也，吏部業爲寬限矣。延醫調理至八月，稍可勉爲啓行，不意行至丹陽而加劇焉，又不能前也，吏部又爲寬限矣。豈非不忍臣之卒廢於明時哉？獨計臣少不自愛，踰壯便衰，行年六十，目昏耳聾，老態盡見，已不足效馳驅，備鞭策。況今病入膏肓，糾纏無已，奈何尚欲僥倖於萬一也。且夫入山惟恐不深，入林惟恐不密，翛然置安危理亂於不問，以自便其身圖，臣之所大耻也。明知身之不能前矣，猶然徘徊道路，遷延歲月，偃蹇簡書，遲速惟意，以自陷於大戾，尤臣之所大懼也。查得吏部職掌弘治四年題準，凡自願告休官員，不分年歲，俱準致仕。又嘉靖十年題準，今後内外官員，有疾願告致仕者聽。臣謹瀝誠上請，伏乞敕下該部，查臣别無假托，容令休致。自今以往，得保餘生，與閭閻父老，歌堯天而詠舜日，皆皇上再造之恩矣。臣無任迫切，懸企之至。

顧憲成全集卷四十七

涇皋藏稿二

書

上鄒龍翁老師書

不肖憲之走金陵而就試也，家嚴呼而謂曰：「孺子何知？遂裒然而冠諸童儒，倖耳。又得隨諸茂才，與觀場之列，又倖耳。倖不可屢僥，敢他望乎？吾有一心事，孺子能爲我了之，勝於獲雋百倍矣。」

憲跽而對曰：「惟大人之命敢請。」

家嚴曰：「吾所識窮乏唐應麒者，其父居邑之市中，日接四方之游商，而主之藉以生活。方江寧盜蔣六飾裝而至其家，初不意其爲盜，方蔣六發其裝而與之有所抵易，初不意其爲禦人之貨也。無何，蔣六敗而株連之，逮至江寧，父遘累而亡，子遘累而繫，出鄉井，入囹圄，積歲月而不解。蓋其所與之相抵易者，既援以爲賍，而虛捐其一倍之費，其援以爲賍者，則又不止於其所抵易也，而藉口於一事之實，刀筆之吏從而羅織之，遂得罪，則應麒之所坐可原也。且應麒之繫，迄今不解也，爲其賍未償也，而賍則赦矣。在應麒，煢煢獨夫，非敢抗而不償，實惟遘累之後，止存赤骨，即欲償不能，又以爲赦既及，即不償無害也，竟惟日日待赦。在當事者，按舊牘，奉新例，非不能赦一未償之賍，實疑應麒之産尚可以償，又以爲赦而償，償而赦，則可以收其實利，而與之虛名也，竟惟日日待償。審如是也，一日不償，一日繫矣；終身不償，終身繫矣。相彼獨夫，欲覓其身命，易耳，舍此而更有所督責，將持何者而應之？則應麒之所處可憫也。應麒有母而未老，有妻而未歸。母恐其子之須臾死也，請於其妻之家曰：『吾子可以無妻，而不可以死，吾可以無婦，而不可以無兒，願返我聘，不願歸我婦也。』妻之家持不可，母堅請之，益堅持不可，誠謂其赦也，而不意當事者迫之償也，久而不償，久而不赦，勢不得不出於母之計矣，而況乎其聘之返也？又不足以償也，是使爲母者既失其婦，又失其子；爲子者既失其妻，又併其軀命而不保也。則應麒之爲計可哀也，孺子識之，此吾之所寤寐疚心也。」

憲復跽而對曰：「大人此一念，天地鬼神實鑒臨之，兒何敢忘！惟是眇眇一書生，何能爲？」

家嚴曰：「吾亦籌之矣，聞江寧侯與上元葛二尹同里，而葛二尹實嘗丞吾邑，可以情控也。」

憲曰：「兒未識葛二尹，奈何？」

家嚴曰：「鄒龍翁父母見官兵曹，不嘗國士遇汝者耶？當葛二尹丞吾邑時，此老爲之長，最相知。誠得此老慨然達之葛二尹，葛二尹轉而達之江寧侯，則其事可立白，是一言而起一人之生也；應麒之事白，則母得以有其子，妻得以有其夫，而彼亦得以有其母與妻，是一言而起一家之生也。應麒在繫，饑無食，寒無衣，近復罹疫症，體槁而色不人，[一]諸同繫者皆危之。其存與亡也，蓋在旦夕，誠欲援而生之也，亦惟在旦夕。拯溺救焚，勢不容少緩。孺子識之，此吾之所倚門倚閭，盼盼而引領也。」

憲喜曰：「鄒老師，仁人也，事其濟乎！」

[一]「槁」，底本、崇禎本均作「稿」，據四庫本、光緒本改。

遂頓首受命而行。兹敢一一述諸老師，老師何以裁之？即曰：「是故吾赤子，吾不忍其坐斃。」矜而許之耶？不肖庶幾有以復於家嚴矣，是老師之賜也，不肖之幸也。抑曰：「若書生耳，何爲强與人事？」揮而叱之耶？即不肖歸而見家嚴，何辭以謝？是應麒之窮也，不肖之罪也。老師，仁人也，於斯二者必有擇矣。

臨緘曷勝，懇迫之至。

上相國瑶翁申老師書

此稿已削，適從敗簏中檢得初稿，追念往事，不忍棄也，聊復存之。

憲聞之：「君子在朝，則天下必治；小人在朝，則天下必亂。」夫何以治也？君子，正也，正則所言皆正言，所行皆正行，所與皆正類，凡皆治象也。雖欲從而亂之，不可得而亂也，夫何以亂也？小人，邪也，邪則所言皆邪言，所行皆邪行，所與皆邪類，凡皆亂象也。雖欲從而治之，不可得而治也。憲，書生也，何敢妄相天下士？及來長安，跡耳目之所覩記，往往不能釋然於心，聊掇其概。

吏部掌邦治，果清通簡要之品乎？户部掌邦計，果廉介恭儉之品乎？禮部掌邦教，果端凝淵穆之品乎？兵部掌邦政，果磊落奇傑之品乎？刑部掌邦禁，果公平明恤之品乎？工部掌邦土，果精嚴練達之品乎？都察院掌邦憲，果剛方直亮之品乎？斯不亦善乎？如其未也，將無僅僅備員而已乎？然則在朝者君子乎？非君子乎？憲不得而知也已。

徐而按之，賢如鄒公元標、沈公思孝、艾公穆、傅公應禎，軍伍矣；賢如劉公臺，囚伍矣；賢如趙公用賢、吴公中行、朱公鴻謨、孟公一脈、王公用汲，民伍矣；賢如徐公貞明、李公楨、喬公巖、趙公參魯，雜職矣；賢如趙公世卿，王官矣。然則君子者在朝乎？不在朝乎？憲不得而知也。

則又伏而思之，君子在朝，非君子自能在朝也，本之君子之領袖，爲之連茹而進也。今寧無君子之領袖乎？有之則宜，君子日多，而何未見其多也？小人在朝，非小人自能在朝也，本之小人之領袖，爲之連茹而進也，今寧有小人之領袖乎？無之則宜，小人日少，而何未見其少也？憲不得而知也。

不知故疑，疑故懼，輒敢於老師乎私質焉？竊以爲，當今皇上之所倚重，無如首揆；海内之所仰重，亦無如首揆。老師與之朝夕共事，必能洞徹其真精神所在，其毅然以宗社生靈爲己任，而是非利害不足動其心者歟？抑猶未免於自用歟？

而老師之於首揆也，其相知相信，可以披肝瀝膽，盡言而不諱者歟？抑亦體貌之間而已歟？然則老師將如之何而可歟？其一切順而聽之歟？抑亦思以逆而挽之歟？順而聽之，吾懼其爲隨究也，必至於兩相扶同，以成壅蔽之害，而國家之事壞；逆而挽之，吾懼其爲激究也，必至於兩相矯異，以成乖睽之害，而國家之事亦壞。意者不隨不激之間，有妙用存歟？

凡此皆憲之所願聞也。老師其遂進而提命之，曠然有以大發其蒙歟？抑亦曰：「有是哉？爾之迂也。」姑笑而置之歟？

敬九頓以請。

上潁翁許相國先生書

竊惟天下之事，所以至於破壞而不可收者，其初起於一人之私而已。夫誠一人之私，天下誰不知其非者？於法未足以壞也。蓋有附之者焉，其附之者又皆庸衆細人，名醜實惡，天下又誰不知其非者？於法又未足以壞也。蓋又有效之者焉，其效之者，又皆其匹類，要以互相爲利而已，天下又誰不知其非者？於法終又未足以壞也。惟其日積月累，循以爲俗，雖夫端人正士，亦安然居之而不疑，然後遂破壞而不可收也。

憲不敏，不省其他，竊恐今之貢舉將類於是，是以不得不謁之明公也。

夫明興二百餘年矣，其執政者，非盡周公旦、召公奭也，其壞法亂紀，亦多有之矣，獨未有及於是者也。焦氏芳，朝及之而夕敗，自是無敢爲芳也者；翟氏鑾，夕及之而朝敗，自是無敢爲鑾也者。而獨近者張江陵輔政，神奸鬼計高出二氏之上，暫爾苟完，衆皆效尤，相與鱗比而進，莫或疑怪。及江陵没，一切稗政日銷月鑠，幾至於盡，惟是不變也，非徒不變也，又或從而甚之矣。此天下之所以喟然嘆恨也。然而往者懾於江陵之威，徒以積其憤於胸中，卷口結舌，今者又徘徊觀望，莫肯發語，其故何也？天下大矣，非遂無賈傅、梅尉、劉宗正其人也，意者以爲有明公在，可無虞也。明公，當世之端人正士也。往聞江陵不丁父憂，明公不是也；迺者江陵病，諸公卿争爲禱於東岳，明公又不是也。明公之不佞也如是，何獨於此而不然？故曰有明公在，可無虞也。

雖然，又有從而爲之辭者矣，曰科場，公典也，不可意也。意而收之，暱也；意而棄之，矯也。二者其失，等也，付之無心而已。愚以爲是言也，乃雍容之雅談，而非救時之切論，正孔子之所謂佞也。夫救時者，未有不用矯者也。夫矯之爲不可也，惟其乖世忤俗，用於家而家非之，用於國而國非之，用於天下而天下非之，故不可也。若其移而用於今日之科場，以裁宰輔之子弟，將暘谷以西，昧谷以東，人人快之，不勝其是也，夫何病於矯？

夫明者，衆所依以視也；聰者，衆所依以聽也。今明公行將主南宫政矣，天下之視聽於明公者不少也。即欲慨然出而救之，使國家興賢育材之制，將壞而復完，是惟明公；即以爲固然，安而聽之，使君子忘其非而不見詰，小人成其是而不見沮，亦惟明公。明公，當世之端人正士也，其必有以慮之矣。

憲也辱在執鞭之末，每見明公，明公輒以德義勖，以故不敢愛其昧昧之思，率爾宣露，惟明公進而可否之，幸甚！

再上相國瑶翁申老師書[一]

昨言魏、李兩君於老師，老師欣然不爲忤，竊有窺於老師之大也。獨元相所稱某甲子之説，非特中魏侍御而已，且并侍御弟允中而中之，憲甚惑焉。

竊惟自江陵諸公子相繼登第，人情洶洶，嘖有煩言，爲日久矣。前者憲不避紛

[一] 此標題底本目録無「相國」二字。

瑣，屢肆陳説，惟是之故，信如某甲子之説，憲亦何求而不得乎？

嗟乎！當江陵擅國，諸言事者無不被罪去，以是臺諫緘口結舌，靡靡不立，天下傷之。至於今稍稍能以直言振矣，顧亦往往有所揣摩緣飾而然，其真痛真痒處，亦逡巡觀望，莫之敢及，則科場一事是也。獨魏侍御不忌而抗疏言之，李民部不忌而抗疏救之，是爲真能直言；執政於此兩人，能優容之，是爲真能優容。而夫人者又從而媒孽於其間，其亦不仁也已矣，夫此何病於兩君也？

凡進言者，大率其中有不可忍者耳，其意非望於求完也，夫惟不完，而後其名高，即完矣。久而積嫌積毁，日銷月鑠，不保其卒。天下必曰：「是嘗用某事忤貴人也者。」相與太息而追賞之，即其名又高，而我乃獨受其蔽言咈諫之咎耳。所得在彼，所失在此，是何其愛執政以姑息而愛兩君？以德之甚也。詩曰：「取彼譖人，投畀豺虎。豺虎不食，投畀有北。有北不受，問彼昊天。」憲誠不勝過慮，再用披露，庶幾老師始終矜而察之，以兩君完，俾天下後世咸有窺於老師之大也。不肖憲幸甚！世道幸甚！

臨楲惶恐，不次。

與王辰玉書[一]

僕不敏，幸獲與足下生而同壤，又幸往年從長干、雨花之間望見末光，足下無鄙而好進之，雖御李識荆，未足以方其暢也。自審疏薄，無能爲役，不敢有所稱效，託於氣類，時復瞻企，喟然而已。

乃者誠欲貢其亹亹，念之累旬，旋發旋輟，深惟足下玄覽峻詣，人倫之美，僕奈何有蓬之心，束於固我，膠而不決，遂用披露，願足下少察之。

竊惟國家設科以取士，鉅典也。上不得以私其下，下不得以私其上，明興二百餘年矣，未有能干之者也。干之自張江陵始，張江陵既没，諸一切穢政次第罷免，[二]獨於是未有能革之者也。是故魏直指朝諷之而夕以竄，丁直指夕諷之，而公卿大夫，朝而競求其瑕，遂令邪説朋興，至於今猶然譁而未已。吁！何其甚也！

夫士亦何擇於貴賤也？貴而取貴焉，賤而取賤焉，惟其當而已。往者謝氏之有

[一] 此標題底本目録作「與王辰玉太學書」。
[二] 「次第」，底本、崇禎本、光緒本作「次弟」，據四庫本改。

丕也，商氏之有良臣也，於其時並以爲華，何獨今者乃並以爲詬？夫非其愛憎殊也，彼其中誠有不可解者耳，足下不見之耶？魚貫而進，無或後也；雁行而列，無或先也；卒而擬之，徐而按之，無或爽也。見以爲自然，何巧也？見以爲偶然，何屢也？其何以謝天下矣？若夫執事，則異於是，僕非敢爲讒也。

相國先生履仁蹈義，屹然與古之五臣十友頡頏。[一] 千載之間，曁於足下少有至性，長而彌茂，曠然萬象之表，天下即欲進而以足下投先生，退而以先生投足下不得也。有默沮逆折己耳，而今而往，足下其一舉而最秋闈，再舉而最春闈，三舉而最大廷，天下不疑，何者？誠信之也。

雖然竊有懼焉，賢者不幸，而與不肖者同形，其究也將無以别其賢；不肖者幸，而與賢者同形，其究也將有以飾其不肖。無以别則蒙，有以飾則固。往者不慚，來者不創，不亦與於干之者哉？斯僕之所爲懼也。夫豈惟僕？其在天下猶是志也。夫豈惟天下？其在執事猶是志也。僕不量，竊以天下爲執事計，以執事爲天下計，莫若逃之而已。談者必曰無庸，是避嫌也。與其避之，寧其忘之，吾求不愧於心而已。避

[一]「屹然」，底本、崇禎本、光緒本作「仡然」，據四庫本改。

嫌，德之衰也。跡僕所聞，殆於不類。

昔者堯讓天下，舜去而之河南；舜讓天下，禹去而之陽城；周公攝政，流言勃興，去而之東；孔子轍環至衛，有邀而卿之者，正色而却之，去而之陳、蔡之間，雖絶糧不愠。此皆天下之大聖人也。一帝一王，一相一卿，不足以磷其内；丹朱、商均、管、蔡、彌子之徒，不足以緇其外，而惴惴焉畏之若是，何也？夫固有所避也，故曰：「進以禮，退以義。」又曰：「富與貴，人之所欲也，不以其道不處；貧與賤，人之所惡也，不以其道不去。」難進易退，則是以進爲嫌也；有擇於富貴，無擇於貧賤，則是以富貴爲嫌也。聖人視富貴貧賤等耳，第求不愧於心可矣，何必拘拘乃爾？然則聖人之意見矣，足下以爲然歟？否歟？今夫一第之榮，不厚於萬乘也。家猜户愕，積議如山，不輕於三孽也。而足下之於是，得之無加，失之無損，不急於栖栖皇皇東西南北之人也。厚可損而薄爲戀，輕可虞而重爲狃，急可委而緩爲徇猥，曰「吾求不愧於心而已」，何嫌之與？有則是四聖人者，徒爲小廉，曲謹無當也，必不行矣。

故嘗試論之，即足下芥拾一第，紹明纓簪之業，輝映後先，顯名也；即足下芥置一第，抗志東海以待天下之清，顯實也。夫名者，庸衆之所艷；而實者，賢雋之所欽也。之兩者之相去，豈不遠哉？不可不審也。

僕故曰：莫若逃之便。蓋張江陵之不直於天下，其大者莫如爲子而蔑其父，又莫如爲父而暱其子。方五君子昌言於朝，張江陵恚甚，並得罪。先生解之不克，遽拂衣東還，修萊、曾之樂，庶幾以身爲諷。當是時，實聞足下手寫陶彭澤歸去來辭獻焉，然則天下所以無父而有父，足下之爲也。於是特採狂論，一矯頹俗，脱然無復一毫濡忍之意。仁人所憂，志士所憤，庶幾以身爲防，俾世之競進而不已者有省焉。然則天下所以無子而有子，足下之爲也，不已烈哉！

足下勉之，僕與足下踪跡寥闊，顧其慕説足下特甚，敢有蔽志語曰：「山藪藏疾，江海納垢，藉令漫無中於大道，應知足下不我讓也。」

敬頓首以請。

上婁江王相國書[一]

昨所請教册立之事，實百其難，明旨一定，何以轉移？人情洶洶，何以鎮定？上欲不愆於明旨，下欲不駭於人情，故曰難也。過趙定老問之，亦喟然太息，只懇懇拈

[一] 此標題底本目録作「上荆翁王相國先生」。

出閣下一片心相向耳，究竟則請期一着，尚自可圖，然而非閣下莫能任也。

蓋自萬曆十四年以來，廷臣之以建儲請者，後先不啻數十疏，而皇上之旨，亦幾變矣。然而曰待二三年，則是二三年而已也；曰待過十齡，則是過十齡而已也；曰二十一年，則是二十一年而已也。期未至而請之，皇上得執激擾以爲罪；期既至而請之，皇上亦何辭以謝天下？此遷延之法，可得而窮者也。今者以待皇后生嫡子爲辭，從今以往，誰復能關其説乎？即皇上札諭，業已曰數年之後矣，廷臣復何所據以請乎？此假借之法，不可得而窮也，閣下以爲無虞乎？

語云：「不見其形，願察其影。」閣下試端意而思之，皇上之旨所以屢定而屢遷者，何也？建儲，盛典也。九廟之所式臨，兩宮之所欣願，百官萬姓之所瞻企，而言及者輒獲罪，若有大不滿其意者，何也？亦可推矣。三王並封，耦尊齊大，亦可觀矣。閣下不念之耶？

昔者秦皇、漢武，寧不蓋世之雄？一念小偏，便墮入婦人女子之手，骨肉之間頓成胡、越。星星燎原，[一]涓涓放海，雖二君孰意及此乎？司馬温公曰：「天若祚宋，必無此事。」夫此何事也？可得而嘗之哉？而徒諉諸天也？若曰「有嫡立嫡，無嫡立

[一]「燎原」，底本、崇禎本作「潦原」，據四庫本、光緒本改。

長」，兩語炳若日星，誰能奸諸？則「長幼有序」之説，明旨不啻再見，何至今日？乃更益立嫡之條，重之以祖訓，藉之以中宫，彌縫轉易，挽回轉難，日復一日，月復一月，歲復一歲，不知何所底止？閣下之責，方自此始未艾也。

竊意以爲宜聽九卿科道，仍尊屢旨，合辭以請。而閣下從中調停，懇示定期，即甚遲，不得越一年而遥。庶幾聖心確有所主，不開窺伺之端；人心專有所屬，不萌二三之釁。議論方囂而復定，國本幾摇而獲安，此真閣下事矣。脱或一請不當，則至於再，再請不當，則至於三，甚而至於十，至於百，至於去就可也，至於死生可也。論語曰：「大臣以道事君，不可則止。」孟子曰：「惟大臣爲能格君心之非。」可不勉哉！

若乃上懸不必然之説，以蓋其立長之成命，下又操必不然之見，以成其立嫡之托辭，則是皇上負閣下，閣下負皇上，非所望於今日之君臣也。

臨紙耿耿，不盡。

復王辰玉書[一]

深哉，門下之言之也！門下其有天下心乎！再誦扇頭韻言，又何婉篤而可諷也！憲於是喟然三嘆焉，而又竊以爲昔之患，患在閣部異同；今之患，患在君相異同。閣部異同，天下按其是非而交責之；君相異同，天下舍吾君而責吾相，此紛紛之議所由起也。且閣部異同，其爲證也顯；君相異同，其爲證也微。故君相異同之形一眩，則閣部異同之影猶存，此紛紛之疑所由起也。

夫疑者億詐逆不信，以小人之心相揣摩也；議者求全責備，以君子之道相程督也。彼以小人之心求我，我拒而不受則可；彼以君子之道求我，我拒而不受則不可。此紛紛之争所由起也。蓋伊尹之言曰：「予弗克俾厥后爲堯、舜，若撻於市，一夫不獲，時予之辜。」而在有宋，韓、富諸君子即復偃卧田間，每當朝廷有大政，輒慨然手疏以聞，上不與人主分爾我，下不與曹偶分去就。古之君子，其任天下之重如此。

竊見皇上之於諸公卿，若泛泛然，而邇年以來，獨往往督過吏部，今且微連都察

[一] 此標題底本目録作「復王辰玉解元書」。

院矣，此其指良不可測，而幸尚知有執政諸老先生。即諸老先生中，更知有尊府君旋轉一脈，實惟尊府君是繫。往嘗獻其區區，尊府君許之，亦曰：「吾欲云云，寧忘之耶？」門下試以請於尊府君，其務深思極慮，以始終無替伊尹之耻，而比跡於韓、富，天下之幸也。憲最無似，乃有門下於尊府君，即尊府君所爲拉拭百方，卒以狂昧取罪，重負尊府君。方當日夜悚惕，勉思補過，敢復肆然，闌及天下事。顧其一腔熱腸，猶然如昨，俄又爲門下提動，不覺信口傾吐，門下以爲何如？率爾報謝，尚餘耿耿，聞台駕旦夕南，庶幾請須臾之間，以究所懷。不備。

又

寬嚴之説，意慮深遠，誠非愚陋所及。乃弟意則又妄謂：「嚴者，相之事；寬者，天下之事。相自嚴，則天下寬矣；相自寬，則天下嚴矣。此二者又未始不相持也。」門下以爲何如？

與李見羅先生書

憲不敏，竊聞海内有見羅先生久矣。昨日，從李令君、羅茂才游，受明公之書而讀之，益深向往。思爲執鞭而不可得，何意門下不遺淺薄，儼然賜問。若以憲爲可與語，欲援而納諸道者，即而今而往，得以依歸下風，與於暴濯之末，少窺萬一，皆明公之貺矣，何其幸也！

竊惟明公表章聖學，揭正時，趨距詖，放淫功，齊兼抑，天下不可無此人，萬世不可無此論，斯已偉矣，獨自嫌其異於陽明先生也，而曰：「求諸心而得，雖其言之非出於孔子者，亦不敢以爲非也；求諸心而不得，雖其言之出於孔子者，亦不敢以爲是也。」此陽明先生語也，若曰如是，則何嫌之有？其亦可也。雖然，「修身爲本」非明公之言也，孔、曾之言也，異不異，尚何計焉？乃陽明此兩言者，憲猶然疑之，未能了也。私以爲陽明得力處在此，而其未盡處亦在此矣。請略陳之，而門下裁焉。

今夫人之一心，渾然天理，其是，天下之真是也；其非，天下之真非也。然而能全之者幾何？惟聖人而已矣。自此以下，或偏焉，或駁焉，遂乃各是其是，各非其非，欲一一而得其真，吾見其難也。老之無，佛之虛，楊、墨之仁義，彼非不求諸心也？其渾然者，未能盡與聖人合，是以謬也。故陽明此兩言者，其爲聖人設乎？則聖人之心雖千百載，而上下冥合符契，可以考不謬，俟不惑，恐無有求之而不得者，其爲學者設乎？則學者之去聖人遠矣。其求之，或得或不得，宜也，於此正應沉潛玩味。虛衷以俟，更爲質諸先覺，考諸古訓，退而益加培養，洗心宥密，俾其渾然者，果無愧於聖人。如是而猶不得，然後徐斷其是非，未晚也。苟不能然，而徒以陽明此兩言横於胸中，得則是，不得則非，雖其言之出於孔子與否，亦無問焉。其勢必至自專自用，憑恃聰明，輕侮先聖，註脚六經，高談闊論，無復忌憚，不亦誤乎？

自宋程、朱既没，儒者大都牽制訓詁，以耳目幫襯，以口舌支吾，矻矻窮年，無益於得，弊也久矣。陽明爲提出一「心」字，可謂對病之藥。然心是活物，最難把捉，若不察其偏全純駁何如，而一切聽之，其失滋甚。即如陽明穎悟絶人，本領最高，及其論學，率多杜撰。若「明」「親」「格」「致」「博」「約」諸義，雖非本色，尚自半合半離，可以推之而通。甚而謂性無善無惡，謂三教無異，謂朱子等於楊、墨，以學術殺天下後世，是何識見？只緣自信太過，主張太勇，忘其渾然者之尚異於聖人，而惟據在我之得不得，爲是非的然之公案，是故理不必天地之所有，而言不必聖人之所敢。縱横上下，無之而不可也。陽明嘗曰「心即理也」，憲何敢非之？然而言何容易！孔子七十從心不踰矩，始可以言「心即理」，七十以前，尚不知何如也；顔子其心三月不違仁，始可以言「心即理」，三月以後，尚不知何如也。言何容易！漫曰「心即理」也，吾問其心之得不得而已，此乃無星之秤，無寸之尺，其於輕重長短，幾何不顛倒而失措哉？

然則陽明此兩言者，却又是發病之藥，故曰：「陽明得力處在此，而其未盡處亦在此也。」

書曰：「人心惟危，道心惟微，惟精惟一，允執厥中。」語曰：「吾嘗終日不食，終夜不寢，以思無益，不如學也。」又曰：「學而不思則罔，思而不學則殆。」詳味數言，而陽明之得失，亦略可覩矣。不識門下以爲然否？

憲少不知學，始嘗汩没章句，一旦得讀陽明之書，踴躍稱快，幾忘寢食，既而漸有惑志，反覆參驗，終以不釋。頃聞教於明公，益覺其中有耿耿者，是以忘其愚陋，輒用披露，冀得就正有道，儻蒙不鄙，明賜督誨，使憲奉以周旋，不迷於往，有負惓惓，又何幸也！惟明公圖之憲也。

敬竦息以俟！

復鄒孚如孝廉

兄已得舉子業第一諦，何復下詢？弟實未有知也，敢舉其聞之師者求正。弟始從邑中少弦張師游，師教之以博，曰：「『讀書破萬卷，下筆如有神』，此事不可拘拘只在佔畢中求。[二]」已，從原洛張師游，師曰：「此事只在一處，不可向外浪走。」蓋又教之以約。弟舉少弦師語，師笑而不答。弟退而思之，未有湊合處。一日，再舉少弦師語，諷咏數過，忽有省曰：「是矣是矣，妙在一『破』字，夫何故讀書至萬卷？直是不捨一字。謂之破，則又不取一字矣。不捨一字之謂博，不取一字之謂約，不捨不取之間，有妙存焉，非言解所及也。」因謁東里雲浦陳先生而質之，先生首肯。先生才甚豪，意不可一世。少嘗以時義贅於方山薛夫子。薛夫子大驚，曰：「非王震澤，莫能辦此。」流聞坊間，遂梓入王震澤稿中。至今家傳户習，以爲真出自震澤手，莫知其自。若「有朋自遠方來」「上者爲巢，下者爲營窟」等篇是也，先生復從容言：「子曾見王崑崙山人詩乎？當爲子坐進一格。」因出其題淮陰侯廟歌及擬杜七歌視弟，弟受而讀之，頓覺胸中廓然。累年所拮据擬議，一時蕩盡，了無影響。歸而再質之原洛師，師亦首肯。弟所聞如是，敬爲兄誦之。高明謂：「何歌？」録覽。弟至今嚴事山人，在師友之間云。

[二]「佔畢」，底本、崇禎本作「佔僤」，據四庫本、光緒本改。

弟向來築室枯里中，日出而起，日中而食，日入而寢，其意以詩書爲仇，文字爲贅，門以外黑白事，寂置不問。

與孫栢潭殿元

客有持殿元録報我者，不覺舌端生鋒，談之無休時也。吾錫天下稱鉅，精采神耀，黯焉未光者，凡幾百年，一旦足下持黄卷，貢之丹扆，玉立雲霞之上。閭巷間樵嬰牧穉，榛叟桑嫗，聞足下嘖嘖而賞異之。若以爲足下四目兩鼻，彼夫長軀偉骨之士，視功名如拾唾者，亦頓足斂手，不復得以區區傲足下。九龍之巔，梁溪之溜，真可驕太行而輕溟、渤矣，弟何無快也？抑弟聞之，知己難也。魯孔氏、鄒孟氏自離襁褓，能開口説一二三四五，便有天下心，及其長也，東馳西驅，南奔北走，干幾十君王侯，齒朽髮落，曾無憐而收之者，不得已，姑自解曰：「天未欲喪斯文也。」「如欲平治天下，舍我其誰？」嗟嗟，接淅之缶，宿晝之菌，其後竟如之何也？今聖天子當陽，洗心濯意，冀獵海内豪俊，有起足下而坐之重席之左，有英雄之才，而又有英雄之遇，一入孔、孟之耳，當揚聲大呼曰：「吾不知孫郎矣。」願足下益讀孔、孟書，砥操礪行，俾文章德業合而爲一，亦可以明男子之得志也。足下官華巍赫，樫籬之聲填户，而不能容稍稍狼籍衢路，脱弟復厠片言於其間，殊不足以重足下，故三千里呼足下而規之，足下得無曰：「顧生故迂戇，今又妄發耶？」古之居者行者各相贈處。弟之所爲足下處者，則若此矣。其何以贈我，使得宴息於青泉白石也？

燕、吴相阻，對面無期，倘彼此不負，又何患焉？若乃漫爲好語，道寒暄而止，諒足下所厭聞也。不及。

顧憲成全集卷四十八

涇皋藏稿三

書

上婁江王相國

恭聞新命，不勝踴躍，此宗社生靈之福也。追惟不肖於戊寅之歲，聞先生之不難以寧親諷張江陵也，誠中心欽之仰之，以爲古大臣之風規如此也；於癸巳之歲，見先生之不難以引咎悟皇上也，誠中心欽之服之，以爲古大臣之肝膽如此也。已而，先生有所不滿於志，四顧躊躇，輒致其政而歸，則又中心訝之惜之。乃今先生耕閑釣寂浹一紀而餘矣，天下之故，國家之表裏，當益籌之熟矣。向之所見以爲是，究竟是乎否也？向之所見以爲非，究竟非乎否也？又益閲之精矣，雄心鋭氣，日銷月鎔，翼翼乎，休休乎，斷斷乎，穆穆乎，浩浩乎，中和之體備矣。

是故根深者，末必茂；源遠者，流必光。雲龍風虎，萬物快覩，將令天下後世咸知吾君吾相之能，相與大有爲也，豈不卓哉！於是中心欣之願之，庶幾不日而身親覩之，以爲古大臣之作用如此也。先生其何讓焉？盼望行色，心旌搖搖，旋感一兆，亟圖躬詣請正，屬遘家難，逡巡不果，敢次第具列以聞。儻蒙垂察，裁其可否，則又幸矣。

抑昔朱子之告孝宗有曰：「臣之得事陛下，於今二十有七年，而於其間得見陛下，數不過三。自頃以來，歲月逾邁，如川之流，一往不復，不惟臣之蒼顔白髮，已迫遲暮，而竊仰天顔，亦覺非昔時矣。」每覽斯言，當年一腔苦心，千載如見，令人遥對彷徨，歔欷嘆息，不能自禁。今先生之相皇上，後先凡幾何年？得見皇上凡幾何時？

憲自甲午別先生於春明門外，於時先生角巾布袍，擁傳而南，翩翩若登仙然，不知年來神采，視昔孰勝？兹入而覲皇上，伏覩天顔，不知視甲午之前，又何如也？殆亦不能無朱子之感也已。因特爲先生誦之，而復贅之曰：「時乎時乎！往者不可追，來者不可再。時乎時乎！惟先生三思，惟先生努力，惟先生珍重，惟先生加飯。」

寤言

七月一日之晡，方隱几而卧。

有東里塾叟過訪，予起迎之，坐定問曰：「聞婁江王相國有新命，信乎？」予曰：「信。」曰：「君謂應出否？」予曰：「是有説焉，出而大展平生，旋乾轉坤，慰滿四海，喁喁之望，上局也；出而循守故常，如入寶山，空手而回，下局也；堅卧不出，無咎無譽，中局也。衆揣相國意，大半且就中局耳。」

叟曰：「相國而庸人也則已，相國而大豪傑也，殆不其然，且老人固有願於相國也。」予曰：「何？」

叟曰：「老人日爲童子課句讀耳，何知朝廷事？獨好從縉紳先生借觀邸報，竊窺當今執政，後先相承，總一心訣，順之則安，即天下交口而譁之，偃然無恙也；逆之則危，即天下引領而屬之，莫能久於其位也。是故趙蘭溪至於叢群垢，以死而後已，猶得厚蒙恩恤，如在位有大勳勞然者。沈四明至於十分狼狽而後去，猶得特蒙温諭，如眷眷不能一日離左右然者。乃王山陰晨請罷而夕報可矣，沈歸德夕請罷而晨報可矣，果直道難容，枉道易合，自古而然耶？抑一時氣運爾爾耶？不然，或有密操其綫索者耶？吾願相國出，而爲之一轉移於其間也。」

余默然。

叟曰：「猶未也，惟吏部亦然。久莫如海豐，順也；促莫如平湖、餘姚，逆也。説者謂宰相以知人用人爲職，故吏部與閣臣，斟酌天下賢不肖，以俟朝廷處分，其體勢固難遜避，亦難異同。而近世閣臣懼威福之名，不復問吏部，吏部懼權貴之名，不復問閣臣，遂至互相冰炭，而朝亦不復信部閣矣。似也，請得而質之。吏部不問内閣，正矣；内閣不問吏部，公矣，何以致相冰炭？揆厥所由，將内閣欲進賢退不肖，而吏部尼之耶？抑吏部欲進賢退不肖，而内閣尼之耶？而朝之不復信部閣也，將吏部礙内閣，從而媒孽内閣致之耶？抑内閣礙吏部，從而媒孽吏部致之耶？夫如是，得無吏部之不問是真，内閣之不問是假耶？此不可不詳察也。更請得而推本言之，吏部與内閣信應共相斟酌，難爲異同矣。要之，亦須爲吏部者，有不問閣臣之心，而後其斟酌也，始出於正，不出於阿奉權貴；爲閣臣者，有不問吏部之心，而後其斟酌也，始出於公，不出於播弄威福。此所以一德一心，渾無異同之跡也。否則分宜、江陵，殷鑒不遠，尚不如不問之爲愈耳。况至今日平湖、餘姚一綫之脈，依希欲絶，曾何冰炭之慮？而慮内閣權輕、吏部權重耶？委如所慮，何不見吏部之逐内閣？而但見内閣之逐吏部耶？吾願相國出而爲之一表，正於其間也。」

余又默然。

叟曰：「猶未也，近者竊又有以窺執政之微指矣。若曰吴、趙、鄒、沈等之君子太勁，而苦用之不便，胡、王、陳、曾等之小人太靡，而穢用之不雅，莫若擇謹厚一路人而用之，此一路人既不喜爲危言危行，輕作風波以梗我，亦不恣爲蕩言蕩行，重潰隄防以濺我。人皆曰君子宜親，此不可疵其非君子；人皆曰小人宜遠，此不可疵其爲小人。執兩端而用中，其庶幾矣。足以息阿比之端，絶喧嚚之竇，平偏黨之論，杜好事之口，而天下且帖然馴服，無所施其紛紛矣。曾不思此一路人，據其跡則然，徐而按其實，正孔子所謂『德之賊』，孟子所謂『非之無舉，刺之無刺，同乎流俗，合乎污世，居之似忠信，行之似廉潔，衆皆悦之，自以爲是，而不可與入堯、舜之道』者也。三代而下，高官大禄，大率此一路人居多。即遏之，猶恐不能絶，而況樹之幟而導之趨。將見上好之，下必甚之；一倡之，衆必和之。人人以模稜爲工，事事以調停爲便。遇賢否，不欲兩下分明別白，混而納之於平等，而曰『吾能剖破藩籬』；遇是非，不肯一下直截擔當，漫而付之於含糊，而曰『吾能脱落意見』。久之，正氣日消，清議日微，士習日巧，宦機日猾。卒乃知有身不知有國家，知有私交不知有君父，本欲懲東京之矯激，而反弄成西京之頑鈍，其釀禍流毒，殆有不可勝言者矣。而獨若輩外不失名，內不失利，安富尊榮，優游坐享，漠然不介於理亂安危之故，如張禹、胡廣，比比而是，豈不恨哉？吾願相國出而爲之，一挽回於其間也。」

於是予復隱几而卧。客不悅，曰：「老人失言矣。」遂拂衣去。

寐言

叟既去，予繹其三，言殊不草草。出步中庭，徘徊往來，展轉至數百次，不能已已。迨夕就寢，猶耿耿方寸間，良久始成寐。忽夢相國過錫，予遇之於芙蓉湖上。相國一見，遽曰：「君必有以助我。」予曰：「憲何知，只是當今有一大冤，須先生昭雪耳。」相國愕然問曰：「冤何在？」予曰：「在皇上。」相國益駭異。予曰：「先生勿詫也，[一]請以憲所親歷對。當憲之待罪考功也，適鄒南皋具疏謝病歸左堂，見麓蔡公，時掌部篆，謂予曰：『此疏宜如何覆？』予曰：『惟老先生主張。』蔡公曰：『昨晤王相國，言皇上遣一中貴，持鄒疏至閣，着放他去。』予曰：『此却更宜斟酌，試思皇上此念

[一]「詫」，底本、崇禎本作「詫」，據四庫本、光緒本改。

從何而來？是耶？宜將而順之。非耶？宜匡而救之。若不問所以，皇上曰如是，相國遂亦曰如是，皇上且謂可以，惟其言而莫之違也，非所以光君德也；相國曰如是，部中遂亦曰如是，相國且謂可以，惟其言而莫之違也，非所以光相道也。惟老先生再加斟酌。』蔡公曰：『姑徐之。』數日，見蔡公，又問，予對如前。又數日，蔡公召不肖謂曰：『近思之，南皋委宜擬留，君所執良是。』予遂如諭題覆，皇上竟報可，不責也。及予待罪文選，請於堂翁心谷陳公，擬升江念所光禄寺少卿。念所故受知於皇上，中因山陵事罷歸數年矣。疏上，皇上御筆親書『江東之升光禄寺少卿』九字。吏垣許少微見而異之，特携示予曰：『故事惟大九卿親書，此特筆也。』自是稍遷至大理，出塡雲南，已而爲言官所摘，復聽歸。由前而觀，皇上胸中固自有念所也；由後而觀，皇上胸中又未嘗有念所也。推類具言之，不可勝數。蓋皇上之無成心如此，今大僚不補，歸之皇上；科道不選，歸之皇上；廢遺不起，歸之皇上，豈非一大冤耶？且閭閻匹夫匹婦之冤，則有司爲之昭雪；有司不能，則監司爲之昭雪；監司不能，則兩臺爲之昭雪；兩臺不能，則有擊登聞鼓，轉而聞諸皇上者矣，於是皇上下公卿爲之昭雪。其控愬之途甚寬，而其主持之人亦所在不乏，無憂覆盆也。乃皇上之冤，獨有内閣能爲之昭雪耳，願先生留神焉。」

相國曰：「善則稱君，過則稱己，古之道也，公言甚當。」

予曰：「先生所言，猶體面語也；憲所言，則腹心語也。竊嘗計之，事英明之主，寧不易於開導，然或挾才自用，喜怒不測，則調停難，以其不足於寬大也；事寬大之主，寧不易於調停，然或牽制情欲，語不可了，則開導難，以其不足於英明也。我皇上英明寬大，合而爲一，豈非千載一君乎？而令受此大冤也，凡爲臣子，孰無動心？何況先生一人之下，百僚之上，謝政以來，且十有四年，尚簡在帝衷，煌煌天使，儼然造門而延請焉，豈非千載一時乎？而坐視皇上受此大冤也，幸先生念之。」

語訖，微察相國亦愴然改容。

予復進曰：「有君如此，何忍負之？」

誦之至再至三，不覺放聲大哭。一室大驚，共起而呼予。頃之乃覺，淚猶淋漓滿面，群就而問故。予曰：「此非兒女輩所知也。」徐而稍述其大都，則皆曰：「異哉！異哉！」遂起燒燭記之。先生身江湖而心魏闕，當有先得此中之同然者。今兹之行，其必以我皇上登三咸五也，庶幾此一重公案，不作白日説夢矣。

與王辰玉[一]

昨聞尊府君先生新命，識者莫不以爲太平之理可計日而待，轉相告語，爲皇上賀也。僕更默默爲先生賀，爲皇上賀，賀皇上之有先生也；爲先生賀，賀先生之有足下也。君臣知己，父子知己，天啓其逢，一朝合并上下，千古寥寥有幾？足下即欲不厚自勉，安可得哉？却聞足下每語客曰：「不意病頓中又加此一服毒藥，何也？」不肖始而訝，中而疑，卒乃豁然而悟曰：「是矣，是矣。」

今夫履高據顯，天下之至可樂也；遺大投艱，天下之至可憂也。庸衆所覩，在彼則甘之；明哲所覩，在此則苦之。甘之，苦在其中矣；苦之，甘在其中矣。有味乎毒之爲言也。昔伊尹一盡瘁於鳴條，再盡瘁於桐宫，晚而告歸，爲太甲陳一德之訓，肫肫懇懇，猶若不能釋厥衷者。周公思兼三王，一沐三握髮，一食三吐哺，終其身未嘗一日逸焉，用能造商救周，流光至今，此豈偶然而已哉？故謂阿衡之任，伊尹之一服毒藥可也；謂負扆之托，周公之一服毒藥可也。是天之所以成二聖也，足下其知

[一] 此標題底本目録作「與王辰玉太史」。

之矣。

足下知之，進而與先生共嘗之，真父子知己矣；先生知之，進而與皇上共嘗之，真君臣知己矣。夫如是，太平之理真可計日而待矣。然則先生之一服毒藥，即先生之九轉靈丹也，是天之所以成先生也。故曰：「危者，安其位者也；亡者，保其存者也；亂者，有其治者也。」又曰：「若藥不瞑眩，厥疾不瘳。」足下其知之矣。僕不揣謬，有一言之獻，業已呈諸先生，并望足下假燕閒一寓目焉，不審亦可備藥籠中物否？

語不云乎：「天下事非一家私議。」此僕之所以自忘其僭也。又不云乎：「天下之寶，當爲天下惜之。」此僕之所以自忘其愚也。

臨緘不勝惓惓。

上葉相國臺山先生書①

憲聞之天下之最不可混者，莫如君子小人之辨；最不可欺者，莫如真是真非之

① 以下三篇底本、四庫本、光緒本均無，據崇禎本卷三補。

心，而其最不可長者，莫如人各以其是爲是，以其非爲非。始於兩相持，而卒至於一無歸着，此主張世道者所宜灼審其介而力持其衡也。

淮上修吾李司徒，憲與之交三十年矣，中心實信服者，乃今言者紛如，又率借東林爲案。其借東林爲案也，或引而内之，或推而外之，又若冰炭然，何也？憲，泉石間人也，即置之兩忘，亦何不可？獨計司徒之是非所關於國家甚大，而不肖之知司徒又甚深，俯仰君臣朋友之間，均有不能漠然者，敢具列本末，爲明公誦之，明公試垂聽焉。

夫憲何以服司徒也？語云「觀人必於其素」，又云「觀人必於所忽」，以其日用平常，安排所不到也。憲始與司徒同官户曹，一日過訪，適當午，遽問：「飯乎？」憲曰：「未也。」因遂留飯。相對一蔬一腐一肉而已，察其色充然自得，絶無歉意，憲心異之。他日，復過訪，復留飯，加饌至數品，憲訝而問之何，前倨而後恭也。司徒曰：「皆偶然耳。」無而爲有，有而焉無，所不能也。憲益異之，以爲車塵馬蹄之間，誰能有如此襟度？遂與定交。自是數相過從，互有切磨，非先哲之軌不談，非天下之大計、國家之表裏不語。憲之服司徒者，一也。

已而，南樂魏御史條論科場積弊，公論翕然韙之，及奉有嚴旨，遂相視噤，不發一言。司徒獨抗疏申救，被譴去。當是時，張江陵已敗，言駸駸開矣，卒亦未免揣摩觀望，漫掇拾一二浮蔓以塞責，而博名未有能搔着當路真痛癢處。如司徒，乃可當魯國一男子矣。憲之服司徒者，二也。

已而，量移南儀郎，薦歷藩臬，力持三尺，不少假借。而又最留意教化，彰善癉惡，到處澄清，污暴之吏輒望風解印綬去。視山西學政，竟其任，無有以隻字干者，而士習且翻然爲之一變矣。憲之服司徒者，三也。

久之，用治行異等擢撫畿輔，適礦税之使四出淮、揚，數千里間，虎而冠者凡數人，虎而翼者又數百人，小民皇皇，莫必其命。司徒一力肩荷，多方擘畫，操縱在手，呼吸風生。可以化誨者，化誨之；不可以化誨者，法裁之。可以便宜徑行者，徑行之；不可以徑行者，爲之據實上請。忠赤所發，一字一淚，我皇上讀之，亦爲惻然感動，次第報可。蓋有密勿大臣所不能得，部院尊臣所不能得，臺省近臣所不能得，而司徒獨能得之。以是諸奸懾伏，逆自剷其爪牙，而陳閹至甘心以一死謝，餘亦俯首帖耳，莫敢或逞，地方遂寧。批龍鱗而不忤，履虎尾而不咥。其護持在一方，而其榜樣在天下；其德施在封疆，而其所計安在社稷，斯已偉矣。憲之服司徒者，四也。

且夫人臣居是官，則盡是職而止。司徒所職巡撫耳，即撫事辦而職舉矣；俄而兼漕，即漕事辦而職舉矣；俄而又攝河，即河事辦而職舉矣。却乃毅然以天下安危爲己任，每遇朝廷有大故，及天災人變，無不愀然動色，發憤極論，其於賢人君子之進退，尤反覆三致意焉，往往出於當路之所切齒，群小之所側目，曾不少諱，非其身視君家、視國胞與視民物，廓然無一毫人我之相，何以及此？憲之服司徒者，五也。

於是有痛疾而思遂之者，適司徒與中璫左上疏自劾，遂擬旨罷歸。及請代，又不許，再請、三請以至數十請，卒不許。司徒悟曰：「不佞得罪□□耳，民則何罪？」起而視事如故，蒿目焦心，不少即安。中外聞而憂之，聯翩乞留，章滿公車。越四年，始奉旨復職，尋加銜賜之璽書，司徒感泣思報，絶不以去留夷險少有二心。憲之服司徒者，六也。

尤有可異者，司徒在地方，屬有緩急，當使人之際，即千金不吝一擲，其生平慷慨樂施，急人之急，赴人之難，即囊無一錢，意氣可千金許，以是得揮霍聲。徐而按其所自享用，左圖右史，一香一茗，如是而已。於求田問舍之事泊然不屑也。四十年甲科，十二年督府，僅具中產。甲辰之秋，曾過視其官舍，諸子猶然布衣。大都衆人淡處偏濃，衆人濃處偏淡。憲之服司徒者，七也。

而又意量豁達，記人之長，忘人之短。即如劉給諫勿所嘗以兑事疏糾，尋聞其良於令，復疏薦之，且逢人推轂，津津亹亹，不少存芥蔕。比召爲今官，復勉之，與同垣段江夏，協衷體國，凡有建白，當共商榷，所以成給諫之美至矣。其亦可謂幾於無我矣。憲之服司徒者，八也。

恒情有一善則矜，有一勞則伐，司徒能已灼於天下矣，了不自滿，務日求向上去。自公之暇，輒手一編，往往午夜始就寢，雖鉛槧書生，未必若斯之勤也。憲嘗詢其意，答曰：「吾謂是可以敷求典刑，可以濬發神智，可以收拾精神，併歸一路，不令旁泄，個中有無限受益處耳。」又嘗貽憲書曰：「不佞於理路認得頗清，於世情勘得頗透，凡發一言，舉一事，過後思之，覺不大戾聖賢矩度，只一點俠氣未能全銷，畢竟是功夫未到。數承見勖，敢不書紳？」可謂進進不已矣。憲之服司徒者，九也。

夫非獨憲，即海內端人正士，無不服也。假令得竟其用，其所建立，豈僅僅耳目所覩記而已哉？然則何以致茲紛紛？曰是有繇矣，其功名太盛，能取人忌也；其風骨太勁，能取人憎也；其形跡太略，能取人疑也；其遭遇太奇，能取人駭也。是則豪傑之常，庸衆之異，固其所以不免也。於是主者運籌，從者效力，所在傾構，機械百出。識者謂此輩只是欲尼其總憲秉銓宅揆之路，誠恐英雄手辣，一旦得操事柄，便須盡翻舊局，向來誤國誤君之罪，更無逃躲處耳。是則正人之喜，邪人之懼，又其所以不免也。所幸三代直道猶存，公論久而自定，備閱南北臺省諸君子後先奏牘，司徒之心跡業已炳然如日月之中天，雖百岾口，何能爲之蝕？又幸而得斷斷休休一個臣如明公，秉國之鈞，執是非之牛耳。其於司徒，且雅稱同心，計所以上贊聖裁，下衷輿論，大慰天下之喁喁者，當必有在。雖百讒口，何能爲之撼？是用不避僭越，不嫌煩贅，披瀝情愫，敬贊一辭，總之非爲司徒也，非爲明公也，爲國家而已。

臨緘，不任耿耿。

上孫太宰立亭先生書

伏惟明公起自東山，海内莫不引領而觀，旋轉之烈，不佞憲從邸報中日閱啓事，明公種種苦心，亦既窺其五六矣。謬不自量，思獻一芹，明公其亦許之否？竊惟任天下之事者，大患在不知有我，又患在惟知有我。不知有我，則必至於自詘以殉人，而操縱卷舒未能如意；惟知有我，則必至於自用以咈人，而好惡取舍未免率意。此以辦一職，營一功，猶然不可，而況於冢宰哉！

夫冢宰者，古稱統百官、均四海者也。何言乎統百官也？統者，總而一之之謂也。我見以爲當舉，遂得沛然而舉之；我見以爲當措，遂得沛然而措之。無中沮，無外撓，無旁格，極天下之至一，而莫之或二也，故稱統。愚以是揆之今日而竊有疑焉。大僚會推，夫固謂從來已遠，非創也。因而濫觴於銓屬，俾各衙門俱得而越主之，則自丁酉始耳；又因而濫觴於年例，俾兩衙門俱得而預參之，則自己亥始耳；甚者，墨綬以下，付之一籤，俾吏胥亦得而影射之，則自甲子始耳。惜哉，彼一時也，吏部之權聚而歸之内閣；此一時也，吏部之權四分五裂，散而歸之多門。其聚而歸之内閣也，嚴分宜、張江陵之殉私滅公，因吏部之順而順取之也；其散而歸之多門也，張新建、趙蘭溪之假公逞私，因吏部之逆而逆取之也。是故就内閣論，順取者顯而行其恣，逆取者微而用其巧。就吏部論，當其權之，以順取去也，事繇獨擅，於法爲逆，收之猶易；當其權之，以逆取去也，義關共濟，於跡爲順，收之却難。明公鑒往慮來，將何以爲匡正計哉？誠曰：典則具存，亟圖修復，甚善。即不然，而曰因循不可，振刷不能，姑爲停調，以冀旦夕無恙，竊恐沿習既久，遂成故事。究也我且爲客，衆且爲主，綱維鈐束之體褻，而貪緣奔競之徑滋，欲百官之得其統，無繇矣。是向所謂不知有我之患也。

何言乎均四海也？均者，劑而平之之謂也。人所欲舉，吾因而舉之；人所欲措，吾因而措之。無偏愛，無偏憎，無偏執，極天下之至平，而莫之或欹也，故稱均。愚以是揆之今日，而竊有望焉。明公乙未大計，後先兩疏，不顧顧力懲好名乎？凡爲矯僞者防也，是固一説也。然而識者率謂「從來邪人擅政，必借此二字抑遏忠良；從來邪人黨權，必借此二字掃除異己」，若又爲之藉兵齎糧，貽害滋甚，不可不慎，是又一説也。况乎於稽其時，悉力吹求，僅僅得丁大參此吕、馬僉憲猶龍、沈太守鈇三人應此科耳，[一]亦無幾矣，而天下猶多不肯服也。又况因而啓争，因而構釁，以致繼山沈司馬亦受媒孽去，而天下益多不肯服也。此無他，天之生才種種不等，短長瑕瑜宜各有之，如數君子，縱不敢以爲盡合中行之矩，要其一片赤腸，一副勁骨，實是迥出凡流，何可概爲抹摋？所貴柄世道之責者，務以全收其偏，勿以偏繩其偏，乃爲造化陶鑄手耳。明公撫今追昔，將何以爲補救計哉？誠曰「剖破藩籬，共成一家」甚善，即不然，而同己者，便目之曰君子；異己者，便目之曰小人。竊恐意見稍岐，遂落塗轍，究也甲有甲之是非，乙有乙之是非，同寅協恭之誼微，而分門立户之風盛，欲四海之得其統，無繇矣，是向所謂惟知有我之患也。雖然愚言贅矣，蓋嘗讀大疏，有云「吏部主黜

[一]「鈇」，崇禎本作「鉄」。按顧端文公年譜卷下録此事，作「鈇」。又明史卷二百二十七李材傳、李頤傳等均提及沈鈇。又清康熙二十一年刻本衡州府志卷九秩官志上載沈鈇事。據改。

陟，言官主封駁，各守厥職，無相侵亂」，輒不覺爲之擊節而起，曰：「善夫！此千萬世蕩蕩平平之道也，明公可謂真知有我矣。」又聞起家之日，有稱沈司馬以告者，明公欣然首肯，輒不覺爲之斂衽而起曰：「善夫！此一個臣斷斷休休之度也，明公可謂真能無我矣。」然則愚之所云，明公已先得之，所以復爲拈出，夫亦曰：「願明公充之而已。」「充之」云何？有是端，必須有是，究竟掃盡拘攣之陋規；有是念，必須有是，作爲脱盡軀殼之俗見。夫如是，庶乎紀綱繇此而一大振，法守繇此而一大明，公道繇此而一大闢，世教人心繇此而一大旋轉也已。愚何幸身親其盛！

又

二芹之獻，去冬屬所知齎上，值大計戒嚴，不敢瀆，及大計竣，誤聞明公已決浩然之志，遽懷歸，茲見邸報，知天祚社稷，復得勉留，輒敢畢其野人一念，而又適覩淮上修吾李司徒之被多口也，不勝扼腕，以爲此於司徒非必有損，實世道人心之阨也，且夫司徒之爲人光明磊落，憲與之交餘三十年，其肺肝胃腸，俱能爲一一雕出，有何可疑？其慷慨好義，急人之急，赴人之難，出自天性，即囊無一錢，意氣可千金許，至求田問舍之事，泊然不屑也，有何可議而言者？至蒙之以穢聲，姑無論其詳，即如敝邑稽氏周几，乃一徽人買去，餽朱石門奉常者，嘉禾項氏周鼎乃一致仕，知州夏崇謙買歸者，此有目所共見，有耳所共聞也，今皆栽在司徒名下，諸所污衊，其亦可知也已。然則其故安在？曰：「有之矣，其功名太盛，能取人忌也；其風骨太勁，能取人憎也；其形跡太略，能取人疑也；其遭遇太奇，能取人駭也。是則豪傑之常，庸衆之異，固其所以不免也。」於是主者運籌，從者效力，所在傾構，機械百出，識者謂此輩只是欲尼其總憲秉銓爰立之路，誠恐英雄手辣，一旦得操事柄，便須盡翻舊局，向來誤國誤君之罪，更無逃躲處耳。是則正人之喜，邪人之懼，又其所以不免也，獨幸三代直道猶存，公論久而漸定，備閱南北臺省諸君子後先奏牘，司徒之心跡既皎然如白日之中天，一毫無或掩蔽，又幸而明公適膺統均之任，品藻人倫，於言者各有處分，是是非非，復皎然如白日之中天，兩下無或混淆，竊以爲此於司徒非必有加，實世道人心之慶也。不勝踴躍，敬贊一辭，所冀明公始終擁持用能，大慰天下之喁喁耳。

抑又有說焉：「凡論人，只合就人論人；凡論事，只合就事論事。」乃今東牽西扯，展轉葛藤，如此不已，將來君子小人攪做一團，了無清楚處，豈不可慮？即如鄭儀部，只是爲人所愚，竟叢多詬，日引月長，幾盡没其生平，憲竊傷之。而劉金吾者，且從中舞弄，借以誣陷沈司馬爲修隙計，却聞都下輿論，業已洞然，非特明公於此無成心。即史道長，憲屢於邸報中讀其疏，卓然能持清議之衡，當亦無成心，特恐好事者視爲奇貨，或巧間之於先，或故撓之於後，徒作一場話柄，無能成明公之大耳。此非憲之所敢逆料，而亦不敢不爲道破也，惟明公裁之。

臨紙耿耿，不盡不盡。

附録

王相國復書

適正聞有賢次兄之變，以爲吾文哀荒中，必無暇遠存故人。乃今兩箋垂誨，累千百言，讀之且駭且服，以爲今之道學文章家，胸中曾有此剞劃，有此議論否？而惜乎未審，不佞情事浪以黄金擲虚牝，可嘆也。主恩至此，世耳傳聲，以爲千古快事。因遂欲以歷年秕政，久鬱人情，盡舉九鼎重擔，而歸之謬悠，此其爲天下謀，爲不肖謀，則誠忠誠厚已。

然抑有説，使不肖果已扶服裝行，責成未晚。今一門疾痛，滿座巫醫，其身之死生未卜焉？卜出處，又焉卜理亂教中上、中、下三局？今不得已，請就其中無咎無譽者。不佞，愚人也，誠不知閣部以何時異同分宜、江陵？亦何曾見有異同之跡？且如蔡太宰以鄒南皋見廢，駕言不佞，此異同在閣乎？在部乎？

又如平湖公，向嘗乞哀瑶老與不佞之前，柔若無骨，而一旦推轂柄事，高自標榜，以盡飾前醜。瑶老初不覺，而累揭薦之，不佞嘗私語山陰公曰：「異時首叛大防者，必楊畏也。」已，山陰公果與争事不合，兩罷。此爲閣逐部乎？部逐閣乎？此往事，總不必言，以足下之愛我而教我也，聊爲效其款款如此，至於教尾皇上大冤一段，則不佞方與病兒言此，何其先得同然？

然鄙意特疑内臣弄權，歸冤主上，而尊意却專指閣中撓部權，使不佞果能出也，則舉止言動，誰非竊鈇而可一一自明耶？以此斷，從中局之爲是，而吾丈當亦可以貰我矣。

丈縷言鄒南皋疑必有人中之，夫中人而及南皋，非但不佞不承，即教中最鄙薄趙、沈諸公，亦未必敢承也。嘗記銓郎得忤時，如鄒如足下，不佞未嘗不力争，至於得請瀕行之日，留有密揭，以示小兒戒之勿泄，而外人至今未之聞也。

今吾丈既顯爲皇上訟冤，則不佞當亦陰爲皇上引咎，身雖永廢，持此求信於知己者，而其他非所妄對已。賢次兄高風介節，何年之不永？頗亦聞劉兵部諱元珍者，清譽略同，今無恙乎？病體方苦，嘔泄困劣，占此報謝不莊，幸亮之。

王辰玉復書

馳企日積，自顧塵土面目，不堪厠弦歌之堂，蹜踧而止。[一] 比疾病纏歷，疑於大賢，謦咳絶矣。不圖教命遠辱，命童子倚案讀之，爲之慨然。居平謂『忠恕』二字難體貼」，斯何時也，翁乃以伊、周相業爲家君勸駕，即此似亦體貼未盡處，使出而如姚崇十事，應答如響，則爲姚崇亦足矣。如其不然，求復其十四年前伴食面孔尚不可得，何論伊、周耶？精神力量，長短自知。其次則知父者莫若子，衡一身之外，惟知爲老親營菟裘、課魚鳥而已。此外非所敢聞命矣。

當今時事雖大詘，然較量亦有勝前代者，惟學術濫放，不可復理，初猶不肖者自占便宜耳。今遂欲掀翻孔、曾棋局，以妖髡代之，[二] 此何可長？言伊言周，總是畫餅，於此下一砥柱，乃是真勳業。要其道，亦惟大聰明人，守村學究蒙説，如是而已。蓋道本無不明，談道者自晦之，開門户則自不免多生徒，多生徒則自不免立異

[一] 「蹜踧」，崇禎本、光緒本同，四庫本作「踧縮」。
[二] 「妖髡」，四庫本改作「外道」。

説。即南宋大儒，吾未敢以爲不落窠臼也。先生爲斯文宗主，幸少加意。病劇占復，語不及多，惟亮之。

又[二]

東林二刻，曾索之瑯琊兄而不得也，承賜教，豈勝欣躍！令弟先生大諱，朝野共惜。我翁人琴之感，其且奈何？不能走唁，輒此附訊，作書甫竟，而家君以長箋見示，愈感相愛相成之雅。但微旨中多未明，如鄒南老一事，家君大笑，以爲絶無影響。或中有駕之説者，他事非不敏，所知要以二三遺佚，非但賢者所欲獻之先資。即不肖者，亦所亟居之奇貨也，非有騎虎相角之勢，何苦而欲尼之？計此必有冤中冤、夢中夢，或又有訟其訟者矣。一笑。

顧憲成曰：「愚得相國書，展誦再過，竟自茫然。追憶王山陰，以諍立儲去，陸平湖以被讒去，兩不相蒙。今曰『争事不合，兩罷』，以是爲部逐閣之證，不可曉也。平湖之乞憐於相國，誠不知其作何狀？至其秉銓，鑿鑿乎舉久抑之君子而登進之，

[二] 此標題底本目録作「自書東末」。

舉久昵之小人而擯斥之，略無顧忌。一時人心翕然風動，至今語及之，猶有生氣。恐亦不得而過訿之者？今以其推轂由我，而不惟我之頤指氣使，遂科之曰『叛然』，則必吴嘉禾、王陽城乃爲忠順耶？如是而猶曰『不知閣部以何時異同？然則平湖何名爲叛耶』？不可曉也。且閣銓之間，兩下皆公，則兩下以公相成，固無異同之跡；兩下皆私，則兩下以私相成，亦無異同之跡。要其所以然，則天淵矣。譬諸惟其善而莫之違，固是莫之違；惟其不善而莫之違，亦是莫之違。要其所以然，則天淵矣。今不問其所以然，而概之曰：『分宜、江陵亦何曾有異同之跡？』是不等秦苻之獨斷於晉武，[二]概二世之專任於齊桓耶？不可曉也。若鄒南皋請告一節，見麓蔡公且命予面商諸相國，及聞公擬留之諭，乃已今謂蔡公駕言意，相國偶忘之耶？又謂中人而及南皋，即趙、沈兩公不承，趙不敢過求，至四明公曾不難加歸德以滅族之罪，又何有於南皋？而欲以身保之耶？不可曉也。」

反覆躊躇，不得其説，又不可再瀆。姑記所疑，而存諸篋中。

[二]「苻」，底本、崇禎本、光緒本作「符」，據四庫本改。

顧憲成全集卷四十九

涇皋藏稿四

書

與李養愚中丞

天惠東南，獲徼臨照，伏見下車以來，剛柔並運，瞻聽一新。其於品藻人倫，激揚吏治，既已覽昭，曠而越拘攣矣，不肖何能贊一辭？謬不自量，欲有所請，不識臺下且許乎否也？

竊惟仕途，獨甲科於格最高，乙科次之，貢生又次之，其下貲生，最下吏員。總而言之，皆不若貢生爲難，何者？其出身不如甲、乙二科，其多藉不若貲生，其巧慧而習事不若吏員也。無論清濁殊方，敏拙異軌，即德鈞才敵，亦應人一己百、人十己千，始堪牽比耳，故曰難也。

竊見本府趙别駕，貢生也，故名家子，而秉概清嚴，莅事明決，左右懾息，莫能假其一顰一笑。嘗攝敝邑篆，邑人安之，其審役一節，參伍斟酌，折衷允當。後來閔節推再四研覆，卒無以易，而始喟然嗟嘆，服其公且明也。又竊見敝邑王二尹，貢生也，實自令尹量移，而孜孜奉公，絶不作遷官態，至其三尺無撓，一塵無染，婦人女子皆信之，以致四封之内，諸無賴惡少斂手以避，相戒勿犯，殆非聲音笑貌之爲而已。

方今明公正身率物郡邑之間，相顧競勸，一時號爲多賢，僕所欲爲臺下誦，正自不少，而獨於兩君倍有惓惓。誠感兩君所處，獨當其難，不可以他例也，儻蒙加察，果鄙言不謬，特假餘靈，破格與進，俾激於殊遇，益思奮勵，勉圖報塞，惠此元元，其造福地方，豈淺淺哉？

臨緘曷勝，懸望之至。

又

不肖之辱收於臺下有年矣。昨者先慈見背，重辱矜念，特賜寵奠，感刻肺腑，苫土悽其，未遑叩謝。及台旌過幸九龍，不肖僅從諸縉紳之末，一望清光，亦無由少伸款款缺然之懷，如何云喻？茲有一言之獻，徘徊累旬，仰惟臺下深心廣度，方軌古昔，不可以凡情測也，敢遂陳之。蘇郡石太守，雅稱潔己愛民，當臺下秉憲時，業嘗知其賢而進之矣。公也屬以錢糧那移事，恐將爲弊藪，不得已而疏論焉，亦公也，不肖夫復何言？雖然石守之疏略可罪，而其能爲德於蘇可録，兩者固自不相掩也。今者直指陳公祖方行查勘，輕重之權實在臺下，倘蒙曲示寬假，速賜結局。始焉，不以其可録而原其可罪，所以伸國家之法；既焉，不以其可罪而没其可録，所以慰閭閻之情。此老公祖始終曲成無涯之至德，一時順應無跡之妙用，兩者亦自不相悖也。語曰：「惟仁人能好人，能惡人。」好而知其惡，是謂「能好」；惡而知其美，是謂「能惡」。臺下，仁人也，故不揆其愚而有布焉，願垂神察之。

臨緘皇悚。

又[一]

頃問，正以石守事顓緘請教，非敢冒瀆，實惟淺劣過叨，超格之愛，苟有一念，不敢欺隱。適接大教，則門下之於石守，知之原不爲不深，而不肖之所爲披露於左右者，臺下定不以爲大謬也，幸甚幸甚！臺下素心卓節，海内信之，矧於不肖流俗靡靡，妄相猜度，曾何足云，而以塵下問，蓋臺下之不自滿也如此，此聖賢之用心也，不勝佩服。獨計門下疏論石守錢糧之事，若出於侵罔，則其罪莫贖；若出於那移，則其情可原。兩者之分，毫釐千里，誠以石守此一端，質諸其生平之所爲，特賜寬假，則臺下之於善善也長，於惡惡也短，其所培養成就尤不小矣。

恃愛，不厭瑣瑣，伏惟原亮。

[一] 此標題四庫本作「復中丞養愚李公」。

與鄒孚如銓部

諸景陽丈行，曾附致尺一爲候，忽忽又歲寒矣。聖明御極，政柄屢更，否、泰、剥、復之機，其將在此。足下適當用事之位，登賢黜邪，益得沛然愉快於志意，可謂千載一時也。弟更何以效其愚無已，則有三焉：

一則願足下求賢以自廣。可事者，折節而事之；可友者，推心而友之。時時就而謀焉，相與切磋，天下之人材，以辨其用，同事諸僚相勉以一體之誼，俾各竭所知。允，則採而行之；否，則渾而含之。精神血脈，流貫爲一，無復毫髮猜貳於其間。嘗思祖宗設官，獨於吏部案省而定其人，正虞庭四門四聰四目之指，不可不察也。

一則願足下沉幾獨運，操其不測於規矩準繩之外。其人果賢歟？即臺諫撫按或以爲當黜，而吾不可。其人果不賢歟？即臺諫撫按或以爲當陟，而吾不可。庶幾天下曉然知銓衡之地，善惡分明，幽隱無蔽，其於世道人心，夫豈小補？即如近日李中丞之刺石蘇州，孰曲孰直？衆口昭然。昨弟貽書中丞言之，中丞亦欣然不以爲忤，正宜成中丞之美，畢竟束縛格套，不免議調，此非三代直道而行之心也。向令撤去此障，一切裁以至公，尊貴無徇，卑賤無抑，其於世道人心，夫豈小補？若内欲存臺諫之體，外欲存撫按之體，反將銓衡之體作第二義看，又何用吏部爲也？一則願足下革除宰相朝房請教陋規。此規嚴分宜時始有，至張江陵彌甚。蓋分宜當國，有所指授，尚令其子邀選君於家，客而觴之，既歡洽而後列牘授之，某願選某缺，某願陞某缺，至江陵，直役之矣。彼不肖者無足論，賢者亦習以爲固然，隨波逐流，沿而不返，其究至於有所進也，但進得相門之君子，而四海九州所共瞻仰之君子反不能進；有所退也，但退得相門之小人，而四海九州所指斥之小人反不能退。堂堂天曹，翻作内閣牛馬走，而猶號於人曰：「吾欲同心以相濟也。」夫誰欺？欺天乎？

弟之所請於足下者以此，足下其謂之何？自惟足下深衷傑抱，弟何能望萬一？即殫其固陋，寧裨足下萬一。第吾二人生平之交，相期於德義，不相期於事功。事功可雜採而就，德義須直心而行，有真德義，然後有真事功也。又念數年前，吾二人時游懋權、國徵之間，皆曰「異日吾欲」云云，不意二子夭亡，弟復狼籍田野，壯志都耗，獨幸足下得道、得位、得時，兼三不易，以行於世，千古之責，居然一人獨肩之。凡弟所爲惓惓，亦二子之志也，足下之志伸，即弟之志伸，弟之志伸，即二子之志伸矣。努力！努力！

又

諸景陽行，曾附尺一。去冬，敝邑華春元北上，復附得數行，托景陽轉致，中薄有所效，不知足下以爲何如也？弟庸劣無似，頃者誠不意有泉郡之命，又不意裒然冠旌籍之首，以忝大典。當是足下欲玉於成，使其縱欲自暴自棄而不得，然而弟則何以稱塞也？徒有愧悚而已。足下誠不我捐，且不忍傷，知人之明，願更進而提策之。至懇！至懇！

近見邸報，益覺時事紛紜，不勝太息。惟是直道昭明，亦未有如今日者。此中消息，似易而難，似難而易，足下適當在事，殆天之所以試足下也，足下何以圖之？「膽欲大，心欲小，行欲方，智欲圓」，此四言最盡。所當君子，破格而進之；所當小人，破格而退之。大也，好問好察；小也，悦之不以道，不悦；方也，高下洪纖，不拘一轍；圓也，足下辨此矣，在加之意而已。近歲，燕中所相與切磋佳士爲誰？乞以見示。此是足下今日第一義也。努力！努力！

復楊中台計部

承問吴、趙是非，僕何能知之？竊以爲須就此兩人心事，與皇天后土參對一番，方可下語。若但在形跡上校勘，恐未免落第二義也。高明以爲何如？伏惟裁教，幸甚。

復陳侍御南濱

承教皆確論也，敢不佩服。省中遷轉，信乎太驟。前時亦曾與一二同志商之，緣都給事中係是正官，似難虚懸。歷查内外大小衙門，並無懸正官不補之事，獨左右不妨稍緩，又似無甚關涉也。如主事之員外郎，員外郎之郎中耳。北中或三四年而不轉，[一]南中或一二月而即轉，總之齊於俸而止，無淹速之嫌也。南人歸南，北人歸北，不易至理。到得勢之所窮，有不容不稍變通處，似難固執，此特十之一二，亦只就近推移而已。窮而又窮，如雲、貴、兩廣，則以優缺處之，借以慰悦其心而展布其氣，亦

[一]「北中」，底本、崇禎本、光緒本均作「此中」，據四庫本改。

無可奈何耳。

即如近日教官一節，就教官論，南人應陞者多，北人應陞者少；就貢生論，北人應取者多，南人應取者少。如以教官爲準，因其陞而定其取之人，與其取之數，則貢生有年深而不取，年淺而反得取者矣，恐無以服貢生之心；如以貢生爲準，因其取而定其陞之人與其陞之數，[二]則教官有俸深而不陞，有俸淺而反得陞者矣，恐無以服教官之心。若教官只論教官之俸，貢生只論貢生之年，一陞一取，南北之間自有參差，不能一切符合，只得就中調停，經其八九而權其一二。要之，亦不至十之一二，僅百之一二而已。

其大體固自南者南，北者北耳，可按而覆也。若北之應陞者若而人，北之應取者恰若而人；南之應陞者若而人，南之應取者恰若而人，并此一二而無之，豈不大善？天道人事，似不能如此之巧也。

近日，兩司遷轉，大略亦多在本省，惟按察使有不能太拘者，亦無幾耳。遇有帶銜按察使，便用填補，則益少矣，此外則邊道、學道而已。初，意欲將此事商確一至當

[二]「陞」，底本作「勝」，據諸校本改。

之説，具疏題請著爲令，算來算去，並未免有一二礙處，到得礙處，便是廢法之端，不若就方寸間，默默調停，到礙處亦可活處。日接月續，後先同心，三年之外，遠省者可漸漸移至近省，近省者可俱就本省轉動。蓋法方而意員，法有窮而意無窮，此非面丈不能悉。至其間畢竟有調停不來處，亦非丈不能發其蒙而開其蔽也。

感丈厚念，先此布復，尚祈叩謝，并請終教。

柬滸墅榷關使者

竊惟國家之設關政，將假商税以佐農賦，其意甚遠，於法自不得不嚴。於法既嚴，即漏税之禁自不得不重。此理也，亦勢也，夫誰得而干諸？惟是頃者陳明等一呈其中原委，曲折有更。僕未易數者，請陳其概，伏惟門下少垂鑒焉。

當歲癸卯、甲辰間，税棍俞愚、金陽等所在恣行，民不堪命。敝里有牙行趙煥者，慨然發憤，具呈前撫院曹嗣老公祖，盡暴其奸。俞愚一班，痛恨入骨，適遇煥於江陰之長涇，縲絏之而去，殺而沉其屍於河，則是趙煥爲地方而受禍也。當有夏川等具呈於敝府，歐陽宜諸公祖以爲地方大變，因具揭聞諸兩院兩道，且屬敝邑林父母刻期檢解。乃俞愚等並係隔郡人，百計延捺，煥子希賢、妻金氏告道告院，矢不共天，卒無奈之何。愚復構夥，顧堂顛呈撓税，巧圖抵遏，比今周懷老公祖廉知其狀，督責甚切。而首惡俞愚且逃矣，迄今尚未得結局。致累希賢、金氏飲恨茹悲，伶仃萬狀，傾家蕩産，渺無孑遺。而焕也剖骸析骨，沉淪九泉之下。

行道聞之，盡爲酸楚。適夏川等再呈撫院，行縣樹碑各閑僻去處，永永遵守。一時縉紳及諸父老，咸喜而助成其事，亦因以慰亡焕之魂。俄聞有惡其害己而毁之者，希賢、金氏奔往視之，陡遇金陽、吴淵等於王莊，即前之共謀殺焕者。在此既積恨不平，在彼復恃强不下，兩相争鬩，驚動地方，於是淵、陽仍祖顧堂故事，構出陳明捏呈漏税，爲先發制人之計，而且波及王溪等，甚而鬼名鬼姓，青天白日之下，造出諸般鬼話，不可蹤跡，不可影響矣。

誠就其言而核之，尚不知孰爲玉石，孰爲段厢，而況曰邀搶、曰拒捕哉？則是地方又爲趙焕而受禍也。嗟嗟，死者方銜未雪之冤，生者更遭無窮之累。趙焕已矣，又欲并其子若妻而斃之，其子若妻已矣，又欲并一方而羅織之，豈不痛哉？此不肖之所以不能不代爲一鳴於仁人君子之前者也。至於漏税一事，亦尚有當請裁者，始趙焕未死，敝里人至城市貨而歸，至中途興塘等處，各税棍必指爲漏税，詐而取之，往往只剩得一空手。及焕被殺，當路聞之，莫不驚惋，共相告語，共相檢飭，乃始漸漸斂跡耳。

竊計㴩里之去城則四十里也，去滸墅則百里也，貿遷在四十里之近，輸税在百里之遠，無乃非人情乎？而況轉水河頭，恰當城郭之間，業有栅爲之限乎？又況所市者類，皆小民日用飲食之需，不必展轉行販謀子母也。長此不已，只出里門，便應有税矣，只一蔬一腐，皆應有税矣，民何所措手足乎？

今碑禁所列陳市、王莊等數處，視興塘等處之於滸墅，遠更倍之。其中往來，大半民户耳。間有一二經紀，多不過數金，上下所歷，遠不過數里，内外必責之越百里而輸税焉。然則興塘等處，亦將復修癸卯、甲辰故事乎？

由是推之，凡爲漏税之説者，公乎？私乎？抑亦假公行私乎？竊恐官受其名，彼享其實；民受其害，彼叨其利。碑禁之設，正爲此輩，而猶相欺相誑，略無忌憚乎？且夫善用法者不盡法，當今新例加嚴，法網加密，據呈東西南北四圍，重重盤詰，在在關防，必無漏矣。縱或有之，亦千萬之十一耳。行不得已之事，存不得已之心，若爲不知也者而置焉，不亦可乎？此又不肖之所以不能不代爲再鳴於仁人君子之前者也。

不肖抱疴杜門，何敢越俎妄談，惟是目擊心恫，桑梓一體，惻不自禁，徘徊累日，竟忘其僭，冒昧披瀝。倘蒙門下不見爲大繆，特賜詢察，嘉與主持，將金陽、吳淵及陳明等面加曉諭，警其既往而遏其將來，所呈姑寢不問。嗣後有以漏税告者，必係奸人，願斥而去之，出諸身則爲德政，徵諸民則爲德碑。在今日則惠澤覃敷，人人歌詠；在異日則模範具存，人人誦法，造福無窮，而流芳亦無窮矣。不肖幸甚，地方幸甚。

臨緘曷勝，懇迫之至。

與吳郡博書

抱病下里，未獲請御，良切耿耿。適吳直路到舍，謂小兒與沐以德行舉，此門下如天之誼，能無銘刻？退而思之，沐孱然稚子耳，何所短長，至煩採擇？反覆尋求，不得其故。意者因向時曾齒録於前任王鍾嵩老公祖而及之歟？此則自有説，試陳其略：

王公祖校士盡絶請托，二百年來，所僅覯諸見遺者，群而譁於王公祖之前。於時沐兒在寓，杜門不出，王公祖偶廉得其狀，召而問之，且曰：「子屢試俱列高等，即今爲子稱屈者正自不少，子獨默默，何也？」沐對曰：「老公祖一秉至公，沐實心服，何敢有言？」王公祖曰：「有是哉？可不謂知義安分乎？」遂逢人稱説，且爲推轂於楊學院，其意蓋欲借以風，衆遏競息囂，一時激揚之微權也。僕聞之，業跼蹐不安矣。及温鹽院行部，猥復及之，益跼蹐不安矣。乃可按以爲常乎？況沐也，齒尚少，門下誠欲玉之於成，正望徐而養之，使之闇然内修，進而圖其遠者大者，若爾區區重相表暴，至再至三，猶然不已，沐將曰：「名之易儌如此，人之易蓋如此。」必侈然而不復求向上一步矣，非所以琢磨此兒也。又令聞且見者相率而議曰：「人也，以退爲進，以屈爲伸，其巧如此，其討便宜如此。」沐亦無辭以解矣，非所以保全此兒也。

夫人情未有不愛其子者也，姑無計是非。有利焉，未有不欲爲之趨而就之者也；有害焉，未有不欲爲之趨而避之者也。而所謂利害，有虚實之辨，或似利而實害，或似害而實利，兩者之分，毫釐千里，又不可不察也。今兹之舉，驟而觀之，不耕而獲，不菑而畬，豈不厚幸？徐而揆之，一則疚心，一則賈議，一則折福，利耶？害耶？亦不待智者而辨矣。是用披瀝肝膽，九叩以請，仰祈矜察，特賜罷免，此之爲愛，真倍恒情百萬，憲等宜何如感也，宜何如報也。

臨緘曷勝，懇切之至。

與袁邑博書

新春尚未及面候爲歉。昨施直路到舍，謂小兒與渟以德行舉，此門下如天之誼，敢不九頓以謝？惟是驟而聞之，不勝驚愕，不勝慚愧。徐而思之，有二不可，有三不便，蓋萬萬不敢當者，敬爲門下誦之。

何謂二不可？竊惟德行一途，至重典也，當路所以搜揚幽懿，簡迪殊絶，爲世作範，於是乎在必其涵養之純，踐履之篤，抱負之宏，人倫推服，乃堪應選，兒有是否？一不可也。又必其閱歷之深，諳諫之久，積累之厚，年近老成，乃堪應選，兒有是否？二不可也。

何謂三不便？是兒生長田間，碌碌無聞，猶幸赤子之心未盡漓耳，一旦被之以過情之譽，倘不善體玉成至意，退而砥礪，將無闌入聲華場中，鑿厥混沌，一不便也。邑故多賢，端修卓詣，當自不乏，而猥及是兒，人將曰此而可舉，孰不可舉？其爲門下知人之累大矣，二不便也。僕最無狀，生平於「廉耻」二字亦頗識得，假令親朋之間遇有此等，亦須一效忠告，況知子莫如父，愛子莫如父，乃坐視其叨冒僭越，靦顔儕輩之間乎？行見有識者，且不以嗤稚子，而以嗤僕矣，三不便也。

語云：「君子愛人以德，不以姑息。」門下之加惠於愚父子至矣，能無銘刻？獨其跡有類於姑息，不敢不披瀝以請，仰祈矜察，特賜罷免，去其所不可而貽之可，去其所不便而貽之便，此之爲德，宜何如感也！宜何如報也！

臨緘無任，迫切之至。

答友人

自孔、孟既没，歷千餘年始有周、程諸大儒，其所以開示來學，乃從上相傳。一滴真血，既是親生，又是親乳，故撫摩鞠育，周慮曲防，無所不至。看到瑣碎處，愈見懇惻，只緣從一肚皮中出，自然如此。

近儒直指單提，豈不徑捷？豈不痛快？却只説得一邊話。諺所云：「不哭的孩兒，誰不會抱？」此之謂也。足下蓋見諸大儒於説本體處，往往引而不發，於説功夫處，則津津不憚煩，近於勞苦費力，便擬爲乳娘；見近儒於説功夫處，往往薄而不屑，於説本體處，則津津可喜，近於親切貼肉，便擬爲親娘。似非究竟義。

平心論之，近儒的念頭亦與親生、親乳一般，但緣他看得自家易長易養，遂認孩兒都易長易養，不甚以乳食爲意。諸大儒却知孩兒有易長的，亦有難長的；有易養的，亦有難養的。縱一胞胎中生，尚自兩般三樣，不能不多方呵護耳。竊有一疑，堯、舜、孔、孟豈不大聖大賢？而兢兢業業到老，汲汲皇皇到老。君臣儆戒，師弟切磨，不遺餘力，將其難長難養，反不如近儒易長易養耶？抑其繩拘尺縛，尚不知有單提直指之妙訣耶？殆非也。人心惟危，道心惟微，毫髮放鬆，淵墜冰陷。是故見其易者，未必果易，還是心粗；見其難者，未必果難，還是心細。足下試看細的是本體，粗的是本體？這本體即在功夫之中，還在功夫之外？便知那個是親娘，那個是乳娘也。

足下又遡自有宋及於我明後先諸儒，考其因時立教之方，謂仁義禮智互相補救，今宜實之以信，大意亦近。至自按垂髫異於童稚，有室異於垂髫，深覺信之難全，欲求返異歸同，最是切問。語云：「自家有病自家醫。」又云：「知得病便是藥。」足下既已知得，只去着實調服，予復何云無已？惟有濂溪所揭「無欲」二字極好，夫何故？這個「欲」自人生落地時，便一齊帶下，千病萬病皆從此起。我要爲善，這個却出來做對頭，不愁你不屈伏；我不肯爲惡，這個却出來做牽頭，不愁你不依順。孟子曰：「人少則慕父母，知好色則慕少艾，仕則慕君，不得於君則熱中。」這便是垂髫異於童稚，有室異於垂髫的公案。所謂「人心惟危」，以此；「道心惟微」，以此。堯、舜之不能不兢兢業業，孔、孟之不能不汲汲皇皇，亦皆以此。須辨取明白，一刀斬斷，拔出自家一個身子來。然後要爲善，便真能爲善；要不爲惡，便真能不爲惡。仁真仁，義真義，禮真禮，智真智，恰好鑄成一個「信」字也。陳白沙先生曰：「人須有『鳳凰翔於千仞』之意。」每誦之，輒爲灑然。若識不破，跳不過，終日營營，只要陪奉這軀殼，其與糞壤之蠅蛆何異？到那裏，無論親娘乳娘，都救不得也。

足下其歸而體之，如有可否，願以復我。

復耿庭懷明府

承示大學，讀喜甚。老父母卓絶之識，乃肯如此細心體究，真大勇也。竊意吾輩於此事，或静中有得，或動中有證，隨時拈出，密自參考，未爲不可。如將古人經典枝分節解，恐未免有無事生事處，非所望於門下也。二千年來訓詁家，只推得朱夫子一人，説者猶嫌其多了些子，況吾輩可效之乎？恃愛，直布其愚，不識高明以爲何如？

復徐匡岳[一]

建禄至，拜教之辱，頗以爲慰。弟自分衰劣，業具疏乞休，何能副雅念萬一也？且愧尚茫然。言詮未能實有諸己，[二]不知吾丈又何以策之耳？總之，何能逃於「知止」「知本」之外？「天命」「志學」二繹，仰荷印可，甚幸。李先生經説，向嘗卒業，茲蒙再頒一番，拈動一番，「新」當於此默自證焉。公祠之舉，甚慼輿情，不腆附往，聊寄仰止之私而已。相望千里，把臂未期，便中彼此無忘，寄聲爲願。

又

來教「誠明」之説甚當，非愚劣所及，乃聖賢於此有專言者，有偏言者，有互言者。知及仁守，則所重在「誠」；行著習察，則所重在「明」。會而通之，各有攸當，丈以爲

[一] 此標題底本目録作「復徐匡岳觀察」。
[二] 「言詮」，底本、光緒本作「言銓」，據崇禎本、四庫本改。

何如？

見羅先生被誣之事，業言諸伍容老。據云非敢誣也，一一得自邸報耳。但「裸體」等語，委覺不雅，當爲删之。此老自是君子，而多主先入之説，久之或更有悟也。輯要之賜，如獲真珠船，俟從容卒業，請益耳。建禄還，附此。百不宣一，願言自愛。

復李涵虚

向辱枉教，良慰傾企。再承頒示誨言，讀之，益爲豁然。「其」字，指作本來面目，不若將來作「時習之」之字。「斯之未能信」，「斯」字更妙。「見」字似宜活看，不得着相。如着相，竊恐見性體之參前倚衡與見「忠信篤敬」之參前倚衡，無以異也。丈以爲何如？

管東溟先生一世人豪，蓋至今時時夢寐見之，特以凡襟急切，難於描寫，尚在徐徐耳，不敢忘也。拙記求正，幸不鄙而裁之，懇懇率爾，布謝不盡，欲請尚圖。顒候。

答周仲純

得示，具見用心之密。靜坐是入門一妙訣，李延平先生教人看「喜怒哀樂未發作何氣象」，乃就中點出一個活機。

又靜坐一妙訣，學是學個恁麽，當於此有會，不必問孔、孟有是與否，亦不必問「克己」與「不遷不怒」同乎異乎否也。

「無已」，即兄所舉「學而時習之」一章參之，世間物事，那個是時時不離的？那個是人人一樣的？那個是人知之不加，人不知不損的？那個是最可悦最可樂的？自應了了矣。

兄以爲何如？便中幸不惜裁教爲望。

又

所需架頭書數種奉上。人有福方肯讀書，書有福方遇肯讀者。今人與書可謂兩相遭矣。

簡伍容菴學憲

浙爲材藪，得年丈主其學政，甚善。所以甚善，非僅僅文藝，間懲德行，明示予奪，真有一段風采，令人改觀易聽，此方是第一功德。非足下孰與望之？若夫杜請託，抑奔競，此又年丈餘事，不須喋喋耳。如何如何。

平湖陳員嶠儀部，年丈所知也，不幸夭亡，而又無子，凡在人倫，莫不傷悼，顧不知曾俎豆於賢祠否？此君渺然無年，乃其志節耿耿，自可千秋，寧以此舉爲重輕？要以表章揚勵，軌示來者，則當路之責，君子之事，在年丈尤是今日第一舉也。

偶便附此於湯見弦年兄。

伏惟亮裁。幸甚！

又

歸田以來，惟有杜門養痾，一片狂心對松菊，冷冷不復着影於胸中矣。丈念我勤，渠高誼干雲，只增愧悚。讀手教，又知浙中督學之難。邇來士習日下，奔競成風。丈毅然障狂瀾而東之，何以副群小之望？即此便是丈生平學力，他又何論？古今惟鄉愿有譽無毁，丈自待何如能若是乎？否也。惟丈益崇令德，盡其在我而已。前沈几軒太史乃郎過此，已知丈垂情員嶠陳丈之至，[一]一死一生，乃見交情，門下其是乎？景逸丈令祖，復蒙檄祀名宦，丈之敦賢崇化，昭示風軌，雖古人何以加？在弟且不勝嘆服，即景逸之感刻可知矣。

秋風漸爽，願言珍重。

又

辱念良荷知己之誼，讀外臺事紀，一言一動，皆關世教，即乃真著述，何謙謙也！弟居病數年，此生已自分與藥石作伴，丈亦有何清恙乎？詢使知且脱然，信松栢之姿不同蒲柳也。方今「無善無惡」之説盈天下，其流毒甚酷，弟不揣僭有推敲，正爲高明所笑，丈乃謬有取焉？竊以自信文成自是豪傑，異時尚當從丈面證，今未敢漫爾相復也。

[一]「員嶠」，底本、四庫本、光緒本均作「圓嶠」，上文及崇禎本作「員嶠」。涇皋藏稿卷二十二先弟季時述亦提及陳員嶠，據改。

與董思白學憲

向聞楚中督學之命，竊爲楚賀得丈。楚實材藪也，又爲丈賀得楚。計今便且浹歲，錫極提衡，人倫象指，衡岳、洞庭之間，所爲瞿然顧化者，當有不減於文清之山東、文莊之江右者矣，甚願與聞焉，千萬無讓無吝。

鄒太僕孚如先生，丈所知也，其操概皭如，其事業朗如，其文章炳如，計必採輿論，俎豆鄉先生之祠矣。乃其山居之日，特建尚行精舍，與多士相切磋，尤其精神所注，竊以爲宜，并祀孚如於此中。非謂孚如藉此爲重，表往者乃以勵來者，俾其邑人士自今以後，世世有所觀，感而興起，以不負乎孚如一片心，實主張世教第一事也。丈以爲何如？

久欲相聞，未得良便。適從馮元敏詢，有鴻鯉輒爾投寄。懸知丈有同心，千里一堂，不俟辭之畢也。喁望喁望。

答友人

足下滿腔赤心，神明自異，衰憒如僕，殊賴洗發。世趨愈下，岐路紛然，誠如來諭。要之，其無常者不可測，其常者則在我，夫亦守其在我而已。昔宣尼思狂狷而賊鄉愿，其論與人則曰「矜而不争，群而不黨」，良有味乎其言之也，敬爲足下誦之。長安名賢，不乏可事可友，何容當面蹉過？其大本大原，夫亦在我而已。

恃愛僭布其愚，高明以爲何如？

與諸敬陽儀部

當足下朝釋褐而夕爲海忠介，發憤偕彭旦陽，及吾家季抗疏闕下，浩然棄一第而歸。弟聞之，作而嘆曰：「有是哉，其芥視軒冕也！」久之，起秉南陽之鐸。適鄒孚如銓部北上，特過而訪足下。突入卧室，見破幃敝衾，蕭然書生，甚爲嗟異。退而割囊中二金遺之，曰：「聊以佐苜蓿。」比升任到京，復躬自齎還，封識宛然，益爲嗟異。遂以能甘清苦舉。已，請告家居。郭希宇中丞自楚餽五金，足下破其槭，析受五星，而返其餘焉。弟聞之，又作而嘆曰：「有是哉，其塵視金玉也！」中心誠愛之欽之，願爲執鞭，惟恐其不得當也。乃數年以來所聞浸異，一而至，置之矣，再又至焉；再而至，亦置之矣，三又至焉。迄於今，猶然嘖嘖未已也。乃始不能釋然，因而從中細加體察。平心而論，竊以爲有可原者，又有可訝者；有可惜者，又有可喜者。請得爲足下詳之。

足下滿腔是直腸，偶有所激而不平，遂往往至於犯衆忌，言人之所不敢言；又滿腔是熱腸，偶有所憐而不忍，遂往往至於冒衆嫌，言人之所不肯言。多口之招，大半由之，故曰可原也。惟是人言具在，其果一一是真耶？今日之敬陽，即昔日之敬陽也，何判然兩截？如是吾既不敢信彼而疑此，其果一一是誣耶？今日之人心，即三代直道而行之人心也，何顛倒不情？如是吾又不敢信此而疑彼。兩下推求，莫得其故，故曰可訝也。雖然是有説矣，隨俗易，自立難。足下而甘爲庸衆人也，人亦庸衆之矣，其責備必寡；今足下而不甘爲庸衆人也，人亦不庸衆之矣，其責備必多。是故堅而磷，反不若未堅而磷者，鮮受磨之跡也，將何以謝此堅？白而緇，反不若未白而緇者，鮮受涅之跡也，將何以謝此白？故曰可惜也。幸而毘陵座上，啓新丈所促膝而規，極其峻厲；東林齋頭，景逸丈所秉燭而諭，極其激切。在子弟輩猶難甘受，而足下怡然承之，略不少介辭色，即本來面目，依然不失。乃是起死回生一大機，良可喜耳！

抑聞之所貴乎知過者，非貴其知之已也，貴其改也；所貴乎改過者，非貴其草草塗抹於一時已也，貴其洞照病根，一刀兩斷，永絶而不復萌也。假令今日有一錯焉，第自認曰「吾不是」，明日有一錯焉，亦第自認曰「吾不是」，徐而按之，轉口而未必轉步，轉步而未必轉身，竊恐暫開之一竅易塞，夙染之熟處難忘，所謂「野火燒不盡，東風吹又生」，竟此生無廓清之期也。然則如之何？其必返照初心，斷以聖賢豪傑自期，待堅砥末路，痛以盜賊禽獸自刻責，日新而又新，又新而日新。向來滿腔直腸，不但用之他家，而必用之自家；向來滿腔熱腸，不浪用之小人，而必用之君子。翻然將五臟六腑濯以江漢，暴以秋陽，一一重新換過，庶幾「失之東隅，收之桑榆」。異時無常到日，不至喫閻羅老子棒耳。蓋弟夙企玉峰兩賢，一爲張可菴給諫，則擬諸劉季陵；一爲足下，則擬諸杜太僕。曾於給諫以杜太僕進，今於足下當以劉季陵進，損有餘而補不足，自是相成之誼，其何敢水濟水、火濟火，有負足下？足下能爲人盡言，必能受人盡言，知亦不我負也。嗟嗟！日月如馳，人身難得。足下行年六十有二矣，還能再活六十二否？此時一蹉，永劫難補，可容兒戲？

弟誠不勝惓惓，輒此饒舌，惟足下作一竹竿到頭人，惟足下作百尺竿頭進步人，惟足下一生行徑，於此結局，惟我二人三十年交情，亦於此結局矣。

弟言有盡，弟意無盡，念之念之。

又

足下受善之勇，真不可及，敬服！敬服！聞琴川、松陵各有寄莊户，此必迫於親交之情，不得已而應之耳，急須除之。君子自愛愛人皆以德，不以姑息，萬勿再爲因循，冒虚名而貽實玷。此非特弟之意，實諸同好之意也。努力！努力！

與錢受之[一]

敬陽儀部畢竟是君子，頃面效其狂言，了不爲忤。非特不爲忤，且覽且喜，且感且謝，不啻其口已，復促膝細談，不覺淚下，曰：「世安有愛我如君者？」此一副心腸從何處得來？大凡人之過，出於有心則有遮護，其改之也難；出於無心則無遮護，其改之也易。以此知儀部必能始終爲君子，不至半途而墮落也。

計足下所樂聞，特及之。

[一] 此標題底本目録作「與錢受之太史」。此篇四庫本、光緒本均無。

簡王弘陽少司空[一]

周懷老公祖極荷知己之愛，感不啻口。此老不特撫吳之績，文襄以後鮮見。自其釋褐之初，即與交好，及進臺中，所當儕鶴、徹如諸君子，杌隉間皆有以自立，[二]非謾然與世浮沉者。近日忽致紛紛，牽粘不已，幾若兩截然，良所未解得。不見棄於大君子，其亦可無憾矣。如何如何。巖穴諸賢，近時見推轂，而獨不及沈繼老，由向來一種異論浸潤，得人深也。此老好善嫉惡太甚，則有之要，其心胸自是青天白日，不知者至詆爲鬼蜮。即今太宰公，亦似尚有這個在。爲繼老計，進退行藏，無所不可；爲太宰計，却須破得此關，方是古大臣風猷耳。翁以爲何如？

[一] 此標題四庫本作「簡王弘陽司空」。

[二] 「杌隉」，底本及諸校本均作「杌楻」，據文意改。

與吴文臺比部①

近來奇事，種種不乏，乃不肖覿於臺下，則又奇之奇也。曾有名實雙茂如臺下，歘歷多所如臺下，四十年甲科如臺下，猶然郎署者乎？此不肖之所不解也。以爲世莫之知耶？何以物色之？寂寞偃蹇之中，以爲知之耶？一歲九遷，兹其時矣，何尚遲遲也？此又不肖之所不解也。雖然於臺下，則奚損焉？非惟無損，乃益見臺下耳。如何如何。

不肖修行無力，動而招尤，老而不改，臺下念一日之雅，嘉與拂拭，至取敝帚而千金享之，既感且愧，而今而往，其何以報？惟應痛自鞭策，謹保桑榆，以無重門牆之辱而已，尚願不鄙而加督焉，幸甚！率爾申候不盡積企。儻因緣九龍之靈，得以便檄台旌之辱，即摳衣請御，舒我饑渴，實至願也。

臺下其許之否？

① 以下四篇崇禎本無。

與丁大參勺原公子

楊建禄來，以尊府君之訃告。初恍惚如夢，既而知其真也，相對流涕覆面，肝腸爲裂，竟不能出一語。嗟嗟！已矣！

有奇抱而不克展也，有奇冤而不及申也，而已矣，後死者能無責乎？雖然其不已者，固自有在，非夫年之謂也。且聞長君業不禄矣，獨足下方當英齡，翩翩起也。然則父兄擔子，足下實一身肩之矣，所以不已尊府君者，又自有在，非夫僅僅哭泣之謂也。念之念之！

相去千里，相望一水，恨衰病之軀，不能匍匐相從，憑棺一哭，以泄生死之痛。輒此代唁，敬薦一觴，個中所懷，累累滿腹，未吐百一。

嗚呼！其爲我焚此箋於尊府君几下。

與李見羅中丞公子

伏惟尊府君老先生主盟，斯文直接孔、曾不傳之緒，海内學者莫不奉爲正宗。一旦山崩木頹，倀倀無依，莫不相顧嗟悼。而不肖辱在陶鑄之末，尤有百倍於恒情者，則亦惟虔奉遺訓，見於羹，見於牆，庶幾先生之默鑒之不忘夙昔之鞭策而已。相望千里，衰病之軀，不能匍匐以趨，敬薦瓣香，薄申生死之感。幸門下叱而致之先生之靈門下。紹隆家學，擔荷良重，百凡自愛，慰我同好。

簡李元沖銀臺公子

昨秋忽聞尊府君老父母之訃，不勝震驚，追憶生平，不自知其淚之淫淫下也。邑中諸父老子弟，輾轉傳告，[一]咸相向哭失聲，諸子衿遂合辭，爲聞於當路俎豆名宦，若曰「庶幾得以朝夕瞻拜焉，聊自解慰」云爾。非老父母實心實政，淪膚浹髓，何以致此乎？敬若孝子慈孫，願以聞於老父母之靈也。而不肖且薄薦瓣香，一申生死之感，幸并爲我叱而致之。賢金玉，紹隆世美，擔子良重。所以不泯尊府君者，應自有在。僕老矣，尚拭目而觀之，無徒以哭泣爲孝也。如何如何。

臨風耿耿，不盡所懷。

[一]「輾轉」，底本作「轉轉」，據四庫本、光緒本改。

復方本菴[一]

不肖，下里之鄙人耳，無所聞知。少嘗受陽明先生傳習録而悦之，朝夕佩習不敢忘。獨於天泉橋「無善無惡」一揭，竊訝之，間以語人，輒應曰：「此最上第一義也。」則益訝之，俯仰天壤，幾成孤立。頃歲，從令郎老公祖受心學宗，讀之，不覺躍然起曰：「孔、孟之正脈，其在斯乎？是天之不棄吾道，而以先生畀之也。」於是竊自幸有所歸依矣，而又愧管蠡之效，未足以揚榷萬一也。乃辱翁臺俯加採擇，惠然與進，千里賸書，益以四集，得未曾有，且爲預訂秋水之約，此正不肖之所當齋沐而求，竭蹷而趨者，何乃坐而得之於翁臺哉！且喜且驚且愧，是又天之不棄不肖，而以先生賜之也。

謹九頓以謝，蕪語二種附呈，統祈斧正爲荷。

[一] 此標題底本目録作「復方本菴封公」。

復唐大光

足下睠焉有意乎？家世道脈甚卓，「求放心」三字又切問也。竊以爲，心之爲物與鷄犬不同，鷄犬放而在外，收而在内，有方所可求。至於心，只在人欲上便是放，在天理上便是收。天理，本内也，因而象之曰在内；人欲，本外也，因而象之曰在外，非有方所可求。知此，則知把柁之所在矣。今曰着意「收」也，恐「收」即成礙，任其走作腔子裏，何物把柁？似只在方所上揣摩，不見個安頓，而不於理欲關頭討個分曉，將來恰成一弄精魂漢。乃「放心」，非求放心也。如何如何。

足下試歸而體之，或然或否，不妨再作商量耳。

與魏念屺①

不肖竊從令甥敬陽丈，習聞高雅，欣爲執鞭久矣。病懶相仍，未能摳衣請御，藥碗之餘，聊有記存。生平缺漏，一一迸出，尚未及就正有道，何意門下采葑采菲，謬見

① 以下二篇崇禎本無。

收録，甚而不惜災木，嘉與流通，自省薄劣，何顔而可以承此？至如莊簡先生二集，正生平之所羹牆夢寐，一旦儼然分庭，授之餘而畀之，如天之貺，堪爲世寶，又不知何修而可以對此也。且愧且感，且感且悚，九頓鳴謝，尚應徼敬陽丈之靈，紹介左右，以遂登龍之願。不宣。

與周中丞懷魯

世路羊腸，自古爲然，至今而甚，至老公祖而加甚。鴻飛冥冥，弋人猶慕，[一]老公祖其如彼何？乃江之東，百萬生靈，家尸户祝；江之西，三徑無恙，松菊有主。一身輕而萬事足，呼牛呼馬，直付之灑然，彼亦無如老公祖，何也？獨不肖弟忝附縉紳之末，又辱道義之好，竟坐視滔滔，無能有所效其萬一。仰慚知己，下慚父老，以此日夜耿耿耳。

相望各天，靡由縮地，聊此遺候，薄舒夢思，一絲附將，庶幾時得周旋於玉體云爾。

[一]「弋人」，底本作「戈人」，據四庫本、光緒本改。

臨風神結，不盡欲言。伏惟加飯，慰我同好。

復董玄宰學憲[一]

承示方正學先生求忠書院記，時且欲就寢，復燒燭讀之，至孔、朱「忠臣」二語，不覺爲之且驚且喜，且喜且驚，遂不覺遥爲之下拜也。曰：「有是乎，舉我太祖紀綱一世之精神，及吾夫子紀綱萬世之精神，等閑收攝盡矣。」此所謂有關係文字也。不肖方當揭諸日月，與天下共之，其何敢私？又何敢謝？

謹復。

復張繼山[二]

不肖憲竊從陳雲浦先生橋梓，獲聞大雅久矣。不謂門下胸次，間亦有菰蘆一腐生也，伏讀手箋，勤渠鄭重，何敢當？何能當？將無假此啓我以嚮往，策我以前途

[一] 此標題底本目録作「復董思白」。
[二] 此標題底本目録作「復張繼山明府」。

耶？則亦何可不勉，圖淬礪以求報稱也。再讀教言，諸所闡發，一一流自赤心，非深造自得，何以有此？至所表章，特於周、程諸大儒爲惓惓，取日虞淵，作世手眼，其匡維不小矣。欽服！欽服！

不肖憲豪髮無聞，兼之精力盡消，衰病交迫，悠悠此生，莫知下落。不揣漫以蕪刻求正，幸蒙門下始終不鄙，痛賜針砭，則又何可不益圖淬礪以求報稱也。望之！望之！

馮少墟侍御向在都門，曾有一日之雅，不謂别來卓詣如此。雲浦先生家世清白，自長公物故，益復蕭然。今其子伯純，至不能保鳴玉數竽。伯純有兩郎，僕以小孫女字其次郎，亦愧未能相爲潤也。辱念寄存，生死肉骨，誼高千古矣。役旋，謹復，并謝。

與儀部丁長孺

聞公南宫之報，甚慰。近來士風弟靡，亡論患得患失如鄙夫之爲也者，即如應對唯諾間，以方之諸生之時大徑庭矣。始而以爲不得不然，既而以爲當然，久而不覺與之俱化。進身之始，不得不爲賢者勘破耳。

又

前自武林還，初意欲相期一晤，已而竟不果。得諭，良荷注存，承示新功，甚善。周子揭「主静」，是得手事；程子「見人静坐，便嘆其善學」，是入手事。李延平教人「静中看喜怒哀樂未發氣象」，又就中點出一活機。此大儒留下海上單方也。

新秋枉訪，當有以相證焉。

又

久不得晤言之好，良以爲懷，蒙手翰之辱閲，知足下年來用心之密，喜不可言。竊惟此事只有一條路，日用之間，縱千蹊萬徑，亦總歸於一條路。吾輩於此默默體察，切切持循，積累久之，自當有進。過去、未來皆不必計，所謂先事後得也，足下以爲然否？

九月之會，數日以俟，此時當得面商也。

又

别來忽又冬半矣，日月如飛，真自可惜。向所面商，似屬第二義。要之，亦只看理會處，何如？即所謂第一義，亦不在門面上也。便中乞有以示之養冲一疏，甚爲世道之光，他又何言？徹如入宫見妬，至今尚爲不了公案，不知當事者果何意也？

又

先有八行，附中甫寄上，隨得手教，并作報，想當不浮沉耳。救荒無奇策，自古難之。如足下所云，才誠兩合，便是奇策也。周中丞業疏報全荒，且請全蠲，不知果何如？總之，此老甚留心地方，甘紫老亦正，不減兩地所恃，此二天耳。鄭太初疏，當已見真頂門一針也，吾輩林壑間，復增一畏友，誠可喜耳。如何如何。

又

東林之會，風色蒸蒸，座上發「貧賤富貴」一則尤令聽者竦起。足下之功，於是乎大矣。試播諸副墨，傳爲共寶，不亦善乎？願之願之。

二難商語録往，幸加裁確。此本宇宙間公共事，無以區區形跡爲嫌也。陳筠老必能作一路福星，其傾慕足下不減緇衣，地方事宜留心剖示，以成其美。僕述足下旨，爲道貴邑令公之賢，渠甚然之。并以「倡道」之説進，歡然首肯也。於其行附此，許敬老乃郎已歸，未有可相聞者。便中示之。

又

得手書，不勝欣慰，足下之用心如此，何患不日進也？「寡欲」二字，極妙極妙，周元公首闡聖學，亦只此二字。此是一了百了功夫，更不須疑，願與足下共勉之。亦只密切做去，不須悔前慮後，反成憧憧，令心體上多一事也。如何如何。琴川耿令公大有志於學，渠甚嚮往足下。秋風時欲相約，過此一會，足下當不吝也。握手之期，恐即在此矣。

又

時局種種可憂，真如抱薪於鬱火之上，特未及燃耳。不知吾輩得高枕青泉白石間否也？如何如何。

又

適自武林還，正欲約足下一晤。見吴海洲，乃知足下正在武林也，可謂覿面相失矣，悵然久之。足下乃得浮躁名，大奇。然海内賢者無不顧而嗟異，此豈聲音笑貌之所能及？直道自是不負人，足下可以自信，更努力以圖「動忍增益」之效。程伯子讀「舜發於畎畝」章，[一]曰：「若要熟也，須從這裏過。」此非老頭巾語也。如何如何。

許敬菴先生今在何所？計必決歸計。儻有相聞，願問之。吴會之間，得借此老爲青山主盟，固是妙事耳，足下當以爲然也。

倚楫漫筆，不多及。舍弟去冬又一大病，絶粒者三十日，今幸無恙，尚費調理知足下所念，附及。

[一]「畎畝」，底本及諸校本均作「畎畒」，據孟子改。

聚樂之念，積之數年，聊試爾爾。足下乃肯不遠數百里來赴，令我神晤。連日所聞種種，有概於鄙衷。天生豪傑，原爲世教，既爲世教，自不能與時俯仰，裁成輔相，於是乎在，足下何疑焉？行住坐卧，偶有契會，便應揮記。既見真吾，兼可自考，正不必以成篇爲拘，如舉子業然。

又

秋末冬初，得過我共話數日，何快如之！

劄記六册附上，暇中乞爲商正，尤所望也。

又

承念賤體，甚感年來應減者，幾乎減之盡矣，而未能有所增益，此是自家欠得力也，如何如何。

許敬老之謚，公論必不可缺，自當留意，不知部中謚議何如？并一詢之段黄門發密揭事，大有功於世道，此是執政真貺，賴不得也。向僕亦欲爲皇上明冤，亦一證佐矣。

三家宰行蹟附覽。平湖公一段精神尚未曾拈出，足下宜一闡之。孔孟圖譜，領訖尊稿，尚未細閱。乞將周、程、張、朱年譜一查，恐尚有宜添入也，如鵝湖之會，亦是千古大公案，不可缺耳。如何？

簡觀察鄒龍翁老師①

新歲台候萬福，凡在門牆，孰不欣慰！兹有所啓，則以通家友郡庠生陳爾杭之故雲浦先生，鄉邦冠冕。自其長君太學生爾耕中道夭，門户日落，外侮交至，爾杭竟爲盜所中，不肖憲受雲浦先生國士之知，不勝痛心，卒無奈之何。

及見按君駁詞，不覺喜而欲狂。片言居要，起死回生，乃相與叩天而呼，呼天而謝，以爲是蒼蒼者默啓而默佑之耶！歲杪，晤吴縣王學博，始知皆老師之爲之維持調護於其間也。

恩加於不求，德施於不報，只念先人一日之雅，而波及其後人，此之爲誼，真足以

① 此篇崇禎本無。

上邁古人，下愧今人矣！而爾耕之子藝之復來告曰：「叔氏藉大君子之靈，[一]誠厚幸，第其事尚須覆審始定，願再乞一言丁寧之。」憲謂之曰：「老師不難於冒衆嫌，伸獨見，功且九仞矣，而何難於一簣？老師不難於直指使者之前，反覆强聒，成案且居然更矣，而何難於郡縣？況前此原不待求而應，今何容贅？掠美市恩，憲不爲也。」無已，以父子至情，爲雲浦先生謝；以兄弟至情，爲太學君謝；以叔姪至情，爲藝之謝，則可矣。

因遂布此，以展銜結之萬一，惟老師委曲矜全之。爾杭才質通敏，躬罹大難，仗庇復得自解，誠非常之遇。自今以往，必當動心忍性，力懲亢厲之非，粹然以善人君子自律，俾宗族稱孝，鄉黨稱悌，一洗呶呶之口，老師之賜等於覆載矣。

臨楲無任懇切，祈望之至。

[一]「藉」，底本誤作「籍」，據四庫本、光緒本改。

顧憲成全集卷五十

涇皋藏稿五

書

寄吕新吾廉憲①

自戊子之冬，從敝邑趙令尹拜手教之辱，抵括蒼，輒因劉知事轉官山東之便，附尺一爲候。俄而吾丈且有山西之命矣，不知果得徹乎否也？相望萬里，音問寥寥，如何爲懷？

① 以下二篇底本、四庫本、光緒本均無，據崇禎本卷五補。

不肖己丑之夏，竟失老母，倏忽兩更寒暑，風雨霜露，情事可知。吾丈年來精神倍勝否？往齊、魯、晉、魏之間，官況何如？吾丈實心實政，小施小效，大施大效。今天下學士先生，無問識與不識皆相聚，以不得速究吾丈之用爲憾。僕竊以爲有不究之憾，而後吾丈之究之也，益沛然而易爲功，寬然而有餘地，此尤鄙衷之所重願於吾丈者也，豈與淺薄之夫競功旦夕而已哉？

鄉約一法，誠移風易俗之至要，吾丈到處奉爲首務，居然堯、舜吾君吾民之心，世道幸甚。近見李修吾憲副亦倣此意，僕竊以爲此須自家有一段精神管攝其間，又須於耳目格套之外，時時有不測之榮辱，以寄其鼓舞。其所謂一段精神，則自起居鞶笑，至於簿書期會之間，[一]都無攙和；其所謂不測之榮辱，則自壯官豪吏，至於幽篰蔀屋之間，都無遮隔。如是而後，上信於下，下信於上，可冀回心嚮道之實效耳，高明以爲何如？

不肖自受吾丈亹亹之示，亦欲勉圖尺寸，乃兩任並緣母病假差而還，緬想周行，良以慚悚，及抱疚以來，無論胸臆慘淡，生趣短薄，大率溷溷碌碌，坐消日月耳。今春

[一]「簿書」，崇禎本作「薄書」，據文意改。

且以齒牙作祟，呻吟累月，老態漸見，壯志徒存，吳下阿蒙，猶然故我，丈能無以鞭策之乎？我疆物故，陽和中殀，世之長有年者多矣，而造化獨吝於斯人，可爲浩嘆，同心之痛，輒附各天，晤言未卜，伏惟自愛。

簡馮少墟侍御

數年前，敝邑李雨亭視學貴省，曾附尺一，將候未知，得無浮沉否？敬問吾少墟年來何爲？方今宇内事，一切如不繫之舟，未有分付處，此猶人所共見共知。至於吾夫子一大事，亦若無以異，然却多不見不知。竊聞公之潛心於兹久矣，其何以啓我迪我乎？輒從王柱石司馬借郵布此，并以蕪刻請正。繆罔填胸，無能逃於明眼，願勿爲姑息之愛，孤我萬里之惓惓也。

簡鄒孚如吏部

伏讀衡言，種種卓詣，且斟酌上下，求其恰當廓然，不以我見與焉。允乎，其足以爲天下平矣！至於論學，特揭出「躬行」二字，尤今日對病之藥。爲之徘徊三復，不能已已。佛、老、楊、墨號爲異端，然其説得行於天下，只以語語是，實有一段真精神在也。

況於孔、孟之學，爲天地立心，爲生民立命，庸得以脣吻當之乎？願與丈共勉之。

鄒爾瞻爲丈序銓，草時局機械，直是一眼覷破，此兄真有心人也。

又

文融謂：「足下不宜舍文學之好，而登理學之航。」弟意却恐足下登理學之航，而猶不忘文學之好也。足下試思之，天之所以與我者，果何物乎？於此有個入處，將焉用文？於此没個入處，將焉用文？況「尚行」之揭，任重道遠，方當萃全體精神以赴之，即欲與遷、固諸豪争執牛耳，不識丈且暇乎否也？

又

趙儕老之内計，遂與老長官之外計，稱爲「二絶」，今亦遭讒構去矣，奈世道何？而獨意兩君子，内不負一念，外不負一官，功成而身不免，夫復何憾！弟碌碌在事，未有效於尺寸，而夫人者，業已逆其必爲不祥，眈眈而伺之，不知將來何所税駕耳？

復夏璞齋書[一]

展誦手札，有以知賢之用心矣。流俗靡靡，何意及此？真不肖之至幸也。「舉業不患妨功，只患奪志」，乃程先生至言。究竟體之，豈惟不患妨功，學者須辨得聖賢之心，方能讀得聖賢之書，方能代得聖賢之言。一畫不已而六經，六經不已而四子，四子不已而傳註，傳註不已而制文，只是此理，何精何粗？故曰：「灑掃應對，便是精義入神。」又曰：「唐、虞揖讓三杯酒，湯、武征誅一局棋。」良自有旨想，當信其非妄耳。抑之沖年而意甚廣，賢之所以朝夕切磨之者，可知得才士易，得志士難。僕誠不勝惓惓，惟賢留意近作，漫以其臆附，復不知當否。願裁之。

復錢抑之書①

正疑從者何以久不至，三徑蓬蒿且滿，得手書，令人致怨於祝融君也。乃吾弟志

[一]「夏璞齋」，四庫本、光緒本同，崇禎本作「夏璞菴」。

① 此篇四庫本無。

意翩翩，絶不以此置胸臆間，可謂卓矣。古之人千里同堂，萬古合席，跡之疏密，曾何足云？近作種種入人，想見日新之美，仔細點檢，畢竟未免爲才所用。學以變化氣質爲功，惟文亦然。以正勝者欲其奇，以奇勝者欲其正，轉移之機，要在明者一覺而已。一覺之後，諸相都忘，何奇何正，就中便有向上一着，更不煩別索也。吾弟其勉之，此則祝融君所無能如吾弟何者耳。

揮汗草草，附復不盡。

與陳鑑韋別駕書

敬啓。敝里有牙行趙焕者，往年目擊稅棍俞愚、金陽等作耗地方，慨然發憤，具呈前撫臺曹嗣老公祖。蒙行府嚴查禁治，愚、陽等痛恨入骨，日夜思有以報之。適焕載麥八石至江陰之長涇，遂率衆攔截，指爲漏稅，罄擄人舟而去。尋殺焕，沉之紅塔河下，縲猶盤頸，行道見之，莫不悲酸。當有地方夏淮等呈報歐陽宜諸公祖，時宜諸公祖已升潁州道備兵使者，頓足起曰：「此地方一大變，而爲人父母者之責也。」遂檄敝縣林父母，限五日檢報，而愚、陽等俱係隔府人，且自知罪大惡極，無所復逃，百方延捺，宜諸公祖又迫於簡書，不能久待。於是焕子趙希賢不得已控諸，前任鄒兵臺行韓公祖究解矣，而延捺猶故也，又不得已，控諸周撫臺，又行韓公祖究解矣，而延捺猶故也。

頃又突生他計，構出哨兵，顧堂借撓税爲題，顛呈趙希賢於撫臺，蒙行滸墅管税松江劉三府，轉關台臺，行縣提解，希賢聞之，自分必死，再具頂狀奔訴撫臺，而愚、陽等且四路抄捉，不容進頂，徑縛而解臺下，行將轉解税監，斃之杖下，衆亦分希賢必死無疑矣。

嗟嗟！焕爲地方而死，焕之子又爲父而死，是何慘也！愚、陽等既殺焕，今又欲殺希賢，必父子齊斃，斬草除根而後爲快，是何忍也！爲他方之税棍，則白晝殺人而無罪，非惟無罪，方且恣其吞噬而未已；爲老公祖之赤子，則含冤抱憤而莫控，非惟莫控，又將不免其身，是何痛也！

台臺仁人也，斷不爲税棍所欺，而不肖忝在地方士紳之末，驟而聞之，不覺心膽如裂，怒髮上指。輒布其概以聞，非僅僅請釋希賢而已，以爲天理人情，至此而極，是殆造化所以稔愚、陽等之惡，而盈其貫，使之昭昭自獻於日月之下，未可知也；是殆造化哀焕之死，憐希賢之無伸，特借此披瀝號呼，白見冤狀於大父母之前。庶幾遂憫而拔之，一酬九泉之幽魂，未可知也。

台臺，仁人也，當有不待鄙言之畢者矣，伏乞大開天地之心，重恤神人之憤，慨然借鼎言於韓公祖，速將愚、陽等勒限嚴獲，早賜究東，爲匹夫匹婦復此不共之讎，爲三吳百萬生靈除此莫大之蠹，真地方無量功德也！

臨緘曷勝，激切之至。

簡修吾李總漕

此中水災異常，頃已附聞矣。詳具周懷老疏中，字字實情，字字堪涕。丈覽之，自當忍淚不住。今吳中諸父老，且匍匐萬里，叩闕而請，誠有萬不得已者。意欲丈借鼎，言大司農趙老先生之前，破格一處。言出於趙老先生，則足以取信於皇上；言出於丈，則足以取信於趙老先生。此非區區一人之意，實東南億萬生靈之所日夕嗷嗷，忍死而引領者也。努力！努力！

此地財賦當天下大半，干係甚大，救得此一方性命，繭絲保障，俱在其中，爲國爲民，一舉而兩得矣。知不作尋常看也。

嗟乎！茫茫宇宙，已饑已溺，曾幾何人興言及此？益忍淚不住矣！萬萬努力！萬萬努力！

又

弟已自分長卧烟霞，而去冬忽叨光禄之命，聖明浩蕩之至仁，知己拉拭之高誼，中心銜之，何能不感激思奮，少攄報效？且數年以來，今日言起廢，明日言起廢，至於口敝舌焦。

頃者，臺省諸新郎君封事翩翩，充滿公車，亦無不以此爲第一義。弟非其人，却令聊塞斯白，[一]何能不力圖淬礪，勉赴鞭箠？然而四顧徘徊，進退維谷，至於今猶莫知所決何也。竊嘗籌之矣，罪籍諸君子，林林相望，計且二百餘人。其間蓋有去國在弟前者，有科名在弟前者，又有摧折困頓視弟十倍者，又有與弟同事被譴者，又有不與其事因弟波累者，今皆埋光草莽，弓旌之招，寂寂無聞，弟獨何顔而先之乎？此一説也。

猶未也，東林之社，是弟書生腐腸未斷處，幸一二同志並不我棄，欣然共事，相與日切月磨於其中，年來聲氣之孚，漸多應求，庶幾可冀三益，補緝桑榆，無虚此生。一

[一]「聊塞」，四庫本同，崇禎本、光緒本作「搪塞」。

旦委而棄之，既有所不忍。憑軾而觀時局，千難萬難，必大才如丈，卓識如丈，全副精神如丈，方有旋轉之望，如弟僅僅可於水間林下藏拙耳。出而馳驅世路，必至僨事，又有所不敢，於其所不忍而强爲割，於其所不敢而冒爲承，將來處不成處，出不成出，兩無着落矣。此又一説也。

猶未也，弟也少不自愛，壯而善病，乙未、丙申之間，瀕於死者屢矣，[一]幸而獲生，今年且六十矣。所謂耳聰目明，手輕足健，一一不有；所謂耳重目昏，手遲足鈍，一一不無。即今見作貴人，亦應去而返初服，況今鹿豕之與游，鷗鷺之與侣，正於病骨爲宜，乃更去而就軒冕，何僕僕不憚煩乎？此又一説也。

凡此種種，都是實境實情，實事實話，在他人前猶半含半吐，惟丈前不敢一毫不傾盡。丈其設身處地爲我裁之，弟非敢妄自菲薄，上負聖明，下負知己，揆德量力，恰應如是，無希高，無慕大，始終成就得江東一老腐儒，亦所以不負聖明，不負知己也，丈當啞然一笑而許之耳。弟亦嘗商諸朋好間，各自有説，兹特向丈求一了語。丈最能斷大事，萬勿吝教。

[一]「瀕」，底本、崇禎本、光緒本均作「頻」，據四庫本改。

與趙太石吴因之二銀臺

不肖憲衰病日甚，忽荷新命，且感且驚，且驚且愧，遂擬具疏乞休。而一二親知，固謂不可，又謂此疏即至長安，必應見格，頃檢仕籍，乃知丈恰當柄事，此憲之適有天幸也。

且憲也，非木非石，何敢冥頑自居，上蔑聖恩，下罔同志？又生平頗懷熱腸，何能耕閑釣寂去，而尋接輿、荷篠之轍，與世恝然也？直是有不得已之情耳。今亦不敢縷瀆，只重聽一節，大於涉世不便，曾不自揆，冒昧就列，設有人過而詰焉，其亦何辭以謝乎？兩相國騰書曉諭，言言刺心，竊計兩相國應未悉不肖憒憒狀耳，乃丈業已悉之，此又憲之適有天幸也。敢此仰干，惟丈特爲主持，并爲道此實情及此苦情於兩相國前。庶蒙慈察，慨賜玉成，俾得遂所請，俾得安愚分，俾不至取譏於君子。此之爲誼，超越尋常萬倍矣。

九頓九禱，無任懇迫，引領惠音，爲刻以俟。

又

拜教之辱，至誼惓惓，能無佩服？所示葉相公兩言，實從滿腔苦心來，能無感悚？先是，李修老總漕，王柱老中丞，吴安老、錢繼老兩太僕貽書，見勖其指亦同，似可信而不疑矣。

頃者，赴毘陵之會，商諸錢啓老、孫淇老諸公，又皆以爲未可造次，而啓老言之尤鑿鑿，適趙儕老寓書姜養老，其指正與啓老同，且謂春間作詩送郭文老之行，曾及此意，托之寄聲云。夫出處大矣，僕不敢以一己之是非爲出處；又不敢漫以天下之是非爲出處，而以天下賢人君子之是非爲出處。

今兹爲僕計出處者，皆愛僕者也。乃其説判若水火然，何哉？然而問其人，皆天下所謂賢人君子也。其謂宜出者，必非誨僕以徇世也；其謂不宜出者，必非誨僕以忘世也。僕又何敢格以一隅之見，妄生分别於其間哉？獨計小疏所陳種種衰憒之狀，都是實情，若但私告於朋友，而不以顯列於君父之前，終屬自欺。

又僕往時在都下見有所謂乞休者，每每朝而懷疏以入，夕而懷疏以出，心竊耻之，若亦墮落此套中，終屬欺人。夫如是，反之方寸，尚不能慊然而無疚也，奈何欲遽議於出處之際哉？是敢不避再三之瀆，瀝誠申請，惟丈垂慈照察，特賜主持，無令僕僕道塗以致進退無據，獲戾名教，幸甚。

葉相公前，希爲一道悃衷，懇祈鑒許。統俟得請，另圖顓謝耳。

臨風耿切，筆不能宣，亮之亮之。

與南垣劉勿所書

近聞南中議論紛紜，不能知其詳，惟有浩嘆。偶檢得古人兩公案，輒爲臺下誦之。

魏其侯與田武安争辨灌夫事，韓御史兩是之。既罷，武安出，止車門，召御史載，怒曰：「何爲首鼠兩端？」御史良久謂武安曰：「君何不自喜？夫魏其毁君，君當免冠解印綬歸，曰：『臣以肺腑，幸得待罪，固非其任，魏其言皆是。』如此，上必多君有讓，魏其必内愧，齚舌自殺。今人毁君，君亦毁之，譬如賈豎女子争言，何其無大體也？」武安改容稱善。此一案也。

王旦在中書，有事送樞密院，違詔格，寇準以上聞，旦被責，堂吏亦坐罰。不踰月，樞密有事送中書，亦違詔格，堂吏欣然呈旦，旦曰：「向者樞密所爲是耶？不是耶？」堂吏曰：「不是。」亘曰：①「既不是，又何效焉？」令送還樞密，準大慚謝。此又一案也。

恃道義之愛，敢借以效其愚，不知可備採擇否？惟臺下裁焉。

與東溟高中丞書

敬啓。海鹽故給諫贈太常錢海石先生勁節英猷，登在國史；仁風義概，留在鄉評。當隆慶改元，業同楊椒山諸公一體褒恤，[二]建坊特祀，海內共耳而目之矣。惟是建坊之所，尚有書院三楹，蓋先生嘗從甘泉湛公問道，歸而與門人共相切磋之處也。世遠頹廢，行路太息。

今其嗣孫世堯等慨焉尋復業，蒙台臺批行所司，方具文申請，伏乞始終惠撫，備

① 底本拼版影印至此出錯，誤將卷五第十葉下半葉與第十一葉上半葉拼爲一版，漏印第十一葉下半葉，所缺文字自本句「曰」字起至下篇「歸而與門人共相切磋之處也」止，以臺灣「國家」圖書館藏明萬曆刻本涇皋藏稿（以下簡稱「萬曆本」）同版書葉配補。故此部分以萬曆本爲底本，以崇禎本、四庫本、光緒本爲校本。

[二] 「楊椒山」，萬曆本作「楊焦山」，據諸校本改。

閼衆懿，借之華衮，彰其美而盛其傳，兼賜優復，給帖世守，崇其先而及其後。不惟一字九鼎，錢之宗祏，燁燁生輝；抑且一日千秋，錢之子姓，永永銜德，其爲世勸大矣。先生有孫陞向從弟游，得習其詳，因爲臺下誦之如此。

余漢城年兄已俎豆賢祠否？幸爲詢之學憲君。此兄人倫冠冕，懿德之好，諒有同然也。

與檢吾徐中丞書

敬啓。先嚴贈户部主事南野府君生有四子：長爲先伯兄，鄉飲介性成；次爲先仲兄，光禄寺監事自成；又次爲不肖憲成；又次爲先季弟禮部主事允成。先嚴居陋茹菲，而志意甚闊，時時慕説范文正公之爲人。比即世，有遺租二百石，先伯兄請於先慈錢太安人曰：「吾兄弟各自經其生，此田留之，以成吾父之志，何如？」先慈大喜，許之。自是又稍加綜理，漸有增益，共得三百石有奇。每歲出以周宗人之貧者，蓋二十春秋於兹矣。

而食指漸衆，漸不能給，則先仲兄又時時捐廪而佐之，因曰：「此須别有措置，乃爲可久。」又曰：「吾邑糧役煩重，亦當與同邑分憂，須并置役田。」又曰：「吾兄弟俱僅足支吾，況伯兄季弟俱已淹逝，諸侄中尚有自給不充者，吾賴有天幸，節嗇之餘，不無一二，可備推解，此舉固當任之。」正在擬議，而疾作矣，疾且病，病且革，問以家事，概不答，而特謂不肖曰：「吾未了心事，是在吾弟，吾弟勉之，亦須上緊，歲月不待人也。」不肖聞之，爲之流涕。無何，竟不起矣。於是先仲兄子與浹日夕哀痛，亟圖所以慰之者，首願捐租五百石，不肖亦願捐租一百石，先伯兄子與滁亦願捐租五十石，先季弟子與溉、與演亦願共捐租五十石，并現在三百石，合爲一千石。即於家祠之旁建廒收貯，擇人掌管。除錢糧耗折等費外，以其半贍族，以其半助役。贍族者，照舊酌量上中下三等，二季分散，仍公同四房，當面查發登簿；助役者，每年糧長一名，貼銀一百兩，[二]至十二月照數分給，仍各取領票送縣驗實，如遇本户當役，亦照前例。如此庶幾先仲兄臨訣之言，即見諸行事，而先嚴之志亦藉以稍伸矣。

第念非藉台臺寵靈，不可以垂永永，敢具呈以聞。伏惟特加鑒察，概賜施行，曷勝感荷之至。

[二]「一百」，底本、光緒本均作「一伯」，據崇禎本、四庫本改。

復錢繼修太僕

弟於巖穴諸君子中，曾不足以備執鞭，而獨濫叨近命，此實聖明浩蕩之殊恩，知己拉拭之餘靈也。伏讀來諭，情溢乎辭，其所期誨督成，更有溢乎情者，丈視弟能副萬一否？人苦不自知，弟則自知審矣，泉觀谷處猶可藏拙，出而馳驅於世，未有不蹶者也。還視三十年間，時用寒心，可再嘗試哉？願丈爲我籌之，千萬！千萬！

弟本無咫尺之窺，何敢有勝心？而自覺精神偏墜處，尚不無之。一則根基淺薄，不能一超而直入；一則目擊時弊，未免矯枉而過偏。意見之泥，界限之捐，此實弟本心，天假之年，或可庶幾，今兹恐猶未也。微乎微乎，丈之進我至矣，不敢不自着鞭也。

率爾附復并謝，容圖專布，不盡。

與陳仲醇

昔蘧伯玉行年五十而知四十九年之非，弟行年六十而猶未能知五十九年之非也，罔生甚矣！丈儼然稱龍德以進之，是責瞽者以秋毫之視，責跛者以千里之趾也，[二]能無懼乎？不惟自懼，兼爲丈懼，丈何以策之？病骨支離，未能造謝，特此候起居。

蕪刻請正，幸不吝發藥，或可補之桑榆，以始終德愛之萬分一也。懇懇！

辰玉太史皎皎異才，弟以千古期之，時效芹曝，竟爾不永不獲。觀其大成，可痛可恨，計丈此懷倍切耳。

篋中遺文，似不可不爲收拾也。如何如何。

與湯海若①

不謂時局紛囂至此，吾輩入深入密，自是快事，獨弟血性未除，又於千古是非叢中添個話柄，豈非大癡？幸老兄一言判此公案，先弟事定録，奉覽暇中，能不靳拄拭否？望之！望之！

[二]「趾」，底本作「祉」，據諸校本改。

① 以下三篇崇禎本無。

復虞來初明府

不肖莽莽無知，惟是聞一善言，見一善行，輒中心欣樂之，如饑得食，如渴得飲，通體爲暢。往者，讀門下會課，淵思卓識，映心映目，以爲必非章句書生所及，思一望清光而無從。過辱不鄙，惠然下存，如蘭之契，情溢乎辭，自省何以獲此？比讀郵政議，求瘼恤隱，備極焦勞，充斯志也。所謂匹夫匹婦，有不被澤，若己推而納諸溝中者耶？則門下之大有造於崇邑，居然可想，又斷非簿書俗吏所及也。不肖於是益不勝向往矣。

敬因鴻旋，肅此陳謝，并以爲異日御李之藉云。

又

不肖一生迂戇，動而見尤，門下獨却群譁，謬加許可，一則以感，一則以懼。天下有一人知己，足以不恨，感也；衰憒侵尋，得無重負桑榆，爲知己羞，懼也。惟門下始終策而進之，幸甚！同心之交，千里一堂，把臂促膝，猶屬二義，門下其許我否？

臨風不盡，只有神馳。

與陳赤石少參

去秋奉手教，展誦再過，可謂盡己盡人矣，佩服！佩服！近世談學，[一]委似多岐。徐而按之，却亦自昔而然，即如孔門顔、曾，便已彷彿成兩格，雖欲一之而不得。要其發端結局，未有不歸於一者，誠如是，雖千塗萬轍，適以互相發明，互相補救，而未嘗二也。只要向所謂一處校勘分曉耳，不識然否？

蕪刻請正，滿身敗缺，知無逃於明眼，惟丈痛加針砭，抉我膏肓，[二]幸甚！

與湯質齋侍御

敬啓。施嵊縣者，吾郡故守龍岡先師之子也。[三]先師遺教在士，遺愛在民，業已請諸當道，俎豆名宦矣。惟是當年蒙謗異常，至舉龍城書院一事，通榜天下，罪且不

[一]「談學」，底本及諸校本均作「談吐學」，據文意改。
[二]「膏肓」，底本、崇禎本作「膏盲」，據四庫本、光緒本改。
[三]「龍岡」，底本、光緒本作「龍崗」，據崇禎本、四庫本改。

測，得以衣冠歸田，談者無不爲扼腕焉。今嵊縣君克世其德，治行卓起，雖起家孝廉，絶不以資格自束，當路者亦遂不得以資格束之。往登上考，爲兩浙循吏之冠。兹且奏三年績例，得爲其尊人乞恩復職，擬聞諸左右，不敢造次，輒代爲紹介甘棠之懷。人有同心，況高誼如臺下，所以發先師之幽光，成嵊縣君之孝思，慰五城父老之亹亹者，豈待贊哉！

率爾布衷，不勝企望，仰祈慈省，幸甚！

簡吴徹如光禄

起廢一節，向來諸君子無不以爲第一着，乃一二出山者，率闌墮是非叢中，想氣運流來如此，人力不得而强也。

今丈以一疏自結局，可謂知命。而今而後，惟應收拾精神，并歸一路，只以講學一事爲日用飲食，學非講可了，而切磨淘洗實賴於此。聖人將此二字插在「修德」之下，「遷善」「改過」之上，干涉非細。羅、王二老，人多訾其質行，至其自少而壯而老，無一日不講學；自家而鄉而國而天下，無一處不講學；自衿紳而農工商賈，無人不與之講學。個中一段精神，亦豈草草？弟每念及，便覺赧然發愧，願與丈共勉之，此則氣運所不能如之何者，乃所謂立命也。高明以爲然否？

又

弟謂兄之蒙時忌，五分是熱心所招，五分是苦心所招，此真實不誑語也，何必更向人分疏；兄自謂義質矣，禮行、遜出、信成則未，此亦真實不誑語也，何妨直任爲己過。大率吾輩優游無事，未免混混過去，惟當「毁譽、利害」之交，然後露出真身子來，只在自磨自勘而已。如何如何。

簡史際明太常

嘉善夏璞齋，志士也。無論做秀才時，即已成進士。在涇里讀書且二年，比選爲令，卓然有循良風，不幸中道而夭，人倫共惜。其鄉業儼然尸祝而俎豆之，其人可知矣。所遺一子，能讀父書。去冬，景逸過嘉禾，曾爲言諸郡伯吴長老，而未能記其名。適聞考期在即，欲爲作書，景逸云：「恐此時例當戒嚴，不若遂直道諸其邑侯徐韶階。」僕深然之，但亦未敢率爾以爲不若借鼎，言通之韶階兄也。輒此奉告，幸即付數行，屬其優加提植，并托轉達吴長老。璞齋生平極自好，家徒四壁，所遺惟殘書一篋，吾三人合而徼韶階之靈，因以徼吴長老之靈，幸蒙收録，得階寸進，俾人知爲善之有後，此亦一勝事也。如何如何。

與李孟白方伯

王鏡宇侍御，貞衷勁節，人倫砥柱，不幸蚤世。云亡之痛，海内共之，不知已俎豆於賢祠否？乞一詢之令親吴恒初學憲何如？聞侍御無子，恐未必有爲之經紀其事者，不識可徑直移檄行之，無須郡縣竿牘否？學憲留意風教，所以爲章往勵來計，應自有妙裁也。

與周念潛太史

敝座師孫栢翁老先生，吾鄉盛德君子也。其立朝也，進不近名；其居家也，退不近利。當在木天，惟是杜門讀書，不喜交游。比佐銓，適當冢卿缺，署篆數月，兢兢慎守選法，汲汲愛惜人才。已而與今太宰孫公共事，最稱同心，相得甚歡。尋被白簡，則以徐輿浦事耳。此謗一出，同官忌口，一由徐素工鑽刺，遂爾波及。此吾輩所能矢諸天日，百口保其必無者也。在事時，復多匡正，其請皇上恭送陳太后喪一疏，尤稱卓烈。已而乞歸，二十年前後，兩院薦章相屬。待鄉人無衆寡，無大小，渾是一團和氣，良心美腹，兒童走卒莫不信之。而簡澹自將，一切不染，一切不與。所不廢者，山水之樂而已。身没之日，累債數千金，即鬻其産不能償也，亦足以觀其概矣。

今其次公詣闕乞恩，弟欲爲一達諸輦上君子，稍酬生平。國士之遇，知己之感，獨恨去國且久，向來舊游既自寥寥，而新知又鮮，意中惟有瑶圃余丈而已。昨共丈商之，丈意亦然，計丈必有以通於瑶圃丈者，顧丈即爲一布區區，何如？

與李方伯孟白

聞已駐節江右矣。江右故稱善地，以其民習儉而士風樸，所在知學向方，爲當今宇内鄒、魯也。今得臺下表正於其間，興起當益衆矣。不肖所聞南昌有朱以功布衣，行修言道，慥慥君子也，足與章本清布衣頡頏後先，暇中可物色之否？

偶敝門人鮑上猶、際明便郵附此。

上猶向令閩之同安，以拘執取忤，今得在陶鑄之下，幸甚。

又家兄萬年令原成即起家貢途，其志略有足多者，儻可不負任使，均祈俯賜誨植，是亦所以爲地方計也。如何如何。

恃愛闌及，希亮。

復祈夷度駕部

不肖方爲世戮，獨不見棄於有道，數蒙貽問。臺下治行冠冕東南，僅得常調，識者方重爲扼腕，乃臺下且夷然處之，見謂可以自盡，真超出俗情萬萬。總之，直道久而自著，人心久而自明，區區固不足言。計浮雲世路，終不能爲日月蔽也，姑俟之耳。承賜龜山先生集刻道南一脈，頓覺生光，隨當公諸同志，在所爲報塞萬一者。謹此附復，并謝。

又

竊聞「仕優而學，學優而仕」，惟宦石城者兼之，則又聞「優者，從容暇豫」之意。誠能行所無事，日用動静，任其自如，即學即仕，即仕即學矣，何二之有？此臺下見在之實境也，敢以請正。如不肖，學不成學，仕不成仕，進退維谷，尤悔交叢。静言思之，時爲汗下，獨此一念，耿耿尚未死耳。惟臺下抉其膏肓而進之，幸甚！

簡高景逸[一]

大會告期，帖已次第發矣。昨小兒歸述教意，再爲弦所丈思之，此舉似不必過讓。蓋凡事須要認真，不可半上半下。弦所只是恐不知者疑其諂，知者譏其腐耳，無乃徇彼俗情，没我真性，况「諂」之一字，用之媚權附勢，則爲大惡；用之事賢友仁，則爲大美。今社中所合并，皆三益也，夫何嫌？至「腐」之一字，更是妙諦。昔有笑邵文莊磕者，文莊聞之，謝曰：「我如何當得這個字！」「腐」即「磕」之别名，文莊之所遜而避也，又何嫌？若曰書生不當上交四方先達，則弟聞王泰州以一竈丁，公然登壇唱法，上無嚴聖賢，下無嚴公卿，遂成一代偉人。至於今，但聞仰之誦之，不聞笑之訶之也，况今僅僅遞爲授餐之主而已耶！丈試以此再商諸弦所，何如？

[一] 此標題底本目録作「簡高景逸大行」，四庫本作「簡高景逸大行人」。

與郭明龍宗伯[一]

時局紛紛至此，不肖何敢知？第耿赤如吳興、金沙、荆溪諸君子，俱被以阿黨名，亦非不肖所敢知，翁以爲何如？沈繼老、李修老得翁爲知己便足千古，正復何恨？劉金吾與景逸書，真書也，并與不肖書録覽，其僞書未之見也。或謂原無僞書，金吾陰陽其説，爲遁身之計耳。果爾，其益不可知也。己杞憂滿腔，信是有言難盡，[二]所幸碩果不食，知天之未棄斯世斯民也，惟翁自愛。

復許中丞少微

計事一出，輿情翕然稱快，本之老兄之苦心勁力，特爲主持，曹、湯諸君子又相與密贊其間，而太宰公之平平，亦可見矣，豈非世道之福？不圖又有一番紛紛，老兄應疏，和平婉篤，誠不欲少露圭角，以滋争端，其慮甚遠。而説者頗以爲語意稍圓，君子

[一] 此標題底本目録作「與郭明龍少宗伯」。

[二] 「信是」，底本作「信信」，四庫本作「申申」，據崇禎本、光緒本改。

小人皆可通用，恐巧者且借爲口實濟其私。弟謂天若祚宋，必無此事，萬一有之，老兄自應明目張膽，直截説破，斷不令此輩影射也。蓋太宰此舉，不分人我，不執愛憎，真有古大臣之風，須得大力點出，醒一世之眼，平時恐嫌。上言德政之條，今因計事蒙忌，老兄與有一體之誼，言者又未嘗侵及老兄，正不嫌儘意發揮耳，如何如何。

恃道義之愛，有懷不敢不盡，未知可備採擇萬一否？惟裁之。

又

弟久已甘心守拙，況又以狂言招戾乎？老兄惓惓以弟爲念，是益弟之罪也，此後幸置之。但得青雲知己，盡展生平所謂「天地之用，皆我之用，何必功自己出」也。徹如，百折不回丈夫，世猶以惡口相加，老兄拉拭極力，感不獨在徹如矣。近養沖年兄携示尊札，又從徹如得見與太僕公書，極難題目，做出極好文字，不知何處更討個少微中丞來也？

與徐十洲侍御

歲序更新，時局如故，不知天下何時太平也？竊以爲自今以後，姑寧忍以待之，何如？語云：「瓜熟蒂落，水到渠成。」此言甚有味。計考選之命，必且旦夕下不遠，亦望吾丈盡舍葛藤，另開日月。蔡虚齋先生曰：「居今之世，有許多當避嫌處，不可便以聖賢自處。」敢并爲吾丈誦之。

又

時局至此，猶有諸賢代興，揭日月於中天，此天之未棄斯世也。然亦岌岌矣，不知究竟何如耳。要以論是非，不論勝負；論曲直，不論利鈍，即在我有餘裕矣，他何問哉？近來又慣用離間之術，始者别淮上於東林，今且别金沙於江夏矣。言者不見江夏公妖書記事始末乎？將無汗流浹背也？意渠輩别有機彀耳，可一一見示否？馬徵君之行附此。徵君表裏粹然，弟之畏友也。

與友人

今日議論紛紜，誠若冰炭然。乃不肖從旁静觀，大都起於意見之岐，而成於意氣之激耳。若有大君子焉，於中從容調劑，各各成就其是，而因使各各反求其所未至，安知不漸次融融歸於大同？如此，即兩下精神俱爲國家用，而不爲争區區之門面用，乃旋轉第一大機，而世道第一快事也。

恃道義之愛，漫布其愚，不識可否？惟高明裁而教之。

與伍容菴

讀平居録，種種悉自萬物一體上念頭流來，所獻忠告一二，亦蒙垂納，蓋丈之虚懷如此，因是復貪獻其愚。丈猶不知李修吾中丞爲真正豪傑乎？前與丈道之甚悉，畢竟還留渣滓於胸中，有未化在，丈試思今日之域中，善類猶有所憑恃者誰？群小猶有所忌憚者誰？惟此公一人而已耳。輦上君子所日夕眈眈而側目者誰？亦惟此公一人而已耳。録中云云，得無滅君子之威風，長小人之鋭氣，爲忌口藉兵而齎糧乎？此於世道大有干涉，在中丞則毫無加損也。且使世有乞憐李修吾，則亦應有竊食顔回、殺人曾參矣，得無來孟氏好事之譏乎？此又於丈大有干涉，在中丞則毫無加損也，如何如何。至於吴徹如之被排擯，五分是苦心所招，五分是熱心所招，律以「觀過知仁」之案可矣。若彼一班人既以黨同伐異之私交擠之於外，我一班人又以吹毛索瘢之意苛求之於内，即徹如此出，但杜門守默，如啞如聾，坐取高官大禄，不亦善乎？

又何以爲徹如也?丈其謂何?弟受丈道義之愛,不敢有懷而不言,仰丈翕受之度,不能有言而不盡,若乃黨一相知,罔一相知,即弟亦不敢也,亦不能也。

伏乞裁教。

又

承賜續集,疾讀一過,種種有關世教之言不勝悚服。比仔細檢點,亦不無一二可商量處,大都先入之見難主,一邊之説難憑,願更虚其衷而參之。恃愛放言,儻丈不我嗔,尚俟異日面罄所疑耳。如何如何。

又

向不揣漫效其狂,不審可備採擇萬一否?竊見長安議論喧囂,門户角立,甲以乙爲邪,乙亦以甲爲邪;甲以乙爲黨,乙亦以甲爲黨,異矣!始以君子攻小人,繼以君子附小人;始以小人攻君子,終以君子攻君子,又異矣!是故其端紛不可詰,其究牢不可破。長此不已,其釀禍流毒,有不可勝言者矣。

乃弟從旁徐觀,亦只是始於意見之岐,而成於意氣之激已耳,要未始不可轉而移、聯而合也。誠欲爲之轉而移、聯而合，蓋有道焉，其道惟何？曰在局内者，宜置身局外，以虚心居之，乃可以盡己之性；在局外者，宜設身局内，以公心裁之，乃可以盡人之性。何言乎虚也？各各就己分上求，不就人分上求也；各各就獨見獨知處争慊，不就共見共知處争勝也，則虚矣。何言乎公也？是曰是，非曰非，不爲模稜也；是而知其非，非而知其是，不爲偏執也，則公矣。夫如是，將意見不期融而自融矣，何所容其歧？將意氣不期平而自平矣，何所容其激？其於國家尚亦有利哉！此弟之所爲痞瘵反側，叩天而祈者也。

若乃自責則輕以約，責人則重以周。所愛則見瑜而不見瑕，甚且并其瑕而瑜之，跖可爲夷；所憎則見瑕而不見瑜，甚且并其瑜而瑕之，夷可爲跖。門户不已而藩籬，藩籬不已而干戈。在事之人既然，持議之人亦然。如水濟水，益揚其波；如火濟火，益煽其焰。是化君子而小人，化一家而敵國也，豈不可惜？是舉百年有限光陰，盡用之於相争相競，而不用之於相補相救也；是舉兩下有限精神，盡爲各人區區之體面用，而不爲君父赫赫之宗社生靈用也，豈不又可惜？此弟之所爲彷徨四顧，仰天而嗚嗚者也。用敢再瀝底裏，就丈而求正焉，丈其憫而收之耶？竊亦可自信其不謬矣，幸甚！抑曰有是哉，子之迂也，其麾而吐之耶？丈必有以進我矣，亦幸甚！

敬洗心以俟。

又

諦閲前後大集，諸所品題大都論古事所得常多，論今事似較不如，何也？古有成案，今未必一一有成案也。即論今事，戊申以前所得常多，戊申以後似較不如，何也？前無成心，後未必一一無成心也。

書既具，忽復得此數語，并以請正，誠知煩聒，一則以爲此天地間公共事，非我兩人事，無嫌異同；一則以爲不有益於丈，必有益於弟耳。如何如何。

與鄒南皋[一]

世之詆訿李漕撫者無論已，近見伍容菴貽安堂續集，内有曰：「數年前，南皋嘗以『内多欲而外施仁義』刺漕撫。」今輿論皆謂能識漕撫者，惟南皋與予最先云，不覺失笑。老兄之於漕撫何如？而肯爲是言，意必有假托，以欺容菴者耳。容菴自是君

[一] 此標題底本目録作「與吉水鄒南皋」。

子，只見處不無偏執，其於漕撫真有如秦人之於晉，望見八公山草木皆兵者，甚而并曹貞予、朱玉槎二君子，亦用商鞅連坐之律，過矣。況今且援老兄爲徵天下，縱有不信，容菴必不能不信老兄，故願老兄出一言正之，以解世人之惑。夫非獨解世人之惑也，即容菴能不信漕撫，度不能不信老兄，誠得老兄一言，憬然有省，翻然掃其偏執之見，歸之蕩平，其所成就當益不小。老兄愛人以德計，亦不肯默默聽其受人之欺也。

答友人

時局紛紜，千態萬狀，誠有如來諭所浩嘆者。反覆推求，非惟人事相激，殆亦氣運使然。制馭之機莫知所出，姑言其臆，似宜平而劑之。大都在急於主張獨是，不必急於抉摘衆非；在急於聯屬同心，不必急於剪除異類。要使彼之有以自容，而於我無所致其毒，久之將漸漸消釋耳。故獨是伸，則衆非自詘；同心盛，則異類自衰，斯亦不抉摘之抉摘，不剪除之剪除也。

仰承虛懷，不敢自外冒昧披請，其可其否，惟台臺裁之。

與姜景尼[1]

向見東林「辨誣説」，私心異之；今見邵、姜問答，則益異焉，不知景尼何苦而爲此紛紛也？且李漕撫之陷多口，數年於此矣，絶未聞有猜及景尼者。乃今突發一難，曰：「於我何與？」明是尋敵討對之辭。至曰：「即今授計江南，禍方四起。」又若不勝其戒心然者。竊恐吴、越之士，有以窺景尼也。宣師有之：「君子内省不疚，夫何憂何懼！」吾儕盍姑内省乎？是故不疚於天地，則天地庇之；不疚於祖宗，則祖宗庇之；不疚於父母，則父母庇之；不疚於兄弟，則兄弟庇之；不疚於宗族，則宗族庇之；不疚於鄉黨，則鄉黨庇之；不疚於朋友，則朋友庇之。於憂懼乎何有？脱或不然，即衽席之上，户庭之内，在在可憂可懼，豈必荆軻、聶政能爲孽哉？景尼曰：「於我何與？」愚則曰：「於人何與？」體究到此，能不悚然？

追憶去歲四月過苫次握手云云，頻行，連聲叮嚀曰：「聽我，聽我。」景尼聞之，不覺淚下。此情此景，脈脈如在，還記得否？

① 此篇崇禎本無。

又往者，上閣銓書，通國爲譁，愚只以「自反」二字結案，個中殊有種種苦心，景尼直認作懺悔語，尚隔一膜。在今，於景尼前後二刻，亦願以此二字進。若果信得過，却真是景尼懺悔語也。儻係景尼過疑而刻此，去歲四月至七月面言，害我好友李某者三，亦不得自諱，如何如何。

友道彫喪，我思古人，輒瀝肺肝，用附於忠告之誼。知我罪我，惟高明裁之。

復段幻然給諫

密揭一疏，功在社稷，九廟之靈，實式臨之。天王聖明，其中一副精神，當有潛孚默契，超於聲色之表者。讀別諭，僕亦竊窺其微矣。珍重珍重。

方今昌言滿朝，公道昭明，皎如星日，此向來所鮮覯。當軸君子，采其灼然者，亟與施行，其在兩可之間者，則稍從容以俟論定，真世道之福也。門下以爲何如？恃愛僭及，伏惟崇亮。

與李漕撫修吾

足下嘗謂「富貴功名，都如夢幻」。乃有好古董一癖，何也？此以視求田問舍則有間矣，其爲累等也，且所謂古董者，在我而已。我能做百年的勾當，便是百年的古董；我能做千年的勾當，便是千年的古董；我能做萬年的勾當，便是萬年的古董。彼世之所謂古董，何爲哉？一落形器，天地且不免有時彫毀，而況其他乎？亦可啞然一笑矣。高明以爲何如？

又

近頗有所聞，殊爲足下危之，君子盡其在我而已。事變之來，本不當一一預計，然而在我者，實未易盡也。竊見足下任事太勇，忤時太深，疾惡太嚴，行法太果，分別太明。兼之轄及七省，酬應太煩，延接太泛，而又信心太過，口語太直，禮貌太簡，形跡太略。固知前後左右，在在俱有伏戎，亦恐嚬笑，興居種種可爲罪案，檢點消融，得不加之意乎？先正云：「真正英雄，必從戰戰兢兢中來。」業爲足下屢誦之矣。此今日端本澄源第一義，此所謂盡其在我者也。珍重珍重！

又

足下可以去矣，不可以留矣；去也可以速矣，不可以緩矣。前此猶曰「漕事未竟也」，今糧艘過淮矣，又過洪矣，於此時而浩然報主之忠，潔身之義，見幾之勇，用意之厚，一舉而兼得焉，不亦善乎？若曰徑去，非大臣體也，吾且待之，恐非所論於今日也。足下不見之乎？齊人餽女樂，季桓子受之，三日不朝，孔子行矣，亦曾有所待否乎？久知足下此意已決，敢以一言勸駕，萬勿牽於二三之説，誤落頑鈍局中也。

答郭明龍少宗伯

狂言一出，通國爲譁，方在猛省，忽拜手教，謬辱印可，且曰：「三書皆從一片虚明中流出。」讀之且愧且悚，何敢當也！已，退而思之，竊亦自幸，庶幾無重獲罪於有道焉。虞仲翔云：「天下有一人知己，足以不恨。」聶文蔚云：「與其盡信於天下，不若真信於一人。」恰道着鄙人今日意中事，顧誠不知何修，可以副明德萬分一耳。儻翁始終不棄，惠而加鞭，敢不夙夜請事。

答高邑趙儕鶴

頃方屬比鴻郵致一椷，爲道甫質，且以自質也，尚未知到否？而梁別駕携示手教，業已先得弟之同然矣。大都道甫倜儻自喜，間不無稍疏，要以内無包裹，外無遮蓋，使人人得而視且指之，益見道甫真色。是則其受病處亦正其好處也，奈何反從而文致之曰貪？弟生平持議，絶不敢執拗，今幸得老兄印正，庶幾可以自信矣。惟是老兄於弟分上奬借太溢，却又令人驚愧不敢當耳，如何如何。

道甫去志久決，特疑不待旨而徑去，非大臣體，即同志中亦頗有持是見者，以故遂落遲局。今移節徐州，去形已成，計可不至再濡滯耳。

復吴安節太僕

頃有奏記於閣銓二老，通國爲譁，不意謬承許可，且曰：「一腔心事，如青天白日。」不特相知者見信而已，所以慰撫不肖，何懇而至！至謂一切宜聽公評，不必與人較曲直，又何愛不肖以德也！感切感切！

乃不肖後先從邸報得讀南北諸君子疏，非惟不敢與較曲直也，且有爲之躍然以喜焉者矣，何喜也？喜聞過也。又有爲之赧然以耻焉者矣，何耻也？耻溢美也。又有爲之悚然以懼焉者矣，何懼也？懼滋競也。又有爲之愀然以憂焉者矣，何憂也？憂激禍也。然則凡曲直我者，皆提策我者也；凡提策我者，皆玉成我者也。尚不知何修可以副德意之萬分一，而何較哉？苟知己之誼，輒剖肝膈以對，[一]惟翁始終不鄙，惠而加鞭，幸甚！

與吴懷野光禄

不肖弟一生鹵莽，積下無限罪戾，至近歲始發，此天之大震動我也，敢不順受？敢不痛自儆惕？漫成孤負。乃老兄慨然發憤，不憚盡言昭雪，此又天之大寬假我也，敢不只承？敢不益自鞭策？竟成墮落。至爲弟任過，而曰去歲救李淮撫書，委是出位，隨爲弟懺過，而亦悔且恨，重自懲無復通書於都下，其所以委曲而成全之者，益不勝苦心之至矣。不肖方切感佩，夫復何言？惟是硜硜之愚，尚有欲就正者。士屈於不知己，而伸於知己，試傾瀝以請，可乎？

蓋不肖之救淮撫，其説有二：

夫任事之難久矣，漕撫當風波洶湧之時，毅然出而挺身擔荷，至於外犯權相，内犯權閹，死生禍福，係之呼吸，並不少顧。既歷無限崎嶇，幸而事定，旁觀者遂群起而

[一]「肝膈」，底本、崇禎本作「干鬲」，據四庫本、光緒本改。後同。

求，多吹索抨彈，不遺餘力，又受無限摧挫。始藉其力以紓患，卒致其罪以快讎，不亦傷乎？漕撫嘗簡不肖曰：「吾輩只合有事方出來，無事便歸。」痛哉斯言！堪令千古英雄流涕，不肖獨何心而忍默默？此一説也。

至世之號爲朋友者，方其從容無事，把手捉膝，指白日而盟丹衷，幾乎七尺可委，九死可要矣，一何壯也！不幸一旦有事，往往掉臂而去之，無異路人，甚者從而下石矣，又何悖也！不肖誠中心痛之耻之，故淮撫之蒙議，明知其必不能勝多口也，明知狂言一出，必且更滋多口也，夫亦曰「聊以盡此一念」而已。此又一説也。

夫如是，即冒出位之罪，所不辭也，奚而悔且恨？第於此有應自反處耳，何也？淮撫大節卓然，而細行不無疏闊，自是豪傑之品，當時一併道破，正見淮撫本來面目，庸何傷？徒以爲論人者當取其大而略其小，遂不無微顯於其間，種種推敲，都從此起耳。不肖之所宜自反，一也。

凡天下之争，皆生於激。始不肖有感於人之求淮撫者太甚，激而有上閣銓書。書上，而求淮撫者彌甚，是又不肖有以激之也。程伯子曰：「新法之行，吾黨亦有過焉，豈可獨罪安石？」每誦斯言，便爲心癢。不肖之所宜自反，二也。

此意曾與所知及之，蓋誠覺吾言之未盡，反有累於淮撫，以是不滿其本心，一似悔且恨然，則固有之；若懼人言之見咎，反有尤於淮撫，以是自背其初心，至於悔且恨，則未有也。度老兄必已校勘及此矣，乃不肖爲言者設身處地，則亦有宜自反者，蓋今之議淮撫，連篇累牘，不可殫記，一言以蔽之曰貪。及問其所以爲貪狀，類涉影響，未有的然可據也。求其的然可據，則兩言以概之，一曰甲第連雲，店肆鱗比，以爲非貪，何以獲此云爾？一曰地方怨咨，指日偕喪，以爲非貪，何以致此云爾？徐而按之，然耶？不然耶？

淮撫舊居燕中，今現居張家灣，南北縉紳往來所必由，始亦多信人言爲實，及是過而閲焉，輒爲啞然而笑曰：「何圖阿房、郿塢僅僅若此？〔二〕」又曰：「惜不令王考功見之，即見之，亦必啞然而笑也。」何耶？豈漕撫之智能化有爲無耶？抑負而藏之天上，埋之地下耶？愚不得而解也。若淮、揚數千里間，其於漕撫又無不家尸户祝矣。吾且不必論其在淮之日，而但論其去淮之日，彼其老幼提携，填街塞巷，擁輿不得行，已而相與頂輿號泣，一步一籲，比抵舟，又夾兩岸號泣，奪纜不得行，何爲者耶？吾又不專論其去淮之初，而并論其去淮之後，彼其聚族而爲之祠，摩肩接踵，熙熙子來，不

〔二〕「郿塢」，底本、崇禎本、光緒本均作「堳塢」，據四庫本改。按，東漢初平三年，董卓筑塢於郿，史稱「郿塢」。

日而成，遂聚族而爲之肖像其中，朝夕走拜於其下不絶，何爲者耶？跡貴人排擊之口，則貽毒地方者，無如此淮撫，惟恨其不去；跡細民稱誦之口，則造福地方者，又無如此淮撫，惟恨其不留。兩下物情相反爾爾，其亦異矣，愚又不得而解也。

嗟嗟，此二端者，其爲有目所共見，有耳所共聞，尤非他比，而猶顛倒失真至是，況於不見不聞者耶？夫安知不有枉誤於其間哉？獨計誣及於不見不聞，則曖昧而難明，雖百口何以自解？誣及於共見共聞，則昭灼而易見，苟非與淮撫有夙業，及偏見固執，物而不化，試稍加察焉，未必不恍然自悟其言之過與告者之過耳。不審言者於此，亦曾一轉念否乎？然而爲漕撫設身處地，則尤有宜自反者。

大都議論之興，無問虚實，必有所緣。貝錦之成，緣萋菲也；明珠之載，緣薏苡也。然則漕撫可以思矣，是故非博大，則揮霍之説從何而來？非揮霍，則跅弛之説從何而來？非跅弛，則貪之説從何而來？就如稽之几、項之鼎，苟非有好古董之癖，則其説亦何從而來？是安得一一歸咎於人也？

不肖嘗簡淮撫曰：「吾輩當毁譽之交，固不可不自信，亦不可不自反。不自信，胸中安得有一片清涼界？不自反，向上安得有百尺竿頭步？願與足下共勉之。」又曰：「君子格人欲恕，格己欲嚴，舍其長而求其短，不恕之過也；天下有任其責者矣，恃其長而忽其短，不嚴之過也。足下其何辭？」至不肖與淮撫處，又有操縱之微權焉。當其遭讒遘譏，則所重在昭雪，不嫌特就長一邊表揚；當其安常履順，則所重在切磋，不憚特就短一邊補救。惟淮撫亦有概於中，直直自認個俠氣，可謂不自瞞。又曰：「數承見勖，敢不書紳？」可謂不自棄。無奈熟處難忘，尚未能盡脱得生平伎倆耳。要之，始終不失其爲豪傑也。

嗟乎！人莫不有我也，與其人人只認得我，各執自家一個是，不若人人丢却我，各反自家一個不是也；與其人人各務相上而求勝，不若人人各務相下而求慊也。是故淮撫而知此，則能動心忍性，合異同之見而收其益，究也可以消謗，而不至於滋謗；攻淮撫與救淮撫者而知此，則能平心易氣，撤異同之障而用其中，究也可以息争，而不至於導争。此自反一言，實區區蒭蕘之見，芹曝之懷，昔以獻於朝，而今更以私質於高明也，惟老兄裁而正之。言念高誼，不勝耿耿，輒此鳴謝，并攄肝膈，統乞炤原，幸甚！

請修復東林書院公啓①

敬啓。有宋龜山楊先生受業兩程夫子，載道而南，一時學者翕然從之，尊爲正宗。考錫乘，先生嘗講學是邑有十八年，建有東林書院，歲久旁落，爲東林菴，而書院廢矣。

迨嘉靖初，先達文莊邵公率其門人比部補菴華公，就菴之右方葺祠堂三楹，以祀先生，王文成爲記。距今曾幾何時，倏已鞠爲草莽，而祠堂又廢矣。

行道過之，俯仰顧盼，咸爲喟然嘆息，徘徊不能去。某等僭不自量，欲相與共圖修復，懷諸中心，蓋已有年，未敢率爾。且念祠堂以崇先哲之懿範，則道脈繫焉；書院以廣友朋之麗澤，則學脈繫焉。非藉寵靈，不足以樹風聲而垂永永也。

會庠友馬希尹等合呈上請，乃敢拜手颺言曰：「先生之道，其源遠矣，其流長矣，及門之樂育，既多過化之，餘風未泯。而今而往，有能紹述遺訓，如當年之在東，一傳而爲喻工部，再傳而爲尤文簡，三傳而爲李簡肅、蔣忠文，無墜道南之一綫者乎？是

① 此篇底本、四庫本、光緒本均無，據崇禎本卷五補。

惟先生之賜。而今而往，有能冥契心宗，如當年之在劍南，一傳而爲羅豫章，再傳而爲李延平，三傳而爲朱考亭，直接周、程之正統者乎？亦惟先生之賜，其大有造於吾錫何如也！此憲等之所以仰追明德，特爲台臺懇也。台臺主盟斯文，凡在瞻聽，靡不喁喁屬耳目焉。幸得亟允所請，嘉與施行。上之表章正學，焕發幽光，儼爾儀刑之如在；下之開示周行，振起來學，昭然向往之有歸。不腆九峰、二泉之間，行將坐收濂、洛、關、閩之勝，其大有造於吾錫又何如也！此某等之所以仰承至意，重爲台臺願也。」

謹布腹心，惟執事命之。臨楲無任，懸企之至。

東高景逸

足下行矣，何以爲足下贈？涉世之難，非一日矣。譬諸行路者然，東西南北，俄而易面，不自覺也，惟善學者，却於不自覺之時常唤醒耳。

又

前得來教，甚喜。喜足下之立志彌堅，庶幾於不變塞之强也。頃得榮選之報，又甚喜喜。內任之官，惟此得以習四方之故，周練民情，旁閲物變，而進其識也，足下勉之。

弟今者誠不意再忝故曹殊常之遇，可憂可懼，將來不知何所稱塞？足下愛我，甚至誨我甚篤，切偲之誼，宇宙寥寥，今乃得之足下，真弟之幸也。嗣後有概於中，願不靳指示，無若今人之逡巡。萬萬！

又

知人實難，耳目易混，一毫有誤，便涉誣枉終身之歉。丈晤玄室，試問而參之合否，何如？有不合者，望見示也。

朔風多厲，百凡珍重。日月儘寬，無須汲汲，且到處從容問俗觀風，便到處受益，塗次見聞，一切寄示，萬萬！

又

古之游者，莫善於孔子，所至非特同聲同氣相應相求而已，即如沮溺丈人之流，亦皆曲爲接引，不忍其鳥獸同群，此天下一家，中國一人之至仁也。其次莫善於季札，所至各傾其國之賢者，相與上下論説，而規飭警厲，備極懇篤，班荆傾蓋，誼結千古，令人至今有餘思焉。若夫子長之徒，僅僅以其文辭而已焉者，淺之乎其爲游矣！知足下之於一聖一賢有合也，可得而示其概乎？望之望之！

又

邇來清論方張，[一]私心方以爲太平之兆，忽然有此，惋恨何已，默默點檢，吾輩亦自有失着處，然而未易言也。總之，朝講廢曠，一切章奏微有關涉，輒格不下，此中機緘，九閽萬里，禍形已成，莫可救藥。執政大臣視國家事如兒戲，將來何所底止？獨恃九廟之靈而已，初謂覆車在前且甚近，後車必戒，不謂諸君竟公然訟諸言者，無復顧忌。嗚鳳走犬，形一定而不移，人心無常，忽堯忽跖，可畏哉！弟之去就，尚未有定畫，璞齋謂必不可不歸，玄臺謂必不可不留，兩説孰確？願爲弟熟慮之。當局旁觀，自有明暗耳。

[一]「邇來」，底本、光緒本作「通來」，據崇禎本、四庫本改。

又

啓新、景陽、如菴、慎所自是一時之秀，且相望不出二三百里間，何異一堂卷石？想已赴江右，其尊人安節侍御，意趣甚佳。姑蘇管東老畢竟有超拔之韻，君子友天下之善士，況於一鄉，願無失之。又如王國博少湖慥慥篤行，崑峰張可菴耿介遠俗，我吳儘多君子，若能聯屬爲一，相牽相引，接天地之善脈於無窮，豈非大勝事哉！丈以爲何如？

又

知足下之念我也，賤體即小可，而機緘尚在，往來之間，未有所定。今亦無可如何，惟有如來教所謂凝神茹淡，寧忍以俟天和耳。足下云：「學問須從枯槁寂寞，經一番死後方得活。」又云：「勿以寂滯爲慮，勉爲發揚。」皆至言也，弟一一佩服，異時或有以相證耳。

近看朱先生集，何如？此老一念入真，便與天地同符。曾記薛玄臺爲弟語及明道、晦菴二先生，弟曰：「畢竟朱先生，假不得。」丈以爲何如？

又

玉池書來，志意懇懇，信如丈所許，喜之不勝。玉池又云：「許敬老及周海門相與論正『無善無惡』之説，都在丈處，乞發一覽。」此向者學者腹心之疾，而於今尤極其横流者也。

又

丈所示種種正論也，天地之大德曰生。吾人畢竟以生爲本，然形形色色各有本分，亦只得聽其自然，何容强得？八佾歌雍，孔子只嘆得一口氣，無能爲也。但當以此自警策，日嚴日密，異時不使人得檢點得我，乃實受益處耳。

又

昨日之晤甚快，此理儘自分明，更何可疑？只在我之所以參證之者，不可少有遺憾。使異端曲説得乘其間，此學之不講，聖人以爲憂也。願與丈共勉之。

又

鄒大澤近作尚行書院，甚可敬。弟素有此一念，畢竟不免自暴自棄。數年來，一病遂灰，然耿耿時不忘。前欲問勝龍山，蓋以此要之，此真丈事也。日下當求面商耳。

又[①]

東林之舉亦既如之何？建造之吉定於十一日，向所商定，並無可疑。蓋官作必至煩民，非吾輩所安。舍弟且即到城，兄當偕謁令公面謝之并告之。

又

會規裁定甚佳。「拙法」二字更是一篇綱領，寄意遠矣。

① 此篇底本、四庫本、光緒本均無，據崇禎本卷五補。

又

大率此會雖不可濫，畢竟以寬大爲主，不可輕開異同之藩。前頻行所擬尊見，已得之矣，更不須疑也。

又

乾、坤之後，繼之以屯，[一]混闢之交，必有一番大險阻，然後震動竦烈，猛起精神，交磨互淬，做出無限事業。夏、商以來，凡有國者莫不如此，此意甚深長可味。東林之興，於時正當草昧，借彼無良，爲我師保，未必非天之有意於吾儕也。如何如何。

又

弟意以爲，此後講義不必拘定做成一篇，只隨意説幾句，亦不必一一章中句句説盡。不知是否，并乞酌定。

[一]「屯」，底本、光緒本作「此」，據崇禎本、四庫本改。按周易中屯卦緊承乾、坤。

又

先賢祠之會，終須一舉，無論其他，即歐陽公一段意思，吾輩亦不可漫然也，試商諸啓新，何如？

又

平泉先生八集奉完讀，其文寬夷平衍，常有餘地，兼包五福，良亦非偶然也。

又

往李克菴曾謂弟云：「邪説害道昭昭，何故人競趨之？」弟曰：「道則害矣，而人則利，此其所以牢不可破也。」今看來真是如此。奈何奈何。

又

李卓吾大抵是人之非，非人之是，又以成敗爲是非而已，學術到此，真成塗炭，惟有仰屋竊嘆而已！如何如何。

又

昨聞本孺有疏，不覺喜而欲狂，此正爲天地贊化育事，而又出於吾邑，又出於吾黨，尤不勝私喜耳。

又

徹如此行，得一面商爲妥。蓋爲今日計，一則持議欲平，一則只在明己之是，不必闢人之非。高明以爲何如？

又

長安口眼爾爾，真食肉者之智也。在吾輩只有密密自檢而已，未可以説我不着而忽之也。如何如何。

又

吾輩持濂、洛、關、閩之清議，不持顧、厨、俊、及之清議也。

又

大會只照舊爲妥，世局無常，吾道有常，豈得以彼婦之口，遽易吾常，作小家相哉？

又

人心不甚相遠，何以紛紛至是？吾輩得無亦有偏執而不自知否？幸相與再入思慮一番，何如？

又

沈繼老來問金吾書，此書當是金吾自以爲功，所在傳播，幸此中清論，即已寓書内矣。

與史玉池[一]

方本菴先生真老成典刑，足爲此時砥柱，可見天下未嘗無人也。其所刻心學宗，欲得置之公所，足下即移之明道書院中，何如？

繼山先生竟即世云亡之痛，海内同之，在吾輩尤切耳。仲冬之會，想得過晤。種種不盡。

又

時議葛藤，時情荆棘，梅長公致思於江陵，其言可痛，僕則更念五臺、漸菴二老，以爲當此時，應有一番妙用。蓋五臺大，漸菴細也。如何如何。

去歲大會，欲刻會語，尚覺寥寥，際明此來可補之。告期帖須托徹如寄奉，想爲

[一] 此標題底本目録作「與史際明計三通」，正文僅分三段以應「三通」，而不似他篇成例以「又」爲題分篇。此篇據底本分段釐爲三篇，又據成例及崇禎本、光緒本爲後二篇補題「又」。四庫本則將前二篇移至本卷復錢抑之書後，首篇題「與史玉池書」，次篇題「又」。

分致諸兄矣。

又[二]

四明公大勢難久，歸德公聞，又不大當於聖心，個中消息當作何結果？愚意以爲歸德公真真君子，此一腔至誠，便須格鬼神，徹金石。聖明淵淵，殆未可測也。如何如何。

八月之會，當在十一日仲丁，始得一過否？

分關家訓①

書不云乎：「罔曰弗克，惟既厥心；罔曰民寡，惟慎厥事。」今將以汝父所遺爲厚耶？不過如此耳。將以汝父所遺爲薄耶？亦已如此矣。既心慎事，庸得無兢兢乎？汝又不聞恒言乎曰：「做人家夫，不但曰做家，而必曰做人家。」何也？做人乃所以做

[二] 此標題四庫本作「又與史玉池書」。

① 此篇底本無，據無錫博物院藏分關家訓補録。朱文傑東林書院叢談（方志出版社，二〇一三年版）有此件照片。

家也。何謂做人？孝於親，友於兄弟，以刑於妻子，而惠於僮僕，庶幾成壹個人家矣。不此之務，而徒營營焉，計有無，競多寡，甚者骨肉之間亦較錙銖而分爾汝，觸目藩籬，填胸荆棘，人之不存，家於何附？試看汝父做人者乎？做家者乎？清規不遠，嚴君嚴師，可不念哉？可不念哉？

萬曆辛亥年柒月初肆日之吉。

三伯父涇陽書，付與演。

北房三伯父涇漁。

四叔父涇逸。

表叔錢道越。①

示淳兒帖②

凡爲父兄的，莫不愛其子；凡愛其子弟的，莫不願其讀書進取。目今府縣考童

---

① 「涇漁」「涇逸」「錢道越」下均有花押。
② 此篇底本、四庫本、光緒本均無，據崇禎本卷五補。

生，汝弟方病殤，度未能赴，且年尚幼，正何須着急。汝則長矣，往年又曾經考過來，而今豈能不重？以得失爲念，然吾終始不欲以汝姓名一聞於主者，非恝然於汝也，汝質儘可望進步，吾又非棄汝而不屑也，吾自有說耳。

何以言之？

就義理上看，男兒七尺之軀，頂天立地，如何向人開口道個「求」字？孟夫子「齊人」一章便是這個字的行狀。至今讀之，尚爲汗顔，不可作等閑認也。

就命上看，人生窮通利鈍，即墮地一刻都已定下，如何增損得些子？眼前熙熙攘攘，赴童生試的，那個不要做秀才？赴秀才試的，那個不要做舉人？赴舉人試的，那個不要做進士？到底有個數在，若是貴的可以勢求，富的可以力求，那不會求的便没有分，造化亦炎涼矣。

就我分上看，我本薄劣，無尺寸之長，賴天之佑、祖父之庇，幸博一第，再仕再不效，有丘山之罪，猶然暖衣飽食，安享太平。在昔大聖大賢，往往厄窮以老，甚而有囚有竄，流離顛沛，不能自存者，我何人？斯不啻過分矣，更爲汝干進耶？是無厭也。

就汝分上看，但在汝自家志向何如？若肯刻苦讀書，到得功夫透徹，連舉人進士也自不難，何有於一秀才？若又肯尋向上去，要做個人，即如吴康齋、胡敬齋兩先生，只是個布衣，都成了大儒，至今説起兩先生，誰不敬慕？連舉人進士也無用處，何有於一秀才？汝試於此繹而思之，余其恝然於汝也耶？抑愛汝以德也耶？余其棄汝而不屑也耶？抑玉汝而進遠且大也耶？此意本欲待汝自悟，恐汝究竟不察，謬生疑沮，不得不分明道破。汝能識得，省多少閒心腸，省多少閒氣力，省多少閒悲喜，便是一生真受用也。

記之記之！無令吾言爲伯魯之簡！

顧憲成全集卷五十一

涇皋藏稿六

序

朱子節要序

昔朱子與東萊吕子會於寒泉精舍，相與讀周子、程子、張子之書，嘆其廣大閎博，若無津涯，而懼初學者不知所入，因共掇其要爲一編，分十四卷，名曰近思録。友人高雲從讀而珍之，以爲四先生之後，能繼其道，發明而光大之者，無如朱子。亦取朱子全書，掇其要爲一編，分十四卷，悉準近思録之例，不敢擬於近思録也，而題之曰節要。間以示予，予受而卒業焉，爲之喟然太息。

世之言朱子者鮮矣，彼其意皆不滿於朱子也。予竊疑之，非不滿也，殆不便也，何者？世好奇，朱子以平，平則一毫播弄不得，高明者遏於無所逞而厭之；世好圓，朱子以方，方則一毫假借不得，曠達者苦於有所束而憚之，故不便也。以其不便也，於是乎從而爲之辭。吾以爲平，彼以爲凡爲陋，若曰：「夫豈誠有厭焉，不肯俯而襲，惜其傷於卑耳。」吾以爲方，彼以爲矯爲亢，若曰：「夫豈誠有憚焉，不能仰而模，惜其傷於高耳。」故不滿也。

内懷不便之實，外著不滿之形。不便之實根深蒂固，而不滿之形遂成而不可解，宜乎世之言朱子者鮮矣。乃雲從之於朱子，懇懇如是，且謂：「學者不知朱子，必不知孔子。」抑何信之深也！非其超然獨立，不受變於流俗，夫孰得而幾之乎？此余之所以喟然太息也。然則朱子，其孔子乎？曰「孔子依乎中庸，遯世不見知而不悔」，平之至也；「十五而志學，七十而從心不踰矩」，方之至也。朱子希孔子者也，是故論造詣，顏、孟猶有歉焉；論血脈，朱子依然孔子也。雲從之爲是編，正欲人認取血脈耳。血脈誠真，隨其所至，大以成大，小以成小，皆可以得孔子之門而入。倘不其然，即有殊能絶識，超朱子而上，去孔子彌遠，雲從弗屑也。讀者以是求之，斯得之矣。

朱子二大辨序

昔朱子有曰：「海内學術之弊，不過兩説：江西頓悟，永康事功。若不竭力明辨，此道無由得明。」予弟季時讀其言，憮然有感，遂取其所與象山、龍川兩先生往復數書，輯而行之，名曰朱子二大辨。諸有與兩説互發者，亦附録焉。而謂予曰：「惟今日學術之弊亦然，第昔也「頓悟」「事功」分而爲二，今也并而爲一，其害更不可言耳。不知朱子而在，又何以爲計？」予曰：「難哉！必也其反經乎？」已而，曰：「亦須擣其窠巢始得。」季時曰：「何言乎窠巢？」予曰：「即邇時論性家所愛舉揚『無善無惡』四字是也。此四字是最玄語，是最巧語，又是最險語。」季時曰：「願聞其説。」

予曰：「謂人之心原自無善無惡也，本體只是一空；謂無善無惡惟在心之不着於有也，善惡必至兩混。空則一切掃蕩，其所據之境界爲甚超，故玄也，世之談頓悟者，大率由此入耳；混則一切包裹，其所開之門户爲甚寬，故巧也，世之談事功者，大率由此出耳。玄則握機自巧，巧則轉機益玄。其法上之可以張皇幽渺，而影附於至道；下之可以徼名徼利，而曲濟其無忌憚之私，故險也。世之浮游於兩端之中，而内以欺己，外以欺人者，大率就此播弄耳。試與勘破，無論其分而爲二者，一高一下，人得共指而共視之，無從逃匿，即其并而爲一者，亦見首尾衡決，涣然披離，無從湊泊矣，何者？奪其所恃也。然則朱子而在，其所爲今日計，亦可知已。」

季時曰：「人言象山禪學也，龍川伯學也，信乎？」曰：「聞諸朱子南渡以來，八字着脚，理會着實功夫者，惟予與子静二人，何敢目之曰禪？惟其見太捷，持論太高，推極末流之弊，恐究竟不免使人墮入漭蕩中。龍川自負一世英雄，其與朱子書稱『天、地、人爲「三才」，人生只要做個人』，立意皎然，何敢目之曰霸？惟其才太露，行徑太奇，推原發端之地，恐合下便已渾身倒入功利中。況象山言『惡能害心，善亦能害心』，豈非即吾之所謂空？而龍川義利雙行，王霸並用，上下三代、唐、漢之間，欲攬金銀銅鐵，鎔爲一器，豈非即吾之所謂混？由此觀之，其大指亦自分明，特未及直截道破耳。予又閱朱子所著胡五峰知言疑義，其於『無善無惡』之辨最爲分明，特未及剖到兩家。安身立命處在此，其受病處亦在此，并與一口道破耳。要而言之，此一重公案，實二大辨之所歸宿，拔本塞源之論也。然則朱子而在，其所爲今日計，益可知已。抑予竊有懼焉，凡人之情，於其受病處，未有不畏而却者也；於其安身立命處，未有不戀而留者也。惟是安身立命處，即其受病處，幾微之間，固已易眩而難決。況吾方見以爲受病處，而彼且見以爲安身立命處，則其說益牴牾而不入矣，夫誰得而奪之？論至於此，誠不知朱子而在，何以爲今日計也？」

於是刻二大辨成，季時請序，予因次第其語授之，蓋以爲是天地間公共事，而思求助於有道，相與釋去其懼云爾。

刻學蔀通辨序

東粤清瀾陳先生嘗爲書，著朱陸之辨，而曰：「此非所以拔本塞源也。」於是乎搜及佛學，而又曰：「此非所以端本澄源也。」於是乎特揭吾儒之正學終焉，總而名之曰學蔀通辨。大指取裁於程子「本天本心」之説，而多所獨見，後先千萬餘言，其憂深，其慮遠，肫懇迫切，如拯溺救焚，聲色俱變，至爲之狂奔疾呼，有不自知其然者。内黄蛟嶺黄公受之先生，奉爲世寶，十襲而授厥嗣，直指雲蛟公。雲蛟公顧諟庭訓，憮惋時趨，謂盱眙令禮庭吴侯，嘗讀書白鹿洞，出以示之。侯慨然請任剞劂之役，而其邑人慕崗馮子爲問序於不佞。先是，高安密所朱公從吾邑高存之得朱子語類，屬其裔孫諸生崇沐校梓，且次第行其全集，與小學、近思録諸編，及聞是役也，崇沐復欣然樂佐厥成。相望數百里間，一時聲氣應合，俯仰山川，陡覺神旺。

不佞憲作而嘆曰：「美哉！諸君子之注意於正學也，有如是哉！其不謀而契也，吾道其將興乎！何幸身親見之也已！」伏而思曰：「朱、陸之辨，凡幾變矣，而莫之定也，由其各有所諱也。左朱右陸，既以禪爲諱；右朱左陸，又以支離爲諱。宜乎？」競相持而不下也。

竊謂此正不必諱耳。就兩先生言，尤不當諱，何也？兩先生並學爲聖賢者也。學爲聖賢，必自無我入，無我而後能虚，虚而後能知過，知過而後能日新，日新而後能大有。我反是，夫諱我心也，其發脈最微，而其中於人也最粘膩而莫解，是無形之蔀也，其爲病，病在裏；若意見之有異同，議論之有出入，或近於禪，或近於支離，是有形之蔀也，其爲病，病在表。病在表，易治也；病在裏，難治也。是故君子以去「我心」爲首務。

予於兩先生，非敢漫有左右也，然而嘗讀朱子之書矣，其於所謂支離，輒認爲己過，悔艾刻責，時見乎辭，曾不一少恕焉；嘗讀陸子之書矣，其於所謂禪，藐然如不聞也，夷然而安之，終其身曾不一置疑焉。在朱子，豈必盡是？而常自見其非。在陸子，豈必盡是？而常自見其是，此「無我」「有我」之證也。朱子又曰：「子静所説，專是『尊德性』事；而其平日所論，却是『道問學』上多。今當反身用力，去短集長，庶幾不墮一邊耳。」蓋情語也，亦遜語也，其接引之機微矣。而象山遽折之曰：「既不知

『尊德性』，焉有所謂『道問學』？」何歟？將朱子於此，果有所不知歟？抑亦陸子之長處短處，朱子悉知之；而朱子之喫緊處，陸子未之知歟？昔子路使子羔爲費宰，孔子賊之，乃曰：「有民人焉，有社稷焉，何必讀書，然後爲學？」彼其意寧不謂是向上第一義，而竟以佞見訶也？其故可知已。是故如以其言而已矣。

朱子岐「德性」「問學」爲二，象山合「德性」「問學」爲一，得失判然。如徐而求其所以言，則失者未始不爲得，而得者未始不爲失，此「無我」「有我」之别也。然則學者不患其支離，不患其禪，患其「有我」而已矣；辨朱、陸者，不須辨其孰爲支離，孰爲禪，辨其孰爲「有我」而已矣。此實道術中一大關鍵，非他小小牴牾而已也者。敢特爲吳侯誦之，惟慕崗子進而裁焉，且以就正於雲蛟公，不審與蛟嶺公授受之指，有當萬分一否也？

萬曆乙巳十二月之朔，無錫顧憲成謹序。[二]

[二] 此落款底本及諸校本均無，據中國國家圖書館藏清同治五年福州正誼書局刻八年至九年增刻本正誼堂全書本學蔀通辨補。

心學宗序

自釋氏以空爲宗，而儒者始惡言空矣。邇時之論不然，曰：「心本空也。『空空』，孔子也；『屢空』，顔子也。」奈何舉而讓諸釋氏？則又相率而好言空。

予竊以爲，空者，名也，要其實，當有辨焉。「無聲無臭」，吾儒之所謂空也；「無善無惡」，釋氏之所謂空也。兩者之分，毫釐千里，混而不察，概以釋氏之所謂空，當吾儒之所謂空，而心學且大亂於天下，非細故也。

夫善，心體也，在貌曰恭，在言曰從，在視曰明，在耳曰聰，在思曰睿，在父子曰親，在君臣曰義，在夫婦曰别，在長幼曰序，在朋友曰信，如之何其無之也？則曰：「吾所謂無，非斷滅也，不着於善云爾。」嘗試反而觀之，即心即善，原是一物，非惟無所容其着，而亦何所容其不着也？且着不着，念頭上事耳，難以語心。即虞其着，去其着而可矣，善曷與焉而并去之也？

嗟嗟！古之君子，所爲兢兢業業，終其身捧持而不墜者；今之君子，所視爲瑣瑣，而等諸土苴者也。古之君子，所爲孜孜亹亹，終其身好樂之而不倦者；今之君子，所視爲拘拘，而等諸桎梏者也。視爲瑣瑣，則必疑其落在方隅，非最上妙義，厭薄而不屑；視爲拘拘，則必病其添我障礙，非本來面目，掃蕩而不留。夫善何負於人，而不譽之甚如此也？是且不識善，安能識心？

乃影響而混言空，有過而詰之，輒曰：「無聲無臭之密詮固如是。」其亦弗思而已矣。「無聲無臭」，見以善爲精，而爲之模寫之辭也，真空也；「無善無惡」，見以善爲粗，而爲之破除之辭也，影空也。夫豈可以强而附會哉？

是故始也認子作賊，卒也認賊作子，名曰心學，實心學之蠹耳，何者？失其宗也。吕亂秦，牛亂晉，釋亂儒，一也。予爲是有概於中久矣，乃今何幸得本菴方先生！先生少而嗜學，長而彌敦，老而不懈，一言一動，一切歸而證諸心。爲諸生祭酒二十餘年，領歲薦竟棄去，優游川巖，嗒然無事，而獨有感於世之談心，往往以「無善無惡」爲宗也。輒進而證諸六經、四子及諸大儒，凡其言之有關於心者，悉裒而次之，其有引而未發、發而未竟者，各爲手拈數語，究晰指歸，要以明善爲心體，非爲心累，又以明此體即實，而空非離實而空也。

編成，命曰心學宗，庶幾學者一覽，而洞見聖賢之心，因而自見其心。即惡言空者，於此識得吾之所謂空，自不必以似廢真，而過有所諱；即好言空者，於此識得彼之所謂空，自不容以似亂真，而漫無所别。滔滔狂瀾，先生其砥柱之矣。

會先生之子魯岳公來按我吴，出以視兵憲虚臺蔡公，公韙之，授宜興喻侯梓行，公諸同志，謂予宜有言。蓋昔王文成之揭良知，自信「易簡直截」，可俟百世，委爲不誣。而天泉證道，又獨標「無善無惡」爲第一諦焉，予竊惟良即善也，善所本有，還其本有，惡所本無，還其本無，是曰自然。夷善爲惡，絀有爲無，不免費安排矣。以此論之，孰爲易簡，孰爲支離，孰爲直截，孰爲勞攘，詎不了了？

然則先生是編，正所以闡明良知之藴，假令文成復起，亦應首肯。蔡公亟加表章，可謂於風靡波蕩之中獨具隻眼者也，其所補於人心不小矣。遂忘其僭，而爲之序。

先生名學漸，桐城人；魯岳公，名大鎮；蔡公，名獻臣，同安人；喻侯，名致知，新建人。

萬曆戊申孟夏吉旦，年家鄉侍教生顧憲成頓首拜撰。[一]

中丞修吾李公漕撫小草序

予讀中丞修吾李公漕撫小草，次第及海内諸君子所論著，其於公致主之恭，徇主

[一] 此落款底本及諸校本均無，據清康熙間繼聲堂刻本心學宗補。

之勇，悟主之巧，得主之奇，崎嶇艱險之苦心，旋轉補浴之壯略，詳哉，其言之矣！

惟是予交公最久，習公最深，竊又有窺於一斑也。始公艱於得子，已乃連舉數丈夫，予爲色喜，貽書賀之，而曰：「願公自愛。公之身非公之身也，宗社之身也。」且申之曰：「公之身非公之身也，宇宙之身也。願公自愛。」公笑而謝曰：「不佞生平喜讀書，於今益甚，往往午夜始就寢。即鉛槧書生未必若斯之勤也。夫固曰：『是可以尚友千古，發我神智，作我典刑。』抑亦曰：『是可以收拾精神，并歸一路，不令旁泄，有無限受益處耳。』若妄自菲薄，以危其身而憂知己，惡乎敢！惡乎敢！」予聞之，忽不覺悚然心折也。

已，晉總漕，望實日益上，予欲借以嘗公，稍稍貽書張之，比於古之鉅公長者。公驚而起曰：「嘻！是何言也？不佞落拓人耳，自與君周旋，始有聞，受事以來，兢兢業業，不敢毫髮放過，特耻效俗人飾邊幅、裝格套，於青天白日之下，作鬼魅技耳。且夫性分無窮，職分無窮，心分無窮，堯、舜事業，亦如太虛浮雲一點，而況其凡乎？嘻！是何言也！君且休矣。」予聞之，愈不覺悚然心折也。

嗚呼微矣！先正論人有聖賢、豪傑二品，又言豪傑而不聖賢者有之，未有聖賢而不豪傑者也。是故豪傑大處不走作，聖賢小處不滲漏；豪傑於天下之事，處之常若有餘；聖賢於天下之事，處之常若不足。豪傑作用在功能意氣之中，聖賢作用在功能意氣之外。跡公之洗心敕慮乃爾，駸駸乎由豪傑而上矣。

憶昔寧陵新吾吕公嘗與公論學，公目爲迂闊，去之。由今觀之，世之所爲營營逐逐，不憚決性命而趨之者，既公之所陋而不屑爲；而公之所爲潛磨密鍛，期自致於純一者，又世之所笑而不肯爲。然則語迂闊者，宜莫如公，何以猥見厭薄，即公猥見厭薄。

竊意向所指爲迂闊者，應別有在，而惜乎未及竟其説也。異日，予請得就公竟之，而聊爲之引其端，且以待讀是編者共參焉。

景素于先生億語序

白沙陳子之詩曰：「朝市山林俱有事，今人忙處古人閑。」旨哉乎其言之也！雖然古人自有忙者存，特其所謂忙，非今人所謂忙耳。今人所謂忙，出則競利，處則競利，爲一身計也；古人所謂忙，出則行道，處則明道，爲天下萬世計也。是故以一身計言，謂今人忙處古人閑，可也；以天下萬世計言，謂今人閑處古人忙，可也。

予觀景素先生，其庶幾焉。先生峨峨華冑，冠冕江東，乃能超然自拔，寧静澹泊，絶無靡麗之好，可謂不知有其家矣；既成進士，歘歷中外，[一]望實鬱起，一旦敝屣棄之，可謂不知有其官矣。然而方爲諸生，發憤下帷，尚友千古，至於忘寢忘餐，不少暇逸。已，司理江右，惟是洗冤澤物，夙夜孜孜。入郎容曹，恪共厥職，尺寸不假。會目擊時事，有所不可於意，抗疏具言之，至再至三，卒以取忤罷歸。

身既隱矣，猶日手一編，不減諸生時也。且誦且繹，久之，胸中之藏，淵涵勃發，不能自遏，乃稍稍筆之書。間出所著億語示予，其言根極理要，切於日用，如布帛菽粟，寒者可以爲衣，饑者可以爲食。至語及學術邪正之際，輒三致意焉；語及世道人心升降之際，輒又愀然改容，太息而言之，若疾痛之在躬也，絶不減立朝時。

由前，則於一身計，何泄泄也！今人忙處，正先生閑處也。由後，則於天下萬世計，何懇懇也！今人閑處，正先生忙處也。如先生者，不當於古人中求之耶？

予忝附庚辰之籍，[二]雅嚴事先生，不敢以雁行進。賴先生不予棄，左提右挈，俾

[一]「歘歷」，底本、崇禎本、四庫本均作「歘歷」，據光緒本改。
[二]「籍」，底本、崇禎本均作「藉」，據四庫本、光緒本改。

無墮落。自省於先生閑處，猶能步趨焉；於先生忙處，寥乎其未有當也。

適先生命予序其億語，僭爲論次如此，亦因以自勖云。

萬曆戊申季春二十一日，年弟顧憲成書於毘陵道中。[一]

五經繹序

盱江鄧潛谷先生著有五經繹十五卷，其門人心源左公來按兩浙，持以示嘉禾曹司理，爰授錢塘令聶侯，校而梓之。侯將公之命，屬予爲序，予受而卒業焉。作而嘆曰：「美哉！洋洋乎其思深，其識正，其指遠，其詞文。出入今古，貫穿百氏，不主一説，不執一見，而卒自成一家言，粹如也，斯已偉矣。」

則又曰：「是先生之所爲繹也，非其所以繹也，吾聞先生研精性命，卓有領會，而不爲玄譚渺論，高自標榜，歸而修諸日用之間。庸德之行，庸言之謹，如臨如履，尺寸靡忒。孝友孚於家庭，忠信孚於井里。久之，名實充溢，遠邇傾嚮。當宁聞之，徵書儼然及衡門焉。崇仁、新會以來，於斯爲烈，天下傳而艷之，而先生方逡巡謝不克，其

[一] 此落款底本及諸校本均無，據日本内閣文庫藏明萬曆三十五年刻本于景素先生願學齋億語補。

自視彌下，其切磨於德業彌篤。易之精微，書之疏通，詩之思無邪，禮之毋不敬，春秋之深切著明，庶幾其身親體之矣，是先生之所以繹也。」

則又曰：「是先生之所以自爲繹也，非吾儕之所以爲先生繹也。吾嘗一再侍心源公於虞山、梁水之間，竊見其坦而莊，詳而不迫，敦慤而有章。諸所提唱，一切本諸自得，津津沁人。退而考其行事，惟是興教正俗爲亹亹，旌淑別慝，風規皎如。先生之道，於斯著矣。而今而往，覽者果能由公以達於先生，由先生以達於五經，又能一引而十，十引而百，百引而千，相漸相磨，人人身親體之，不僅作訓詁觀，是吾儕之所以爲先生繹也。嗟乎！五經，一心也，其在古先聖賢者，猶之乎其在先生也；其在先生者，猶之乎其在公也；其在公者，猶之乎其在各人也，無毫髮餘也。反而求之，其在各人者，猶之乎其在公也；其在公者，猶之乎其在先生也；其在先生者，猶之乎其在古先聖賢也，無毫髮欠也。而其究判然懸絶，至倍蓰無算，何也？夫先生之爲是繹，將以闡往詔來，聯絡千古之上下而爲一，胥入於聖賢之域者也。今先生不可作已，而遺編具在，以承以啓，實公之責，夫豈惟公之責？實吾儕之責。因備論其指，期共勖焉。」

鄧先生，名元錫。左公，名宗郢。曹司理，名光德。聶侯，名心湯。

崇正文選序

吾邑勵菴先生崇正文選成，有過予而問曰：「先生之爲茲選也，其旨云何？」

予曰：「懼世之争趨奇，而爲之坊也。」

曰：「奇何容易，吾獨患無奇耳。果有奇，不必坊也，而況世之所謂奇者，亦不必奇也，往往舍大道而旁馳騖，殉影響而工掇拾。是故奇於古，則之而爲墳索汲冢；奇於秘，則之而爲金簡玉册；奇於博，則之而爲石簣酉陽；奇於解，則之而爲貝函靈籙。若然者，果奇耶？非耶？驟而觀之，其所自命，偃然直凌千古而上；徐而按之，率以艱深之辭文，淺易之識，設有人焉，從旁點破，多是向來餘滓殘瀝，不知爲人吐而嚼，嚼而吐，凡幾矣，何奇之與有？」

予曰：「然則如之何，而後可以稱奇？」

曰：「奇之爲言，一而無偶之謂也。若茲編，其幾之矣。嘗試論之，六經畢，一變而爲左、國矣，乃左、國之後，還有左、國乎否？而猶未也。再變而爲班、馬矣，乃班、馬之後，還有班、馬乎否？而猶未也。三變而爲韓、柳、歐、蘇矣，乃韓、柳、歐、蘇之後，還有韓、柳、歐、蘇乎否？之數君子，豈非自性自靈，自心自神？後先頡頏宇宙之間，各各自操把柄，自出手眼，自爲千古者耶？故夫先生之所謂正，實予之所謂奇，而世之所謂奇，要不過奇之優孟也。」

予曰：「信哉！能知文之正者，無如先生；能知文之奇者，亦無如先生也。先生可謂深於文矣！然則今之爲文，何尊而可？」

曰：「不爲左、國也者，乃能爲左、國；不爲班、馬也者，乃能爲班、馬；不爲韓、柳、歐、蘇也者，乃能爲韓、柳、歐、蘇。先生茲選，聊以示鞭影耳。必字擬而句模之，非其指矣，不可不代先生道破。」

予爲首肯，會先生之甥瞿星卿氏督學楚中，請曰：「楚士多奇，願以此風之。」先生許焉，而屬予序。予遂述之，爲楚士告覽者，誠繹是説而存之，其於文也思過半矣。雖然吾寧獨僅僅爲楚士告，而所以爲楚士告者，又寧獨僅僅進之於文而已也？是在星卿哉！是在星卿哉！

先生名策，字懋揚，辛未進士，歷官太僕寺卿，生平不好皎皎之行，而恬穆守正，始終如一，其爲茲選，蓋絶類其人云。

萬曆庚戌仲冬陽生日，邑人顧憲成謹撰。[一]

信心草序

余仲兄有奇質，始成童，受句讀輒心通。既長，以病中免。已，余從原洛張先生游，先生與仲兄語而異之，勸令務學，仲兄謝曰：「時已過矣，何爲？」先生不聽，强而授之二題，援筆立就，落落多奇，先生讀之，大驚曰：「吾固知子非庸人也。」尋赴有司，輒試高等，客謂仲兄：「足下之於青紫掇耳，何其捷也！」仲兄笑曰：「非吾意也，聊以佐二弟，令不寂寞耳。」及余與季時後先成諸生，仲兄遂罷不事，人以此益多仲兄。於是余從銓曹郎謝病還，問奇之士，時時來集涇上。仲兄亦時時上下其間，吐論益偉，所當博士家言。有不快於意，輒退而私爲擬之，既成，以視人，靡不爽然自失也。久之，得十三首，呼蒼頭帙而藏之，命曰信心草，若曰：「吾自以爲當如是耳，吾無徵於往昔，吾無冀於來今。」此其指也。

余觀世之學者，日夜矻矻，耳無分聽，目無分視，畢心而修，鉛槧之業，及其取而

[一] 此落款底本及諸校本均無，據中國國家圖書館藏明萬曆三十八年刻本崇正文選補。

措諸筆舌之間，猶然半合半離，仲兄獨何以不勞而中也？彼以外入，此以内出。外入者，有待譬之，乞員於規，乞方於矩，乞和於五音；内出者，無待離婁所獨見，師曠所獨聞，非夫形聲之謂也，進乎巧矣，夫是以謂之「信心」也。仲兄則又語：「余頃稍稍聞心性家語，中心怵然，若有動也，願得而卒業焉。吾乃自覺言多浮，動多率，此吾之參、苓、芪、术也。人不可以無學，吾何能忘張先生之言？」

噫嘻，有是哉！其不可測也，恃無待而輒有待，賢智之所不免也，仲兄又何以不然？夫仲兄非獨進乎巧也，行當進乎道矣，書而志其端，度仲兄必不令斯言之爲佞也。

六大家文略序①

二懷蔡伯子敦行嗜古，予雅重焉。一日，携六大家文略示予，曰：「此吾先孝廉受之荆川先生者也，今將梓而行之，敢乞子題其端。」予曰：「荆川先生之爲斯編也，何以哉？」伯子曰：「以諷世也，世之操觚者，甲曰秦，乙曰漢，相與模擬以爲工，工則

① 以下二篇底本、四庫本、光緒本均無，據崇禎本卷六補。此篇又見美國國會圖書館藏明萬曆刻本六家文略卷首（以下簡稱「六家文略」），題「六大家文略題辭」。故此篇以之爲校本。

工矣，徐而求之，果秦乎？漢乎？否也。果秦乎？漢乎？業已非吾本來面目。如其未也，優孟且掩口而笑之矣，先生目擊而有慨焉，故以諷也。」曰：「然則將使人轉而爲韓爲柳、爲歐爲蘇、爲王爲曾乎？」曰：「使人轉而爲韓爲柳、爲歐爲蘇、爲王爲曾，是亦優孟之屬也。〔一〕」曰：「然則云何？」曰：「夫善爲文者，惟以寫其中之所自得而已矣。是故韓之前不聞有韓，至昌黎作而後有韓；柳之前不聞有柳，至柳州作而後有柳；眉山蘇氏父子兄弟自爲知己，亦各成一家。臨川、南豐翩翩雙美，不相假也，不相掩也。夫善爲文者，惟以寫其中之所自得而已矣，故以諷也。」曰：「大家云何？」曰：「以我役物之謂大，以物役我之謂小。以我役物，是故操縱闔闢，靡不在手，天之高，地之深，萬象之往來，千載之上，千載之下，一切紛馳於寸管，〔二〕惟其指使；以物役我，是故甲曰秦，吾亦曰秦，乙曰漢，吾亦曰漢，規規焉，咀左、馬諸人之粃糠，而冀肖其萬一。譬之剪綵爲花，驟而即之，非不燁燁可觀，徐而玩之，風神色澤，

〔一〕「優孟」，六家文略作「模擬」。
〔二〕「寸管」，六家文略作「筆端」。

索然無有也，奚其文？[一]」余曰：「美哉言乎！深於文矣。不可不表之，以詔於世。」伯子曰：「不佞何知？蓋聞諸先孝廉，先孝廉聞諸荆川先生，荆川先生聞諸六大家。」予曰：「若是，即以序斯編也，不亦可乎？」遂次而歸諸伯子。

孝廉，諱瀛，字汝登，有潛德，門人稱爲少山先生。

涇里顧憲成題。[二]

李見羅先生集序①

自近世之學者，沉於訓詁，没於辭章，謭謭焉守咫尺之義，不覩於大道。儒者慨然發憤，欲起而救其敝，於是乎招而來之，曰：「爾其歸而求諸心，斯其意亦善矣。」及此説既行，學者又惟日以尋索本體爲務，播揚騰弄，了無實際。至於土苴六經，浮游萬物，而猶曰：「吾有得於心，甚者恣情肆欲，惟其意之所便有從而難之。」輒曰：「吾

[一]「奚其文」，六家文略作「何以文爲」。
[二] 此落款崇禎本無，據六家文略補。
① 此篇又見無錫市圖書館藏明萬曆李復陽刻本見羅先生書卷首（以下簡稱「見羅先生書」），題「李見羅先生書序」。故此篇以之爲校本。

無愧於心而已，跡非所論也。」愚竊傷之，徒身恨其力之，莫以救也。

於今乃得見羅李先生。先生始亦嘗習其説，已，讀大學，超然有得，磨勘累年，[一]自信益確，遂斷以「修身爲本」，一部大學，又其註脚。此孔子既老經綸，徹有悟於性命也。[二]

嗚呼！深矣！且夫家國天下之不得爲本固也，雖正心誠意致知，聖人亦概置之，而獨本修身，何也？彼其無形而虛，此其有形而實。虛則高明之徒入於中，而有以自騁，其究渺悠荒唐，不可端倪；卑陋之徒入於中，而有以自蓋，其究巧秘詭密，不可致詰，是可得而欺也。實則一切無所容矣，是不可得而欺也。夫然後知孔子之立言，其指甚精，其爲慮甚遠，而先生所爲啓聵發矇，其爲吾道計者，甚不小也。

或曰：「周、程、張、朱四夫子，大儒也。其於繼往開來最汲汲矣，顧不揭此爲宗，何也？」曰：「當是時，斯道方明，知學之士大率謹於自守，雖以游、楊之雜於佛、老，亦意見之偶偏耳，未嘗不尊奉其師説也。雖以陸氏之公，然敢與朱子抗，其規矩準繩未嘗不嚴固也。以是談心之害尚隱而未彰，雖有而未甚，至於今始不勝其可慨耳。

[一]「讀大學，超然有得，磨勘累年」，見羅先生書作「獨有會於大學，反復磨勘，凡數十年」。
[二]「一部大學，……徹有悟於性命也」，見羅先生書作「一言爲宗，而曰此孔子透性之學也」。

故夫先生之揭『修身』，有見之言也，萬世爲學之常經也；其所以揭『修身』，有激之言也，一時救弊之急務也。假令四夫子而生於今，其説當亦出此矣，先生非能有加也。」

余邑李侯元沖先生之高第弟子也，數爲余言，先生因出其書示予，受而卒業焉，私心不勝向往。已，從羅君止菴游，彌信於是。將裒而付諸梓，予不量，稍爲銓次，并著其概，如此以爲聖學之復明於世，其必自先生始，不虚也。[二]

鶯鳩小啓序①

澄江郁孝廉元禎，携少府滎洲連公四六視予。公自署曰鶯鳩小啓，鳴謙也。予曰：「公方拮据吏事，何暇作此伎倆？願爲我悉公之政，可乎？」元禎曰：「竊見公宅心

[二] 見羅先生書末段與崇禎本大不相同，且有落款，現逐録如左：

先生有高第弟子曰李君元沖，奉先生教，來令吾邑，比及三載，政成民和，暇則至學宫群多士而會講焉，因出先生所著，示之多士，欣然咸信侯之淵源有自也。於是請於侯，將付之梓，以公同志，侯因屬余共加校次，余不量，復爲著其説如此。有志者果取先生之書，深體而力行之，吾道之明，庶乎其可幾也。

無錫顧憲成撰。

① 此篇底本及諸校本均無，據臺灣「國家」圖書館藏明萬曆三十七年刻本鶯鳩小啓補。

之慈，藹藹如也；禔身之潔，分分如也；御衆之弘，恢恢如也；察物之明，朗朗如也；綜事之密，井井如也。其職江防也，日討軍實而訓之，旌旄生色，波濤不驚，萑葦魚鱉，各有寧所，晏晏如也。其攝邑篆也，適丁無年，悉肝肺而擘畫之，有餘不足，損益曲中，高位之間，靡不樂生，熙熙如也。」予曰：「若然，公之四六，莫大於是矣。」退而取四六一編卒業焉，則又見其原本六籍，陶冶百氏，經緯合而格生，華實合而象生，短長合而調生，抑揚合而韻生，濃淡合而趣生，奇正合而變生。淵乎其蓄，莫可殫也；炳乎其章，莫可秘也；秩乎其倫，莫可淆也。因謂元禎曰：「公之政莫著於是矣。」元禎曰：「善哉！子之以公之四六知政，以公之政知四六也，惟是。公釋褐且幾二十年矣，猶然淹在簿書，何也？」予曰：「是乃所以爲公也。君子之道，先實際而後榮名。是故寧恬無躁，寧讓無競，寧屈無倖，寧滯無通，公幾之矣，故曰『是乃所以爲公也』。」元禎曰：「志有之，不闇不昌，不鬱不張。今公上獲下信，聲滿東南，當路諸使君方交章，推轂行見，翩翩躋日月之際矣，少須之而已。」予曰：「然哉！始無聞諸公，公且曰：『奈何以一時溷吾千秋也？』」元禎曰：「善哉！子之知公也，進乎道矣。」遂録而弁其首。

萬曆己酉季夏穀旦，賜進士第、奉政大夫、南京光禄寺少卿、前吏部文選清吏司郎中治生顧憲成頓首拜撰。

顧憲成全集卷五十二

涇臯藏稿七

序

英風紀異序

蓋鄱陽有廷尉胡公云，而死建文帝之難，被禍最酷。檇李瞻山屠公嘗令其邑，採風而得之，不勝感愴。已，入爲御史，輒具疏首言之：「請行該地方有司建祠特祀。株累在成者，悉放還鄉井。及同時與難諸公，一體卹録。」疏上，報可。

於是鄱陽令程君朝京備書，而榜之邑前，忽有旋風颺榜而上，夾日迴翔，自午及申，或没或見，復還邑堂墀正中。一時環聚而觀者，凡幾千萬人，莫不驚嘆，此英風紀異之所由作也。

會侍御公伯子觀携而視予，或謂予曰：「跡公一片精誠，無不之也，上天下淵，無不徹也，造物者豈其沾沾焉？特以此示奇而旌公，殆偶然耳。」予曰：「委是偶然。」或謂予曰：「當公之讀書吴王廟也，每獨坐嘆曰：『天下何時平乎？』遂奮筆畫松廟壁，題詩曰：『幽人無俗懷，寫此蒼龍骨。九天風雨來，飛騰作靈物。』蓋宛然描出揭榜時一段光景矣，意其讖耶？且侍御公一疏，原自鄱陽起，因其後文移遍天下，而英風之異仍見鄱陽，若首尾應焉。意有鬼神焉，主張於其間耶？殆非偶然也。」予曰：「委非偶然。」或謂予曰：「公苦矣，若曰：『吾殺其身，以及其家，及其族，又及其外親，而無救於吾君也，吾何以謝高皇矣。』又若曰：『吾無救於吾君，而人猶然被之名曰忠烈也，曰乾坤正氣也，吾何以謝天下後世矣。』公滋苦矣，使公而覩是集，祇益其痛耳，殆可無紀？」予曰：「委可無紀。」或謂予曰：「嘗考國史，初陳瑛請追戮周公是修等，文皇怒曰：『諸臣盡忠於太祖，故盡忠於建文，喋喋何爲？』一日，鬨傳建文帝尚在，與諸逋臣爲亂。瑛密以聞，因恣意羅織，蔓延無算，非文皇意也。比仁皇嗣位，遂行肆赦。至今皇新詔，尤稱浩蕩殊恩。作述同心，後先輝映，明德遠矣。然則英風之異，非特爲一胡公效靈，實爲天下之爲胡公者效靈；非特爲天下之爲胡公者效靈，實爲列聖效靈也，殆不可無紀。」予曰：「委不可無紀。」伯子聞而訝之，願得一言折衷，無爲兩可。予曰：「謂偶然者，所以表感應之機無常，萬變而不測；謂非偶然者，所以表感應之理有常，一定而不爽。謂可無紀者，所以表臣子之於君父，不忍緣公家之急，成一己之名；謂不可無紀者，所以表君父之於臣子，不忍緣一時之忤，掩萬世之節，夫各有攸當也。吾何敢執？」伯子豁然起曰：「觀也於前兩言，有以識天人相與之際矣；於後兩言，有以識上下相與之際矣。請籍而弁其端，可乎？」予曰：「是惟伯子之命，抑不佞又於侍御公見體國之忠，於伯子見承命之孝矣。是集行其於世教，非小補也。」因并志之。

胡公，名閏。屠公，名叔方，丁丑進士。

願義編序

澄江邵君貞菴，恂恂如也，而隱於醫。其於醫，聊寄而已，不數數也，而多奇效。嘗客予涇里，叩者不絶，君隨手應之，不爲德，亦不問其姓名也。每過予，清言亹亹，絶不及俗事。間語及海内長者，未嘗不欣然，庶幾見之；語及閭閻休戚狀，未嘗不爲攢眉也。予心異之。

一日，出一編視予，曰：「此義田録也，遡自范文正公，迄於今，凡聞公之風而興起者，並録而附焉。」予詢其意，答曰：「爲天下必自齊家始，齊家必自睦族始，睦族必自義田始。義田，厚其生也；於是乎有義塾。義塾，正其德也。厚其生，乃可以正其德也，夫然後親親長長而天下平，故曰『必自義田始』。余之爲是録數年矣，未有以名也，敢乞靈於子。」

予喟然嘆曰：「仁哉，君之用心也！昔子貢問『博施濟衆』，而夫子告之曰『己欲立而立人，己欲達而達人』，此非以『博施濟衆』爲不可也，『己欲立而立人，己欲達而達人』，乃其所以『博施濟衆』者也。惟是曰施、曰濟，則取必於力；曰欲，則取必於願耳。力有限，願無窮；有限則隘，無窮則博；有限則寡，無窮則衆。甚矣，夫子之善言博施濟衆也！今君之爲是録也，稽考詳矣，咨求悉矣，校閲精矣，意念深矣，百爾君子見而讀焉，讀而感焉，感而思焉，思而效焉，一人能爲文正公，君之願行於一人也；人人能爲文正公，君之願行於人人也。博施濟衆，實始基之，豈必功自己出哉？」於是遂命之曰願義編。貞菴君曰：「善！」

已而爲之愀然者久之，予曰：「何？」貞菴君乃曰：「先人浮山府君，實抱斯志，偃蹇一經，蕭條四壁，未有行也。臨終手不肖而命曰：『若以范文正公爲何人哉？小子識之，且若不聞舅氏恕齋高公之訓乎？高公家故凉，且割其田百畝贍族，而自爲文記之。』文具録中，不肖撫今追昔，實負先人，其何言？」予悚然起，曰：「君言及此，且令予戚戚心動矣。然而君之爲是編，正所以昭明浮山公之志，而畢其願也。」

予愧多矣，因次第其語，題之簡端，以告世之讀是編者。

鶴峰先生詩集序

予少時業聞邑中有鶴峰黄先生，願爲執鞭久矣。會其孫應覺刻先生遺詩，予受而卒業焉，益灑然異之。士方屈首佔畢，[一]朝誦夕諷，所抉腸劌腎，竭蹶而營者，惟是舉子業之爲皇皇耳。即欲以其間吟弄風月，點綴山川，與騷人詞客争奇，莽不可得，何先生之暇也？

始，先生舉孝廉，方當茂齡，自後挾其經，待詔金馬門且四十餘年，而不一遘南北風塵，所爲耗其雄心者不少矣。今讀其詩，春容爾雅，發乎情，止乎禮義，了無不平之

[一]「佔畢」，底本、崇禎本、光緒本均作「佔僤」，據四庫本改。

感，何先生之適也！應覺因從容言，先生既久滯公車，有同儕當路者，推轂於時相所。[一]先生聞之，一夕策馬出長安歸矣，居里中，監司守相多重其爲人。有同姓麗於法，詭稱先生猶子以免，還獻百金爲壽。先生笑而揮之，不受也。其自好類如此。予作而嘆曰：「先生可謂超然於功名富貴之外矣，濯濯靈臺，一芥不緇，時而出之，萬籟于于，有以哉！有以哉！」

遼陽稿序

吾邑黄斗南先生高風亮節，海内傳誦，而獨怪其文辭不少概見。適先生之子思菴公檢點遺笥，得遼陽稿，付其孫懋勛梓行之，仍寥寥耳。

乃昔荆川唐中丞與先生書曰：「易之蹇：『君子以反身修德。』蓋寂寥枯淡之中，其所助於道心者爲多也。自儒者不知反身之義，其高者，則激昂於文章氣節之域；而其下者，則遂沉酣濡首於蟻羶鼠腐之間。如兄之志氣，固已塵垢一世，而與古之志

[一]「時相」，底本、崇禎本、光緒本作「態相」，據四庫本改。按作「時相」爲是，即時任宰相之意。

士爲徒矣。不知近來反身之學，得之於蹇者何如？幸以教我。」

張舜擧言兄自戍遼以來，作詩幾四五本，何以致多如此？豈將以是自鳴其「習坎心亨」之樂耶？或者窮愁羈旅無聊之思，而姑託以自遣耶？抑以寫其江湖之憂，而致其去國繾綣不忘之愛，如古離騷之作耶？其無亦自擬於鐃歌鼓吹遼東都護之曲，而與塞垣橫槊之士，同其慷慨而謳吟耶？不然則枝葉無用之辭，其足以溺心而愒日也久矣，兄何取焉？日課一詩，不如日玩一爻一卦；日玩一爻一卦，不如默而成之，此之謂「反身」，而奚有於枝葉無用之詞耶？誦斯言也，又惟恐先生之屑屑於文辭然者，今所行亦僅上下二卷，豈先生有感於中丞之言，遂多刊落耶？抑先生原不着意，任其散失耶？及讀先生詩，大都風格遒勁，神情開拔，其托物寄興，往往多深長之思。讀之，輒爲脈脈心動，至如朱夏篇有曰：『僻居日三省，舊愆發新愴。』自責篇有曰：『大言了無忌，夷考胡不違？』又如新居篇有曰：『君王最得甄陶法，苦志勞筋付此行。』東溪篇有曰：『丘園鍾鼎吾何擇？話到經綸一厚顏。』又可見先生於其間所爲，磨礲鍛煉，自有用力處，此反身修德之一證也。然則詩何能溺心？溺者自溺耳。亦何能愒？日愒者自愒耳。中丞之言，聊爲先生助一鞭而已。抑予始者傾仰先生，如巖巖泰山，疑不可得而親。比先生拜賜環之命，洊歷冏卿，尋致其政而歸。

予修諸生刺，摳衣伏謁。時先生方杜門養痾，輒命季君扶而出見。渾樸惇茂，隤然如田夫野老，瞻對之頃，鄙吝頓消，更令人不可得而疏，竊意先生之所爲，得之於蹇者當自不淺，此又反身修德之一證也。

由此觀之，先生之詩，便是先生之易。時而有言，時而無言，其致一耳，而何本末精粗之判哉？

予故特表而出之，以爲尚論者必參究及此，然後識得先生真面目，而作詩之多不多，非所問也。

中丞懷魯周公疏稿序①

中丞懷魯周公刻其前後疏稿成，貽書景逸高伯子，屬予序之，予受而卒業焉。作而嘆曰：「美哉！是足以觀公矣。事關國本，則有深乎其言之者，如請建儲之疏是也；事關國體，則有竦乎其言之者，如糾東封之疏是也；事關國脈，則有昌乎其

① 此篇又見吉林大學圖書館藏明萬曆刻本周中丞疏稿卷首（以下簡稱「周中丞疏稿」），題「大中丞懷魯周公疏稿序」。故此篇以之爲校本。

言之者，如崇道德重節義優録賢能之疏是也；事關國憲，則有炯乎其言之者，如舉劾各屬賢否之疏是也；事關國計，則有懇乎其言之者，如請停織造止加派之疏是也。[一]至於戊申救荒一事，[二]尤不勝苦心，爲之躊躇四顧，爲之拮据萬方，爲之寢食俱廢，爲之披肝膽，瀝腎腸。哀痛迫切，一字一淚，真有令人見之而不忍讀，讀而不忍竟者，則請蠲、請賑諸疏是也。非夫正直忠厚，合而爲一，其孰能幾焉？是足以觀公矣。然則遂足以盡公乎哉？曰未也，公雖慷慨任事乎，而老成持重，相機而發，有發必中，度所不可，務在從容，委婉潛移，密挽拯之，冥冥之中，不好明諍顯諫，以爲名高，亦不必功自己出，詳具公待旦堂漫談。其爲政，惟是虚衷下物，孜孜求善，常若不及。朝有告焉，朝而行之，不俟晝矣；晝有告焉，晝而行之，不俟夕矣。凡此皆公一片真精神所注，有不在僅僅指陳是非，條畫利害間而已也者。故疏稿一編，有目所共見，有耳所共聞。予得而言之，夫人得而知之者也。乃兹兩者，則有目不必盡見，有耳不必盡聞，即見且聞，亦多習而不察。予得而言之，夫人不得而盡知之者也。夫豈惟不盡

[一]「加派」，底本脱一「加」字，諸校本同，據周中丞疏稿補。
[二]「戊申」，諸校本同，周中丞疏稿作「丁未」。

知，甚且往往從而求多矣。此予之所以有慨於中，特爲表而出之也。」

公聞之，謝曰：「有是哉？語至此，即予亦不自知其何爲而然也。」則又曰：「語至此，向來委有格於時勢之難齊，不能盡慊諸己者矣，其何以辭於人？」則又曰：「語至此，於今尚有限於耳目之易局，不能遽悉諸人者矣，其又何以酬子之言也？」

予復作而嘆曰：「美哉！若是乎公之心之無窮也。以此觀公，庶幾足以盡公也已。今三吳諸父老，方日夜竭蹶北走，相與叫閶闔，而乞借公，直指鄧公，且爲特疏，以請聖天子眷顧東南，行有惠命，所以究公之無窮者，當於是乎？」在予尚得而論次之，請執管以俟。

萬曆己酉九月朔日，治下年弟顧憲成頓首拜撰。[一]

[一] 此落款底本及諸校本均無，據周中丞疏稿補。

萬曆奏議序①

國家之患，莫大於壅。壅者，上下各判之象也。是故大臣持禄不肯言，小臣畏罪不敢言，則壅在下；幸而不肯言者肯言矣，不敢言者敢言矣，究乃格而不報，則壅在上。壅在下則上孤，壅在上則下孤。之二者，皆大亂之道也。

伏見我皇上聰明睿知，方軌三五，然而御極以來，二患遞見，何也？說者以爲下不自壅，殆有爲之上者，然上不自壅，殆有爲之下者。然遡丁丑綱常諸疏，政府不欲宣付史館，遂遷怒於執簡諸君，嗣是愈出愈巧，率假留中，以泯其跡。令言者以他事獲罪，不以言獲罪。至於邇年，且欲并邸報禁之，其故可知已。

乃壬午一變，公道屈焉而忽伸；戊申再變，公論鬱焉而忽暢。又足以發明我皇上之果未嘗有負於天下，天下之果未嘗敢有負於皇上。卒之，伸者仍屈，暢者仍鬱，又足以發明致壅之由，根深蒂固，非一時所得而猝拔，宜乎？論世君子，俯仰江陵、四

① 此篇又見美國國會圖書館藏明萬曆刻本萬曆疏鈔卷首（以下簡稱「萬曆疏鈔」），題「萬曆疏鈔序」。故此篇以之爲校本。

明之間，益不能不三太息也。

予友采於吴子，自少承尊甫復菴先生庭訓，磊落有志操，既徵爲御史，[一]朝拜官而夕抗疏，直聲大著。巡方之暇，蒐輯三十年奏議若干牘，分若干卷，凡先後留中與當路所不欲行於世者，悉付剞劂。

予讀而有感焉，均比肩事主，爾容容者，盡肉食也，一夫慷慨，曹起詬之，不曰好名，則曰躐進矣。均建言爾，犯乘輿譴者十七，犯要津非者十九。以君子攻小人，曰何刻也，不爾影響風聞者也；以小人摘君子，曰何快也，烏有者左券矣。愚誠不知其所以然而然，徐而察之，顛倒於當局而旁觀否？諭訕於衣冠而道路輿廝否？誶於大庭而平旦隱衷否？讙於眉睫而事定否？愚又不知其所以然而然，於此可以稽世變，可以觀人心，可以卜士氣，可以參善敗得失之幾，昭往而惕來，采於之功遠矣，抑予更願有獻焉。

李忠定曰：「天下之理，誠與疑、明與闇而已。由誠明推之，可以至於堯、舜；由疑闇推之，其患將不可勝言。願以是爲皇上獻，求所以至於堯、舜者。」蘇文定曰：

[一]「徵」字底本原爲墨釘，諸校本無此字，據萬曆疏鈔補。

「天下有重臣，有權臣。權臣天下不可一日有，而重臣天下不可一日無也。願以是爲執政獻，求所以爲重臣者。至於言官操天下之是非，天下又操言官之是非。蓋言之不可不慎如此也。願以是爲臺省獻，求所以信於天下者。」

太初鄭子聞之，喜曰：「亮哉！〔一〕其究弊也，專而核得拔本塞源之義矣；其責善也，普而公得交修共濟之義矣。率斯以往，天下直運之掌耳，夫何壅之與有？」遂以語采於采於。曰：「是固予輯是編之意也。」

萬曆己酉冬十一月穀旦，南京光禄寺少卿、前吏部文選司郎中，梁溪顧憲成撰。〔二〕

重刻萬曆丙子南畿同年録序

萬曆丙子南畿序齒録，凡再刻矣。歲乙巳，孟威沈子復謀新之，其於世系加詳焉，遠及高曾，旁及群從，靡不具備，蓋倣其先府君嘉靖癸卯科例也。刻成，緘而視

〔一〕「亮哉」，諸校本同，萬曆疏鈔作「顧叔子之言」。
〔二〕此落款底本及諸校本均無，據萬曆疏鈔補。

予，命之序。

予讀之，脈脈心動。自丙子至今，僅僅三十年耳，諸列於籍者，已大半作古人矣。撫卷徘徊，百感陡集，幸於其間，尚留得此身無恙，豈不可喜？雖然進德修業，其難如登；日往月來，其易如奔。即復三十年，曾幾何哉？又豈不可懼？已，伏而思之，凡此皆係於人之自立與否耳。能自立，且有與天壤俱無窮者存，區區目前修短，曾何足論？如其不然，則亦草木同腐而已。縱及期頤，徒然浪擲光陰，將焉用之？然則逝者未足悲，存者未足恃，其喜其懼，別應有在，吾黨所宜汲汲而猛省也，於是重甫華子、立之姜子共語憲曰：「沈子不遠三千里而屬子，子其無忘。」予為二子誦其說，二子曰：「吾向者見沈子之用心遠也，一體之仁也；今者又見子之用心近也，交修之義也。請以聞於同籍諸兄弟，庶幾相與共圖，無負斯録哉！」

石幢葉氏宗譜序

吾邑葉參之廷尉釋褐二十餘年，什一在官，什九在告。家徒四壁，恬穆自如。其於富貴功名，已嗒焉而忘之矣。一日，縱覽乎石幢之墟，仰而見夫九峰之峨峨送青來也，俯而見夫雙河之鱗鱗將緑遶也，喟然嘆曰：「夫非吾祖無名公，自吴江之同里，杖策而游於斯，欣然以爲佳勝，脱然舍其故而就之者耶？迄今且數世矣，振振繩繩，誰之貽也？若之何委諸草莽？」因退而謀諸其從兄懋拱，於是懋拱爲作宗譜，已而曰：「是譜其貌，未譜其神也。」因進而謀諸其畏友尤邛州伯聲，於是伯聲爲作世德傳。既成，參之讀之喜，遂合而梓之。攜以示予，囑曰：「願有以詔我宗人。」予謝曰：「懋拱之爲譜也，教親親也，若者一家興仁矣；伯聲之爲傳也，教賢賢也，若者一家興讓矣。予復何言？」參之曰：「雖然，必有以詔我。」予曰：「誠爲參之計，則有二焉：一者體，其在反而求之乎？一者用，其在推而廣之乎？是故親自我親，本其心，實有一種油然不忍之意，而非以爲徇也；賢自我賢，本其心，實有一種肅然不敢之意，而非以爲矯也。此反求之説也。是故由其親以及人之親，胥而煦之不忍之中，而親親之分量始圓也；由其賢以及人之賢，胥而攝之不敢之中，而賢賢之分量始圓也。此推廣之説也。夫然後内之可以盡己，外之可以盡人，遠之可以葆無名公之樸而虔厥始，近之可以發樂善諸公之光而厚厥終。乃所謂譜其神，非譜其貌也，是在參之而已。」

參之謝曰：「語至此，不佞其何能顓而承之？請籍而詔我宗人，相與朝夕共佩服焉，以庶幾於萬分一哉！惟兹，石幢其永永拜子之賜。」

貴溪縣志序①

京口惺宇錢侯，爲貴溪之四年而政成。嘗一日問左右：「邑有志乎？」對曰：「未也。」喟然嘆曰：「知縣之謂何？」於是退而圖所爲志，凡八月而志成。因屬其同年安封部乞予序，而自掇志之大都視予。予閱之，既謂封部曰：「今日之志，衆爲政；異日之志，侯爲政，不佞何能贊一辭？」封部曰：「何也？」予曰：「侯言之矣。當景泰時，有張廣文鐸曾創志草，而獨缺人物，與無志同。萬曆初，容菴伍公開局纂修，半已就緒，會内召去，不果。幸有庠生汪如汲曾以文行受知伍公，出其所著闡幽志一卷，并其所與故友張楫共抄私志一書，質以走平日所咨考，誠足相參。[一]乃具請監司集諸生於象山書院，日稽月訂，博取而約裁之，其爲綱者八，爲目者五十，[二]至於人物一款，尤極慎重，必户問而家訪焉。是則萃一邑之耳以爲耳，而不敢自用其聰

① 此篇又見中國國家圖書館藏清同治十一年刻本貴溪縣志卷首（以下簡稱「貴溪縣志」），題「原序」。故此篇以之爲校本。

[一]「幸有庠生汪如汲曾以文行受知伍公，……誠足相參」，貴溪縣志作「幸侯莅任初，慨然以修輯爲己任」。

[二]「五十」，貴溪縣志作「五十有九」。

也；萃一邑之目以爲目，而不敢自用其明也。故曰『今日之志，衆爲政』。抑聞之，有朱邑，而後天下萬世靡不知有桐鄉也；有魯恭，而後天下萬世靡不知有中牟也。何者？邑以人重，不能爲人重也。憶昔丁丑、戊寅間，侯兩叔氏讀書涇上，翩翩競爽頃年，玉沂別駕時過東林，於切磋之誼甚茂，侯之家學居然可想。及其爲令，務在潔己而愛民，諸惠政班班可述，至於賦役一事，尤極詳審，所更定官收官解之法，上下便之，當事者且以式於通省焉。宜邑之父老子弟，無不人人歌咏侯矣。而今而往，願益加勉焉，以無替厥初。將邑之父老子弟，無不世世歌咏侯矣。然則是邑也，不遂與桐鄉、中牟鼎耀千古乎哉？故曰『異日之志，侯爲政』。」封部曰：「善矣，夫子之言志也，是足爲侯之玄晏矣。」遂書以復於侯。

周左卿熊南集選序①

甚哉！文之變化，日新而無窮也！始，吾以爲六經畢，漆園、左、國其至矣。徐而按之，漆園、左、國不已，而爲兩司馬；兩司馬不已，而爲三曹，爲二陸，爲二謝；二謝

① 此篇四庫本無。

不已，而爲少陵、青蓮；少陵、青蓮不已，而爲昌黎，爲柳州，爲廬陵，爲眉山。

我明之興，爲金華，爲天台，爲毘陵，晉江，爲北地、歷下、弇州，邇時若京山，若雲間，若長水，亦各翩翩自成一家。於今又見左卿焉，其致淵，其色古，其骨勁，取精多而用物宏，曠而不越，曲而不支，稠而不厭。上下二千載間，不知當以誰比？甚哉！文之變化，日新而無窮也！晉陵周幼潛謂予曰：「人知左卿文，不知其所以文，左卿嘗郎比部矣，以渾厚領精明，惻如也，又肅如也；今郎水部矣，以精明領渾厚，井如也，又凝如也。操縱在心，卷舒在手，時而出之，不局方所，左卿胸中何一物不有哉？是其所以文也。」已而，曰：「未也，吾又見其識包今古而意常下，酬應旁午而氣常閑，筆麗玄黄而居常樸，左卿胸中竟何曾有一物哉？是又其所以文也。」

顧叔子聞之曰：「信哉！惟其有之，是以變也；惟其無之，是以化也；惟其有而無之，無而有之，是以日新也。蓋其際微矣，文云乎哉？文云乎哉？」

左卿少從胡廬山、顔沖宇兩先生游，[二]兩先生嘗聞道者，皆亟推其敏悟，此真予

[二]「左卿」，底本作「尤卿」，據諸校本改。

之所願摳衣以請也。左卿肯不予秘否？尚得徼靈淮水，齋而卜日，求竟所以有無變化之微。

送敕齋奉使九邊因歸省太夫人序①

語曰：「富貴不歸故鄉，如錦衣夜行。」予誦其言，未嘗不鄙而笑之也。比來燕市二年矣，乃時時自傷，有概乎其言，以爲其所稱富貴也者，去誼甚遠，而其所稱故鄉也者，去情甚近。

夫人始在井里時，内則父母兄弟妻孥之與居，外則宗姓姻黨友朋之與侶，少而習，長而安，循以爲常，不自知其樂也。一旦去而爲東西南北之人，其所朝夕周旋者，惟是四海九州之士，而其父母兄弟妻孥與夫宗姓姻黨友朋，顧寥闊疏曠，曾不得與四海九州之士比。然後彷徨瞻戀，慨焉而追其始，其視富貴有不如貧賤者矣。蓋予每引領南望，未嘗不三嘆也。而自予宗兄敕齋君來，時時相與談説井里之事，乃益其黯然。久之，君過予，欣然謂曰：「予且歸矣。」予曰：「何以？」則曰：「吾且奉天子之

① 此篇底本、四庫本、光緒本均無，據崇禎本卷七補。

命，即乘傳至九塞，勞諸單于，因以間南轅一省母氏，甚幸！」予聞之，默念是役也，可一月而發，既發可幾月而至；彼中既至，可幾月而竣，既竣可幾月而南。於是遵九龍而東，放乎梁溪，至於宛山之陽，徒步入門，俯伏謁太夫人於堂下，仰而窺其容，視昔去家時何若，起而問飲食興居又何若。己奉觴爲太夫人壽，太夫人從容謂：「若自長安發裝，至於今，凡幾日月？」又謂：「某之日，吾倚門而望；某之日，吾倚廬而望。是日若何狀？」又顧諸孫：「某之日，孺子誦某詩；某之日，孺子讀某書。是日若在何里？」君具以對，太夫人聽之喜，輒呼君更進觴也。君乃徐出，見其宗姓，與其姻黨，至於朋友，歡然遞勞若，問無恙，塞上所聞見，視長安中何若，即長安中遊態視井里何若，君具以對，則諸聞者又大喜也。

當是時，君豈其以富貴爲人驕，而赫然自用光寵？繇太夫人而下，若兄弟，若妻孥，若宗姓，若姻黨，若朋友，豈其以富貴爲君驕，而藉赫然之餘用自愉快？凡人合則歡，繇離而合則又歡，繇合而思夫離，以爲是向之汲汲皇皇而不可得者也，則又益歡，蓋其情如是耳。

嗟乎！予之客於斯也，視君爲先；君之客於斯而歸也，又視予爲先。然則予之情，視君之情殆有甚焉者也。君行，予亦怦怦心動，不知所爲處矣。雖然，君而見予伯氏、仲氏及季氏，其姑勿言，即問予客況，其姑好而慰之。予母老且病，計念予心熱，庶幾其無益之也。於是鶴溪張君與其僚乞予爲贈。予與君，兄弟也，故其所告語者，不越乎情而止，君必更有慨乎其言矣。

顧憲成全集卷五十三

涇皋藏稿八

序

贈鴻齋喬君令洪洞序

同門思儀喬子成進士之三月，天曹以爲洪洞尹。喬子端思默念，惟恐其不得當也，問政於心唐沈子。沈子曰：「爲政在得民，得民在因俗，非吾所能遥度也，子至境而議之。」泰來徐子曰：[一]「信！其徵在稺明胡子之令荆溪，文見劉子之令崑峰，向卿苑子之令陽曲。荆溪好以舒，其民固；崑峰好以慤，其民浮；陽曲好以整，其民曠。夫固其不齊也。」介卿劉子曰：「善哉！予從司理氏後，得從持斧，使者諦觀諸邑吏治，[二]願以此爲程。」仁甫但子曰：「洪洞何如？」忠甫陳子曰：「吾聞諸志矣，其君子憂深而思遠，其小人嗇而能勤，良邑也。喬子之往也，仍是而已，無庸震矣。」振甫張子曰：「不寧惟是，是其爲邑也，迤以黄河，倚以太行，天下之大觀，輻輳耳目。」

喬子故負才，喜爲詩，於是乎高覽遐眺，宣其昭曠，吾知其翩翩有進也。京甫楊子笑曰：「害於政。」及卿陳子曰：「若是，則典謨風雅水火矣。」

時克蒼李子觀户曹政，喬子過而語之，李子不答。與之言錢穀之事，喬子曰：「井井乎進於養矣。」他日，又以語太常懋權魏子，魏子不答。與之言俎豆之事，喬子曰：「奕奕乎進於教矣。」

於是廷徵史子爲惟凝錢子誦之，錢子曰：「心唐子善參，泰來子善證，介卿子善

[一]「泰來」，底本、崇禎本、光緒本作「太來」，據四庫本改。下文亦有「泰來子」。

[二]「諦觀」，底本、崇禎本、光緒本作「締觀」，據四庫本改。下同。

取，忠甫子能用實，[二]振甫子能用虚，京甫子正而婉，及卿子婉而辨，李、魏二子微而彰，仁甫子引其端，廷徵子悉其説。灼乎其爲人，牧者之蓍蔡也。」衡卿金子曰：「惜不令益夫林子、孔昭杜子聞之。」因謂喬子：「其無忘諸同好之言。」叔時顧子申之曰：「其無忘錢子之言。」喬子曰：「諾。」即日，單車之洪洞，一年而齊，二年而變，三年而有成。

四方聞之，以吾二三兄弟之相劘於誼，爲已悉矣。

贈鳳雲楊君令峽江序

士之號爲有志者，未有不亟亟於救世者也。夫苟亟亟於救世，則其所爲必與世殊。是故世之所有餘，矯之以不足；世之所不足，矯之以有餘。矯，非中也，待夫有餘不足者也。是故其矯之者，乃其所以救之也。

予同年鳳雲楊子，釋褐峽江令，惕然不有寧也，謂予曰：「是嗇邑也，而其民又故黠。夫黠者，憂在刑也；嗇者，憂在賦也，如之何？」予曰：「仁哉！子之言，救世之

[二]「忠甫子」，底本、崇禎本作「中甫子」，據前文及四庫本、光緒本改。

言也，當不當，何計焉？請借漢爲喻。昔孝武奬用張、杜之屬，吏趨刻深，而獨汲黯治郡，責大指而已，一切無所問，郡吏大治。又奬用桑、孔之屬吏，争趨言利，而獨兒寬弛民租，不責其輸，業輸矣，復以貸民，民益勸，其後更課最。夫二子非好爲異也，將以損其所有餘，而益其所不足，乃向所稱亟亟於救世者也。子試觀今之世，何者其有餘乎？何者其不足乎？即自比於二氏，不亦可哉？而吾又竊爲子幸，夫救世者有二端：有矯之於上，有矯之於下。上難而下易，勢使然也。孝武窮奢極欲，以天下恣睢，彼張、杜、桑、孔皆有所窺見其指，遂緣而中之耳。是故其吏之弊自上始。我皇上温良恭儉，媲美三五，即位以來，蠲租之令無歲而不下，而特申嚴貪吏之禁，頃又深惡酷吏，特詔司寇廷尉議其法與貪吏等，以方孝武如何也，第患有司不能奉而行之耳。是故其吏之弊自下始。由是觀之，二氏處其艱，子處其易，不可謂不幸也，子必勉之。且夫天下大矣，庸詎無二氏者流，子姑試而始倡之乎？庶幾子之徒得子而固益相與恢弘，皇上之德意播諸衆庶，即非子之徒亦將心愧色怍，憮然而自失，相與捐其故而求歸於子，故曰『子之言，救世之言也』。」

於是楊子竦然起，曰：「非所及也。夫黯也不能愧張、杜，寬也不能愧桑、孔，矧於不穀？雖然，張、杜、桑、孔之事，不穀免矣。」

送肖桂朱先生守懷慶序

朱伯子，蓋起家民部郎。民部郎者，世所指爲米鹽錢穀之吏也。而伯子特藴雅操，善聲詩，名流縉紳間藉甚。其爲詩，篤好少陵氏，當其倚梧而吟，沉思極慮，無所不究。即一語合，輒津津喜；即不合，數遷而不悔其意，以爲千駟萬鍾無以易此也。[一]

而居恒間不自得，則謂其同署顧叔子：「吾乃爲一官所束，即不惜敝屣棄之去，而從廣漠之野覓一丘一壑，築數椽，棲其間，内不覩所爲喜怒、愛憎、是非，而外不覩所爲榮辱、毁譽、得失。於是朝吟夕諷，縱其獨至之意，以通於千古，自三百篇而下，若漢若魏，旁趨六朝，究乎開元、大曆而止，靡不極其趣而會其旨歸。然後綜之以變化，出之以日新，流之以天倪，而又積數年不懈，誠不敢冀少陵，高、岑、王、孟豈足道哉？」

予聞其言而壯之，而又竊謂：「宇宙大矣，人顧其中，何如耳？焉知丘壑之不爲

[一]「萬鍾」，底本作「萬鐘」，據諸校本改。

市朝，而市朝之不爲丘壑乎？而況詩者，心之精神所寄也，其歌也有思，其咏也有懷，其美刺也有風，即喜怒、愛憎、是非與榮辱、毁譽、得失，何適而非詩也者？而伯子欲一切謝去之也，則伯子亦以爲然。」

久之，出守懷慶，予甚喜，伯子當遂並驅少陵無疑也。太守號二千石，所嚴事者有兩臺睨其色，而進退者有各屬吏環立，而望恩澤者有諸父老。伯子居其中，上觀下察，俯仰異態，其所張弛措注，朝脱於庭，而夕傳於四境，耳目屬焉，其爲喜怒、愛憎、是非與榮辱、毁譽、得失，當視今十倍。而懷慶又稱名郡，亘以太行，倚以王屋，其形勝甲天下。伯子所欲敝屣軒冕而從之者，居然不下几席而得之，其裨於詩，非眇小也。

伯子進曰：「子爲詩慮，而未及爲懷慶慮也，敢請益。」顧叔子曰：「予向者固言之。夫詩者，心之精神所寄也，通乎政矣。子試舉其所自爲詩讀之，其脈脈而來者，慈惠之所從生也；其泠泠而來者，法禁之所從生也；其渾渾而來者，德禮之所從生也。三者具矣，即懷慶運之掌上耳。夫少陵氏非工於詩者也，工於所以爲詩者也。其忠厚惻怛，愛君憂國，故自天性而終其身，偃蹇憔悴，鬱鬱無所托，乃時發之乎詩。至於今讀之，靡不咨嗟嘆息，徘徊而不忍舍，藉令生是時得當一郡，以彼其素，其建立寧在龔、黄諸君下也?伯子行矣,無論其詩,當遂並驅少陵,即龔、黄諸君且遜伯子矣。」

贈葵菴楊君擢守永州序

往聞柳子厚爲永州司馬,不復問吏事,沛然放於山水之間,一切幽奇詭秘,悉搜而著諸文辭,而永遂一日名於天下,至今彬彬如也。予頗偉之,而竊怪以彼其材,稍能循厲,志意勉於功業,其所建立當必有卓然可觀者,而僅僅與騷人墨士競其短長,甚細不取。雖然,子厚非漫無意於當世者也,又非詭以爲遷人,矜不治也,嘗讀其所爲捕蛇者説,其言哀傷悲惻,千載之下,猶令人惻然而改容。計是時郡邑之吏類,皆競爲苛察以就其聲,而子厚由中朝出徙,有所深創,不欲暴見殊異,益釁端,且念一司馬耳,何能爲?若乃矯拂情質,而投當世之好,又非其志也,姑退而托於山水以自完耳。故夫子厚於此有不勝其憂者,而惜乎世之莫察也。

會予同曹大夫葵菴楊君擢守是郡,予爲大夫誦之,相對太息。已而,前曰:「若大夫者,可以賀矣。」大夫愕然。予曰:「此易知耳。子厚不幸,謬爲叔文所奉,名實憔悴,而大夫雅以淳謹稱,一也。予亦見夫吏之競爲苛察也,若曰方今所尚爾爾,誰得而違諸？殆非也。聖明精意元元，不遜堯、舜，無必旁舉，即如頃者蠲租之詔，俄然從天而下，固宰相所不及謀，而臺諫所不及議也。大夫業覩之矣，何虞於時？二也。且大夫撫有巖郡，方千里間，吏民環拱而待命者不可勝數，於是乎風以仁義，散以禮樂，束以刑辟。張則張，弛則弛，何所不逞於志？三也。大夫其勉之哉！庶幾一日政平而民成，乃以其間徵奇採秘，探九疑，浮瀟湘，容與曼衍，振於無竟，以方子厚，何如也？然則而今而往，永之益爲天下重無疑，予豈惟爲大夫賀，且爲永賀矣。」

贈巽川李先生擢守漢中序[一]

巽川先生由民部郎出守漢中，於是成進士二十年餘矣，諸大夫怪其濡也，相與聚而咨焉。予以爲何足怪也，意所以獨偉視先生此耳。夫世之赫赫者，豈少乎？及其至，固不能踰卿相，要以與時陰陽，浮游天下國家之故，而莫之動於意，則先生之恥也。

夫士貴審取舍，上焉以己，下焉以人。以人者，己不得而與也；以己者，人不得

[一] 此標題底本、光緒本均作「贈巽川李先生擢守漢中」，據底本目録、崇禎本、四庫本補。

而與也。當先生令歷城，是時相嵩用事，諸以賂進者，立而躋於高顯。客以謂先生，先生笑不應，乃僅僅遷民部郎而止。則是世欲取之，而不可得也。

無幾何，而有穆廟之事，穆廟先御極一日，俄陞其承奉等官，某某見者，莫不驚愕，第不敢言，先生獨抗疏言狀。先是，先生督稅魯、衛之間，與其直指使者左交章論奏，其黨銜之，及其覩是舉也，益忌之。日夜媒孽於當塗者，先生自度禍且不測。久之，僅僅削一秩而止。歘歷郡縣，聲聞益著。至於今，亦復裒然而晉二千石，則是世欲舍之而不可得也。不賢而能之乎？

蓋予頃從先生游，先生不鄙予，數爲稱黄、老之學，其意以爲大要在絀喜怒，捐是非，齊榮辱，如是而已，諸一切吐納之術，非其急也。予深有味乎其言，夫誠絀喜怒，捐是非，齊榮辱，宜其非世之可得而取舍也，先生之所從來微矣。予悲時俗不察其繇，而猥以先生與無所短長之人同類而笑之也，故從諸大夫之後，爲著其説，如此若其所以爲漢中者，則先生固甚優之，予又何益焉？

贈松陵尹徐仁宇入覲序

松陵承甫王先生善聲詩，又善酒，生平好爲奇論，嘗著呵呵令。自渾敦氏以來，一切不理其口，見者怪之，謂承甫狂。非也，其憂世之盡矣，余因以知承甫。

昨，余過其邑，謂邑侯徐仁宇君：「亦見承甫王先生乎？」侯曰：「子乃何所已，得吾承甫？」余又因以知侯也。於是侯當入覲，承甫乞余言贈侯，余曰：「侯之爲政也，何如？」承甫笑而不答，余固問，承甫乃曰：「余野人，不知國家吏課短長，何方之依，其亦何言？獨記疇昔之夕，侯嘗召余而觴之，既酣，余因酌一觴，左侯而進曰：『惟茲不腆之邑數困水，大亡其禾，謬於什一之供，監司疑而詰焉。』侯輒謝曰：『下官奉職無狀，爲細民累，細民何有？請得以身受其辜，是何所稱藺絲矣，侯宜飲。』侯曰：『可哉。』又酌一觴，右侯而進曰：『邑故善訟，梗陽之詞日囂而盈庭，侯第片言折之率罷，大指在解其不平已耳，不求多焉，鈎金束矢，寂寂而無覯也，即欲充壤奠、佐廷實，稱貴人之意無繇矣，侯宜飲。』侯曰：『可哉。』又酌一觴，衷侯而進曰：『吾儕枕流漱石，[二]一歌一詠，聊自暢耳，豈其欲以顯者張？即世所稱顯者，亦惟是瘁精神，飾聲色，博須臾之耀，以驕流俗止耳，豈復有藉於山澤之士也？侯獨降心而下之，不遜吐握，誠亦豪舉哉！其若時趨何？侯宜飲。』侯曰：『可哉。』於是侯且醉，還，以其觴

[二]「枕流漱石」，底本作「枕流嗽石」，據諸校本改。按典出孫子荆與王武子之辯。

觴予，予亦醉，子以爲何如？」

余喟然曰：「卓哉！俗之所急，侯之所緩也；俗之所緩，侯之所急也。松陵之政章章矣，即余其亦何言。抑余聞漢之時，龔少卿刺渤海，大治，武帝異而徵之。有王生者素嗜酒，從至京師，會遂引入宫，王生醉呼曰：『天子即問君：「何以治渤海？」[一]宜曰：「皆聖主之德，非小臣之力也。」』遂受其言。對如王生，武帝大悦，而遂之名一日聞天下，至於今稱述之不休。侯行矣，聖天子坐明堂，朝百官，覽侯之治狀不愧渤海，必且儼然進侯而問之，承甫之酒德不愧其宗人，王生必且有以詔侯，而明得士之效於當年也，無所事余矣。

贈山東僉憲李道甫序[二]

異時張江陵用事，公卿而下莫不惴惴焉，奉事惟謹。而獨沈、趙數君子並從郎署中奮言排之，以故相繼得重譴去。及江陵敗，遂不次擢用。夫非以是爲足以侈數君

[一]「渤海」，底本作「勃海」，據上下文及諸校本改。

[二] 此標題底本、崇禎本、四庫本均作「贈山東僉憲李道甫敘」，據底本目録及光緒本改。

子也，國家所以宣暢忠誼，風厲人倫，爲天下勸，意深遠矣。流俗，心愧於不能而忌其然，輒乘而詆訶之，曰：「是以棄爲取，以屈爲伸，市道也，徒滋僞端耳，何益？」嗟嗟！彼其披肝瀝膽抗焉，而犯當世之忌，鼎鑊在前，鈇鉞在後，雖其身之不暇計，而計其他乎？何淺之乎？窺數君子也。

雖然，予亦竊有虞焉。夫人情何常之有？即一言蒙不測之辱，其究也，將莫不左睨右盼，去而爲全軀保妻子之謀，於是乎言難，弊在下隔；不然，而或一言蒙不測之榮，其究也，又莫不踴躍争赴，進而行險以僥倖，於是乎言易，弊在上侵。之兩者，皆天下之大患也，數君子誠以爲己憂，而能恝然乎哉？故夫流俗之病數君子者，非也；其虞患者，是也，不可不察也。

予友李子道甫，介特疏曠，始爲民部郎，最有聲。嘗坐救魏御史，謫理東昌，已遷南儀部。今年出爲山東僉事。蓋後先歷官十載餘矣，論者惜之，而道甫意甚樂也，謂予曰：「始不佞奉譴而出之，官僅浹旬耳，誠不意皇上遽寬赦其愚，有内召之命，今者自惟靡尺寸報塞，又令褎然秉憲一方，甚愧無當，而人猶見以爲淹，何也？誠淹也，不佞其可以免於世矣，乃尤幸也。」

予聞之，太息而起：「偉哉，道甫之所稱也！夫道甫者，非特可以免於世也，且可以免於數君子之憂矣。今夫君不以言爲罪而厚誅於臣，君之明也；臣不以言爲功而厚覬於君，臣之良也。君君臣臣，上下同得，綦隆之際也。夫如是，何榮何辱？名於何徼？利於何沽？莫抑其前，曷見可避？莫揚其後，曷見可趨？天下即欲以棄爲取，以屈爲伸，徘徊顧望，且前且却，顯爲標而匿爲市詭焉，以自營其私無繇矣，吾是以爲道甫幸也。言足以犯當世之忌，而無其險；功足以爲端人正士之衛，而無其奇；風足以廉頑立懦，流映千載，而無其享。而今而往，即世之呶呶焉，日夕求多於言者，其亦可以少息也已矣，吾是以又爲數君子幸也。」且道甫故知於婁江王相國，相國每見客，輒嗟異之至，是亦殊内悔，曰：「是不宜令出，是吾之元直幼宰也，奈何失之。」予聞而忽有悟也，相國之所爲失也，乃道甫之所爲得也，其賢於人益遠矣。

予與道甫交甚習，竊以其進退之間，所關於世道者不細，不可不志也。特爲敘而歸之，亦以告於當世，俾欲知道甫者，於是乎觀焉。如曰：「道甫，奇節之士也，則亦奇節之士而已耳，無爲貴道甫矣！」

贈桂陽聚所羅侯遷兗州少府序

古之君子之相與也，相期於道德，不相期於報施。施之云者，以我有所加於人也；報之云者，以人有所加於我也，是一隅之私也。要以各率其分之當然，而各即其心之固然，何報施之有？是天下之公也。公私之相去遠矣，不可不察也。

吾茲於唐茂才之請文羅侯有惑焉，茂才之言曰：「侯之莅吾桂也，黄髮之老，乳哺之倪，靡不涵咏休澤，顧其遇仁也，尤若異然，仁也。甕牖繩樞之孱儒也，家徒四壁，閭巷爲笑，侯過意而鎮撫之至，乃時時爲之授廩，仁也。嘗有所不理於仇口，侯廉知其狀，鋭然爲洗濯之，得無隳墮，此之爲誼，誰得而擬諸？仁也。求其報而無從，日不食，夜不寢，幸而遘先生，願先生之圖之也。」

予曰：「若子之用心，可謂敦矣，其猶淺之乎窺侯者也！侯，仁人也，要以盡厥心而已，不自有也。其於子也，猶夫士也；其於士也，猶夫氓庶也。直所當異耳，庸詎厚薄於其間哉？乃欲以侯爲己私也，而又以委諸予，益無當無已，子其自圖之乎？今夫侯之所爲鎮撫子者何？以寬子也。其所爲洗濯子者何？以完子也。寬，學之資也；完，學之本也。子試歸而誦其詩，讀其書畢意大業，不以尺璧易寸陰，則内無玩愒之非，而有以用其寬矣；砥操礪節，昭昭冥冥，一稟於誠理，則外無虧玷之隙，而有以保其完矣。其於道德也幾乎？則所以報也。」茂才聞之，津津喜不勝。

予曰：「猶未也，予嘗尋覽先哲，或環堵蕭然，糟糠不屬，而諷咏自如；或横逆當前，進書不輟，有恠而問之，輒應曰：『吾方揖讓聖賢，無落吾事，子而能進於是，是不待鎮撫而寬，不待洗濯而完，道德之選也。』而侯方且爲子斂袵，爲子倒屣，尚何論乎報施之間哉？」

茂才悚然起，謝曰：「甚哉！先生之愛我也，其何敢不勉焉！願述而告於侯，更録其副，張而揭諸方斗之室，以夙夜顧諟先生之明命。」

又

夫爲人牧者，將務慈於民者也。人之言曰：「慈於民，必威於吏。」吏與民異情也。民之情，以徹爲利，以壅爲害，是故當順而治之；吏之情，以壅爲利，以徹爲害，是故當逆而治之。順莫如慈，逆莫如威，夫是以異也。由君子觀之，何異之有？彼其威也，亦所以爲慈也。

往永樂間，靖安況公鍾守姑蘇，始至，佯不解事，諸吏抱案環立請判，輒聽之。三日，召而詰之曰：「某事宜行，若顧止我；某事宜止，若顧欲我行。」縛而投諸庭下，立仆者數人，諸吏大懼，謂太守神明，莫不改行。嗣後遂亦好遇之，不以煩譴呵，諸吏俱得令完無恙。故曰「其威也，亦所以爲慈也」。

抑予猶有憾焉。凡人無不可化而善，視吾之馭之何如耳。愚而嘗之，近於欺，非德也；不教而辟，近於忍，非刑也。非德曷趨？非刑曷避？雖欲徙過自新，其道無繇矣。嗟嗟！吏獨非民也乎哉？而草芥之若是，以爲借一警十，一則何幸？十則何幸？其亦稍偏矣。

故史稱況公歲滿去，民叩闕乞留者數萬人，絶不聞其吏云何。若況公者，謂之能吏有餘，謂之循吏不足也。

以予所覩，羅公聚所，其近之矣。始，公莅桂陽，即屬其吏約曰：「予與若共爲國家守三尺法，惟民是以，勉思令圖，交修不逮，予其有厚藉；假法爲市，罔上惑下，厥有常刑。無蹈後悔！」吏聞之，且懼且喜，歸而逆自洗濯，夙夜凜凜。公既與之更始，復以身帥之，恭儉正直，無以有己；一顰一笑，珍若拱璧，無以有人。以故四載之間，一切奉法惟謹，莫或狡焉。辱在刑書，以黠其家而耻其三族，滋刀筆之詬，闇閻之詆，亦曉然喻於明德。儕蓄其吏，不以曲直干諸吏，居閑無事，門可設羅，時對妻孥，卮酒愉快而已。上不失法，下不失衆，中不失身，夫孰非公之賜哉！故曰：「其威也，亦所以爲慈也。」

釋其舊而責其新，則易從；飭其始而程其終，則無怨。甚矣，公之善用威也！蓋公於民撫摩煦育，諸所施設甚具，其爲慈有跡而易知，於吏嚴毖預防，顯奪其斯須之欲，而默與之以終身之安，其爲慈無跡而難見。

獨其爲之吏者，身蒙而親享之，不能不重德公也。於是公遷佐兖州郡，就予乞言以張之，且曰：「吾儕小人，不足以辱君子，雖然公實生我，其惡能忘？」予曉之曰：「若無徒以公去爲念也，乃固有不去者存，只繹嘉命，儼然如日在公左右，奉以周旋，無有失墜，使智者不得緩而用其愚，强幹者不得驟而用其忍，四方聞之，咸知兹土之爲吏者，粹然懷士人君子之行，而相與頌公之烈不衰，即況靖安之卓卓，亦不能不以此爲公遜，乃真可謂不忘公者也，何以言爲？」諸吏跽而謝曰：「敬諾。」請遂以斯言爲識，因次而授之，且以俟傳循吏者選焉。

壽蓉溪葉翁六十序

吾錫有蓉溪葉翁，其人樸茂長者，生平落落無營，獨時時以酒自娱而已。厥嗣玄室，性至孝，日則侍食，夕則侍寢，婉轉几席，爲嬰兒之嬉，亦時時以酒娱翁，意殊適也，絶不知其他。玄室妙文辭，登進士高第，人以爲華，而翁自若不色喜。玄室意用恢恢，居然與古之仁人志士上下，詎不以一介污。獲隽之日，布衣徒步，不減諸生。

歸而視其家，環堵蕭然，僅蔽風雨，人以爲固，而翁自若不色愠。過者異而問焉，翁曰：「吾不知也。圓寸之戹，腆於萬鍾；方斗之罌，豐於千駟。其中足老矣，何者貧？何者富？何者賤？何者貴？吾不知也。」善哉，翁之爲酒也！

昔之臻斯解者，莫如嵇、阮之徒。[一]由今觀之，彼其人類皆内有所挾而不下，或外有所感而不平，抑鬱呼詫，無所復之，姑退而托諸此耳，孰與翁之泊然自適？足乎己而忘乎物也。於是年六十矣，血氣充盈，神采彌旺，[二]固其宜也。

嗟乎！世衰道微，習俗破壞。蓬杓之子偶徼天幸，際身青雲，往往氣得志滿，恣睢以逞，若子輿氏之所稱巍巍然，閭巷之間，目怵耳眩，相與鼓舞道説，矜艷無已。而翁僅僅若是，彼何其工，翁何其拙！如以跡而已，謂「人皆醒而翁獨醉」，可也；要以誠理求之，謂「人皆醉而翁獨醒」，可也。善哉，翁之爲酒也！

翁其以予言爲然乎？否乎？聞玄室君念翁甚熟，旦夕圖南，吾當就而質之矣。

[一]「嵇」，底本、崇禎本、光緒本均作「稽」，據四庫本改。

[二]「旺」，底本、崇禎本、四庫本均作「王」，據光緒本改。

送遲菴譚先生遷岷藩教授序

南海遲菴先生掌吾錫之教三年，遷岷藩教授。邑人士怪，不知其繇，相與聚族而談，曰：「先生中心好古，惇行君子也。其持身左一規，右一矩，無或渝也；其涖諸子衿，先德行而後文藝；其時課必虔必信，無或惰也；其取予必慎，諸子衿之窶者，輒謝其羔雁，且捐廩而周之，無或靳也；其春秋廟祀，俎豆之事，必躬必親，無或褻也；其與人交，表裏洞見，無或匿也。始嘗鐸溧水矣，溧水猶是；繼嘗鐸封川矣，封川猶是。當軸者謂宜越格而優異之，爲天下風僅僅，而及是遷，何也？」則就顧子而問焉。顧子曰：「惟是不穀固疑之未有會也。」

適陳直指來按部，顧子則就陳直指而問焉，陳直指曰：「惟是不穀亦疑之未有會也。」因爲騰書，數先生賢。先生笑曰：「是吾過也，世競華而吾嗜樸，世競員而吾嗜方，世競恭而吾嗜率。俗之所取，吾之所棄也。且夫嗜樸則陋，不周於物矣；嗜方則拘，不達於變矣；嗜率則徑，不揆於情矣。吾之所取，道之所棄也。是故取其所棄，高之則非適道之資；棄其所取，卑之則非適俗之韻。吾之及是遷也，殆其幸歟？」曰：「審爾曷不矯而就中？」先生曰：「吾非不知懼，并吾故吾而失之也。上士矯其偏以從道，下士矯其偏以從俗，均之乎矯也，而所從霄壤矣。是故難遂者道也，易眩者俗也，毫釐之差，千里之謬，不可不懼也。抑吾聞之，一物不加曰樸，一法不逗曰方，一念不容曰率，吾於斯三稱，尚愧不及，將焉用矯？吾今且休耳，無復戀長裾爲矣。」於是先生遂致其官而去。

顧子聞而喟然嘆曰：「善哉！吾儕方欲爲先生求其所以於人，而先生顧反而求其所以於己；吾儕方欲推先生之得以明人之失，而先生顧推己之失以明人之得。信乎！先生中心好古，惇行君子也。僅僅而及是遷，滋不可知耳。」

因遍爲邑人士誦之，庶幾有味於斯指焉，其猶日在先生之側也。

贈宜諸歐陽郡侯擢任潁州序①

宜諸歐陽公之守吾常也，以公清爲體，以彰善癉惡爲用，其要歸於敦教化，正風俗，躋諸蕩平而止。於是一年而喻，二年而齊，三年而孚。郡之人莫不欣欣愛戴，意遂欲長有公而後爲快。乃竟擢潁州觀察使者以去，聞者莫不悵然如有失也，群詣兩

① 此篇四庫本無。

院乞留。

錢子國端謂高子存之曰：「公之德吾常甚矣，宜其戀戀如是。惟是公之行且有日矣，公之與吾儕相契以心，相成以道，不宜無言。」則以屬不穀憲，憲謝曰：「吾將爲頌乎？公非沾沾爲名使者也。吾將爲禱乎？公非汲汲務進圖顯榮者也。吾將效其葑菲以供採擇乎？即公之胸中又何所不具焉，而以贅爲？」存之曰：「固也，抑公之嗜善何已！吾儕之愛公亦何已！子必無辭。」

予乃趨而進曰：「憲實未有知也，聊述爲政之體以請，可乎？昔者，竊聞之『自守而下爲令長』，令長與百姓共休戚，而政之所自出也，其體重在幹理。『自守而上爲監司』，監司與兩院參，可否？而政之所自裁也，其體重在擔當，公之爲守，夫既衷兩端而用之矣。茲之往也，幹理什一，擔當什九，是故法制文爲易飭也，簿書期會易循也，防維禁戒易悉也。獨計地方有大幾務焉，如何則民受無强之利？如何則民受無强之害？有大疑辨焉，如何則公道昭明？匹夫匹婦之心，不至抑遏，如何則得罪於天下萬世？厥繫甚重。然而兩院方以處勢之高，耳目有未詳，相與虚懷而俟諸；有司又以處勢之卑，操柄有未專，相與四望而躊躕。至於林林總總之衆，方進而傾聽締視，庶幾一日沛然有以大慰，我又退而私相擬議，伺其聲色以爲褒貶，一毫莫得而欺也。於是時而能毅然持獨見，定碩畫，中立而不倚，俾上之有所憑以爲衡，而下之有所恃以爲命。君子誦道揆，小人誦法守，微公其誰哉？此予所稱擔當之説也。」

公聞之，曰：「善哉言乎！敢問何修而後可以及此？」予曰：「公業饒爲之矣。先正云：『咬得菜根，則百事可做。』吾見公之菲而食也，敝而衣也，歷官幾二十年矣，居然書生也。即守吾常，且幾四年矣，蕭然旅舍也，是故能自拔於欲。能自拔於欲，是故能不有其身；能不有其身，是故能以其身出而爲天下用。勿視勿顧，伊尹之所以堯、舜君民也；一簞一瓢，顏子之所以同道禹、稷也。故曰『饒爲之矣』。」

惲子飛卿曰：「而今而知子之不頌不禱，乃深於頌禱者也。兩院方具疏請留，天惠吾民，幸得再徼福於公。公必能實子之言，胥三吴重有賴焉，豈惟常哉！」

賀大宗伯太室徐先生六十序

天下有用之用，有不用之用。夫以用爲用，孰與以不用爲用之至也。士之欲自致於用者，將不爲少矣，無不嚣然有意乎其大也。或者欲緩而收其功，則其勢不得不姑有所忍乎？彼以徇乎此而悵悵焉，日希冀於不可知。或者欲緩而收其名，則勢不得不姑有所詘乎？此以徇乎彼而沾沾焉，徒自矜快於旦夕。若是者，即其幸而能致於用，其操心多矣，非知德者也。

知德者宜莫如先生。由議曹郎出守荆郡也，郡有沙市，其爲利不貲。而是時，景王最幸於世廟，諸左右用非道蠱王，鋭欲得之，衆憚莫敢忤，先生不可。人謂：「是區區者，其何足以辱先生？吾視先生異日將有隆施於國家，夫不可少假乎？」不聽。王憾甚，輒爲惡言以聞。賴世廟仁聖，獲免歸，而沙市亦完。先生之名，遂一日而聞天下。久之，復用薦起，所在聲蹟益著。積數年，入貳司寇，已晉大宗伯，天下咸相與想望風采，翯翯自濯，若曰：「此向所稱荆郡守也！」

而余又聞當弘、正之際，李、何用古文辭創起，其言務稱秦、漢；迄於嘉、隆，遂以成俗。就而問之，不出「摽掠」「摸擬」兩端而已。顧於柳州、昌黎諸君子蔑如也，而獨先生不然其説。間嘗語余：「秦、漢之於文，譬若滄海，今人朝取一勺焉置諸樽，暮取一勺焉置諸樽，而居然自命以爲秦、漢也，必不行矣。」然則先生之意見矣，今其所爲文具在，余雖不能窺見其深微，大約原本六經而一澤於道德，後世庸無先生其人也者，其傳無疑也。且夫先生當其有覩於非，即毫髮不假，其視身之進退用舍，已夷然而忘之矣，乃竟以此能自致其用於天下；當其有覩於是，即彼騖名高者，方厭薄不屑不與易，其視世之好惡取舍，又已夷然而忘之矣，乃竟以此能自致其用於後世。故曰：「以用爲用，孰與以不用爲用之至也。」

屬歲之某月某日爲先生誕辰，於是始稱六十。予幸獲事先生，不可不薦一言爲壽，而竊謂先生之壽，不於其身，於其天下後世。其在天下，無踰立功，而先生不以其小而徇其大；其在後世，無踰立言，而先生不以其大而徇其小。非知德其孰能與於此？此古之所稱「三不朽」者也。其壽遠矣，乃若謳歌誦詠，徒以其年而已也者，夫人而能之也，余無庸其言矣。

送敬所周先生擢守平樂序①

以予觀於周大夫，何其閎覽博物君子也！大夫故有奇質，負今古之鑒，而尤嗜學不已。上自六經，下至諸子百家，雖夫棼猥錯雜，若陳庭之隼，[一]防風氏之骨，商羊之僊，靡不能次第言之。其有不合，務爲旁考曲證，究其所以，已著爲説，則疑者解，昧者晰，乖刺謬戾者一切得其指歸。昭昭乎若揭日月，而行諸塗也。

① 此篇崇禎本無。

[一]「隼」，底本作「準」，據諸校本改。

予受而讀之，灑然異焉，以爲其用心之密如此。於是從民部郎出守平樂，大夫過予而論所守平樂者，予則謂：「大夫固優之也，昔孟子論政，欲令民百畝穀、五畝桑、雞豚、狗彘、魚鱉，罔失其時，其事至纖至悉。而班固作漢書，所稱述良二千石，若龔、黄諸人，其人咸明通博茂，比考其行事，細及溝洫，煩及米鹽，粗及樹畜，微及鈎鉏，與夫鰥寡孤獨，且爲規畫區處，曾不厭其屑也者而已之。以故其吏治超焯，古今鮮儷。跡大夫之用心，豈其以孟氏爲迂，以龔、黄諸人爲俗吏也？微獨此而已，大夫嘗七任矣，一爲庠，再爲邑，一爲郡，三爲部所，至上安下獲，聲績著聞，乃今爲二千石，又何必釋是而他求也？」

大夫晨起坐堂皇，與其僚從容議可否，及諸所宜興、所宜廢，因是反而思曰：「吾曩者業佐郡矣。」已，延見屬吏，問民疾苦，因是反而思曰：「吾曩業儼然而稱人師矣。」夫若是，其知所以與之矣，於平樂乎何有？予乃諗於同署諸長，曰：「若大夫者，不亦信乎哉？其優之也，夫博古而傳於理之謂學，通今而傳於事之謂政，兩者大夫無弗豫也，兹行也，其必有令名矣。」

贈聚洲王給諫自京口還滇中省墓序

予初不識聚洲給諫，而竊聞其爲剛直君子也。數年來，每閲邸報，有所仰屋浩嘆，輒心擬之曰：「折檻牽裾，其在聚洲乎？」已而聚洲之疏果至矣。間從友人談説，近日某事有疏似賈長沙，某事有疏似劉昌平，輒笑語之曰：「姑無舉其人，吾度必聚洲耳。」按之，果聚洲也。則又默默代爲危之，曰：「殆不免乎所犯多矣，誰能容之？」已而攻之者，果聯翩而起矣。則又曰：「斯民也，三代之所以直道而行也，焉有秉執如聚洲？侃侃諤諤如聚洲？力障狂瀾、砥柱世道如聚洲？而百爾在位，宴然坐視其狼籍於多口，莫之動念者乎？」已而救之者，果又聯翩而起矣。由此觀之，亦足以發明聚洲之表裏矣。信乎其爲剛直君子也！乃予竊願有效焉。

昔嘗忠告於李澧撫曰：「吾輩當毀譽之來，固不可不自信，亦不可不自反。不自信，胸中安得有一片清涼界？不自反，向上安得有百尺竿頭步？」今敢爲聚洲誦之，聚洲其謂然耶？切之磋之，琢之磨之，愼微如顯，矜細若大。粹乎意氣之盡融，渾乎德性之用事，降魔可也，入魔可也。於是渡大江而來，訪過金、焦，覽其勝而樂之。因卜築其傍，有終焉之志。

一日，黯然動松楸之思，遽促駕歸滇中，[一]計往返，可半歲而餘，予請刮目待矣。

[一]「歸」，底本、四庫本、光緒本均作「之」，據崇禎本改。

顧憲成全集卷五十四

涇皋藏稿九

序

奉賀修吾李先生晉左副都御史序

李修吾先生之撫淮也，會意有所不可，上書乞歸，上許之矣。已而請交代，則又不許；已而直指使者請兼漕，則又許，於是且數年。有識者喜其留而懼其去，後先爲上陳説，章滿闕下，上佯爲不省也者而置之。一日，特旨嘉先生功，晉秩副都御史，錫之璽書，中外悚異。我吳觀察崑源楊公、虚臺蔡公，來語不肖憲曰：「先生當世之偉人也，跡其得此已後，然而海内善類，彈冠交慶，以爲先生從此升矣。予兩人受先生知最深，擬申一言之賀，敢乞靈於子。」不肖憲曰：「信乎，先生當世之偉人也！見謂揮霍而實淵夷，不落纖毫意氣；見謂幹濟而實超曠，不茹人間煙火。是故於社稷之安危、生靈之休戚，心甚熱；而於富貴功名，心甚冷。即十年不調，不色愠也；即一日九遷，不色喜也。何足爲先生賀？」楊公進曰：「固也，抑有之矣，竊見皇上之遇先生，誠奇矣。心欲親之，而故疏之；跡若疏之，而實親之。其親而疏也，愛之至，却生敬，以爲是可近不可狎也；其疏而親也，敬之至，又生愛，以爲是可憚不可遠也。是故求諸古，有董、汲諸公不能兼得之漢，李、郭諸公不能兼得之唐者，而先生獨兼得之皇上，求諸今皇上有不以兼施之密勿之近臣、部院之重臣者，而獨兼施之先生，封疆而參帷幄，[一]任事而透格心，拔出等夷，另標殊局。微先生無以顯皇上不測之明，微皇上無以顯先生不世之略，是不亦千載一日乎？」蔡公曰：「未也，又有之矣，竊見世之君子，當其乘機遘會，發而必成，作而必就，輒囂然自喜以爲能。及其齟齬而不遂，即又號於人曰：『我非不能也，時不可爲耳。』遂致潔身之士，以避時爲高，退而尋接輿、荷篠之跡；迂身之士，以趨時爲達，進而修安昌、長樂之容，而天下之事去矣。試

[一]「封疆」，底本作「封彊」，據諸校本改。

以觀於先生，曷有不可爲之時哉？假令人人而能爲先生，將人人能如先生之建立也，又曷在乎趨且避哉？然則而今而後，百爾在位，有自盡無自諉，有責己無責人，有以不能爲爲愧，無以不可爲爲口實，皆先生之風之也。社稷幸甚，生靈幸甚。先生之功，居然被當年而垂來世，錫類無窮，是不亦一日千載乎？」予聞之，不覺躍然起曰：「若是，則可賀矣。」遂書而質諸先生。

贈劉筠橋還楚序

乙巳之夏，蘄州姜茂才汝一謁予於東林。適座客論易，汝一進曰：「吾楚有筠橋劉先生，深明易道，雅有論著，彬彬足述也。」予因寓書友人丁元甫問之，元甫以告先生。

先生遂踏一葦，不遠二千里，飄飄乎浮大江而東，訪予涇西之草廬。予見之，不勝踴躍，相與語，連日夜不休，種種生平所未聞也。一日，問於先生曰：「卦者掛也，象者像也，爻者效也，其義云何？」先生曰：「卦不以扌離作爲也，象不以亻離形骸也，爻不以攵離言語也，蓋渾然一太極焉。卦加扌，象加亻，爻加攵，明學也。由掛忘掛，由像忘像，由效忘效，下學而上達矣。」予起而拜曰：「微哉，先生之易乎！是實啓我，是實發我，是實引我翼我，敬謝先生之教。」先生曰：「未也，吾之折肱於斯且五十年餘矣，往者嘗從大顧日巖、小顧桂巖商討，退而筆之，今亦不省作何語矣。吾姑別子歸卧黄鶴樓下，眼前不覩一俗物，胸中不留一俗腸，庶幾其更有進也。當再詣子，了我五十餘年公案。」予聞之，益不勝踴躍，於是酌卮酒而訂之曰：「涇水之靈，實聆斯言，先生其無忘哉！」

奉壽慕閑沈老先生八十序 代堂翁楊二山作①

自莊皇帝之戊辰，而海内靡不知有蛟門沈先生矣。已，共奉翰林，日貴。近用事，遂儼然稱天子帷幄之臣，名實鬱起，而先生顧旦夕念其太公慕閑翁，悒悒不自暢也，輒上書闕下乞歸省，皇上諦念左右不可一日無先生，不許。已，再請，始許之。爲褒，大其禮，予驛傳加賚朱褆文綺，若曰：「其以壽而翁。」且曰：「尚其亟來，以副朕意。」蓋異數也。於是先生行，觀者填路，公卿而下，咸相與侈而張之，先生顧謂：「予始不敏之請之也，惟恐其弗得也，及其得之也，又慚其莫以當也，何以惠教不敏？」予

① 以下三篇崇禎本無。

曰：「是在翁而已。昔者廣成子居空同，行年二百而不衰，黄帝就而問治天下焉，不答。及請問治身，廣成子曰：『無勞而形，無摇而精，窈窈冥冥，可以長生。』黄帝歸而服其言，三月天下大治，何則？其所爲治身者，乃其所爲治天下者也。某伏覩我皇上聰明仁恕，莅祚以來，親賢遠佞，納諫如流，又時時綏顧氓庶，不愛浩蕩之施，雖甚盛德，蔑以加矣。至乃燕閒之中，紛華在前，靡麗在後，其所以澄心滌志，不邇不殖，卓然萬物之表者，某無從而窺其際也。竊不勝其區區之心，而雅聞慕閑翁恬愉，自將鮮營寡嗜，生平無溢喜，無溢怒，今年八十有五矣。精完而神定，膚革充盈，色若童孺，非深於廣成子不能也。先生試以間請於翁，得其微眇。即還朝之日，我皇上迎問：『卿父遵用何術？老不衰顧壯。』先生具以對，必有合也。其爲聖德之助，豈淺鮮哉？且令斯世斯民，自是共游於黄帝之天，相與踴躍舞蹈，端拜而祝曰：『我皇上萬歲萬歲萬萬歲！』何其烈也！然後知皇上之所爲治身者，即其所爲治天下；而其所爲治天下者，正其所爲合天下而成其壽者也。」

先生起謝曰：「善！予未之聞也，請志之。」爰次而歸諸先生，遂以爲翁壽。惟翁實精圖之，千載而下，當不得專美於空同矣。

贈蒲州褚先生序

凡學者苟有所負，莫不欲見於世。其見於世也，莫不喜其早而悔其晚。又莫不沾沾而冀一第，匪是即四顧沮然而不前，甚矣其惑也！天下之事，皆自其聰明智慮爲之也。聰明智慮，其生於心也；深微，其著於用也；周博，其積而成之也。因累而不容驟，雖夫聖賢，未能以一朝一夕而究也，以一朝一夕而究者，亦以一朝一夕而匱，將焉用之？且夫士顧其在我者耳，俗之所上，有時而損；俗之所下，有時而振，此亦與夫一朝一夕者何異？而人方於其間，猥以爲喜，猥以爲悔，猥以爲沾沾，故曰惑也。

顧憲成曰：「予今而有感於先生也，當先生在諸生中最有聲，其視一第掇之耳，而竟不第也。積數年，而僅獲選入太學。其入太學也，又積數年，而僅獲選爲州佐。於是知先生者咸惜之，即先生亦時時喟然不自得也。雖然，將欲履崇躋顯，與里巷少年競其聲華，宜莫如早；將欲淬礪於聰明，切磨於智慮，使其中深固而其外不摇，出而試於天下，卑昂巨細，咸足樹也，宜莫如晚。之二者，先生其知所擇矣，而況當今聖明在御，建官惟賢，位事惟能，沛然與四海之士游於繩墨之表，有如先生，何藉一第哉？往又聞先生之考，當令海陽，用直道忤當事者，輒謝歸不克。究其施，先生有丈夫子三人，丙子之歲，仲子舉於鄉； 其長者、少者方翩翩而遞興也，其施將究而未及於是乎？先生俯仰其中，然則其所不克究者舉屬焉，必有遇矣，何以喟然不自得也？亦使夫世之喜者、悔者、沾沾者得以觀焉。 予與王君、沈君、彭君皆從仲子業於鄉者也，謀所以贈先生之行，而予爲之著其説如此，庶幾以解於先生。」

贈郡伯象玄杜公入覲序

象玄杜公由計曹出守吾郡，下車之日，見者望而知其必能造福一方，欣欣色喜，遞相傳告。 久之，予從里中諸父老益習諸懿狀，洋洋口碑，不可殫數。 總其凡持己端矣，御吏肅矣，字民惠矣，執事勤矣，秉法公矣。 竊沾沾爲吾郡慶有公，果不虚所擬也。

於是且入覲，予邑許侯偕晉陵張侯、澄江許侯、荆溪喻侯，乞予言以贈，予復就而詢公之所以。

許侯曰：「公，予師也。 予生平不喜飾邊幅、務瑣瑣，信心而行，獨往獨來，而公時時進之曰：『沉潛縝密，政之體也。』予退而憬然有省焉。」

張侯曰：「公，予師也。 予生平不逆詐，不億不信，傾其底裏置人之腹，而公時時進之曰：『精明果鋭，政之用也。』予退而凛然有惕焉。」許侯曰：「公，予師也。予甫離章句而事簿書，耳目所歷，都非其素，而公時時進之曰：『某利當興，某弊當革，爲政者不可不振其始也。』予退而豁然有覩焉。」喻侯曰：「公，予師也。予受事五年，於斯幸無獲戾於士民，而公時時進之曰：『利端無窮，弊端無窮，爲政者不可不虡其終也。』予退而悚然若有失焉。」

予曰：「善哉！向者爲吾郡慶有公也，今爲諸父母慶有公矣。」因以語公。公謝曰：「然乎哉？而非也。吾幸於梁溪君得爽，於晉陵君得懿。其至郡也，先澄江君，是以有概於始；後荆溪君，是以有概於終。所當交爲勉勉者也，予實藉諸君子朝夕切磋，何能裨諸君子萬分一。」

予聞之，益爲嘆服。語云：「以一己之能爲能，不若以一己之能爲衆人之能；以一己之能爲衆人之能，又不若以衆人之能爲一己之能。」公以實心莅政，又以虚心下人，吾無以窺其際矣。聖天子坐明堂，計群吏，公率各邑侯，次第以其職奏行，將儼然有黄金璽書之旌。乃公不自有而歸之各邑侯，各邑侯又不自有而歸之我公，德讓之風，人人侈爲美談，不知潁川、渤海曾有是乎否也？論至此，予且當於千古循吏中慶有公矣。遂書而納公之囊。

奉壽沈相國龍江先生八十序

歲丙戌，不佞憲成從都門一再望見龍翁沈相國先生，退而中心時時佩之不能忘。越二十四載庚戌，先生壽八十，門下士伯冏王子、際明史子、中甫于子、存之高子、季友袁子、伯先劉子不遠千里，走謁先生於亦玉堂下，薦千秋觴，而屬憲成侑之以言，憲成不敢辭，因前問曰：「試各舉先生之所以壽云何？」

伯冏曰：「昔者嘗讀先生山園記矣，渾渾穆穆，居然羲皇上人也；又嘗讀先生綸扉草矣，堂堂正正，居然三代上人也。惜也，後先中讒而歸，不及究其用。比先生之歸乎來，朝於醉竹，而夕於扶杏，狎鷗馴鹿，物我兩忘，心有餘閑，四體有餘旺，翩翩仙也。造物者將無留其所不及，究爲先生私與？」

際明曰：「孰謂先生不究於用哉？其樸茂足以滌澆，其寬裕足以敦薄，其凝定足以攝躁，其懇惻足以沁頑，其介特足以立懦。君子入焉，而欣然樂於有所依；小人入焉，而厭然沮於無所逞。此之爲用，固已多矣。而況當今聖明之所側席而求，度無踰先生也者，海内之所喁喁引領而望，亦無踰先生也者。東山之召，旦夕事耳，孰謂先生不究於用哉？」

中甫曰：「似也而未盡也，何者？先生得乎道而忘乎遇者也。是故其用也，泊如也，而未嘗有纖毫加也；其不用也，充如也，而未嘗有纖毫損也。吾儕乃屑屑以此求先生乎？」

存之曰：「固也，竊又有窺焉，先生能忘乎遇而不能忘乎道者也。是故其用也，曰吾何以副之也，汲汲乎必欲吾君爲堯、舜之君，吾民爲堯、舜之民，而不敢漫謂無加焉爾也；其不用也，曰吾何以致之也，皇皇乎惟内省其身之果能上不負吾君，下不負吾民與否，而不敢漫謂無損焉爾也。吾儕僅僅就用不用間求先生，淺矣。誠就所以用不用處求先生，夫孰得而窮其際乎？」

於是，季友起而賦抑之篇。既竣，伯先起而賦樂只之篇。

憲成曰：「備矣，不佞無能贊一辭矣。雖然，凡皆先生之所以壽也，非六君子之所以爲先生壽也，願竟其説。」

六君子肅然有間，曰：「敢問？」

憲成拱而對曰：「聞之古之爲師弟子者，其相知也以心，而其相成也以道，區區功名富貴，不與焉。今先生業已國士六君子矣，六君子將何方之修爲先生報？夫亦惟是步之趨之，寤寐而思服之，如是而屋漏，如是而康衢，如是而鄉而國而天下，庶幾師不愧乎其弟子，弟子不愧乎其師。一片精神，交瑩互映，結爲大年，與天壤俱永，是真能壽先生者也。予未得爲先生徒也，予私淑諸六君子也，敬藉餘靈，效茲葑菲，先生不泯夙昔之雅，其尚有以進之哉！」

壽南皋鄒先生六十序

歲庚戌，南皋鄒先生周一甲子，門下士雲陽聲和曠侯，暨其同門李懋明侍御，乞予言爲壽。予謝曰：「先生當今天下一人也，憲何足以辱先生？敢辭。」侯固以請，予忽忽心動，起而拜曰：「憲不揣，且願徼侯之寵，有乞於先生也。」侯愕然，予曰：「侯勿異，憲老乞言，古之道也，先生行古之道者也。」

憲姑與侯商之，今先生之年，非孔子耳順之年耶？而孔子於此先之曰「五十而知天命」，繼之曰「七十而從心不踰矩」，何也？學至「知天命」，至矣。知非尋常之知也，孔子又不云「知我其天乎」？是故「知天命」，孔子以天爲知己也；「知我其天」，天以孔子爲知己也。夫然孔子渾身一天矣，渾身一天，則凡百骸九竅，無不感之即應，觸之即通矣。乃由知命而耳順，還隔十年而遥，豈知命時，尚有未順耶？予之不能無疑，而欲乞先生以解者，一也。

猶未也，「孩提之童，無不知愛其親也；及其長也，無不知敬其兄也」，此不慮之知，良知也；不學之能，良能也。[一] 所謂「從心不踰矩」者，蓋自墮地以來而已然矣，乃由耳順而從心，又隔十年而遥，豈耳順時尚有未從耶？予之不能無疑，而欲乞先生以解者，二也。

猶未也，夫人之有耳，猶其有目、有口、有鼻、有四肢也，一順則無不順矣，而説者乃曰：「目以精用，口鼻以氣用，惟耳以神用。目有開闔，口有吐納，鼻有呼吸，惟耳無出入。釋氏謂之圓通，觀耳順，聽以神也。」作如是分别見，然歟？否歟？又曰：「耳順，無復好醜揀擇也，試思好醜是同是異？同則何庸揀擇？異則何嫌揀擇？」作如是顢頇見，然歟？否歟？此予之不能無疑，而欲乞先生以解者，三也。

先生篤信王文成，而又不喜襲「良知」二字，超乘而上，直與孔子相步趨，反而參之耳，奚而順乎？「知命」之果奚而結乎？「從心」之因奚而起乎？是有漸次乎？無漸次乎？無漸次，何以遞列而爲三？有漸次，「耳順」何以居「知命」之後、「從心」之先乎？先生日熙月緝，俯仰去來之間，個中消息必有不離現在而了了者矣，庶幾沛然而

[一] 「良能」，底本、崇禎本、光緒本均作「良知」，據四庫本改。

提命焉，俾予得釋所疑，稍望鞭影，竭蹷而前，并推之以告天下萬世，是則先生之所爲壽與先生之所爲壽天下萬世於無疆者也。

侯喜曰：「善乎，子之爲乞也，請得聞諸先生以報。」

奉壽安節吴先生七十序[一]

昔者孔子自敘其所進，至七十曰「從心不踰矩」，蓋聖學之極也。竊嘗疑之，人之所以爲一身之主者，非心也耶？其所以爲一心之主者，非矩也耶？是故從心必不踰矩，踰矩必不從心，非有二也。味孔子之言，壹似心自心，矩自矩，必竭一生磨勘，方能合而爲一者，何耶？久之，於書得其説。

書曰：「人心惟危，道心惟微，惟精惟一，允執厥中。」中者，矩也。而心者，其發竅也。中本先天，一至發竅，便落後天，而人心、道心岐焉，是故矩有常，心無常，道心有常，人心無常，有常者可從，無常者不可從也。可不可之間，相去幾何？其必精以察之，而不使道心或混於人心；一以守之，而不使人心或二乎道心。然後即心是矩，

[一] 此標題底本作「奉壽安節吴先生七十」，據底本目録及諸校本補。

即矩是心，本來混合之體，適復其初，無往而不可從矣。此學之所以不可已也。秦、漢以降，斯義寥寥，至宋，大儒有作而聖學中興。徐而按之，入其間者，大都主於謹嚴，可謂不踰矩矣，而矩未必一一從心，其弊也多流而拘；近儒矯之，一切掃去，轉而之於灑落，可謂從心所欲矣，而心未必一一不踰矩，其弊也多流而蕩。此從心不踰矩，即聖如孔子，尚須積累而後至，其特揭此以示人，又若照見天下後世種種弊竇，而逆爲之防也，其指深矣。

荆溪安節吴先生少而好學，老而不厭，服官中外，以忠厚正直發聲，海内共推遜之。家庭之間，有之矩；爲之子，有允執；爲之孫，融融泄泄，遞爲知己，備極天倫之樂，曾不謂：「是足以明『得志而惟日孜孜性命之求』。」

當歲戊申，予奉先生之命，會於其邑之南岳先生，亟爲予誦「從心不踰矩」一語，予憬然有省。

越三年庚戌，先生七十。予甥王惟懷偕其年家子儲既白等共就予，謀所以壽先生者，予因述所聞爲諸君誦之。

諸君進曰：「先生於此遵何塗而入乎？」

予曰：「先生言之矣。曰：『昔年訥溪周師語予：「以爾席祖父美大之業，希聖賢高明之志，願學以充之，務在任重道遠。」此勖予以實修也。』頃年，與予友鄒爾瞻證道文江舟中。別後，又遺予書，以落『道理安排』障，與『沉溺苦海』同，務在自得其得，此啓予以實悟也。味斯言也，先生之素所磨勘可知也。已是故，即修即悟，無所不檢攝，而非矜持；即悟即修，無所不超脱，而非放曠，宜其有味於『從心不踰矩』之指也。」

諸君曰：「此孔子事也，言何容易？」

予曰：「非也。孩提之童，見親則愛；及其長也，見兄則敬。不慮而知，不學而能，便是聖胎。究竟成聖，不過滿其分量耳，故有百姓日用之『從心不踰矩』，有由、賜諸賢一體之『從心不踰矩』，有顔、曾諸賢具體之『從心不踰矩』，有孔子太極同體之『從心不踰矩』，謂有生熟、微著、大小之不同，則可謂有兩體段不可也，況先生悟修兼茂如是，苟不至於究竟，豈但已哉？」

因屬諸君悉其説，請正於先生。先生喜曰：「由前所言，見『從心不踰矩』之難，令人即欲一念自怠而不得；由後所言，見『從心不踰矩』之易，令人即欲一毫自諉而不得。甚矣！顧叔子之愛我也。」

予聞之，又憬然有省也。謝曰：「犬馬之齒，亦周一甲子而餘矣，方當執鞭以隨先生之後，先生其勿予棄乎！願得歲歲借南岳爲祝，而相與賡抑之章。」

壽念庭周老師七十序[一]

萬曆己酉，臨川念庭周先生七十，門下士顧子憲成思效華封之祝，同里諸父老聞之，就而詢其説。

顧子曰：「憲也陋，無能窺先生萬一，聊以申吾私也。始，先生進憲而試之，欣然賞異，拔置高等。嗣後三試三冠，每相見，所提勖皆在尋常之表。一日，手周元公太極圖説、程淳公識仁篇、張成公西銘授焉。憲退而習之，至忘寢食，於今不敢怠皇。是先生之大有造於憲也，請爲先生壽。先贈公家徒四壁，而亟督憲，望其成，羔雉之費往往稱貸以濟。先生聞之，時爲分俸，先贈公驚曰：『孺子何修而可以承此？必勿受。』先生不可。已而廉知狀，嗟嘆再三。適有以居間屬者，先贈公怒而唾其人。先生又廉知之，將延先贈公於賓筵，以示旌異。先贈公固辭不可，乃罷，而益口先贈公不置。是先生又大有造於憲父子也，請代先贈公爲先生壽。先

[一] 此標題底本目録作「壽念翁周老師七十序」。

家季允方垂髫，從諸童儒試，咄嗟而文就，先生一覽，奇之，逢人説項，不啻其口。先季益感奮，不數年而掇一第，以克有立。是先生又大有造於憲兄弟也，請代先家季爲先生壽。」

諸父老喜曰：「信矣！美矣！惜未離乎私也，請廣之，可乎？」

顧子曰：「可哉。先生廉明倜儻，意用不凡。其爲政嚴於豪强而寬於弱小，務大體，諸瑣屑一切無所問。久之，獄訟稀簡，遂卧而治之。邑有糧長之役，最稱繁鉅，每當僉審，請求百端，至於覆匿推移，情僞旁出，不可殫既。先生五日而訖事，人以爲神。即有不服，呼而數之，若居某里田，在籍者幾何，其竄他籍者幾何，歲出入幾何，他殖幾何，嬴幾何，雖其井里姻戚，莫能如是之悉也。其人大驚，不知何從得之，率叩首稱謝去。一二巨室憾之，造爲飛語，多方媒孽，先生屹不爲動。是先生之大有造於予邑也，非一家所得而私也，宜壽。比徵入諫垣，值張江陵用事，時在位者率阿指取容，而言官特甚。先生又其所舉士，内念不可，乃佯爲不喻也者。凡有建白，無激無徇，率攄其中之所欲言。比江陵没，當路謂：『天垣長久溺職，宜無拘常格於諸垣長。』簡賢而調，衆皆推先生及蕭公念渠，蕭公即又推先生，乃調先生。先生次第疏舉海内名賢，向來山棲穴處之朋，遂得後先柄事，發皇精采，彬彬稱盛。至特疏救魏南是先生之大樂、李臨潼，雖以取忤於時，不恤。已而兩人俱至大用，屹然爲柱石臣。是先生之大有造於斯世也，非一邑所得而私也，宜壽。」

諸父老乃相顧踴躍，肅顧子而謝。

顧子曰：「猶未也。先生雅負超世之襟，當令吾邑，案牘之暇，時時攀九龍而汲二泉，[二]把觴賦咏，灑然自適。今先生歸乎有年矣，佳子佳孫聯翩滿庭，人間之勝事備矣。即臺省薦剡相屬，泊然如不聞也。至覩時局之紛糾，輒又慨然太息，時時貽書及之，情見乎辭。由前則處有事之地而能樂，由後則處無事之地而能憂。此其際，不亦微哉？彼夫域進域退，庸庸泄泄，徒以一官而已焉者，其局量相去何如也？」

於是諸父老皆起而拜曰：「美矣！悉矣！子其觴而薦千秋焉。吾儕小人且遥賡甘棠三章以侑。」

[二]「二泉」，底本、四庫本作「九泉」，崇禎本、光緒本作「二泉」，據改。按涇皋藏稿卷五請修復東林書院公啓有「不腆九峰、二泉之間」語，卷十陸文定公特祠記有「尚當采九龍之芝，侑以二泉」語；涇皋淵源録卷一念庭周先生有「時時攀九龍而汲二泉」語。是「九龍」常與「二泉」對舉。

贈少府榮洲連公擢南民部郎序

昔程子讀孟子「舜發於畎畝」章，而曰：「若要熟也，須從這裏過。」何也？人身一副真精神，必從憂患中抖擻過來，方能全體透露；一切浮心躁氣，必從憂患中磨洗過來，方能徹底消融。

天下之故，國家之表裏，紛紜曲折，莫可端倪，必從憂患中歷練備嘗過來，方能四通八達，操縱在我，沛然而無不如志。故夫晦者兆其明者也，退者基其進者也，屈者成其伸者也，斷可知已。

榮洲連公，閩之華胄也，用名進士，起家巖邑，孜孜勤民，耻爲操切，竟以不善俯仰於時，左遷州別駕。久之，移理桂林，晉河間少府，尋抱艱而歸。服闋，補貳吾常。蓋後先幾二十年所矣，何其淹也！公方夷然而安之，不爲閔；早夜殫精，白而赴之，不爲挫。防江江輯，魚鱉不驚；攝郡郡理，雞豚不擾。久之，政聲流通，薦剡交上，擢南民部郎去。

嗟乎！人之於世，如公所經涉往往有之，却往往以境轉我，弛然而自廢。惟公能以我轉境，抑而愈振，遏而愈張，積勤累辛，成其遠大。譬之蘖以歷冰而翠，梅以含雪而香，嚴霜凍結，土綀其骨，木綀其皮，嫩色全除，本性彌固，有味乎程子之言之也，於是公且行。

予邑陳侯偕武進張侯、江陰許侯、靖江景侯，屬贈言於予。予曰：「聞之『凡不爲憂患摧志者，必不爲安樂肆志』，夫不爲憂患摧志，則常有以自振也；不爲安樂肆志，則常有以自檢也。誠如是，即之於天下可也，一司農何有？獨計恒情，居憂患每冀安樂，其激發也易；居安樂輒忘憂患，其斂戢也難。而今而往，公遇且日亨，位且日高，望且日茂，德業且日光，其尚無忘二十年間東西南北之崎嶇哉！」

贈中丞懷魯周公晉秩總河序

顧憲成曰：「異哉！我懷魯周公之撫吴也！惟兹林林總總，百萬生靈，且以爲明神，且以爲慈父，惟恐公之一日去也；惟彼言者一不已而再，再不已而三，惟恐公之一日不去也。夫人情豈相遠哉？而愛憎讚毁判若兩截然，何也？將公有遺行耶？先是，公晉擢總河，予業奉蔡觀察指，稍稍敘述公之仁猷義略矣，今請并跡公之素。」

初，予從閩中劉紉華游，問：「所與何人？」紉華曰：「有同門周懷魯者，其人不特有才，且有識，非凡流也。」已而，公令臨海，用治行異等，徵入爲御史。適趙考功儕鶴論時事，忤當路，其客諷公糾之，公不應，而吴比部徹如且特疏彈陳都諫，臺省鬨然而起，曰：「言官，論人者也，非論於人者也。奈何壞我體面，將合疏排焉？」公又與萬二愚静止，史奉常玉池應召而北。公時爲督學，約玉池偕許京兆少薇啓諸執政，請行東宫三禮。久之，執政議欲先大婚而後册立，公又與王銓部澹生力言其不可。當三殿之災也，諸公卿相率捐俸以佐大工，有所知謂：「公行當及臺省矣。」公曰：「是何薄待吾君之甚也！且薄待吾君以好貨，則捐俸。假令薄待吾君以好色，將何捐？」所知艴然，不悦而去。公之功德我吴，既章章如此；其立朝大節，又卓卓如此。紉華之推不虚耳，而猶不免於多口，何也？意其偶未之知耶？予竊惑焉，時時與景逸諸君子語及之，輒相對喟然太息。

予因進曰：不抑不揚，不晦不明，自有言者，而後有諸父老叩闕之請，代公寫出一段爲地方真精神；自繼有言者，而後有吾儕之喋喋，代公寫出一副爲國家真肝膽。中山之篋，所以昭樂羊也；明珠之謗，所以昭伏波也。公何病焉？諸君子皆曰善，於是公引咎請罷，上不許，特加慰勉，促赴河上。公復具疏請，不待報而歸。予同諸君子操扁舟追送之，具酌卮酒而告之曰：「諸儀部敬陽，嘗爲予言，吴門殷孝廉作令而歸，邑人遮道攀留，車不得前，口吟曰：『仰面青天無愧色，回頭赤子有餘情。』相傳以爲佳語，公行矣。」追計生平行事，歷歷心目，衾影互質，眠食俱穩，南山之南，北山之北，何所不可？惟是我皇上明見萬里，一則曰大得民，一則曰久著勞績，抑何知公之深，信公之篤也。而今而往，其始終委重，公屬以平成之寄，願公幡然不俟駕而北，仰酬特達之眷，即惠顧東南，從民之欲，還我公於吴。公尚曰：「我思用吴，人無爲悻悻之小丈夫哉！」

奉賀邑侯石湖陳父母考績序

世之所謂良吏，吾知之矣。前之有所慕於名，而後之有所懼於戾，二念交持，其勢不得不勉而振刷。即有情之所易溺，可斬而割也；即有勢之所難堪，可作而赴也。久之，其所可慕者，或幸而得之，將遂意之揚，氣之高，不復見其有可懼，往往至於侈然而自恣，又或齟齬不偶；其所可慕者，既已無望，將遂意之沮，氣之消，不暇計其有可懼，往往至於頽然而自廢。是故始乎張，常卒乎弛；始乎惕，常卒乎惰；始乎奮，常卒乎靡。人見其然，則曰：「何渠改節易行如是？」而不知原無可改之節，可易之行也。要不過暫而飾，久而露出真面目耳。是可以爲良吏乎哉？

吾之所謂良吏，必自真心爲民始。真心爲民，則饑由己饑，寒由己寒，溺由己溺，痌瘝疾痛由己痌瘝疾痛，其所孜孜焉，慕而趨者，第問其有益於民與否耳，不問其有益於我與否也；其所皇皇焉，懼而避者，第問其有損於民與否耳，不問其有損於我否也。何者？惟其真心爲民也。

吾邑石湖陳侯，其坐臻此道矣。始，侯釋褐吴門，下車之日，風采傾動，望者便知爲地方之福。徐而按其爲政，大都嚴於身而寬於民，嚴於皇堂而寬於閭巷，嚴於强禦而寬於弱小。適無歲，撫摩周恤，備瀝肺肝，邑賴以全活。嘗有富豪麗於法，毅然執三尺繩之不少假。遂大騰謗，百計誣構，公聞之自如，不爲色怒。俄而當路廉知其人，立置之理，比入覲，都人嘖嘖指目：「是强項吏耶！」一時聲大噪。識者謂：「有吏如此，不可令魑魅得巧肆其毒。」乃移吾邑，所以保護擁持，德意甚盛，而公居之亦自如，不爲色喜，方且夙夜在公，益皜皜自濯。爲之清訟獄，因而不遂；爲之清賦税，期而不督；爲之清奸宄，肅而不擾。猶以爲未也，時以其間進多士，相與商確文藝，講論道德，則古昔而稱先王無墮流俗。又以爲未也，時時訪求孝弟貞節，表而揚之，使人曉然，諭於向往之路，有所興起，何侯之惓惓有加而無已乃爾哉？非其真心爲民，夫孰得而幾焉？故嘗論之，凡人之發念，從名根來，即可以毁譽動之；從利根來，即可以得失動之。惟從真心爲民來，即無毀譽、無得失，進而無所慕於前，退而無所懼於後，精神意氣，鋭然常新，歷久暫如一日。如侯者，[二]正吾之所謂良吏，非世之所謂良吏也。

於是後先浹三載，當考滿之期，諸同寅戴君、宋君、劉君屬予言爲賀。予曰：「君覩公之政，亦覩公之心乎？公之政在吴滿吴，在錫滿錫，洋洋口碑，可按而述。公之心則淵淵浩浩，了無涯際，曾不見其滿也。況侯業已課治行第一，自是而往，望日益崇，位日益顯，或進而銓衡，或進而臺省，又進而鼎鉉。其所施設表見，當有百倍於今者，吾亦何敢僅僅跡耳目之所覩記擬侯哉？姑書此，以爲之兆可爾。」三君曰：「善！」爰授簡。

贈本菴方先生還里序

予憲成私淑本菴方先生有年矣，蓋嘗讀其會語數編，得言教焉，於今更喜得身教。先生表章正學，士類嚮風，憲成宜循牆負笈，附弟子之末，尚愧未能，乃先生不遠

[二]「侯」，底本作「候」，據諸校本改。

千里駕扁舟，携二三高足，儼然而臨睨東林。德愈盛，心愈下，萬頃汪洋，孰窺其際？此憲成之所爲茫然自失者也。

憲成行年六十有二耳，精力已消亡盡矣，又不能自愛，時時善病。先生加憲成十年，而神甚王，色若孺子，行住坐卧，灑灑自得，非養深積厚，何以臻兹睟盎？此憲成之所爲惕然有省者也。

王山陰、羅盱江並以妙悟推，而輿論不大滿者，只爲其襲傳食故事，所至溷有司，其門人且往往緣而爲市耳。先生至予邑且數日，邑侯陳石湖聞而造謁，始往報焉，頻發，擬送一舟，謝却之，人以爲過，從行汪崇正安述之曰：「先生素守如是，不可强，予輩亦不之强也。」聞者嘆曰：「可謂是師是弟矣。」此又憲成之所爲欣然，中心悦而誠服者也，夫非先生之身教乎哉？

及憲成等朝夕侍先生側，[一]先生又時切提撕，不一而足，同志來見者大扣大應，小扣小應，不少倦也。已而言别，又作别語，剖示玄珠，叮嚀反覆，令人即欲自棄而不得，此又先生之心教矣。

[一]「側」，底本、崇禎本、光緒本作「則」，據四庫本改。

憲成何幸，坐而獲多益於先生。爾爾因退而記之，置之案頭，以爲但於此一展玩焉，便凛如先生之臨其上，無敢戲渝。并寫一通納之先生，以爲先生誠不我忘，但於此一寓目焉，便宛如憲成之在側，當源源而施針砭也。先生許之，庶幾千里惓惓，始終其不虛也已。於是酌巵酒爲先生壽，送至毘陵，赴經正堂之會而別。

顧憲成全集卷五十五

涇皋藏稿十

記

愧軒記

昔柳子厚落職永州，其所爲文辭，往往有無聊之色。至如蘇子瞻，又何超然自得也。其詩曰：「日啖荔枝三百個，不妨長作嶺南人。」可謂知所處矣。予竊惟順逆，時也；窮通，命也。君子素其位而行，不願乎其外，何則以憂？臣之事君，猶子之事親也。臣不得於君，子不得於親，所宜日夜省愆補過，兢惕以將之，誠懇以格之，動心忍性，增益其不能以俟之，何則以樂？憂近歉，樂近盈，是故柳既失矣，蘇亦未爲得也。

雖然，是二子者，固有説焉。子厚倜儻負奇，有經世心，其暱於叔文等，非直冀富貴而已，一旦被不祥之名以出，將何以堪？子瞻高曠拔俗，不能下人，人以故争疾而中之，非必上意也。若是者，曾不啻浮雲之過太虚，而何足以介於臆？然則子厚之憂、子瞻之樂並自不苟耳，且非獨此也，子厚誠不勝無聊，卒能發憤淬礪，列於不朽，與韓昌黎並驅，則亦可以洗滌夙垢，用自愉快，消其窮愁。子瞻豈不稱超然哉？而忠君愛國出自天性，顧坐戇直數賈罪，俾讒邪得氣，重貽主德之累，則黯慘懇惻，殆有甚焉者矣。此又以知子厚之憂未嘗無樂，子瞻之樂未嘗無憂，非恒情可得而測也。

予無似，自度去二子遠甚，敢謬附於憂與樂兩者之間。惟是奉譴以來，自監司而下卒，儼然而客之，不及以政，其州之耆老子弟，顧以爲是父母我也，一切供事惟謹，而予靡毫髮報塞。間嘗與諸士有所揚榷，大都不離於訓詁，非能益之也。於是乎歸而求之六尺之軀，猶然故吾，儆發困衡，總歸鹵莽，又靡毫髮表樹，怠其職而勤其享，據其名而隳其實，有愧而已。予考州乘，往莊公定山亦嘗謫於此，甚有恩德，至今人能道説之。若焦泌陽，雖貴在日月之際，莫之問也。得失之鑒，昭然甚明，予將奚居哉？

嗟乎！柳氏，文而已也；蘇氏，未離乎文也；莊氏，離乎文矣，其庶乎？晚年一出，尚不免於忌口，況其下焉者哉？甚矣哉！出處之難也。

予至桂城無所居，假館藩署，日起無事，時時坐其中軒，攤書而閱之，輒復内念：「仰而無以對於先哲也，俯而無以對於州之耆老子弟也。」因顔之曰「愧軒」而爲之記。其説如此，欲令天下後世知予之過云爾。

游月巖記

予以歲之九月六日至桂陽，越五日有永州之行，行三日徑道州，州大夫張四可氏出謁予，爲問訊濂溪周先生故事。大夫曰：「州可四十里有月巖，相傳以爲先生悟道處，此一奇觀也。」予曰：「何如？」大夫曰：「志言巖形如圓廩，中可容數萬斛，東西兩門通道，當洞之中，而虛其頂。自東望之，如月上弦；自西望之，如月下弦；自其中望之，如月之望。先生則之以畫太極圖云。」

已，晤彭將軍哲菴氏，語及之，亦曰信。予曰：「有是哉？」明日遂偕往，既至，歷崖而登，下就几少息焉，徙倚四顧，奇石森列，滿壁而是，眉睫之間，[一]變幻紛沓，應接

[一]「眉睫」，底本作「眉睫」，據諸校本改。

不暇，即王子猷山陰道中不知有此否？哲菴氏曰：「吾聞諸志矣，『如走猊，如伏犀，如鼉蹣跚，如鳳翶翔，如龍蛇蜿蜒』，可謂筆端有畫。」予曰：「未盡也，擬爲之名，卒不得其似而止。」遂與二君徐而前，就其中望之，既圓且朗，果如所言，不謬。予因笑謂曰：「今日望日也，故應有此。」已轉而西，尋却而東，所至輒佇立凝視，遞相嗟賞。已，復登其巔，忽見白雲數點，冉冉從東而來，望之可數里内外。張君異之，指其處，呼予而謂曰：「是濂溪先生故里也。」予聞之，翩翩神王，爾時覺得兩腋風生，便欲乘雲而往。攬濯纓之亭，飲其泉一斛，洗滌塵氛，徐而從先生乞太極圖也。爲之徘徊者久之，既而還坐其下，左右薦觴，觴到輒盡，主亦不勸，客亦不辭，清言亹亹，爾我俱失。少頃，薄雨乍收，斜陽欲下，陶然相對，氤氲滿懷。

輿人竊竊從旁言暮矣，弗問也。從容謂：「二君樂乎？」張君曰：「當此之際，不知胸中有何物，亦不知天地間更有何事。」彭君首肯，曰：「如是，如是。」二君還問予，予曰：「亦復如是。」起而嘆曰：「美哉兹游也！無物，内礙忘矣；無事，外礙忘矣。内外兩忘，濂溪先生之所謂静也，昭昭乎進於太極矣。吾儕偶爾寄適。俯仰之頃，意象豁如，輒自有會心處，何況先生乎？其所得於兹巖之助豈少哉？即謂則之以畫太極圖，未爲迂也，昔者朱子疏大學『格物』之義，謂一草一木亦不可不理會，王文成非之曰：『奈何舍内而徇外。』由今觀之，何内何外！河之馬，可以畫卦；洛之龜，可以敘疇。天高地下，萬物散殊，新腐陳奇，總歸神理，人自爲間隔耳。文成殆激於世之舍内而徇外者發歟？吾於兹巖乎有悟也。雖然，悟之非難，實有之爲難。今夫先生之稱主静，何也？主者，譬如家之有長，國之有公侯，天下之有君王，不得一日而無，非若羈旅之倏來倏去也。吾儕幸徼須臾之暇，探奇討勝，回視轇轇擾擾之鄉，迥若仙凡，以故情暢神怡，灑然自適。退而與轇轇擾擾者交，卒亦歸於轇轇擾擾而已，夫焉得而有之？不惟是也，吾與張君故生長吴、越間，去此四千里而餘；彭君即楚産乎，家故赤壁之下，去此亦二千里而餘。生平傾慕先生，如饑如渴，一旦得游其處，以是目若爲之加明，耳若爲之加聰，心若爲之加爽。假令朝於斯，夕於斯，取諸衣帶間而足，且將狎爲故常，漫不加省，欲一幾希於灑然，弗可得已。雖日居其中，與在轇轇擾擾之鄉何異？然則向之所云静，揆諸周子之指，恐不特如吾三人之居之去兹巖僅僅二千里或四千里已也，何謂悟哉？」

二君稱善，就予索主静之訣，予面壁不答。已而曰：「其試問諸月巖。」遂各盡一觴，别去。

越七日，還自永州，爰籍其語而存之，用自省焉，兼以遺二君。是歲萬曆十五年也。

尚行精舍記

予向讀孚如鄒子衡言，有曰：「今教化翔洽，家性命而人堯、舜，而議論愈精，世趨愈下。維世君子，惟以躬行立教，斯救時第一義乎！」作而嘆曰：「有是哉！何鄒子之先得我心之同然也！不穀當佐下風矣。」一日，郡侯懷白周公貽予書曰：「吾師鄒先生里居，新構一書舍，顏曰『尚行』，群同志講習其中，蓋慨然有感於空言之弊，思以身挽之，厥意甚盛。竊謂此舉不可以無記，敢請。」乃孚如書來，亦屬予記之。

予又作而嘆曰：「有是哉！何鄒子之勇也！不穀當拜下風矣。」雖然，世得無且以悟求鄒子哉？予以爲鄒子之標「尚行」，正悟後語也，何也？凡人之於道，當其未有所見，即誘之而使爲，弗爲也；將又迫之而使爲，弗爲也。幸而爲矣，安排而已耳，把捉而已耳。朝而作，夕而輟；夕而作，朝而輟，矯强而已耳，猶弗爲也。及其既有所見，而後有真趣味出焉；有真趣味，而後有真愛慕出焉；有真愛慕，而後有真精神出焉；有真精神，而後有真體驗出焉。其於行也，不誘而勸，不迫而趨。天地之大，萬物之衆，不以易之矣。故曰「鄒子之標『尚行』，正悟後語也」。

夫安得以悟求鄒子？且夫世之言悟者津津矣，予不敢以爲非也，亦嘗歸而證之於行歟？古之聖賢戰兢臨履，於其日用之常，終身勉勉而不足；今也雍容指顧，於其精微要眇，一朝闡揚而有餘。試令歸而證之於行，果能如其言，一一實有之而無憾歟？果能如其言，一一實有之而無憾也，則是軼聖賢而上也。如其未也，彼所謂悟，無乃揣摩億度而已歟？新會主靜，姚江致知，其所參叩凡幾何？所磨勘凡幾何？所抽添剥換凡幾何？厥維艱矣，可以揣摩億度當之與？然則鄒子之標「尚行」，特以諷夫好言悟者，使其自反而自識之，而非以悟爲諱也，又安得以悟求鄒子？而況鄒子之説，在未悟者尊而用之，究也必將漸著漸察，人事盡而天理現，一旦豁然而貫通矣；在已悟者尊而用之，究也必將益昭益瑩，淪肌膚而浹骨髓，不知手之舞之，足之蹈之矣。然則悟於何始？因行而始。悟於何終？因行而終。鄒子之標「尚行」，乃其深於標悟者也，又安得以悟求鄒子？無已，亦就鄒子所標「尚行」一言，還以求之而已矣。

鄒子負俊才，摛英掞藻，翩翩方駕作者，而不以爲足也。進而秉銓政，鋭意澄清。辛壬之際，天下一日易視改聽，迄於今賴之，而又不以爲足也。退而修諸家，曷曷自濯，履繩蹈墨，不越尺寸，蓋鄒子之『尚行』類如此，予將何求？

獨念天理難純而易雜，人情有初而鮮終。而今而往，其惟盡刊枝葉，并力一源，斷以不疑，積以不懈，緝熙庚續，日新富有，期於衾影無怍，寤寐一如，庶幾心體渾全，拈來是道。出而爲文章，不炫技能；出而爲事功，不矜意氣。卓然稱昭代粹儒焉。然後人莫不曰：「是信能尚行者也！是信能以身爲標者也！是信能砥柱中流、障狂瀾而東之者也！」其有裨於世道人心，非淺鮮已。

予於鄒子衷交也，故不以頌而以規，鄒子其許之哉？因書而就正於周侯，遂以復鄒子，願鄒子之更有以進予，俾予果得望下風也。

虞山書院記

常熟，先賢言子游闕里也，有書院一所，相傳爲吴中子弟從游聚講之地，一名文學書院，一名學道書院。自宋入元嘗廢，於至正之末至國朝宣德間而復，嘗再廢於萬曆之八年，無幾何而又復蓋。斯文命脈所關，自有一段精光灼爍於人心，不容滅没，宜其爾爾。惟是規制未備，過者惜焉。

瀛海耿侯孜孜好道，來莅邑事，釐奸剔蠹，百務維新。期年，民大治，肅將只歡，弦歌滿四境矣。一日，謁子游祠下，低回不能去，慨然嘆曰：「是予之責也夫！是予之責也夫！」遂請於當道而鼎新之。首捐獎金爲倡，繼之以俸。於時撫臺周公、李公，操江耿公、丁公，巡按今擢提學楊公，巡鹽左公，巡倉孫公，巡江李公，兵備楊公、蔡公，知府李公，咸高其誼，各捐金佐之。邑之衿紳翕然丕應，越父老子姓，亦莫不踴躍供事，甫五月遂告成。

峨峨虞山，儼然東南大觀在焉，因易名虞山書院，志地也。顏其祠曰「言子親之」，亦尊之也。配以遊寓，梁昭明太子統、名宦宋縣令孫公應時、邑賢明修撰張公洪、都憲吴公訥、侍郎徐公恪、别駕桑公悦、大參周公木、孝廉鄧公韨、縣幕朱公召、布衣鄒公泉從輿望也。又爲之遡厥淵源，顏講堂之前曰「願學孔子」，是子游之所踰江蹈河，不遠千里，摳衣而趨，北面禀業者也。旁建精舍，顏曰「友顏」「友曾」「友思」「友孟」，而漢之董，宋之周、邵、二程、朱、陸，我明之薛、胡、陳、王諸先生，俱次第列焉，是子游之所後先二千載之間，相與疏附奔走，作孔子羽翼者也。入其門，登其堂，俯仰瞻盼，洋洋乎如在其上，如在其左右，宗廟之美，百官之富，不減洙、泗當年矣。

於是其裔孫諸生曰福、曰喜及姪逢堯偕詣予，乞文記之，以旌侯德，識不忘。予曰：「此非君之所得私也。」而侯適以書來，囑曰：「願聞一言之教。」予謝曰：「侯業已命之矣，何庸贅？」福曰：「何？」曰：「侯之標『願學孔子』是也，吾儕喫緊在發是願耳。」曰：「自我侯提唱以來，凡環而聽者，亦既蒸蒸奮矣。」予曰：「談何容易？竊計以爲是必有『日忘食，夜忘寢』之真精神焉，是必有『獨立不懼』之真力量焉，是必有『行一不義，殺一不辜而得天下不爲』之真操概焉，是必有『遯世無悶，不見是而無悶』之真胸次焉，是必有『殀壽不貳』之真骨格焉，是必有『爲天地立心，爲生民立命，爲往聖繼絶學，爲萬世開群蒙』之真氣魄焉。六者備矣，然後可云能發是願耳，談何容易！」福曰：「若是其難歟？」曰：「又不然，要在識得孔子耳。孔子曷從而識？要在識得自己耳。何者？自己原來一孔子也。」福曰：「然則孟子何云『人之所以異於禽獸者幾希』？」曰：「此正言人不爲聖賢，即爲禽獸，須從幾希處辨取也。試以見在證，當夫一堂之上彬彬濟濟，非性命不談，非禮法不動，居然聖賢之徒也。固此人也，俄退而與鄉人處，率未免墮入習套中矣；俄又退而與家人處，率未免墮入習情中矣。甚而放僻邪侈，無所不爲，違禽獸不遠矣，亦此人也，何判然懸絶如此哉？其幾，只係於一念間耳。故曰『庶民去之，君子存之』，其存其去，兩者不能以寸，幾希之謂也。每讀魏莊渠先生述陳元城之言曰：『凡人自期待，當以聖賢；自尅責，當以禽獸。』每讀之，輒隱隱心動。竊以爲必如此，乃能識得幾希；識得幾希，乃能識得自己；識得自己，乃能識得孔子。誠識得孔子，即欲不爲孔子，不可得已。此予所窺於侯之微指，敢代侯引其端，君幸爲余復於侯，曰：『侯之潛心孔子有年矣，必有會也，庶幾沛然悉其藏，以嘉惠我吴，俾斯道昭昭如白日之中天，俾吴人士自知灑掃應對以上，皆明於向往，如撥雲霧而覩白日，斯予之願也。夫豈惟予之願？實侯之願也。夫豈惟侯之願？實孔子之願也。然後言子之北學而歸不爲孤，孔子之所莞爾而笑，不獨在武城矣，侯其無讓哉！』」

福等咸起，拜曰：「論至此，委非眇末可得而私也。」遂次其語，歸而鑱諸石。周公，名孔教，臨川人。李公，名三才，順天人。耿公，名定力，麻城人。丁公，名賓，嘉善人。楊公，名廷筠，仁和人。左公，名宗郢，南城人。孫公，名居相，沁水人。李公，名雲鵠，内鄉人。楊公，名洵，濟寧人。蔡公，名獻臣，同安人。李公，名右諫，豐城人。耿侯，名橘，河間人。乃若教諭則黄家謀，訓導則化大順、朱朝選，縣丞則趙繼俊、樓汝棟，主簿則王化、曾承忻，典史則俞鉦，皆與襄乎盛事者也，法得附書。

陸文定公特祠記

有客問於余曰：「陸文定公何如人也？」余曰：「是海内所共傳平泉先生者耶！

先生業已自拈出矣，何俟贊一辭？」客曰：「何？」曰：「余有味乎先生之所謂『平』也。孔子不云乎：『天下國家可均也，爵禄可辭也，白刃可蹈也，中庸不可能也。』何以不可能？中而繫諸庸，言平也。平無奇，非可以意見播弄也；平無辟，非可以意念把持也；平無險，非可以意氣馳騁也。故曰：『知者過之，愚者不及也；賢者過之，不肖者不及也。』知愚賢不肖之相去遠矣。引而納諸中庸，知者亦愚，賢者亦不肖，一切伎倆都無用處，所以不可能也。先生其幾之矣！」

先生少從家人受農，帶經而鋤，已請於其尊人志梅公，乃得竟業。業成，舉南宫第一人，選讀中秘書，顧耻以文藻自雄，退而潛精性命，日切磨於諸名賢長者間。其學原本六經，不好章句，時有會心處，拈片紙灑筆題之，往往出人意表。旁通二氏，用以解脱塵莽，淘洗渣滓，不爲溺，亦不爲諱也。而曰：「吾於般若有緣。」久之，所養日益充，所造日益粹，湛湛穆穆，渾然天成。其於規矩繩墨尺寸惟謹，而未嘗故爲莊嚴以示異；其於日用事物儻然而來，儻然而往，了無揀擇，而未嘗漫爲遷就以示同。不争之矜，不黨之群，先生有焉，且子不見之乎？達如徐文貞，其於天下賢人君子無所不推挽，而獨不能以溷先生也；奸如嚴分宜，悍如張江陵，其於天下賢人君子無所不摧剥，而獨不能以加先生也，何者？先生固不可得而親，不可得而疏也。有味乎先生之所謂「平」也。

客曰：「先生始爲諸生，邑令朱公廉其貧，周之不受，則諷使居間，先生若爲不喻也者而去之。及以庶吉士補官，張文毅忽問：『謁内閣有贄乎？』先生謝：『無有。』公曰：『此故事我假若二幣往可也。』先生逡巡持歸，明日竟不用，復持還。凡皆細事耳，何必硜硜，乃爾將無近於固？」

曰：「吾聞之也，事有大小，道無大小。如其道，千駟萬鍾安焉；非其道，一介不以取諸人，一介不以與諸人。兹固也，正所謂平也。」

曰：「先生登第六十五年，屢歸屢起，屢起屢歸，後先守官，不及一紀，餘日皆爲山林所有，依稀是接輿、荷蕢間人矣，將無近於偏？」

曰：「吾聞之也。進者，人情之所易，須受之以難；退者，人情之所難，須受之以易。然後兩得恰當焉。故曰三讓而進，一辭而退。兹偏也，正所謂平也。」

客曰：「先生晚而赴宗伯之召，慨然有開濟之懷，旋以時事不合謝病歸，可謂見幾而作矣。瀕行，復疏陳十事，而所列辨宫府、抑戚倖、斥貂璫大觸時忌，類少年英鋭之爲，將無近於激？」

曰：「吾聞之也，大臣上與宗廟社稷爲一體，不以去就二心；下與四海九州爲一體，不以行藏改慮。韓、范、富、歐率由茲軌誠其中，有不能自已者耳。茲激也，正所謂平也。若乃模稜而已耳，調停而已耳，同流合污，求免非刺而已耳，是世俗之所謂平，非先生之所謂平也。故曰：『有似是而非，有似非而是，兩者之分，毫釐千里，不可不察也。』」

客曰：「然則先生可以相矣？」曰：「可哉！先生亦嘗言之矣：『宰相，元氣也；臺諫，藥石也。調和燮理，輔元氣也，貴其平；繩愆彈違，備藥石也，貴其明。』至范質謂：『吸得三斗釅醋，方可作宰相。』則又力破其似是之非，而惜質欠世宗一死。由此觀之，於相乎何有？」

已，又語客曰：「相有待於先生，先生無待於相也。吾見其生也，人皆仰之；其逝也，人皆悼之。作範當年，流風來世，將令薄夫敦，頑夫廉，鄙夫寬，懦夫立，先生一段精神，未嘗一日不默行乎天壤之間也。盛德大業，斯其在矣，相與否曷論焉？」

會其鄉人聚族而謀，爲特祠俎豆先生，先生之子大行君伯達屬予爲記。予於先生，當在私淑弟子之列，自愧淺陋，不足以窺先生，而獨有味乎「平」之一言，以爲如先生可謂幾於中庸矣，因述所嘗論次爲復。異日者，尚當采九龍之芝，侑以二泉，躬薦先生祠下而就正焉，先生其許之哉？

龔毅所先生城南書院生祠永思碑記

予抱痾涇曲，日坐卧斗室中，酬應都罷，幾如桃花源人，不復聞人間事。一日，邑中父老趙仁等群而謁予廬，予謝焉，固請，乃見之。進而詢其故，則皆拜而言，曰：「仁等竊願有懇也。」

予曰：「何？」

對曰：「江南之役，最重且艱者，無如糧長；糧長之役，最重且艱者，無如白糧。識者憫其然，嘗爲役田之議矣，嘗爲役銀之議矣，嘗爲役米之議矣，所以爲吾儕計者，誠可謂至矣。惟是一法立，一弊生，利病參半，猶未能廓然而大蘇也。幸鄉達毅所龔先生目擊而心惻之，究晰始末，劑量公私，列爲八議：一曰加白糧之耗米，一曰革千料之糧船，一曰分銀米之徵收，一曰并徭銀之徵收，一曰革無名之供費，一曰免糧船之盤驗，一曰緩批單之勾獲，一曰增金花之滴珠。精審詳密，鑿鑿中窾。當道聞而善之，亟允行焉。自是充役者省費過半，人人德之，飲食必祝曰：『天苟有吾儕，尚無悔於先生。』業就城南書院建立生祠，以致報私。書院，固先生未第時讀書處也。邑侯柴公爲聞之當道，兩院而下，景瞻盛美，並爲顔其祠，表異之！風聲奕奕，九龍增高，二泉增冽矣。仁等猶恐歷時以往，耳目寥曠，即蒙德者或莫知所自，慕德者或莫知所考也，共圖勒碑，貽諸永永，敢乞公記之。」

予喟然嘆曰：「仁哉，先生乎！竊於是有以見先生之心矣。嘗論之，君子之出而效於世也，將爲令焉，必以一邑之休戚爲心；將爲守焉，必以一郡之休戚爲心；將爲藩臬大吏焉，必以一方之休戚爲心。何者？彼其責固有所屬而不可諉也，非徒然也。一邑之休戚，令之職不職稽焉；一郡之休戚，守之職不職稽焉；一方之休戚，藩臬大吏之職不職稽焉。職則有慶，不職有讓，休戚且移之躬矣。由此觀之，彼其勢又有所繫而不得諉也。夫如是，則其朝而經，夕而營，孜孜汲汲，務欲與民聚好而除惡，亦不必仁者而後能也。若其退而里居，脱然釋去當世之寄。高者有巖棲川泳以自愉快，卑者有求田問舍以自封殖而已，於一鄉之休戚，奚問哉？先生乃獨惠盼枌榆，深惟熟計，非有不可諉之責臨乎其前，而懷之如己痛己痒；非有不得諉之勢迫乎其後，而拯之如赴溺赴焚，周建石畫，保世無疆，微夫仁心爲質，與物同體，孰能臻此者乎？先生素厚德長者，兩爲令，一爲守，歇歷藩臬，所在俱有惠澤，民謳思之不忘。今嘉禾、吴橋咸建生祠尸祝之，余竊以此猶有爲而爲者之所得而及也；至其爲德於鄉如是，則非有爲而爲者之所得而及也。宜爲著先生之心，以告鄉之君子，庶幾同是心者。因先生推而廣之，遇利必興，遇弊必革，吾邑其永有賴哉！」仁等起而再拜，曰：「聞公言，不惟見先生之心，又見公之心矣。」遂受而鑱諸石。

先生，名勉，字子勤，登隆慶戊辰進士，官至浙江布政使司右布政使致仕。

重修二泉書院記

吾邑文莊邵先生建書院於惠山之麓，榜之曰二泉。先生没，屬嗣子蔭生煦、贅壻浙江東陽少尹秦汶共守，因肖像其中，歲時瞻禮焉。煦没，嗣勳。勳没，不復能守。汶子太學榛，益併其半之三，榛没，屬季子煋，得盡併而專守之。久而變故百出，幾厭涎口。伯子茂才秋請以身任，址不竟廢。觀察虚臺蔡公過而喟然興嗟，謀諸邑侯林公新之，遂捐鍰金百餘兩，檄馬丞督其事，并葺其家祠。家祠責成邵氏，而書院獨責之秦向，故有分守也。茂才君慨然起曰：「是實在我，若之何其獨勤當路？」乃躬爲經理，佐以家貲百金。自丁未秋七月始，至戊申春三月訖事，規制備具，頓還舊觀，因語余曰：「秋也不敢忘文莊，敢忘蔡公？子其爲我記之。」

余憶往高存之輯先生年譜，有問：「先生何以無後？」未及對，今請申其説。竊以爲先生之所爲「後」，與世人之所爲「後」不同，何者？世人之所爲「後」有待，而先生之所爲「後」無待也。古稱三不朽：太上立德，其次立功，又其次立言。先生誠心質行，表裏皭如，貧賤不爲移，富貴不爲淫，威武不爲屈，能立德矣；由釋褐以至懸車，所在惠澤洽焉，教化行焉，風紀肅焉，典刑樹焉，上獲下信，闇而彌章，能立功矣；簡端録「寤寐聖賢，闡性命之精藴」，日格子折衷千古，定是非之權衡，能立言矣。至於今，流風餘韻宛然如在，兒童走卒無不知有先生也者。是先生之所爲不朽，即先生之所爲「後」也。余少時聞某省有某督學，行部至某縣，閲諸生籍，見吕姓者甚多，於其入謁，命之曰：「孰是吕蒙正之後，列左；孰是吕惠卿之後，列右。」一時俱趨左，無右者。督學嘆曰：「蒙正有後，惠卿無後。」斯言良可味。然而爲斯言者猶有待也，先生則無待也。茂才君又從容言：「先生嘗於中建李丞相忠定公祠，尸祝而俎豆之，以志尚德之思，今亦并加重葺，庶幾先生欣然惠顧，時時降陟其間，即忠定不孤耳。」

予不覺爽然心開，作曰：「信矣信矣！先生之於忠定也，其猶蔡公之於先生也。而今而往，爲忠定之先生者無窮，則爲先生之蔡公者亦無窮；爲先生之蔡公者無窮，則爲先生者亦無窮矣。故曰先生之所爲『後』與世人之所爲『後』不同也。君以爲何如？」茂才君曰：「而今而知『後』之時義大也，請質諸蔡公，當有以復。」

於是乎書。

蔡公，名獻臣，同安人，其爲政也，敦尚風教。林侯，名宰，漳浦人，能與公同心，以有爲者也。馬丞，名之驥，信豐人，規始董成，與有績焉，法得附書。

顧憲成全集卷五十六

涇皋藏稿十一

記

虎林書院記

虞南，陽明先生過化地也。中丞紫亭甘公自少慕道，聞「良知」之説而悦之。歲丙午，持節來撫浙，喜曰：「生平寤寐，於斯慰矣！」既至，大修保釐之政，興利除弊，無不殫厥心，大指以節愛爲本，而躬先之。一時人心信服，翕然風動，争竭精白以應。比及期年，政大行，公喜曰：「可以教矣。」乃謀於藩臬諸大夫而下，暨鄉之衿紳，時詣天真書院而論學焉。

已而以爲是去省城稍遠也，再詣錢庠尊經閣，又以爲是稍局，未足以居四方之賢也。因議改建，僉曰：「莫若舊撫治便。」公往閱之，信，遂改爲虎林書院。而屬錢塘令聶侯經紀其事，始於戊申之十二月，至己酉之二月中落成。俄而，公病作且劇，侯入問，以竣事告，公嘆曰：「竟不得與諸君共印正，如之何？」尋卒，聞者無不流涕，十一郡一州七十五邑之民咸爲罷市。

侯承公志，凡一切未卒業者，皆次第成之，規制大備。謂是舉也，以維世道，以淑民風，以紹往而覺來，宜有記，特書見勖，并述垂革之言。丁寧惓切，予憮然曰：「惜哉，命也，亦已焉哉！雖然，其不已者固自在也，蓋予與公業有所印正矣。」

追惟去春，予過虎林，公出晤昭慶寺，從容謂予曰：「東林會約祖孔子，宗顏、曾，禰思、孟，而師紫陽，不佞讀之契焉，行將倣而圖之，竊有三言欲請。」

予曰：「願聞之。」

公曰：「子之言必稱性善，允矣。然而一善也，或謂之有，而非執着也；或謂之無，而非斷滅也。亦各就所見而云耳，將焉所置是非於其間？」

予曰：「陽明先生之證道天泉也，嘗爲之折衷矣。『四無』之説，接得上根，接不得中下根；『四有』之説，接得中下根，接不得上根。誠欲通上下而兼接，舍性善一宗，其奚之？此即陽明所謂良知也。」

公曰：「如是如是。」頃之，又曰：「邇時論學，率重悟，聞東林特重修，何也？」

予曰：「重修，所以重悟也，夫悟未有不由修而入者也。語不云乎『下學而上達』，下學，修也；上達，悟也。舍下學而言上達，無有是處。」

公曰：「審爾，程子曷云『學必先明諸心，知所往，然後力行以求至也』？」

曰：「知，一也。有就用力言者，體驗省察之謂也，正屬修上事，乃入門第一義也，無容緩也；有就得力言者，融會貫通之謂也，纔屬悟上事，乃入室第一義也，無容急也。故曰『下學而上達』，此吾夫子家法也。」

公曰：「如是如是。」頃之，又曰：「不思不勉，聖詮也。子於此數有推敲，何居？」

曰：「公謂不思者自能不思乎？不勉者自能不勉乎？必有個來脈矣。公謂不思者貴其不思而已乎？不勉者貴其不勉而已乎？必有個落脈矣。中庸曰：『誠者，不勉而中，不思而得。』誠是來脈。曰『得』、曰『中』，是落脈。不向來脈理會分明，縱欲不思不勉，如何强得？不向落脈校勘端的，縱能不思不勉，亦有何用？故予以爲喫緊只在認性，諸所推敲，總欲人透此一路，非有他也。」

公曰：「如是如是。」

遂命左右薦觴，相對甚歡而别。予竊嘆服公之一片虚衷爾爾，當必大有所倡明，以嘉惠一方。無何，公緘示虎林書院會約，獨主白鹿洞規，而自爲之闡發厥旨，復推而廣之，共爲八條。會講之日，首以談玄説妙爲戒，要在切近精實，上下皆通，壹似有概於予言然者。竊喜公之果大有所倡明，不特嘉惠一方而已。

何意公之倏然逝也，退而熟念：「人世共此宇宙，宇宙共此血脈，無今昔，無生死，無去來，無爾我，總之共此擔負，共了此一事耳。」於是請以其印正於公者，代公印正於侯，且聞東溟高公，嗣公莅政，其於斯事特爲注意。於是又請以其印正於侯者，代公印正於高公。適張孝廉赴東林之盟，予詢虎林消息，具言講堂之上，濟濟彬彬，聲氣之孚，日昌日熾。於是又請以其印正於高公者，代公印正於滿座諸君子焉，此固公之一片虚衷，勤勤懇懇，所不能自已。亦即公之嘉惠來學，一念映徹天壤，歷千古如一日者也。纘承光大，務求究竟，勿致孤負，願相與交茂之而已。侯聞之，起謝曰：「作如是觀，公之所爲，永永不亡，吾儕之所爲，不亡我公者，可知也已，不可以不昭也。」爰録而鑱諸石。

甘公，名士价，信豐人，丁丑進士。高公，名舉，淄川人，庚辰進士。侯，名心湯，新淦人，甲辰進士。書院建置始末，詳具侯手記中。

天授區吴氏役田記

吾錫糧長一役，最重且難。天授爲錫首區，其重且難更倍之。予友吴伯子長卿目擊心恫，慨然偕其弟仲奇、叔美、季輝捐田以佐役。長卿二百畝，仲奇一百畝，叔美一百畝，季輝二百畝，[一]區人德焉。復慮其不足以垂久遠也，上書撫臺周公言狀，乞行所司酌立成規，世守無斁。公覽而嘉之，下檄褒異，復貽書爲予誦之。予不能爲義，而好人之爲義，逢人説項，意津津不自休。長卿聞而謂予曰：「是舉也，予聊爲之端而已，實賴季氏成之，而仲氏、叔氏從中襄焉，予何敢蔽？」季輝曰：「否，不然也。予實賴伯兄率仲兄、叔兄左提右挈，以無即於顛墜，何敢不勉？」仲美、叔奇曰：「予兩人上則有兄，下則有弟，豈不厚幸？」頊之，齊曰：「是先諫議之志也，不縠等何有焉？」予聞之，益不禁踴躍作而言曰：「不亦善乎？存如是公共心，肩如是公共任，恒情孰不競利？而獨廓然不自有也，可謂仁矣。且爲兄則推美於弟，爲弟則推美於兄，

[一] 上四句四「百」字，底本、崇禎本均作「伯」，據四庫本、光緒本改。

爲子則推美於親，恒情孰不競名而又退然，不自有也，可謂讓矣。」是一家元氣也。

不寧惟是，錫之爲區共十有三。在南延，則華太史鴻山公爲政而有斯舉矣；在開原，則高大行景逸公爲政而有斯舉矣。迺君之兄弟，聯翩後先於其間，風規彌暢，而今而往，能無感發而興起者乎？果其感發而興起也，凡爲人兄者，將不以此倡其弟乎？凡爲人弟者，將不以此承其兄乎？凡爲人子者，將不以此顯揚其親乎？即人知興仁，人知興讓矣，是一邑元氣也。

不寧惟是，往嘗讀長卿，制義磊落而多采，暨仲奇、叔美、季輝並彬彬質有其文，稱曰「四難」。惜乎時之不逢，猶然滯在青衿耳。即一旦得志，致身日月之際，其忍獨善而已乎？果其不忍獨善而已也，將不以其所以爲兄者，帥世之爲兄者乎？將不以其所以爲弟者，帥世之爲弟者乎？將不以其所以爲子者，帥世之爲子者乎？行當在在興仁，在在興讓矣，是天下元氣也。

諸君其亦相與交茂之哉？於是伯子、仲子、叔子、季子咸避席而謝曰：「大哉言乎！非所及也，請受而告諸先諫議。」

諫議，名汝倫，辛未進士。伯子，名桂芳。仲子，名桂芬。叔子，名桂森。季子，名桂蕚。

修復冉涇箭河碑記

錫故有九箭河，在冉涇橋者爲第三箭。橋曰冉涇，誌地也。維昔爲文莊公二泉邵先生宅，有手書朱子「源頭活水」四字在焉。此水北接蓉湖，西連笠澤，九龍、二泉之秀全滙於此橋之東，清流不改。橋之西，悉受堙没，文莊公曾請於當路，欲復之，爲里人呂刁郎所尼，不果，乃鑿陰渠，暗通弦河一脈，用石覆之，里人仍居其上。會刁郎之屋展轉他鬻，近屬之尤南華比部。比部，故長者，其子太學君時純，克體德心而光大之，慨然捐樓屋一十八間，平屋三間，用以闢新衢而穿故道。邑尊同生許侯聞而善之，言諸兵尊虚臺蔡公，報可。遂於己酉冬始，工不兩月而河成矣，因而橋之。同邑高存之名之曰承賢橋，謂承文莊公之志也。初，君手一揭來視余，余喜曰：「僕不能爲義，而好人之爲義，覩此可勝踴躍，充拓得盡，天地變化草木蕃，不外於是。夫所謂是者，何也？源頭也，源頭不識，則天地何從而變化？草木何從而蕃？文莊公之志，亦終於無承而已矣。」乃語時純曰：「君知之乎？北接蓉湖，西連笠澤，水脈之源頭也；近沿濂、洛，遠遡洙、泗，道脈之源頭也，願君努力！」時純起而謝曰：「盛不敏，何足以勝之？」已，起而請曰：「吾將受而刻諸石，樹諸周行，俾來者往者人人得就而覽焉，庶幾人人識得源頭也；人人識得源頭，庶幾人人充拓得盡也；人人充拓得盡，庶幾人人得承文莊公之志也。天地變化草木蕃，洵不外於是也已矣。盛不敏，何足以勝之？」予喜時純之志彌謙，而任彌勇也，遂爲之授簡，其經畫始末，詳具時純自撰記事中。

蔡公，名獻臣，同安人。許侯，名令典，海寧人。比部，名際昌。太學生，名盛明。

日新書院記

雲間錢漸菴先生，致其蓬萊之政而歸，日率其門弟子切磨性命之旨。因構講堂一所，奉先師孔子之像於中，而晦菴朱子、陽明王子列左右侍焉。相與朝於斯，夕於斯，共圖究竟，一時從游之士益蒸蒸起。中丞懷魯周公聞而嘉之，爲顔之曰「日新書院」。其門弟子高君揭等群而就予，問「日新」之義。

予曰：「子不見之乎，先生之於學也，汲汲如也，自少而壯，自壯而老，不言厭也；其於教人也，諄諄如也，大扣大應，小扣小應，不言倦也。此先生昭然以身作日新榜樣，爲諸君指南也，何必更添註脚？」

揭等唯唯，已而復請曰：「孔子之道至矣，若顔、曾、思、孟，則見而知之；若周、程，則聞而知之，皆嫡冢也。舍而獨表朱、王二子，其説何居？」

曰：「諸賢具體孔子，即所詣不無精粗淺深，而絶無異同之跡。至朱、王二子，始見異同，遂於儒門開兩大局，成一重大公案，故不得不拈出也。嘗試觀之，弘、正以前，天下之尊朱子也，甚於尊孔子，究也率流而拘，而人厭之，於是乎激而爲王子；正、嘉以後，天下之尊王子也，甚於尊孔子，究也率流而狂，而人亦厭之，於是乎轉而思朱子。其激而爲王子也，朱子詘矣；其轉而思朱子也，王子詘矣。則由不審於同中之異，異中之同，而各執其見，過爲抑揚也，其如之何而可？夫亦曰『祖述孔子，憲章朱、王』乎？蓋中庸之贊孔子也，蔽以『小德川流，大德敦化』兩言，而標『至聖至誠』爲證。予竊謂朱子由修入悟，王子由悟入修。川流也，孔子之分身也，一而二者也。由修入悟，善用實，其脈通於天下之至誠；由悟入修，善用虚，其脈通於天下之至聖。敦化也，又即孔子之全身也，二而一者也。舉顔、曾、思、孟之所見而知，周、程之所聞而知，都包括其中矣。然則千百世學術之變盡於此，千百世道術之衡亦定於此。是故以此而學，時而收斂檢束，不爲瑣也；時而擺脱掃蕩，不爲略也，無非所以成己也。以此而教，時而詳曉曲諭，不爲多也；時而單提直指，不爲少也，無非所以成物也。以此而逗機緣，當士習之浮誕，方之以朱子可也；當士習之膠固，圓之以王子可也。

何也？能法二子，便是能襄孔子，所以救弊也。救弊存乎用，用無常，不得不岐於異，以此而討歸宿，將爲朱子焉，圓之以孔子可也；將爲王子焉，方之以孔子可也。何也？能法孔子，纔是能用二子，所以立極也。立極存乎體，體有常，不得不統於同。同而異，一者有兩者遞爲操縱，其法可以使人入而鼓焉舞焉，欣然欲罷而不能；異而同，兩者有一者密爲融攝，其法可以使人入而安焉適焉，渾然默順而不知。此又先生昭然以一大聖、兩大儒作日新榜樣，爲世世學人指南也，在諸君自識之而已。」

高君揭等起而謝曰：「而今而知『日新』之義，若是其浩也，請得歸而質諸先生以報。」

重修常熟縣學尊經閣并釐復祀典創置學田記

國家之設學，從來遠矣。本之先師孔子之所以教天下萬世於無窮，而天下萬世所以佩服先師孔子於無窮者，胥於是乎在。是故其焕然而爲謨訓之昭垂，能使人相與誦習焉而不敢背者，非僅僅在文字間也；其肅然而爲俎豆之薦享，能使人相與奔走焉而不敢玩者，非僅僅在儀物間也；其翩然而爲縫掖之森列，能使人相與敬且愛焉而不能已已者，非僅僅在體貌間也。凡皆宇宙間一片精神之爲也，是故感即應，觸即通，其發脈在聖人；其發機在俄頃，而未嘗不旁皇周浹於千百世之上下也。在柄世道者，聯合而總攝之耳。

琴川楊侯之爲令也，持己以廉，牧民以慈，接士以誠，繩暴以法，不愧古之循良矣。一日詣學，目擊蕪莽之狀，慨然太息，退而捐俸金，散鍰金，鳩工掄材，舊之飭而新之。圖爲之修尊經閣，欽聖製也；爲之釐祀典，妥神靈也；爲之置學田，優士禮也。其德意甚茂，而其所規畫甚具，而有法虞人士相率聚而誦焉。於是茂才繆生肇祖、朱生曾省、嚴君柟等共詣予，屬予爲記。

予惟：「世之爲令者，上之清筦庫，勤聽斷，規規簿書，期會之間以見能，如是而已耳；下之盛廚傳，都筐篚，務稱貴人意，以博一時之譽，如是而已耳。其於民之疾痛痾癢猶然不暇問，而又何有於教化之事哉？乃侯夙夜孜孜汲汲，顧不在彼而在此，曹所甚委，侯獨爲任也；曹所甚緩，侯獨爲急也；曹所甚簡，侯獨爲隆也。是必其卓越之識有以超出流俗之表，又必其一片精神周流灌注，有以通聖人吾人而爲一體，通千百世之上下而爲一息，始有此作用耳。侯於是乎過人遠矣！」

侯聞之，謂諸茂才曰：「吾聞昔之貌孔子者，顏氏之『仰鑽』『瞻忽』得其髓，曾氏之『秋陽』『江漢』得其骨，端木氏之『宗廟』『百官』得其肉。自此以外，不過得其皮而止。況予之纖纖拮据，又其末也，夫何足云？」諸茂才以告，予曰：「非也，是特存乎人之所見謂何耳？即如孔子，曷嘗有皮肉骨髓四者相也？凡以見之淺者，其得亦淺，見之深者，其得亦深，遂作是分別耳。神而明之，一而已矣。故夫侯之孜孜汲汲於今日與孔之孜孜汲汲於當日，無以異也。諸君果有意乎？試思端木氏何人，曾氏何人，顏氏何人，推而極之，吾孔子亦何人哉？惟是仰而模，俯而效，一日用其力，竭蹷而趨焉，即諸君之孜孜汲汲於進修與侯之孜孜汲汲於拮据，亦無以異也。其於陟聖躋賢，正自不遠耳。何者？均此一片精神也，諸君勉之，庶幾其不負侯。豈惟不負侯？且不自負。豈惟不自負？由是處則慥慥足以敦行而表俗，出則卓卓足以建事而匡時，且不負國家二百餘年之培養矣。不朽盛事，海虞其何讓焉？」

侯，名漣，字文孺，楚之應山人，丁未進士。其佐侯而襄厥績者：學諭則李君，名維柱，字本石，楚之京山人；司訓朱君，名朝選，字維玄，寧之旌德人；朱君，名正定，字在止，常之靖江人。法得備書。

長治縣改建學宮記

蓋昔吾夫子憂道之不明不行，喟然發嘆曰：「知者過之，愚者不及也；賢者過之，不肖者不及也。」竊以爲此兩言盡學術之變矣。流而不已，復有甚焉，何以故？謂之過，公然與不及分途也；謂之不及，公然與過分途也。是則知愚賢不肖判而爲二。有人於此矜其聰明，直跳而之於聖人之所不知，而繩以夫婦之所共知，猶然昧焉；憑其意氣，直跨而之於聖人之所不能，而繩以夫婦之所共能，猶然却焉。將謂之過，而庸猥疏脱，又疑於不及也；將謂之不及，而超忽凌頓，又疑於過也。是則知愚賢不肖混而爲一。知愚賢不肖判而爲二，其爲失也顯而易辨，是故當其過，吾得而裁之；當其不及，吾得而振之，病在氣質，猶可言也。知愚賢不肖混而爲一，其爲失也微而難辨，是故欲裁其過，彼且有泰然安處於庸衆之下者，欲振其不及；彼且有偃然突據於聖人之上者，病在心髓，不可言也。非徒爾也，原其超忽凌頓，既足以見奇而自標；跡其庸猥疏脱，又足以適俗而自便。道蒙其害而人蒙其利，道無方，縱蒙其害，造次莫得而指名，人有欲壹蒙其利，終身膠結而不解，吾末如之何也已矣。異時夫子一則思狂，一則思狷，一則思有恒。至謂古者民有三疾，今也或是之亡。嗟嗟！夫子非喜有疾而惡無疾也，有疾，止乎疾之辭也，其真心自在也；無疾，甚乎疾之辭也，其真心澌滅盡矣。此又夫子之所深憂也。

長治懷白周公來守吾常，會其邑改建學宫，屬予記之。予詢所由，公曰：「潞，古上黨郡也，國初仍前代，爲潞州。嘉靖初，陞府，置縣學，仍舊制。一世以後，人文頗盛，乃議分置縣學，割府學一隅爲之，而人文遂遜於前。説者歸咎於分裂故基，損壞風氣，嗣是咸議修補。獨高陵劉公來守是土，創議改建，卜地於藩封之右，府庾之隙，拓以民居，爰定規制，請於當道，當道僉報曰可。已，又得孫公、曾公繼之，協終厥事，而今而往，庶幾人文之有興也，敢乞靈於子。」

予謝曰：「憲也陋，何知人文？間覽晉乘之邑也，雅號爲樸，所願無忘其樸而已。」公曰：「足乎？」予曰：「足矣。夫樸，人之真心也，内之無安排、無攙和，外之無擬議、無矯飾，真也。是故率意而往，率意而來，瑕瑜短長，皎然畢見，不欺屋漏矣。可以立本，是故有過焉，與夫人共知其過，能受損矣；有不及焉，與夫人共知其不及，能受益矣。可以入德，是故修諸家，一家信之矣；修諸鄉，一鄉信之矣；修諸國，一國信之矣。舉而措諸天下，天下信之矣。可以致用，何者？惟其真也。非是，即才若管、晏，智若良、平，辨若儀、衍，藻若遷、固，抑末耳。甚者，反以藉寇齎盜，爲世詬僇，將焉用之？」

公曰：「吾子之言善乎？其以樸張者也，請得受而籍之，以詔我多士，意且有省乎？相與退而反諸心，以求無失乎本來面目；進而取裁於聖人之道，以求詣其極，而無狃於偏藐，茲不腆之，邑實重有賴焉，何憂乎不足？」

予謝曰：「允若茲夫子，思有恒而有恒矣，思狂狷而狂狷矣，思中行而中行矣。惟吾道實重有賴焉，何憂乎不明不行？謹志之以俟。」

劉公，名復初。孫公，名鋐，崇陽人。曾公，名皋，廬陵人。王君，名浩，臨邑人。同事者，郡佐童君世彦、李君德、王君愛、焦君思忠、王君致中，縣令李君仙品，與劉公同鄉同議此舉。李君獻明，閻君溥，縣丞吴承宗，主簿艾有騋、楊善典，史、馬、李章署，教諭張一翰，訓導王三重，督工耆民申志皋、路仁等皆竭力贊襄者。法得附書。

石沙王先生祠記

嗚呼！此吾錫石沙先生之祠也，曷爲祠之？閩志也。曷言乎閩志？先生嘗按閩，所爲功德閩者甚鉅，今五十餘年矣。閩中思之猶一日也，而會厥嗣懷石君官鴻臚，奉使入閩，時則太僕少卿王公維中，御史張公英、黄公泮、周公京，苑馬卿鄭公一龍，參政陳公柯、陳公全之、羅公一鸑，參議張公冕、蔡公一槐，副使田公楊，僉事康公憲、王公徽猷，太守鄭公銘、張公敷潛、李公春芳、李公長盛、朱公資、王公繼芳，長史陳公九經，解元鄭公啓謨，趨而逆諸境，既見，莫不泫然泣下，曰：「先生之子也。」

聚族而謀祠先生，以永所思，於是乎有祠。祠曷不於閩而於石沙？其説曰：「惟兹八郡一州五十一邑，何之而非先生之明德之所波及也，其誰得而顓諸？先生誠不忘閩，御風乘雲，時儼然式而臨之，於此乎？於彼乎？不可知也。吾聞先生少嘗讀書石沙山中，既老，復就而息焉。石沙，先生之始終也，神必栖矣，與其以先生徇閩也，寧其以閩徇先生？」衆以爲允，遂捐金而授懷石君。

已，太常池公裕德、選部李公多見後先道錫，亟走拜先生壟上，相顧黯黯不能去，退而徵祠，盟於是郡，司理余公繼善檄邑尉袁君董其事。既成，懷石君肅而謁其邑人顧憲成曰：「甚矣，諸君子之不泯於先大夫也，縠不敢忘先大夫，敢忘諸君子，君其記之。」

憲成作而嘆曰：「嘻！是其上下之際深哉！」則又曰：「是不獨閩志也，於邑亦有之。憲成生而晚，不及事先生，而問從里中父老習先生之緒，以爲危言危行，魁然古之博亮君子也。其居鄉，絶不妄與人通。遇曲直，秉義而裁之，不少假；即有利害大故，挺而白於有司，不少避。先生之所施於鄉遠矣，夫非吾儕之典刑耶？故曰：『是不獨閩志也。』」

余惟士方俯首閭巷間，諷先生之業，各粹然懷君子之意，及其倖博一第，稍試諸行事，顧往往乖刺不應，民無德焉，彼其遠有所蔽也，即投機遘會，微立名跡，托於赫赫之途哉！及其一旦罷歸，優游自娱而已，甚者，至恣睢以明得志，彼其近有所奪也，乃先生之所爲功德閭者，既如彼；其所爲施於鄉者，又如此，不已難乎？詩有之「高山仰止，景行行止」，先生往矣，而今而後，過者望先生之祠而謁焉，驟而覩其像，戟髯虎目，英爽凛如，業中億其非恒人。徐而考其行事，流風餘韻，久而彌章，不爲衰歇，庶幾悚然而思，勃然而起，繼之以躍然而不能已也夫！夫然則世之不及事先生，與其覩先生之近而遺其遠，覩先生之遠而遺其近者，皆於斯乎有賴也，其所係大矣，爲將次其説以俟焉。

先生名瑛，字汝玉，號石沙山人，嘉靖壬辰進士。

常鎮道觀察使者虚臺蔡公生祠記①

虚臺蔡公持節而莅我吴也，默而思曰：「吴之難治久矣，道將安出？」徐而諦觀土風，熟察利弊，憬然有悟也。曰：「吾知所以與之矣。」遂下令與民更始，豪横有禁，

① 此篇崇禎本無。

刁惡有禁，打行紮詐有禁，窩訪窩盜、投充稅幹有禁，諸馭民之具種種備。已而中復念曰：「善馭民者，不專求諸民也，當從馭吏始。」則申之曰：「貪墨必罪，苛酷必罪，非掌印官而受狀受呈者必罪，胥徒舞文必罪，所部守將及材官騎士之屬，各依汛地，謹禦非常盜賊鹽徒，發而不覺、覺而不治必罪。」諸馭吏之具又種種備。已而中復念曰：「善馭吏者，不專求諸吏也，當從馭身始。」則儼然而親示之標：「絶餽遺，杜請托，批申刑名，不假左右，何慎毖也！地方賢否，不別採訪，何光明也！驛遞夫船，不徇過客，何正大也！日用蔬米，不用鋪行，何簡便也！」而終之曰：「本道如有差錯，及道役有犯沉匿、需索、作奸等弊，幸即明白見示，以憑改正究治。」此地方相成第一義也。

噫嘻！至矣！盡矣！公可謂「有諸己而後求諸人，無諸己而後非諸人者」矣。故令下十日，而吴中相戒無犯；令下期年，而諸弊俗悉更，吴以大治。稍暇，輒簡諸才俊，進而與之談説經旨，揚榷文義，勉導以古人之事，至於學校祠廟、先賢遺跡，有可興人文裨世教者，率不難爲之主持修舉，又皆出自俸金贖鍰，不煩民也。

比戊申、己酉間，歲大潦，饑莩載路，公焦神勞思，議蠲議賑，諸所爲撫摩拯救，不遺餘力，東南賴以安堵如故。久之，主爵者廉公政行異等，數推轂公。諸父老聞之大驚，奔詣兩臺乞留，幸得，請加銜復任歸，而婦子欣欣交語，自是可長有公也。不意公一旦偶有感，輒拂衣去。比覺，舟已及於梁溪之滸矣，乃皆鬨然而起，不期而集者，凡幾千萬人，相與號泣而追之，叩首呼天請留，公不顧。又追至吴門，又不顧。已，又追至檇李，卒又不顧。至武林，而公且飄然渡江去也。始皆彷徨無之，不得已而返。日夕怏怏不自聊，因謀建祠，肖像其中，庶幾得時時奉事公，其猶長有公也。於是合屬士民翕然以爲允，而商人朱、程等且特捐貲，首倡聞者，群而和之，熙熙子來，不踰時而祠成矣。

乃介孝廉郁元禎屬予爲記。予作而嘆曰：「甚矣，公之德之入人深也！」既而曰：「甚矣，諸父老之自爲計深也！」元禎曰：「何？」予曰：「是有三焉：一以寄去思，用自解慰；一以明我吴之人心，均此秉彛，是是非非，略無瞞昧，不應獨蒙難治聲；一以示來者，俾知取程於公，跡公之所以馭身者馭吏，而吏莫不恭其職矣；跡公之所以馭吏者馭民，而民莫不循其則矣。夫如是，然後真能長有公也。諸父老之自爲計，豈不深哉！豈不深哉！」元禎喜曰：「詩云：『他人有心，予忖度之。』斯之謂矣。」肅起爲諸父老謝，退而録其語，勒之石。

蔡公，名獻臣，同安人，己丑進士。祠在澄江之南關，重所莅也。

顧憲成全集卷五十七

涇皐藏稿十二

説

斗瞻説 贈陳稺颿[一]

陳伯子斗原之少弟稺颿既冠，伯子爲問號於予，予號曰「斗瞻」。伯子曰：「請著其義，以勖吾弟。」予曰：「聞之『瞻』之爲言『望』也。夫士者，衆之望也，不可不慎所繇焉。是故言

[一]「贈陳稺颿」，底本及諸校本均作大字。按此非篇題文字，改爲題下注。

焉而莫不承聽，然後能爲人耳也；行焉而莫不承視，然後能爲人目也。能爲人耳，能爲人目，然後能爲人望也；能爲人望，然後能爲人上也。故在家而家齊，在國而國治，在天下而天下平。」

伯子曰：「若是乎『瞻』之義之大也，敢問何修可以臻此？」

予曰：「昔者聞之凡能爲人上者，必能爲人下者也。蓋孔子之門弟子凡三千人，而獨推顔氏。由今觀之，顔子蕭然陋巷而已，一簞食，一瓢飲，匹夫匹婦之所得而侮也。其爲人也，以能問於不能，以多問於寡，有若無，實若虚而已。校智則不如子貢也，校勇則不如子路也，校藝則不如冉求也，校辨則不如宰我也。然而當時稱焉，千百世而下，願爲之執鞭而不可得者，至以爲優於湯、武，何也？其欲彌絀，其志彌伸，其氣彌斂，其德彌光。故夫能爲人下者，能爲人上者也。吾曹誠不解陶朱、猗頓之策，善問家人生産，以方顔子，不啻過矣。握管而爲文，稱性命，述禮樂，傲然而無慚也。試反而徵之，有萬分一於此乎？以方顔子，不啻不及矣。乃或過者當之以不及而重求侈，不及者當之以過而輕爲驕，人其謂我何？稺飄盍只遹顔德乎？」

伯子曰：「此非特可以勖吾弟也，予請得而偕事焉，以無替明訓。」

予曰：「善哉！元方難兄，季方難弟，本是太丘先生家典刑，二君能俾予，異日免失言之咎，予拜賜矣。」

三變説

往聶搏羽進士觀政吏部，越歲選令玉峰，過予而問政。

予曰：「士有三變，足下知之乎？」

曰：「未也。」

曰：「始而舉於庠，一變也；繼而舉於鄉，一變也；終而舉於南宫，一變也。」

曰：「虎變則變，豹變則變，是足以爲變乎？」

曰：「吾所謂變，非於庠、於鄉、於南宫之謂也。凡人情安常履故，習見習聞，率混混過日耳。惟所值之境界更换一番，而後吾之精神意慮亦爲撥動一番；惟吾之精神意慮撥動一番，而後所就之格局亦爲更换一番，故曰變也。其變之善不善，則存乎人焉。固有生平漫無短長，到此忽轉一念，傑然奮起，日向高明之路攀躋而行，便登上品，是謂善變；亦有生平儘鮮尤悔，到此忽轉一念，蕩然放棄，日向卑污之路沿洄而行，便墮下流，是謂不善變。故變者，吉凶悔吝之幾，不可不慎察也。」

曰：「均之變也，變而之善常難，變而之不善常易，何也？」

曰：「是有由矣。士方俯首鉛槧，所朝夕對者，詩書耳；所出入周旋者，父母兄弟、一二三親知耳。及舉於庠，乃稍與世涉矣；已而舉於鄉，舉於南宮，益又與世涉矣。靡文俗套，既引而弄之傀儡之場；功名富貴，又驅而納之罟阱之域。非夫定見定力，卓然有以自拔於萬物之表，其孰能不波？予嘗默默追省，庚辰以後涉入之心較諸丙子之時之心，不無毫釐之差；丙子以後涉入之心較諸庚午之時之心，又不無毫釐之差；庚午以後涉入之心較諸垂髫之時之心，又不無毫釐之差。由毫釐而積之，倏而分，倏而寸，倏而尺，倏而尋，倏而丈，潛移密改，驀不知其所由來。倘不時時自提自喚，當下回頭，行見涓涓滔滔，渺不知其所底止矣。此予身親體驗事也，今曰『變而之善常難，變而之不善常易』，却是足下身親閱歷語也。足下第不忘此念，時於急流之中返而一照，將見難者易，易者難矣，於政乎何有？」

摶羽首肯者，再爲玉峰，果稱循吏云。

予頃偕同志，修東林之盟，稍稍有携時義就商者，遂因而結一文會焉。於是學使者臨校，聯翩而列青衿，予爲之色喜，退而自惟：「曾何能有助於諸友也？」而諸友往往過念一日之雅，則又以愧。偶憶三變之說，輒述以告，用附於切偲之誼，且申之曰：「三變自青衿始，[一]我明開國二百餘年以來，道德勳庸，炳於星日，問其人，大都自青衿始，諸友將爲虎變乎？將爲豹變乎？即異時與諸先達齊驅並駕，作宇内第一流人物，亦孰不自今日始也？予請拭目以俟。」

兩忘説 贈赤崗王先生[二]

王赤崗先生，楚材之傑也，海内無不傳先生名矣，孰知尚困青袍乎？乃先生固恬如也，不爲意，惟日依依太夫人膝下，曰：「吾何必以是區區者易我一日？」

今年秋，太夫人復命之赴南京兆試，赤崗婉辭以謝，太夫人不可，勉而南，偶遭舟子之阨，不樂。中復念太夫人不已，遂病怔忡，嘆曰：「吾身，太夫人有也。奈何以是區區者易我七尺？」遂飄然而歸。且貽書别予，問：「何方之修可以還？」故吾告「無恙，予何所知？何以酬下問？竊嘗有味於程伯子定性書中『兩忘』二字，敢爲先生誦之。何謂兩忘？内忘也，外忘也。憶予少時問養生於玄客，玄客授以二十字，曰：

[一]「青衿」，底本作「青矜」，據諸校本改。按前文有「聯翩而列青衿」語。
[二]「贈赤崗王先生」，底本及諸校本均刻作大字。按此非篇題文字，改爲題下注。

『若要生此身，除非死此心。此心若不死，此身安得生？』爲之爽然一快，了此便不墮言思窟，可以言内忘矣。前歲過虞山，在坐有問：『死而不亡，其指安在？』予就中下一轉語答之曰：『若要生此心，除非死此身。此身若不死，此心安得生？』問者爲之點頭，了此便不墮軀殼塹，可以言外忘矣。兩忘則性於我定，性定則命於我立。俯仰逍遥，自由自在，其究也陰陽不能制，五行不能局，修短不能囿。藐兹病魔，方當懾息退伏，去而深山，去而深淵，惟恐影響之不幽，尚敢弄伎倆於青天白日之下哉？予不知醫，聊以此備藥籠中物，先生試服之，其效與否，願以報我。」

庸説　與邵貞菴論拙齋蕭先生軼事作[一]

予釋褐民部郎，得事同署拙齋蕭先生。先生，有道君子也，予雅重之，先生亦不予鄙，因得時時暱就，奉其提命，多所醒發。久之，先生出爲紹興守，予亦乍進乍退，與先生相違且二十餘年。而先生即世又久之，先生之子思似孝廉君秉鐸婁江，亦時時過東林論學，恍然如見先生。孝廉因携所緝存先録，屬邵貞菴乞予爲先生傳。

[一]「與邵貞菴論拙菴蕭先生軼事作」，底本及諸校本均刻作大字。按此非篇題文字，改爲題下注。

予讀之，謂曰：「志則漪園焦翰，撰碑則石簣陶宮，諭核矣備矣，無容贅也，況予夙有文字戒，可奈何？」

貞菴曰：「然則請商先生軼事。」

予曰：「試舉看。」

貞菴曰：「楚黄二魯周公嘗欲舉先生與鍾礪山卓異。先生曰：『鍾騎驢，衣布茹蔬，便有可舉；我輿蓋，衣文繡而食膏粱，猶夫人也，有何可舉？』二魯笑而罷，子以爲何如？」

予曰：「淵哉！此先生之髓也，不可不竟其説。夫道者中而已矣，中者庸而已矣，庸者率性而已矣。爲衆人之所能爲，而謂之庸；爲衆人之所不能爲，而謂之卓異。是也，恐猶不免就跡上較量耳，孰若反而證之於性？誠反而證之於性，凡出自率性，無往而非庸也。且夫茅茨土堦，堯、舜則能之，凡爲人主者能乎哉？胼手胝足，三過門而不入，禹、稷則能之，凡爲人臣者能乎哉？然而在群聖人，無往而非庸也，何者？率性故也。康節之詩曰：『唐、虞揖讓三杯酒，湯、武征誅一局棋。』如以其跡而已。三杯酒，夫人而能之；唐、虞揖讓，不可能也。一局棋，夫人而能之；湯、武征誅，不可能也。究其實則一耳，何者？率性故也。追惟先生，其衣文繡而食膏粱，夫人而能之。至其官民部，榷税崇文門，視例薄不均，毅然更定，不便者因以爲謗，不顧；榷税河西，用寬平登額羡金二百餘緡，籍而儲之筦庫。其官越，開三江閘，築西陵塘，民以永賴；其官大梁，適無年，拯救有法，所全活不可勝算，事寧，更以鍰三千緡市穀實所部；其官關中，鑛、税二使一切裁以法，中人奴劉有源箠士至斃，爲聲其罪於兩臺，論殺之，群小脇息。又，先生方未第時，家貧，授書養父，爲二弟婚，盡其力。及致其仕而歸，授産諸子與弟子均，復捐田建蕭氏義莊以贍族，如范文正故事。少從緒山、龍溪二公游，聞文成良知之指，終身佩服。所至，輒刻其書以行。晚而治一舟，若古人所謂浮家泛宅者，欲遍訪東南同志，以印所學。嘗曰：「學不可有執，伯玉行履，婦人女子皆信之，行年五十，而乃自知其非也。」知非而後能化，公之所造如此，不可能也。要之，亦自人見之，有此分别相爾。在先生，無往而非庸也。何者？率性故也。其爲衆人之所能爲，而非徇也；其爲衆人之所不能爲，而非矯也。徇則媚世，矯則驚世，凡皆庸之賊也，何足以窺先生？抑又有説焉，王山陰曰：『三杯酒須用揖讓精神，一局棋須用征誅精神。』此指甚微。會得時，乃知唐、虞之三杯與衆人之三杯應有辨，湯、武之一局與衆人之一局應有辨，先生之文繡膏粱與衆人之文繡膏粱應有辨。苟其有辨也，即衆人之所能爲，而衆人之所不能爲自在，雖謂之卓異，宜也。

先生可無謝，二魯可無罷矣，予欲質於先生而不得，願以質於孝廉，并寫一通質於二魯，庶幾有以發予之蒙也。」

貞菴曰：「是不惟洞見先生之髓，可補兩太史所未及；亦且洞見中庸之髓，可與子思子相上下矣。」

朱子二大辨續説

季時輯行朱子二大辨，予業爲之引其端矣。既而思之，其於儒、釋、王、霸之辨，尚覺未竟，何則？聖學以「性善」爲宗，異學以「無善無惡」爲宗。當孟子與告子往復論難時，其説各不相謀，分而二也。今之言曰：「無善無惡謂之至善。」然後其説各不相礙，合而一矣。分則孟子自孟子，告子自告子，孰是孰非，可得而辨也。合則孟子之説轉而爲告子之説，孟子是，告子不獨非；告子非，孟子不獨是，孰是孰非，不可得而辨也。乃論者率喜合而惡分，所以儒、釋、王、霸混爲一途。卒之，儒不儒，釋不釋，王不王，霸不霸，而兩無歸着也。

夫儒、釋、王、霸，非可區區形跡間較也。釋學遺情絶累，以清浄寂滅爲極，則得「無善無惡」之精者也，是予向所云最玄處也，究也超其性於空矣，儒則實；霸學挾智弄術，以縱横顛倒爲妙用，得「無善無惡」之機者也，是予向所云最巧處也，究也戕其性於僞矣，王則誠。是故認性爲實，性在善中；認性爲空，性在善外；誠於爲善，善在性中；僞於爲善，善在性外。此不可不精察，而慎擇也。

是故「性善」之説與「無善無惡」之説分，即儒、釋、王、霸亦隨而分，從其分而辨之也易；「性善」之説與「無善無惡」之説合，即儒、釋、王、霸亦隨而合，從其合而辨之也難。端緒甚微，干涉甚巨。吾始以爲告子之偏執不如陽明之融通，而今而知陽明之融通又不如孟子之斬截。足以折異論，撤群疑，使人曉然於毫髮千里之别也，此不可不早計而預防也。

季時曰：「告子釋學乎？霸學乎？」曰：「語其悟也，無善無惡；語其修也，不得於言，勿求於心，不得於心，勿求於氣；語其證也，不動心。以釋用之則釋也，以霸用之則霸也，存乎其人而已。是故釋氏曰『無生』，告子曰『生』，其見性同也；霸者假仁義，告子桮棬仁義，其禍性同也。」季時曰：「同乎？」曰：「性，杞柳也，初未始有桮棬也；性，湍水也，初未始有東西也。是其所指以爲生者，正其所見以爲無生者也。性無内，仁内也，非性也；性無外，義外也，非性也。是其所指以爲桮棬者，正其所見以爲假者也。然則謂之無生者，無生而無不生，原不落滅境；謂之生者，生而未嘗生，原不落起境。兩下立論，若各持一説，總之互相發，非互相左也。假仁義者，計以仁義爲利，慕而即之；梏棬仁義者，計以仁義爲害，厭而離之。兩下發念，若各行一意，總之覩其似，未覩其真也，將無同。所不同者，釋學圓，告子僅知得頓；霸學蕩，告子較把得定耳。世之君子，於孟子則尊事其名而背其實，於告子則尊用其實而避其名。其所自命，則卓然以聖學爲期；其所標揭，則公然與異學立赤幟，不識何也？」

季時曰：「參究到此，誠拔本塞源之論也。」不可以不志，因復次第其語授之。蓋以爲是天地間公共事，而思求正於有道君子，相與尋個是處云爾。

顧憲成全集卷五十八

涇皋藏稿十三

題辭

題中流砥柱圖

有客携中流砥柱圖贈寧方伍子，伍子疑其跡於諛也，出以問予，予曰：「非諛也，頌也。」

伍子曰：「何也？」

予曰：「吾始者嘗與君同客燕，每過邸中，輒聞崇議，憂盛危明之情充溢眉頰，偶感時事，抗章闕下，至引『三不足』之説爲證。及出而督學兩浙，秉鑑持衡，竿牘盡絶，惟日孜孜，表章潛懿，風厲人倫，一時士習翕然丕變。無何，遽拂衣歸矣。已而從田間起參粵藩，適當開採之役，百倍苦心調停，十倍苦口捍禦，地方倚爲長城。主爵者且數推轂，擬不次登用。無何，又拂衣歸矣。進而任事，不避艱險，足以立懦；退而就閑，不俟終日，足以廉頑，豈不屹然世道人心之砥柱哉？聞之，飾所無曰諛，揚所有曰頌，故曰：『非諛也，頌也。』」

伍子謝曰：「此非予之所敢當也。」

予因前曰：「是頌也，亦規也。」

伍子曰：「何也？」

予曰：「進退，二途也；行藏，一道也。客之意，夫固曰：『君之進也，業有所以行之者矣。』今兹之退，將無所以藏之者乎？其必永矢初心，益敦晚節。修諸身，家人則而象焉；修諸家，鄉人就而式焉。傳及海内，無問識與不識，莫不想望風采，願爲執鞭。木石是居，鹿豕是狎，而世道人心隱然繫命，安往而不砥柱哉？則斯圖之光也。倘謂吾宦已成矣，名已立矣，求田問舍而已矣，不然則尋花問柳而已矣，又不然則談空課玄而已矣。向之所慨然自許，頂天立地作人間偉丈夫者，竟何在也？無乃隨波逐流，飄飄不根之萍乎哉？則斯圖之耻也。然則斯圖也，不亦可比於盤盂几杖之銘乎？故曰『是頌也，亦規也』。」

伍子避席而謝曰：「甚哉，子之愛我以德也！請無以老自棄朝夕，只肅以對明貺於無斁。」

殫心録題辭

曙峰王君之爲吴關也，聲稱籍甚，方吴、越千里内外往來之旅，輾轉騰説，[二]莫不欣然願出於其途，予聞而異之。已而有言君三仕令尹，並著循良聲，予益異之，以爲真潔己愛民君子也。偶問醫姑蘇，道經吴關，君訪予舟中，一見如故。及予報謁，君遂出卮酒酌予，相對爲秉燭談，亹亹皆古人風軌，忽不覺沉痾之霍然去體也。

已而示予殫心録，則君後先所擘畫敷施具在。予受而卒業，質諸所聞，一一不爽，因詢君命名之指，君曰：「天下之事，才者能爲，智者能謀，强有力者能任，予於斯自省無處也，惟此心不敢不盡焉。苟有利於民，則躍然以起，不爲之聚，而歸之不已；苟有害於民，則惻然以興，不爲之除，而去之不已。是故在洿池即身視洿池，在

[二]「輾轉騰説」，底本、崇禎本、光緒本均作「轉轉騰説」，四庫本作「輾轉縢説」，據文意改。

桐鄉即身視桐鄉，在密雲即身視密雲。今兹抱關，與東西南北之人交，即又身視東西南北。恩怨之不知，毁譽之不知，知盡吾心而已。」

予曰：「善，然則君之爲是刻也，何居？」

君曰：「人情勤始而怠終，吾將借以自鏡焉。庶幾左於斯，右於斯，無忘昔日之爲邑也；自是而往，無忘今日之吴關也。凡求終始，不愧吾心而已。」

予作而嘆曰：「淵哉，君之所存也！彼僅僅以才、以智、以强有力而已焉者，何足以窺之？當爲揭而告於世，俾在位者人人得是説而存之，其於天下可幾而理矣。」

題闇予諸友會規

東林有會矣，闇予諸友復爲是會，何也？一番合并，則一番振作，固彼此之所以互相成也。然而共事者僅僅數君子，何也？求益愈切，則擇交愈慎。又諸友之所以自爲計也，於是携其會規視予，予讀而喜曰：「會不厭多，貴其真；友不厭少，貴其精。既精且真，吾黨其有興乎！」爲書其端，以志勖。

一元巨覽題辭

朱廣文輯一元巨覽成，携而視予，其指倣於邵子之皇極經世，自三才剖判以來，莫不次第而臚列焉。蓋造化人事無窮之變，大略具矣。予受而疾閱一過，頓覺心胸廓然，境界迥别。無内無外，無上無下，無遠無近，無古無今，打成一片，無是我者。退而徐徐玩繹，所當盛衰污隆，善敗得失之際，時而爲之躍然以喜，時而爲之愀然以戚，時而爲之悚然以駭，時而爲之穆然以思，又無非我者。此中消息，在各人自知之耳。誠知之，即天地莫能囿，萬物莫能役，會應有無限受用；不知，即與草木禽獸並生並死於一元之内而已。此古之聖賢所以終其身兢兢業業，不敢須臾瞞昧過去也。廣文曰：「作如是覽，乃真巨覽，不佞輯是編，嘗感光陰駒隙，一混一闢，亦僅僅轉眼間，竊謂吾儕不當以玩愒爲無傷，姑曰『有待』，而倏至於無可待也。」今聞子之言，益凜凜矣。

題丹陽丁氏追遠會簿

雲陽丁子行從予游有年矣，懇懇乎孝弟之爲亟也。一日，携其追遠會簿視予。[一]予閱之，喜曰：「非徒知之，亦允蹈之矣。」已，睨子行而言曰：「遠乎哉！遠乎哉！」子行豁然起曰：「非遠也，一體也。」

予曰：「然聞之能自愛者，能愛親者也；能自敬者，能敬親者也。是故百世而上，百世而下，極之於所不知何人，而呼吸喘息無弗屬也，無弗通也，在我而已，夫何遠之有？抑又聞之能愛親者，未有不能愛人者也；能敬親者，未有不能敬人者也。夫豈唯人盡？大地山河，種種色色，無不由此而分。孰得於其中爾汝之哉？」

故曰：「知其説者之於天下也，如視諸掌。」有味乎孔子之言之也。子行之志，不徒欲善一身，而兼欲善一家。

予則謂：「不當徒善一家，且當兼善天下。」因推其説以進之，子行勉矣。

[一]「追遠會簿」，底本及諸校本均作「追遠會籍」，據標題改。按未見有追遠會簿或追遠會籍傳世。

題同生許明府册

吴下多假人命之訟，最是禍事。初狀行差人謀牌，業有費；已或委衙官挾仵作往相上下請求，又有費。總視被告家貧富爲多寡耳，往往至於破家。久之，糾纏無已，亦自破其家，而訟者卒不悟也。

同生許明府來令吾邑，凡以人命告者，並不出牌。其在城，即挾原告躬至屍所視之；其在鄉，即令載屍至城。至時，呼原告面質所以，往往辭窮而退。或有他故，即諭之令别具狀，隨遣一役挾之葬埋訖，而後聽理。以是近者頃刻立決，遠者亦不過三五日。往往被告之人聞之，驚惶疾走至縣門，問消息云何，而事已竟矣。

明府爽朗洞豁，如除盜賊、禁賭博、創淫巫、寬門税諸善政，多津津口碑，而獨此一事，尤爲造福無窮。世之仁人君子誠有取焉，相與倣而效之，其造福又當何如！他年有採循吏事入國史者，只將此一事大書特書，爲後賢告，其造福千萬世又當何如也！予故表而出之以俟。

鄭母呂太夫人七十祝言

攻予鄭子嘗讀論語第一章，疑「學」字未有着落。已，讀第二章，悟曰：「我知之矣，所謂孝弟是也。」却又疑「仁」字未有着落。尋悟曰：「本章已明明道破了，所謂仁是也。」予聞而善之，復謂之曰：「有子首句提出『爲人』二字，莫更好？」攻予躍然投契於是。

攻予之母呂太夫人七十，同社闇予諸友乞予言爲壽，[一]予曰：「世之爲人子者，所汲汲娛悦其親，只在精舉子業，以博青紫已耳，乃攻予獨留心性命，時時求三益而切偲焉，即攻予之爲人可知矣；世之爲人父母者，所汲汲願望其子，亦只在精舉子業，以博青紫已耳，乃呂太夫人見攻予之游於東林，輒欣欣色喜焉，即呂太夫人之爲人可知矣。知呂太夫人之爲人，則知呂太夫人之能自爲壽；知攻予之爲人，則知攻予之能爲呂太夫人壽。是母是子，萃於一堂，千秋之觴，庶幾其不虚薦乎？」

[一]「闇予」，底本、崇禎本作「闇于」，據四庫本、光緒本改。下文「闇予」同。按此人當名闇予，本卷前有題闇予諸友會規一篇。

闇予諸友起曰：「華封三祝，千古推爲美談。由今觀之，其猶屬第二義也已矣。」

待旦堂漫談題辭①

予之知中丞懷魯周公舊矣，蓋自初釋褐時，得之魏仲子崑溟，崑溟得之劉仲子紉華。云紉華，端人也，不輕許可，亟稱公慷慨有志略。予心識之，遂得交歡公。及其出爲令，入爲御史，所在著聲蹟。歲乙巳，持節來撫我吴，予逆諸芙蓉湖上，進而接其言論風旨，退而按其行事，一一不爽。乃追服紉華爲知人，而何世之知之者之鮮也，予幸知之矣，無能剖心以明公。即海内長者，如沈司馬繼山、趙考功儕鶴諸公，亦嘗與公共事。知之矣，率沉伏清泉白石間，所相告語，惟是山農野叟、樵兒牧稚之倫，無由聞於輦上君子也。此公之遇也。

一日，得公所記待旦漫談讀之，蓋不勝太息。嗟乎！公之生平表表如是，庸可襲取，庸可强飾，而能默然坐受多口，無不平之鳴乎？已而解曰：「不疑之金，伏波之珠，自古而然，於今何怪？」已，又豁然忽有悟也，遂題尺一貽公，曰：「斯民也，三代

① 此篇崇禎本無。

之所以直道而行也，彼求多於公者，曷嘗有成心哉？」假令寓目是編，必且疑；疑而核之一一有徵，必且信；既信矣，必且以爲知公晚也。公自是伸矣，此又公之遇也。公笑曰：「吾且隱矣，焉知其他？吾求不負吾，吾求不負吾。二三知舊，從清泉白石間分割半席，異日有所藉手，見吾紉華、崑溟二仲，吾願畢矣。」

冰川詩式題辭

真定冰川梁先生雅嗜詩，精研博採，積三十餘年，著詩式十卷。上自古樂府，下及近代諸體，條分縷析，井井具矣。乃詩原特揭出一「悟」字，尤爲喫緊。試參之，「悟」果何物耶？凡涉於聲，便有清濁，可以緣清濁而得之，而此非清非濁，即師曠不能聽也；凡涉於色，便有濃淡，可以緣濃淡而得之，而此非濃非淡，即離婁不能矚也；凡涉於味，便有甘苦，可以緣甘苦而得之，而此非甘非苦，即易牙不能嘗也；凡涉於象，便有方圓，可以緣方圓而得之，而此非方非圓，即公輸不能辨也。故曰：「鴛鴦繡出從君看，不把金針度與人。」其旨精矣。畢竟金針猶可度也，當問把金針是誰，庶幾通得一指頭消息耳。

吾欲面質先生而無從也，姑書其端，以俟來者。

萬曆庚戌冬日，東吴顧憲成題。[二]

題姚玄升諸友會約

程伯子云：「舉業不患妨功，只患奪志。」今觀諸友會約，爲舉業設耳，乃能斤斤交砥，一言一動，一切禀諸繩墨，惟恐少有愆戾，以辱東林，此正曾子之所謂「以文會友，以友輔仁」也。

志且因之立矣，奚其奪？抑吾每每見人之始而勤，徐而倦，久而卒，至於廢棄也。是且不待富貴而淫，不待貧賤而移，不待威武而屈，即求所謂志，弗可得已，尚何論其奪不奪哉？

吾知諸友必不爾也，聊爲道破，無令吾言不幸而中可焉。

題鄒貞女傳

何以稱女？未成乎婦之辭也。何以稱貞？未離乎女之辭也。之子未嫁而寡，哀

[二] 此落款底本及諸校本均無，據中國國家圖書館藏明萬曆刻本冰川詩式補。

經謁墓，抱主而歸，朝夕依之，形影相弔，居然離乎女矣。拜其姑，又徧拜其尊屬，退而稱未亡人，居然成乎婦矣。必曰貞女，將無重違其雅意。所以起問者見事情，使人欷歔三嘆而不能已。於是乎静一淫靡，崇茂德義，君子之教也。

顧叔子曰：「子雲之賢也，而嫁於新；平仲之賢也，而嫁於元。說者往往爲之辭，予始且疑而且信焉，以爲是或一道也。今觀鄒貞女事，乃爽然自失矣。」

題婁庠政略

予讀蕭伯穀婁庠政略，津津有契也，爲之言曰：

聖人之道，高矣遠矣，非夫超卓之士特立物表，廣覽千古，孰得而幾焉？惟是世之號爲超卓者，往往落拓自喜，土苴繩墨，甚而陽以托於不屑，而陰以濟其無忌憚之私。其藏身彌高，而其處身彌下。爲害非細，此有識之所深懼也。伯穀雅習其尊甫拙齋先生庭訓，於良知之指早有悟入。往予識之燕邸中，見其翩翩有「鳳凰翔於千仞」氣象，迥非塵界可局，私心偉之。

乃今試政婁庠，顧能欽欽以禮自範，又推之以範士，即一言一動，一進一退，無所不致防焉。其謹稟爾爾，有以知伯穀向來之所從入，俱由實地上來，不僅僅玩弄光景而已。予少負嘐嘐，意不可一世，至妄擬先師孔子，不應泛取硜硜一項人，先贈公呵之乃止。一日，見曾點責子輿耘瓜事，輒爲悚然，始稍知收斂。時復四顧皇皇，寤寐同心之助，何幸乃得伯穀乎！

易有之「知崇禮卑」，竊以爲舍「禮卑」而覓「知崇」，[二]便墮「無忌憚」行徑，如伯穀方可與言。真超卓也！且予目擊邇時相率厭修而矜悟，其於程子識仁説業奉爲蓍龜，猶以「誠敬」爲礙，掃而去之。孤行不須「防檢」「窮索」二語，僭不自量，欲挈其所去，收還程子。時有提掇，用遏狂瀾，遂或不無矯枉之過。頃伯穀偕徐孝廉去，聞過問東林，商及此段公案，往復再四。諸所闡發，大意務在表章程子當年本旨，不令浮狂藉口，絶不以一毫己見抑揚其間，啓予實多。至日月星一箋尤爲痛快，會得此，然後一言一動、一進一退具有着落，其所自範與其所爲範士，不僅僅裝點格套而已。故予又以爲舍「知崇」而覓「禮卑」，便墮「硜硜」行徑，如伯穀方可與言真收斂也。伯穀其志之，而今而往，尚其益加懋焉，以無忘庭訓。予豈惟爲先生賀有子，且應爲吾道賀有人矣！

[二]「覓」，底本作「覺」，據諸校本改。按下文有「故予又以爲舍『知崇』而覓『禮卑』」語。

重刻懷師録題辭

予讀楊夷思先生所輯懷師録，爲之出涕，作而嘆曰：「異哉！梁永豐，落落布衣也，其生也，不能富人，不能貧人，不能貴人，不能賤人，樵兒牧稚，可狎而睨焉，比其死也，人皆冤之，爲之徒者，且相與捐身以赴之，至冒鼎鑊、蹈白刃而不恤；張江陵，堂堂相君也，其生也，能以人貧，能以人富，能以人賤，能以人貴，公卿百執事，侈口頌功德焉，比其死也，人皆快之，爲之黨者，且相與戢身以避之，惟恐影響之不懸以蒙其累。是何兩人之處勢微顯判然？而得失之效更自相反，何也？此以心服，彼以力服也。嗚呼！昔一時也，爲江陵獻媚者，殺永豐如殺鷄豕，蓋若斯之藐也，布衣固無如宰相，何也？今一時也，爲永豐雪憤者，疾江陵如疾豺狼，蓋若斯之凛也，相君亦無如布衣，何也？然則是録也，一足以示屈於勢者不得爲屈，究必伸；一足以示伸於勢者不得爲伸，究必屈；一足以發明斯民之直道，宛如三代，即欲百方磨滅之而不能也。其於世教，寧曰小補而已哉？夷思之欲重梓是録而新之也，有以夫！有以夫！」

題周氏譜録

省梅周子一日携其家所藏譜録視予，予受而讀之，凡諸名哲之論撰，洋洋具矣，言必稱元公。因謂之曰：「昔者竊聞之有道譜，有族譜。道以斯文之似續爲譜，族以一姓之似續爲譜。由元公而上，爲孔、孟，爲文、武，爲禹、湯，爲堯、舜，爲羲、軒；由元公而下，爲二程，爲龜山，爲豫章，爲延平，爲紫陽，道譜也。由元公而上，爲世幾何；由元公而下，爲世幾何，族譜也。承族譜易，承道譜難，爲周之子孫者，庶幾合道譜於族譜。無徒以其易自安，而以其難讓人，可乎？」省梅子躍然起曰：「大哉，子之言也！予也其何敢私諸？請書而載之宗祏，以詔我後之人。」

題石幢葉氏世德傳①

葉參之廷尉將乞伯聲尤子作世德傳，客以問予曰：「伯聲孤高絶俗，翩翩鳳翔千仞之上，向奉徵書，得邛州别駕，夷然不屑也。年來入山益深，入林益密，幾不可踪

① 此篇崇禎本無。

其跡。已還，肯諸參之否？」予曰：「諸哉！」客曰：「何以知之？」予曰：「吾知之於其尊甫迴溪先生耳。」客曰：「願聞其說。」予曰：「始，先生解南畿，文名大噪，已舉南宮。嚴分宜贄而謁，甚恭，先生怪之。分宜從容以家乘請，先生不可，固謝去。吾跡先生所不可在彼，而有以知伯聲所可在此也。若塊然獨守，不問誰何，一切抹摋，漫無肝膽，何貴於伯聲？」已而伯聲果諾。聞予言，以爲知己，傳甫就，私以質於予。

予讀之灑然異焉，是從龍門來耶？是何磊落而多幽思，沉着而有遠韻也！是故意在表章，則鼓舞而道之，張皇振厲，恣極形容，若有餘艶；意在寄諷，則感慨而道之，唏嘘太息，徘徊往來，若有餘悲。遂應與首陽、汨羅諸撰並馳域中，淋漓千古，何其烈也！

噫嘻！讀樂善公以下諸傳，頑夫廉，懦夫立，薄夫寬，鄙夫敦矣；讀張碩人以下諸傳，鬚眉男子，滿面發赤，跼蹐無所容矣。其於激揚人心，扶植世教，又何如哉？夫寧獨葉氏一家之史也？

伯聲起曰：「其然乎？其然乎？吾不敢知藉子之靈，庶乎有以復於參之矣。」

題邑侯林平華父母赴召贈言

語有之：「古之學者爲己，今之學者爲人。」程子借其言而反之曰：「古之仕者爲人，今之仕者爲己。」其指微矣。要而言之，二義實互相發也，只在辨得一「己」字耳。竊以爲古之所爲之己，公共之己；而今之所爲之己，軀殼之己也。所爲在公共之己，則於軀殼之己必有所不暇問，而此心廓乎其大矣，何者？不聯屬於内，是己與人兩得之也。所爲在軀殼之己，則於公共之己必有所不暇問，而此心局乎其小矣，何者？不隔絶於外，是己與人兩失之也。得失之間，其端毫釐，其極千里，不可不察也。

平華林侯，閩之世家也，而來令吾邑，清夷澹泊，蕭然與書生不異，獨於四境之疴疾痛癢最爲兢兢。是故苟有益於民，即恒情之所甚咈，怡然而安之，勿吐也；苟有病於民，即恒情之所甚暱，毅然而剖之，勿茹也。若是者爲己耶？爲人耶？究乃士誦於庠，農誦於野，商誦於市，旅誦於途。一以爲神君，一以爲慈母。赴召之日，黄童白叟相與攀轅卧轍，擁傳而不得行，若是者爲己之效耶？爲人之效耶？無乃捐軀殼之己，以成公共之己者耶？自其捐軀殼之己，謂之精於爲人者莫如侯，可也；自其成公共之己，謂之精於爲己者莫如侯，可也。向所云「己與人兩得之」者非耶？居今之俗，行古之道，俟其弗可及也。於是衿紳而下及山澤能言之流，咸作爲聲詩咏歌，其事洋洋纚纚，可謂甚盛。予恐讀者徒知俟之逸於觀寧，而不知俟之勞於求寧；徒知吾邑之所得於俟者，仰之如龍峰之高，俯之如梁水之深，而不知俟之所得於吾邑者，自惠泉一勺之外無有也。故特爲之推本，而著其説於端。

程行録題辭①

昔人有置黑白豆記念頭善惡者。湯子洗心倣其意，置程行録，記功過以自考焉，可謂用心之密矣。且謂之念頭，則獨知獨覺，藏於内而無形，猶或得而文之。今閲所開功過諸款，則可見可聞，顯於外而有跡，即欲着一毫揜著而不得也。子其勉之，吾將以此考子矣。

① 此篇崇禎本無。

顧憲成全集卷五十九

涇皋藏稿十四

題辭

華從玉歷試考卷題辭①

吾邑華從玉氏，故名家子，能讀篋中遺書，多長者游。予之識從玉，則自歲庚午始。是歲，南海鍾心瞿先生來視學，擢從玉諸生第二人，廩諸學宫，而予亦補諸生，行且國士予也。予見先生，先生輒爲予才從玉而曰：「此佳士子無失之。」予退而求從

① 此篇崇禎本無。

玉，從玉亦不予薄也。相得甚歡，時時過從揚榷，輒覺有灑然處。予乃益思鍾先生言。無何，予遂博一第去，而從玉猶然淹在諸生。久之，更棄而游太學矣。予自省何敢望從玉，從玉之塵垢粃糠足以鑄予，而不能自鑄。功名之際乃爾，殆不可得而知也。雖然，此猶自兩人言之也，當從玉之爲諸生，操管而前，見者靡不嗟賞，裒然而寵異之。既晚而事司成先生，每奏一篇，未嘗不稱善。遇以殊等，獨其試於棘闈則報罷，一從玉之身而所遭乃爾，尤不可得而知也。

會從玉之門人徐子田文刻其歷試考卷，從玉愀然不樂。予謂從玉：「昔司馬子長欲藏其書於名山大川，而虞仲翔嘆恨無一人知者，至乃欲以青蠅爲知己，何其悲也！君之指得無與二子類乎？」從玉曰：「否！否！非是之謂也，吾父海月公之生露也晚，屬諸吾兄補菴子而撫之，勤劬有加焉。[一]乃今竟憔悴不立以老，是吾父吾兄之耻也。吾母薛實副吾父海月公，其子露也，備嘗諸辛，乃今不克有樹以慰，是吾母之耻也。若又從而昭之，人其謂我何？」

顧子喟然曰：「深哉！始予見從玉之表也，今見從玉之裏矣。」子長、仲翔之寄憤

[一]「勤劬」，底本、光緒本作「勤渠」，據四庫本改。

也遠，所亟在名；從玉之設誠也近，所亟在實。是固無冀乎一人之知，縱令藏諸名山大川，亦未必百世之下之果有知之者也。雖然從玉之於斯也，可謂盡心焉耳矣。遇不遇，時也。

從玉無咎，盍許徐子？從玉唯唯，予不勝憐才之感，漫爲題數語以志，并以示。其二子玄禧、玄禔，庶幾且有省乎？繹其志而光大之，從玉之所以慰其父，若母若兄者，旦暮遇之無疑也。

馬君常制義題辭

予始從濂源莫子游，識其門人涵虛馬君，退而省其私，君子哉！予愛之重之，不獨以其文也，乃今又識涵虛之子君常。君常有妙才，自垂髫時，每下筆輒作驚人語。稍長就試，輒冠其曹，東南之士翕然推之。

兒渟、兒沐請奉几硯以從君常，許焉，兩兒因得朝夕君常。一日，兒渟告予曰：「兒益矣，兒病浮，君常韞采韜光，終日不浪吐片語，兒對之，未嘗不悚然自失也。」一日，兒沐告予曰：「兒益矣，兒病曠，君常鍵關下帷，終日不浪費寸陰，兒對之，未嘗不悚然自失也。」予於是益異君常，愛之重之，亦不獨以其文也已。呼兩兒語之曰：「小子識之，是正君常之所以文也。」

會客謀行君常文，遂爲書而引其端。一以告讀者，俾就所以處求君常；一以告君常，俾益反求其所以進而上之，應有無窮事業在也。予病且老矣，君常不予棄也，庶幾相與夾護桑榆，無致頽落，予實厚有賴焉。君常其務自愛自重哉！

錢受之四書義題辭①

惜昔己卯之歲，予客琴川，景行錢伯子齋頭相與揚榷今古，至歡也。伯子故負才，妙文辭，予拱遜不及。迄於今，尚不獲一第，逡巡且暮，意殊怪之。甲午歸田，伯子携其郎君受之過訪。已，出其文視予，予讀之，見其精思傑采，飛舞筆端，令人應接不暇，灑然異焉。笑謂伯子曰：「是當一日千里，爲乃翁先驅矣。」亦時時以語人。

今年秋，果舉南闈春秋第一。聞者以予爲知言，予因告受之曰：「夫士豈不誠貴遇哉！然而有司命焉，則天爲政；有司衡焉，則人爲政，非吾所得而主也。足下業已如執券而取之矣。况其上不由天，下不由人，吾之所得而主者，復誰讓乎？竊窺足下

① 此篇四庫本、光緒本均無。

意用不凡，生平自期，寧僅僅一第？而今而往，隆思太上，究竟丈夫事，作名世第一流人物，直襟帶間事耳。故曰：『有能一日用其力於仁矣乎？吾未見力不足者。』此吾受之風簷之次，心手自參，灼灼而言之者也，願無忘焉，又當一日千古矣。」

受之起謝曰：「美哉言乎！敢不祇服適書林，乞得其四書義梓之。」輒寫此語志其端，以爲是又受之一券也。異日者，予將執而取之矣。受之歸以告景行，景行悦，簡予曰：「吾聞君子愛人以德，子其有焉。」

題南游草

丙子之舉，先贈公呼予而語之曰：「孺子且自以爲能乎？」予悚然起，對曰：「兒何知大人之教也？」先贈公曰：「未也，惟我之先世以長者稱越，我顯祖友竹府君、顯考侍竹府君益篤不忘，至於孺子而發耳。東南故才藪，七篇文字，孺子烏乎短長，遂偃然而據其上哉？」予復悚然起，對曰：「大人命之矣，何敢忘！何敢忘！」

今秋，侄浹亦舉於鄉，仲兄追憶先贈公之訓，相視泣下，予退而呼渟兒曰：「汝弟浹何以獲雋？」渟對曰：「弟浹之於斯也，歲無玩月，月無玩日，日無玩刻，用志不分，庶幾有焉？」呼沐兒曰：「汝兄浹何以獲雋？」沐對曰：「兄浹之於斯也，煉意成字，煉字成句，煉句成篇，[一]深造自得，庶幾有焉？」予嘆曰：「信哉！祖宗積累不可忘，亦不可恃。假令浹也悠悠而已爾，莽莽而已爾，先贈公之訓不幾頓乎？又何以及？」今日，適浹裒得南游稿一帙，予爲書其端，俾益加懋焉，且以自惕云。

題施羽王制義選

制義之變，於今極矣。三寸之管，縱横吞吐，何所不有？士生其時，幾無復立錐之地，可以另闢宇宙，爲人倫雄長。

迺今施羽王又何卓也？其文骨格峻潔而氣韻安閒，研思締致，種種超出蹊徑，參諸王、錢而下，楊、許而上，居然別標一局。非夫枝葉盡刊，洗心宥密，沉蓄而徐發之，宜不及是。反覆咀嚼，一段深至之味，隱隱自喉舌沁入肺肝，結而不散。微乎！微乎！予竊有以想見其據梧運斤之際矣。

茂才沈道生讀而愛之，手摘玄珠，携示兩兒子，共爲揚榷。予因語道生曰：「君知之乎？造物精英日新不已，各人胸中自有羽王也。」道生躍然而去。

[一] 上三句三「煉」字，底本、崇禎本、光緒本均作「練」，據四庫本改。

惺復錢公四書制義題辭

舉子業，小技耳，而聖賢之精藴寄焉，是故貴以理勝。然而理至圓也，深言之則深，淺言之則淺，精言之則精，粗言之則粗，亦顧人之所見何如耳。是故又貴以識勝。夫理者，文之心也；識者，文之眼也。心眼合一，乃爲文家第一諦，未可草草語也。

惺復錢公用進士高第，來理吾郡，郡人士莫不想望風采。予方有烟霞癖，不敢以野服溷公庭。屬歲之季春，公幸芙蓉湖上，予聞而謁諸其舟中，相對論文甚歡。既別，緘所製時義一編視予。予發而讀之，一字一快，不覺齒牙喉舌之間生液津津而滿。徐而按之，大都本自匠心，擬議成變。既是玲瓏透徹，迥然超出人意外；又是精切的當，穆然沁入人意中，故足珍也。

今亦何能縷述？聊掇其略。如克、伐、怨、欲篇有曰：「就仁言不行，即以見靈湛之體；就不行言仁，祇以增把持之障。」淵路言志篇有曰：「宇宙不隔吾心，吾心自隔宇宙。」行己篇有曰：「平居能辨一己，即臨事能辨天下。」懷居篇有曰：「寒暑風雨之變迭乘，正以振英雄豪傑之氣，而顧盼牽制之私盡破，獨以見道德性命之真。」

噫嘻！微矣！此予向所云以識勝者也。以識勝者，乃其真能以理勝者也。夫豈區區淺臆薄詣可得而及哉？予聞公少負奇慧，垂髫時便裒然爲子衿領袖，已而每試輒最。後先所爲督學使者蘇、李、蕭、饒諸名公，無不國士公也，公不爲色滿。及屢蹶場屋，亦不爲色沮。歸而益務噐噐自濯，不造極登峰不止。繇是觀之，公之所得於動忍增益者，淵乎深矣！又何可概以舉子業視之也？公下車未幾，遂攝郡篆，廉明仁恕，甚得民譽。

以方序其文不及，且公而實其言，將來盛德大業，有非一郡之所能限者。予姑標而出之，爲異日券，庶幾作芙蓉湖上一佳話。公無忘哉！公無忘哉！

題吴允執梅花樓藏稿

往安節先生緘會課數十卷寄予，予閲之，多所嘉賞，而其中一卷尤稱奇絶，因貽書先生曰：「此卷不徒文之工，其深識遠致迥非章句書生可及。他日必成大器。」已得報，乃其孫允執也。先生遂携之謁予於東林。予察其氣貌，益偉之。今年秋，果獲雋南畿。

允執復來謁，予曰：「不佞聞君之捷也，一則以喜，一則以懼，夫何以喜？爲安節先生喜有孫，爲徹如君喜有子也。夫何以懼？安節先生道履慥慥，海内共推長者，而君爲之孫；徹如君風烈皎皎，足以砥柱頹俗，而君爲之子。俯仰後先，此擔正未易負荷，所以懼也。」允執悚然起，謝曰：「命之矣。」少間，手文一帙視予，予覽之，又超昔年會課而上矣。因稍爲評次，而志此語於端，以當授記云。

題孫恭甫行卷

虞山三川孫先生澄空皎月，出岫閑雲，生平喜爲聲詩，不屑舉子業，以是終其身不遇。長君子喬，次君子桑，能工舉子業矣，猶然未遇也。惟子桑晚而始領鄉薦耳，亦不免落人後。若子喬則更有待焉，其難如是。乃子喬之子恭甫，纔茂年，一舉而遂魁南畿，又若甚易然，何耶？吾聞之盈虚消息謂之天道，積功累仁謂之人道。故曰不蓄不光，不闇不章。然則昔日之淹，正所以基今日之頓也。

吾讀恭甫文，靈襟濯濯，不染一塵，大有三川先生之致。至其步驟雍容，行乎勿忘勿助之間，又得之子喬爲多。然則今日之發，又所以顯昔日之藏也。恭甫方赴功名之會，吾懼其覩己之易，而忘祖父之難也。特爲陳今昔之故以告之，恭甫其謂然否？

顧憲成全集卷六十

涇皋藏稿十五

題辭

二僊留勝圖題辭

郴州蓋有蘇、成二僊，其事頗異，吾儒擯不語，非直不語，亦不解也，曰：「是固幻耳。」然予聞蘇僊事母，致養勤甚，人莫之及，又能爲德於其里。成僊始嘗爲縣小吏，及署文學主簿，並以舉其職聞。凡此皆人倫日用之常，非有震於物也。至如吾儒，自稍通章句以上，靡不稱堯、舜，述周、孔，斯已卓矣，夷考其行，率謬不然，甚者投棄規矩，恣睢以逞，仰慚日月，俯慚人群，不亦大可怪乎？顧恬然安之，曾莫以動於意。予誠不知孰爲常而孰爲異也。予又聞蘇僊道既成，有群鶴來集其庭，形色聲音皆人也，姿貌秀整，如十七八少年，雲冠霞衣，服飾壯麗，與語款密如故，因隨之迤邐升天而去。

成僊既卒，有友人遇諸武昌崗，謂曰：「吾來時匆匆，遺一舄於鷄栖上，遺一劍於户側，爲令家人收之。」友人至其家語之，信衆大驚。因發棺視之，不復見屍，但一青竹杖，長七尺，并一舄而已。

然則蘇氏之所以僊，惟其真能有也；成氏之所以僊，惟其真能無也。迄於今，猶可按而考焉。

即有艷慕欣道，竭蹷而趨之者，苟其明效顯驗，不臻於是，終莫得而假也。至如吾儒不然，其説曰：「吾心即僊也，吾心之變化云爲，上際下蟠，先萬物而非有，後萬物而非無，即所以爲僊也，豈不大哉？」已而察其心，固與庸俗等耳，徒以其善匿而難窺也。往往托而文焉，以内欺己而外欺人，予又不知孰爲真而孰爲幻也。

予過郴，郴侯盧堯卿示予二僊圖，予愓然有感，因綴數語志其端。非故薄吾儒而有羨於彼也，庶幾覽者於是乎諦思熟繹，反而求其所由，以晰於常異真幻之辨，而不敢徒以區區之空名爲足恃也。即二僊之於吾儒，厥亦有隱功哉！其又何擯焉？

法喜志題辭①

澄江夏孝廉茂卿輯法喜志成，有客過予，語及之，而曰：「茂卿津津禪悦，跡所采擷，率從忠孝節誼中薦取，跳不得儒家門户，何也？」余曰：「茂卿以儒用禪者也，非以儒爲禪用者也。以儒爲禪用，即儒亦化而禪；以儒用禪，即禪亦化而儒矣。此茂卿陶鑄手也。」曰：「然則儒家擯禪，何也？」曰：「此以正學脈也，而茂卿以廣取善也，一主嚴，一主寬，兩者並行而不悖也。」曰：「伯升之穢焉而録？休文之阿焉而録？處道之悖焉而録？天覺之黨焉而録？奚取也？」曰：「孔不廢祝鮀，[二]孟不廢陽虎，參苓、烏附並貯大醫王藥籠中，其何疑於茂卿？」[三]客曰：「善已。」又語客曰：

① 此篇又見美國國會圖書館藏明萬曆刻本法喜志卷首（以下簡稱「法喜志」），題「法喜志敘」。故此篇以之爲校本。

[二] 「祝鮀」，底本作「祝蛇」，朱筆改作「祝鮀」；崇禎本作「祀佗」，四庫本作「祝鮀」，光緒本作「祝佗」。按衛大夫名祝鮀。

[三] 「孔不廢祝鮀，……其何疑於茂卿」，法喜志作「兵有法期於克敵，不必出自孫、吴也；醫有案期於療病，不必出自盧、扁也」。

「請爲子竟其説。禪教之興，本之乘儒教之衰而入。顧其所以得久行而不廢，則又賴儒教之立也。有如土苴人倫，粃糠事物，胥天下而入於虛無寂滅之教，[二]竊恐世道人心，且蕩然靡所主持，彼禪者流，即欲雲卧霞餐，雍容麈拂，以課其所謂向上第一諦，將焉能之？昔王仲祖、劉真常共訪何驃騎，驃騎看文書不顧。王謂何曰：『卿何不擺撥常務，應對玄言，那低頭看此邪？』何曰：『我不看此，卿等何以得存？』聞者共賞以爲佳。由此言之，茂卿之爲是編，特於忠孝節誼三致意也。其深乎？其深乎？」客以告茂卿，茂卿曰：「善。」遂掇幅箋受之而標其端。

萬曆丙午春日，梁溪顧憲成。[三]

題華羽士卷

異哉華孝子！業已尊父命，終身不娶矣，乃錫之爲華者必祖焉，是無後而有後也。異哉華生啓原！業已作黄冠道人矣，却惓惓以孝子爲念，願得終身灑掃祠下，虔

[二]「天下」，底本及諸校本均無，據法喜志補。
[三]此落款底本及諸校本均無，據法喜志補。

奉瓣香，是出家而在家也。此等處一一從赤子之心流出來，[一]世法、出世法都束縛他不得，[二]吾是以有取焉。啓原試歸而參之，無日用而不知也。

題魁星圖

天地，太極之餘也；日月，天地之餘也；先生，日月之餘也；丘索墳典，先生之餘也。一變而記傳，再變而詞賦，三變而時義，丘索墳典之餘也；朝而士，夕而公卿大夫，一變再變三變之餘也。

嗚呼先生！將彼之餘，成此之餘，來者不拒，去者不追，取者不德，舍者不疑，方且翩翩乎相與尸而祝之，俎而豆之。吾不知先生其以爲何如也，於是乎題而問諸先生。

[一]「出來」，底本、崇禎本、光緒本作「去來」，據四庫本改。
[二]「束縛」，底本、崇禎本、光緒本作「來縛」，據四庫本改。

簡明醫要題辭①

澄江雲竹顧翁以醫聞於人久矣。蓋近奉庭訓，而遠宗劉、張、朱、李諸先達，虛研實究，會而通之，以故所投輒效，一方賴焉。於是翁年且七十有三，乃手録生平已試之方，剖爲五卷，[二]授剞劂氏，命曰簡明醫要。其言曰：「是編所載平平耳，無新奇可喜之説也，聊以遺子孫備檢閲耳。」

予聞而賢之，翁之不爲新奇，乃其能爲新奇者乎？語有之：「醫者，意也。」誠然誠然！顧其説可以生人，亦可以殺人。生殺反掌耳，不可不察也，何也？意難調而易偏也，是故欲其平。平者以病治病，不以我治病也。病而曰治，曷嘗無意？治而曰以病不以我，曷嘗有意？有意無意之間，能神能聖，能工能巧，劉、張、朱、李之精蘊，翁一言蔽之矣。信哉！

翁之不爲新奇，乃其能爲新奇者乎？是故概而論之。是編僅五卷耳，蓋綜其博

① 此篇又見中國國家圖書館藏明萬曆三十四年刻本簡明醫要卷首（以下簡稱「簡明醫要」）。故此篇以之爲校本。

[二]「剖」，崇禎本、光緒本同，四庫本及簡明醫要作「都」。

而歸諸約者也，翁之所見以爲要也。徐而繹之，千言萬語總不出「平」之一字，蓋至約而實至博者也。

予之所見，以爲要也，讀者宜何求焉？翁子言嘗從予游，乞予題其端。予爲走筆書之如此，且告之曰：「子業服巖邑，令名邦，有種種惠政及民矣，而今而往，其務益加懋焉，以竟厥施。即翁滿案活人術，不滋暢乎？即翁滿腔活人心，不滋快乎？異日者，吾又將就子覓醫國之譜也。」言再拜而起，曰：「先生之所以拉拭，言父子腆矣，敢不奉以周旋？」

萬曆丙午五月之望，梁溪顧憲成題。[一]

題鄒忠餘收骨行

試看這個是甚麽？若不識得，便未免當面混過；若識得，又未免將來做件事。

[一] 底本及諸校本均無此落款，據簡明醫要補。

當面混過，即淪於無；將來做件事，即着於有。一念湛然，兩頭不墮，其竅妙在甚恁處？[二]忠餘其自參之，吾不能代下語也。

[二] 底本卷十五第六葉下半葉缺失，所缺文字自本句「在」字起至篇末止，以萬曆本同版書葉配補。故此部分以萬曆本爲底本，以崇禎本、四庫本、光緒本爲校本。

顧憲成全集卷六十一

涇皋藏稿十六

誌

明故學諭損齋張先生墓誌銘

憶昔歲己巳，先贈公爲不肖憲及弟允擇師，語人曰：「必得文行兼備之士而後可。」東里雲浦陳公爲言先生，先贈公喜，遂率不肖等北面師事之。先生一見，語不肖等曰：「吾觀子兄弟氣貌，非區區舉子業可了，須努力尋向上一着。」先贈公聞之益喜。時仲兄坐善病，不復理鉛槧矣，亦令執經以侍，曰：「吾固不專爲舉子業也。」庚午，先生應雲浦公之辟，不肖等負笈以從。比數年，並相繼取一第，而獨先生僅僅作一學博，以老且死矣。於是子楷等卜以乙巳之十二月廿四日，葬於歷村之新阡，持其兄濟川學博所爲先生狀，屬予誌其墓。予不勝黯慘，相向哭，俱失聲。

嗚呼！一第，先生之糟粕；而向上一着，則先生之精髓也。得精髓而遺糟粕，先生其亦何憾？惟是不肖輩玩愒因循，浪擲日月，俯仰幾四十年，止了得舉子業耳，曾未有努力處也。得糟粕而遺精髓，負愧實多，尚何足以任千秋之役？雖然先生之千秋自在，非予言之謂也，其何庸辭？謹按狀，參以耳目之所逮而誌之。

誌曰：先生諱淇，字子期，號原洛，晚號損齋居士。初以字行，已而更今名。張之先世居澄江琉璜里，有養浩公諱瓚者，始自琉璜贅高莊鄧氏，遂占籍無錫，爲高莊張氏云。瓚生愷，以成化甲辰進士官都轉鹽運使司運使，世所稱東洛先生也，詳具邑志中。是生洛川公琳，爲邑庠生。琳生履菴公鉞，配華孺人，生子五人，女三人，而先生其長也。先生自少英穎不凡，嘗逮侍東洛公，東洛公奇愛之。稍長，力學工文，年十八補邑弟子員，二十而廩，即爲人授經。履菴公不善治家人產，産日挫，悉館穀進之，有以一帛贈者，必躬致。履菴公曰：「兩親百結，吾何以有此？」華孺人性端毅，先生年踰四十，間涉詿誤，猶加箠楚，輒嬰啼受之。每從館歸，日則依依膝下，夜則侍寢於側。至於婚弟嫁妹，拮据備具，絕不以經兩親之念也。雲浦公高其行，邀秦玄峰昆弟聚百金，置租四十餘石，以佐所需。鄉人多弗償，竟不問。嘆曰：「安得廣厦千萬間？坐令寒士俱歡顔。」履菴公聞而壯之。時先生每試輒最其曹，名日起。三吳方千里間争聘爲師，顧其試於棘闈，輒報罷。久之，始以歲薦，分教吳庠。適不肖從銓曹請病還，往見先生挾一蒼頭，徒步而前。先生煮茗煨栗，相對終日，極歡。酒畔，微問曰：「得無爲郡邑君子所跡？」不肖謝不敢。先生喜曰：「方是吾弟子，不是天官郎也。」始，先生待選都下，申相國迎致邸塾，甚嚴重之，以是乞鐸其邑庠。及先生憂歸，再補休庠，遷諭英庠，並不藉相國氣力一希薦剡，亦不向達官貴人前一齒不肖兄弟姓名。會休令石林祝公考績至吳，下或告之，大加嗟異，時時以語人。不肖聞之，恍然自失也。向者相忘於無懷、葛天之間不覺耳，却被石林道破矣。此景此意，今亡矣夫！今亡矣夫！

先生所至，以身爲教，諸生賢而材者優禮之，貧者恤之，有負不平者直之，諸生翕然信愛。地方利病亦時時爲主者陳説，不計恩怨，以故吳令謙川馮公、英令混成麗公傾心敬事，一如石林公焉。即直指使者牛公，亦枉駕就訪，不以常格遇也。乃先生每以養不逮親，怏怏不自得，又見饑饉相仍，國家多故，丘壟之思，倍爲懇至。書其齋壁曰：「静中自念常憂國，夢裏思親輒過家。」遂拂衣東歸，歸則田不足具饘粥，廬不足蔽風雨，蕭然斗室，日與兩孫講解不倦。

適次公冰壺亦解官歸，時分秫佐酒，故先生有「年來藉得同胞養，分取簞瓢聊自怡」之句。兄弟嬉嬉，共陶暮年，意甚樂也。書其卧室曰：「在家出家，世事盡從流水逝；得了便了，丹心原對白雲閑。」高襟逸度，居然不讓浴沂風詠三三兩兩間矣。

先生素健無恙，年且七十，以濕疾艱於步履。甲辰夏四月，忽倦卧，不語不飲者六日。垂絶之晨，索筆大書曰：「只知人事是太古，不信我身非伏羲。」又索酒大飲曰：「令我薰然陶然栩栩然而逝，可也。」長子楷請遺言，怒曰：「吾言之熟矣，若遽忘耶？做人須收拾身心，要知此身心非幻身肉心，乃我自家原來清浄法身，原來先天靈覺真心，天下有何物可以尚之？何物可以易之？須是自知自養，自煉自取。吾儒致中致和，實不外此。薛文清公讀書録，吾家祖業也，宜付兩孫。」至酉遂瞑。嗚呼！死生亦大矣，何其了了也！

先生廣額豐頤，美鬚髯，胸次夷曠，不留一滓，而負氣倜儻，耻與俗浮沉。每語及古豪賢長者及忠臣孝子，輒爲佇想沉思，徬徨太息。喜豪飲，往往借以寄意，或時而終日陶然，身世兩忘；或時而高談叱咤，睥睨六合；或時而感慨激烈，涕淚交流，而繼之以怒髮衝冠。恒歌曰：「出師未捷身先死，常使英雄淚滿襟。」先生不自知，人亦無能知先生也。

先生髫年師事陽湖邵公，聞陽明「致良知」之説。及壯，遊方山薛夫子之門，學益進。已，乃亟稱考亭曰：「畢竟盤不過此老。」庚子之秋，過視涇上，朝夕劇論，意氣如故。因言：「邇來異説横行，始而侮朱，終而侮孔，其害真酷於夷狄禽獸。」遽掀髯而起曰：「恨予不作魯司寇，磔此奴於兩觀之下。」須臾飲盡一斗，仰天而呼，噫嘻不已。左右笑曰：「先生狂矣！」先生曰：「狂乎？非吾之狂而誰狂？」今先生往矣，回首當年，猶覺生氣凛凛如在。此豈生斯善斯，閹然媚世、無所短長之人所可同日而語哉？

先生生於嘉靖癸巳十月一日，卒於萬曆三十二年四月念五日，享年七十有二。配夏孺人，有内德，生子三：長即楷，娶吴氏；次樸，娶李氏；次楨，娶馮氏，後於守菴君。女二：長適邑庠生厲燧卿，次適何起潛。孫男七：長孫昱，娶陸氏；仲孫美，聘華氏；餘尚幼。孫女四：長適趙瑞徵，次字葉起龍，餘幼。

樸與美後先出爲冰壺嗣狀，又述先生嘗欲傳履菴公「固窮樂善」之操，俾子孫無忘，并自敘其生平。其言曰：「昔陶淵明預爲祭文，杜牧自撰墓誌，蓋知生者不諱死，存者不諱亡。愚者之鄙忌，智者不蹈也。余犬馬齒，雖幸老而傳矣，自念以中人之資，幼讀聖賢書，長承祖父訓，而忠信孝弟出自天性。生平辛苦，僅爲祖宗持立門户，一無恢拓。雖八試棘闈，而竟違進取之志。即晚膺儒綬，聊借爲代耕之資，謹守繩墨，不敢妄爲。自謂所得於吾儒義理性分爲多，故於貧富貴賤一不介意。然直諒狷狹，不能媚於人，不肯求於人，惟嫉惡好善，引咎服義之心裕如也。每擬筆之以自見，竟以躩躒自信，未艾不果，而今已矣。」雖然，味斯言也，亦足以概先生矣。請韻爲銘。

銘曰：卓彼賢聖，人極自出。烺烺遺經，中天揭日。惟祖惟父，世篤清佳。庭訓在兹，夙夜與偕。善親曰孝，善長曰弟。孩提赤心，終身罔替。發己自盡，循物無違。厥孚盈缶，忠信是依。惡衣菲食，諸艱備歷。青氊無恙，一椽靡益。挾瑟擯齊，獻璞刖楚。抱關擊柝，苜蓿亦可。從吾所好，莫之或攖。貧賤富貴，總付浮雲。還揆生平，斤斤儒矩。動静語默，淵臨冰履。直腸直口，無詭無佞。同異愛憎，不與物競。見善如珍，見惡如疾。徙義如奔，聞過如獲。心口自供，形影自證。百年之事，於今已定。像此爲像，不須寫真；譜此爲譜，不須買文。樂而忘年，來日可待。一朝委化，徒然琴在。曰予小子，恭勒貞珉。後有考者，英爽常新。

明故翰林院庶吉士完初唐叔子暨配蔣孺人合葬墓誌銘

天地間，至尊者道，[一]至貴者自得也。自得云何？是，必愜乎心之所真是，舉天下非之不顧也；非，必愜乎心之所真非，舉天下是之不顧也。夫豈惟天下？即一家之内，情最親也，目之所視，耳之所聽，口之所談，手足之所持循，少而習焉，長而安焉，日漸月染，不知其然而然，轉移最便也。亦惟是率其本來面目，隨分成詣，隨詣成局，無假借，無倚靠，無沿襲，無遷就，無牽合，甚而一彼一此，判然相反，了不存異同之嫌，何者？誠有以自得也。

毘陵完初唐叔子，奉常凝菴先生之子也。始荆川先生以峻行高天下，天下望而嚴之。凝菴先生繼之，軒豁磊落，不務瑣瑣，重意氣。與人交，瀝盡底裏，遇緩急，傾身赴之，即生死弗避，翩翩有古豪賢風。至叔子，乃又孤立行一意，其於自奉，衣不曳采，食不兼味，泊然不知聲色貨利爲何物。其於公庭視之若浼，不以一字干。其御諸

[一]「道」，底本及諸校本均作「自」。按周敦頤通書師友上第二十四云：「天地間，至尊者道，至貴者德而已矣。」據改。

蒼頭，檢束惟謹，間出而受侮，亦以法飭之，不少姑息，其凜凜如此，則是父子相反也。

叔子有兄二人，伯曰孟孫，早卒；仲曰儆元。仲在懷抱中，能解文義，口授以古歌詩，時觸事則援以證。叔子三四歲不能走，五六歲不能言，識者目之曰：「行遲語遲，是必遠到。」既而就塾師，師授以書，仲數過成誦，叔子必倍之。久之，則仲頗遺忘，叔子猶初耳。凝菴先生上公車，仲時慰藉其母萬恭人，後先周旋，以襄其勞而娛其意。叔子惟挾策，他無所問也。仲爲文咄嗟而就，叔子每懸思竟日，凡經人道語，誓不襲一字。仲雖少，人或就之謀，必忠；或就之假貸，必應。叔子絶不樂與人事，間有不得已，勉爲居間，必使兩皆心服而後退，退則盡匿形跡，若初未嘗與者，則是兄弟相反也。

叔子元配曰蔣孺人。叔子侍凝菴先生，品騭今古，剖析疑義，論事可否成敗，娓娓如也，而孺人侍太恭人，斤斤不輕吐一語；叔子與人交，無衆寡，無大小，無賢不肖，怡怡如也，而孺人端容肅視，人雖巧詼，不能博其一笑。叔子性簡易，遇所知，脱略禮數不爲容，落落如也。而孺人於妯娌相見，必理新衣，將迎甚虔，則是夫婦相反也。

且萬恭人敏而則，閫以内，閫以外，事無巨細，莫不兼而綜之。而孺人約處一室，趾不踰閾，雖至親罕見其面。萬恭人溫良樂易，大小臧獲凡幾百指，莫不人燠而人沫之，即有犯，多所寬假不問。而孺人堅持禮法，尺寸無軼，左右侍者雖既退，猶若儼有臨乎其上然，則是婦姑相反也。

然而廣大者不見其爲蕩，謹密者不見其爲狹，高明者不見其爲亢，篤實者不見其爲拘，真率者不見其爲疏，恭恪者不見其爲矯，寬裕者不見其爲徇，嚴毅者不見其爲苛。何也？誠各有以自得也。

是故父子得焉而親，兄弟得焉而友，夫婦得焉而諧，婦姑得焉而協。天性之樂，人倫之勝，世濟之美，偃然不出庭闥而坐收之矣，則是相反者原未嘗不相成也。

抑又有異焉。予竊見叔子恂恂退讓，如不勝衣，而志邁千古，言視規，行視矩，凛不越跬步；而神超六合，仁義之宫，禮樂之府，詩書之囿，閑搜恣取，無所不快於意；而目蒿生民，爲名茂才，爲名孝廉，爲名太史，餘光末耀，足以照暎人群；而胸含丘壑，則是叔子一身之間亦相反也。

予竊聞孺人居閒，一布一葛雖極敝不去，而推衣履於親故，必裁純練，傾囊而出不爲惜。其自奉一腐一蔬，日費不踰數錢，而作一餐以餉客，非腆潔弗快。人偶有乞貸生利者，必厲辭却之。而戚里中或以匱乏告，務委曲周恤，不令有怏怏心。生平於米鹽猥屑澹不經心，而獨所奉於凝菴先生及萬恭人，即一果一茗，必手滌而後進。且死，指一篋謂子獻可曰：「吾終年積愁積病，未嘗積資，此中存有七十金，可以了我，無以累大父母。」則是孺人一身之間亦相反也。

噫嘻，異矣！及徐而按之，卷舒有會，操縱有適，張弛有體，繁簡有宜，即欲從而窺其間，無繇矣。乃知相反者，果未嘗不相成也。是故信於心，則不復有畛域之可分，而爾我之障撤矣；信於理，則不復有方所之可泥，而中和之體備矣。此予向所謂自得者也。

叔子，名儆純，字敬止，壬午應天鄉試五十六名，己丑會試七十八名，廷試二甲七名，選翰林院庶吉士。生於嘉靖戊午十月十五日，卒於萬曆己丑十月二十四日，得年三十有二。孺人，同邑州知州蔣公如京女，生於嘉靖己未五月二十日，卒於萬曆丙午四月二十六日，得年四十有八。墓在宜興鳳凰山。

子一，即獻可，太學生，娶丹陽江西按察使賀公邦泰女。女二：長適同邑太學生董公應朝，子太學生遇泰；次適予次子府庠生與沐。

先孺人卒，孫男三：長宇昭，聘金壇郡學生于君玉全女，禮部郎中于公孔兼孫女；次宇量，次宇參，俱未聘。孫女三：長字溧陽南京大理寺評事陶君人群子元祐；次字同邑翰林院編修吴君宗達子任思；次未字。

先是，歲丙午秋八月，獻可持狀詣予，屬文其墓中之石。予愴然傷懷，不果爲。至今歲己酉夏六月困暑，時時卧北窗下，一日，追念叔子不已，因檢其狀讀之，則凝菴先生之爲也，起而喟然嘆曰：「卓哉！知子莫如父矣。」已檢孺人狀讀之，則獻可之爲也，起而喟然嘆曰：「懿哉！知母莫如子矣。」表章揚厲，責在後死，予何容？終無言，況乎日居月諸，倏更四載，即予亦且駸駸作老態，復何待也？因稍爲次第而志之，并繫之銘。

銘曰：立天之道，曰陰與陽；立地之道，曰柔與剛；立人之道，曰仁與義。惟其相反，所以相濟。吾何以知叔子與孺人哉？以此。

明故孝廉静餘許君墓誌銘

隆慶庚午，予與静餘許君同游邑庠，一見如故歡。予樂君之光明簡易，洞無城府，君亦樂予之不爲機也。嘗赴郡試，先贈公遇之逆旅，私謂不肖曰：「是夫非塵滓中人，兒其識之。」時君未冠。

及授室，先贈公命不肖饋酒一石，糈二石，君辭，不肖進曰：「家大人重君，欲知君，聊以爲好耳。」君驚起，請於父一菴翁，受酒而却糈，曰：「小子不敢拂翁之意，翁當不忍拂小子之意也。」自是交好有加，密以道義相切磨。

及予倖博一第，乍出乍歸，與君跡若落落，而此衷相映，宛如一日。甲午歸田，偕同志修東林之社，君時時貺臨之。予自惟衰劣，正賴君左提右挈，補過桑榆，而君且棄予去矣。

撫今追昔，淚淫淫不自禁，會君之子其仁卜以歲之十二月十五日癸酉，葬於嶀峒新阡，手次君之行，乞高存之爲狀，屬予文其墓中之石。

予故有文戒，方在徘徊，而友人薛以身且謂予曰：「此靜餘意也，死者復生，生者不愧，子必勉之。」予亦忽念是先贈公之所記也，遂諾。受狀而讀之，既作曰：「備矣核矣！可以志矣！」何則？人各有真，所爲貴狀者，貴其真也。皮肉骨髓，稍有不似，不可語真。今狀始言君家故貧，先世遺田二十畝，君既有聲諸生，下帷教授，稍拓至百畝。已，鄉舉婚嫁遞集，食指漸繁，又不復授經，生計益匱，亦惟力自節嗇，粒米束薪，出入程量，卒未嘗營子母什一。故視其室，甕牖繩樞，猶夫初也；視其服，敝冠緼袍，猶夫初也；視其食，烹藜茹藿，猶夫初也；視其一二使令，蓬首跣足，猶夫初也。比五上春官，不第。庚子冬行，至桃源河，冰堅，遽返謝去，計偕傳金，自號「蚤白老人」，杜門益堅。於此可以得君之皮矣。

而未也。又言君受知郡侯龍崗施公、邑侯念庭周公，時召君相與茗椀酒榼，宴游如家人子弟，君介然自守，不干以私。丙戌，從公車還，爲幽居十戒，書之壁。安貧戒五：曰詭收田糧，曰干謁官府，曰借女聯姻，曰多納童僕，曰向人乞覓；省事戒五：曰無故拜客，曰輕赴酒席，曰妄薦館賓，曰替人稱貸，曰濫與義會。出入恒指而自問曰：〔一〕「若得無食言否？」或以私嘗之，輒指其壁，謂之曰：「此吾之息壤也，可奈何？」偶有戚黨麗法，乞君居間，持之甚急，君適賣婢爲輸罰鍰，終不爲緩頰，聞者大相信服。嗣後即有緩急，見君輒愧而罷，不復發口。守令下車一謁，後不得再覯其面。宜諸歐陽公守常，雅重君，延修常志。君曰：「公，賢者。」爲欣然一出。每中丞直指學使者入境，必爲表其間，君泊如也。既病，謂其仁曰：「吾有某逋未償，某施未報，某家人賫未給，某故人子典田所入，已當其直，亟取券還之。」於此可以得君之肉矣。

而未也。又言君天性孝謹，大父效静翁，古君子也，爲諸生出入，携君以從，動息

〔一〕「自問」，底本、崇禎本作「目問」，據四庫本、光緒本改。

有教。君一意步趨，無尺寸軼父。一菴翁未及中壽而卒，痛之。終身事母吴孺人，嘻嘻啞啞，依然嬰孺也。又言君襟度灑落，喜飲酒。每春秋佳日，同心宴談，輒諧笑傾倒，移日落月。喜散步，飯飽後獨行城堞間，眺望雲物，以爲至適。所善澄泉茹公，及萬中丞輩，相與聯同庚社，一觴一咏，彷彿香山、洛水之風。嘗視君疾，君曰：「吾胸中蕩然無事。」樂意津津，凡不食者浹兩月，談笑如常，不一介於色。於此可以得君之骨矣。

而未也。最後言君一日自東林歸，勑其子曰：「人何可不學？但口不説欺心語，身不做欺心事，出無慚朋友，入無慚妻子，睡無慚夢寐，乃爲學矣。」予不覺喟然嘆曰：「微乎！微乎！君之髓其在兹乎？」且夫士當居恒，高談闊論，意象凌豁，若舉天下皆無足以動之者，是何壯也！及乎臨境，輒爾波靡，遇貧賤則戚然不能以終日安，遇富貴則奴顔婢膝以求之，不少顧惜，又何懦也！本之内多欲而外附仁義，遂成兩截人耳！乃君以不欺爲主，以無慚爲案，其生平之所自刻勵，豈不稟稟可想哉！宜乎！始終一節，名實俱粹，靡不稱爲真孝廉也。先贈公于是乎知人。

君姓盛氏，曾大父信齋翁，諱玉，幼失怙恃，依親許翁，因其姓。信齋翁通二經，以行誼稱。大父效静翁，諱應壁。君初號太玄，後更静餘，以此。父一菴翁，諱盛德，爲諸生，生子二，君其長也。君諱世卿，字伯勳，配趙孺人，生子三：其仁，娶澄江隱漁王公女；其忠，郡庠生，娶太學振龍厲公女；其清，未聘。女三：側室出一，適陸士裕；一字澄江王日華；一未字。孫男二：原盛，其仁出；本盛，其忠出。孫女一，其忠出。俱未聘字。

君生嘉靖壬子十月十六日，卒萬曆丁未四月初八日，得年五十六。所著有中解編、太玄玄言、露穎編諸集，而特好爲詩，一切欣惋悲愉之感，悉於詩乎發之。詩成，抱膝長哦，輒復歡然，自謂調爕之妙，是又君之皮肉骨髓所寄也。後之尚論者，其并求之。

銘曰：凛乎其操，嚴霜凍雪；坦乎其懷，光風霽月；朗乎其衷，青天白日。靡固靡縱，靡著靡匿。屋漏康衢，可券而質。是爲人倫之式。

明故吴母毛太宜人墓誌銘[一]

吾郡吴嚴所侍御朝拜官而夕抗疏，首翦巨奸。[二] 一日，直聲動天下，言路大闢。

[一] 此標題底本及諸校本均作「吴母毛太宜人墓誌銘」，據底本目録補。
[二] 「翦」，底本、崇禎本、四庫本均作「剪」，據光緒本改。

比予有感於李漕撫之被多口也，上書閣銓二老一白之，舉國爲譁。侍御又慨然採而聞之當宁，於是異同之論紛紛而起。時侍御業竣宣大事，報滿請代，代者不至，方蚤夜念其母毛太宜人，遂飄然拂衣歸。太宜人見之甚喜，侍御從容言歸狀，則益喜，曰：「漕撫冒千鋒萬鏑而爲國家，光禄爲漕撫而冒千鋒萬鏑。兒此歸，俯仰君臣朋友之間，皆可以無愧矣。不見若父乎，一出幾死杖下，再出幾死讒口，終其身在千鋒萬鏑中，曾不少悔，吾亦不代爲悔也。兒此歸，俯仰父子、子母之間，皆可以無憾矣。」已，聞銓司糾擅去者，擬奪侍御三級，不得旨，復用考功法奪一級，侍御跽而謝曰：「兒不敏，重累母，奈何？」太宜人怫然曰：「吾以得職爲兒喜，兒以失官爲吾累，不亦遠乎？兒休矣，吾與爾隱。」

予聞而異之，何其洞昭曠之原，越拘攣之見如此也！居一年，忽得太宜人訃，不勝驚悼。無何，侍御儼然衰絰而過予，手太宜人狀，介錢啓新侍御屬予誌其墓中之石。予讀狀，益異之。太宜人幼聰穎，通孝經、小學、少儀、内則諸篇，及列女傳、四子書，無不淹浹。是學古公誠女，大父古菴公憲，禮科右給事，以忠直立朝，以理學名世，以禮讓教家者也。故其子姓彬彬，非獨外德茂，蓋亦有壼則焉。予曰：「善哉！始基之矣。」爲之賦關雎之首章。

而未也。太宜人之歸學士復菴先生也，年十九耳，而翁尚寶丞寓，菴公質直端方，御家嚴，姑段安人積纖起，嗃嗃不少寬假，顧能周折咸中，得兩大人歡也。比學士丁尚寶公喪，太宜人相之，必誠必信。已，學士宦於京，首疏糾張江陵奪情事，受杖闕下，血肉狼籍。忽聞段安人訃，太宜人從學士冒冰雪奔而歸，廬於墓，哀毀視喪。尚寶公尤過之。予曰：「善哉！生，事之以禮；死，葬之以禮矣。[一]」爲之賦下武之三章。

而未也。伯翁太史後菴公長於學士十三歲，學士莊之如父，太宜人亦莊之如翁。兄二樂公，長於太宜人九歲，各垂白首，相見必載拜，歲時必肅禮衣而謁之。二思公爲里胥所構，幾陷大辟，太宜人日夕泣求，所以白見冤狀。弟樸菴公家漸落，時以擔石相賙，女兄弟四人，獨周氏姊貧而寡，特戠舍居食之。其卒也，爲具棺斂，哭盡哀。予曰：「善哉！尊尊親親，德之至也，可以風矣。」爲之賦蓼蕭之三章。

而未也。太宜人初年待諸子婦甚肅；中歲而喣嘔卵翼，若恐傷之；老而彌篤，諸子各授室析居，相去數百武，定省以時，辰而畢集，太宜人必預戒饘饎以待。其待

[一]「葬」，底本、崇禎本、光緒本均作「事」，據四庫本改。

壻莊於賓而慈於子，壻亦怙之如母，忘乎其爲半子也，從子婦有不宜子者，爲旦夕虔禱曰：「其得雄以嗣適乎！」幾幾望之如其婦，諸從婦亦親之如姑，忘乎其爲猶子也。予曰：「善哉！其有敦睦之遺乎！」爲之賦桃夭。

而未也。太宜人生於殷盛，歸於顯融，兩膺封誥，貴重矣。作苦執勞，輒身先力指，夏理絲枲，冬理木棉，機杼聲軋軋不休。每孫女釐嫁，必出篋中布若干實其奩。居恒衣大練，不曳帛。遇賓祭吉祥，間一御綺縠，不終日，隨扃而鐍之。食不重肉，飯脱粟粥，必雜麥麋，與婢子共麤糲而餐。出御小輿，至弊不任肩，從者一二蒼頭，不知其爲貴人也。予曰：「善哉！勤儉，家之本也。守而弗失，世世其昌乎！」爲之賦葛覃。

而未也。太宜人性好施，見孤寡老弱，倍爲惻惻，每輟餐損饔餬其口。戊子，歲大祲，學士設糜粥饑者，而廩空莫繼。太宜人忻然解服脱簪佐之，所起溝瘠無算。晚年好佛，益好行善事。每晨起誦金剛諸經，宣説男女，某某婦某某氏，歷歷不遺，曰：「氏老矣，福田利益無所覬，願爲兒女輩懺悔，除無始以來障業。」里戚有多藏誨盜者，縱橫逮捕，纍纍伏於非辜，輒合掌曰：「物去幸復來，乃以人殉，如墮落何？」聞有篚輿儓至斃者，輒頻顣曰：「奈何一朝之忿，而以人命戲也。」他如杠有圮，曰：「必吾葺。」途有湫，曰：「必吾甓。」即空乏中，務黽勉以應。予曰：「善哉！宜乎！口碑載道，人人祝萬福、祝千秋耳！」爲之賦假樂之首章。

而未也。始學士以弱冠舉，有雋聲，稍稍侈聲酒，太宜人諷曰：「君誠壯，無事急一第，不念尚寶公目未瞑乎？」學士爲錯愕，廢聲酒，大肆力於文章，竟魁多士。學士直道而行，不能面藏人過，太宜人以婉劑之，曰：「毋好盡以攖人，人情固不啻山川險也。」學士喜，如得益友。太宜人連舉八丈夫子，一皆無害。所爲恩勤閔鬻，含飴必均，衣敝履穿，親爲苴補，獨不以寸絲尺縠掛其體，曰：「吾爲稚子惜福也。」比其長也，聯翩而翔天衢，則又戒諭之曰：「國恩難負，天道忌盈，兒輩宜知止足，無務好進。」予曰：「善哉！順而正愛，而則履滿而能謙，吉凶悔吝之故，盈虛消息之機，析之精矣，豈不卓然偉男子之概哉！」是故能以學士公永譽也，爲之賦鷄鳴；又能以侍御諸君早譽也，爲之賦小宛之三章。

已，閱太宜人之年，其生以嘉靖庚子十一月二十三日，其卒以萬曆辛亥六月二十七日，得七十二歲。其葬以壬子正月初七日。

子八人：曰雍，太學生，娶陳氏；曰亮，辛丑進士，任湖廣道御史，娶蔣氏，贈孺人，繼蔣氏，封孺人；曰奕，庚戌進士，選浙江縉雲知縣，娶馬氏，繼徐氏；曰玄，戊戌進士，任山東東昌知府，娶張氏，封安人；曰京，太學生，娶劉氏；曰兖，庚子舉人，娶白氏；曰襄，癸卯舉人，娶曹氏；曰褒，太學生，娶白氏。女一人，適太學生曹師讓。孫男三十人。雍出者二：儼思，郡諸生，娶毛氏；孝思，娶金氏。亮出者八：寬思，娶蔣氏；柔思，娶董氏；恭思，邑諸生，聘錢氏；敬思，聘曹氏；毅思，聘荆氏；直思，聘鄭氏；簡思，聘陳氏；剛思，聘姜氏。玄出者九：爾思，邑諸生，娶毛氏；我思，邑諸生，娶毛氏；衆思，娶賀氏；少思、有思，未聘；無思，聘周氏；是思、匪思、百思，未聘。京出者四：贊思，聘董氏；賢思，聘任氏；貴思、賨思，未聘。兖出者一：禹思，未聘。襄出者一：顯思，聘賀氏。褒出者五：肅思，聘白氏，乂思、哲思、謀思、聖思，俱未聘。孫女二十四人。亮出者四：一字陳于泰，一字蔣胤淳，一字龔九鼎，一未字。奕出者五：一適張東星，一字姜紹書，一字史元孫，餘未字。玄出者八：一適姜志寅，一適曹茂清，一適張典文，一字陸騰驤，一字何熙祚，一字惲翃，一字薛尊生，餘未字。京出者二：一適孫賒，一未字。襄出者一，字范能迪。褒出者四：一字董祖綦，餘未字。曾孫男三人。爾思出者，守揆；我思出者，守覲；寬思出者，守大。俱未聘。曾孫女七人。儼思、爾思出者各二，我思、衆思、寬思出者各一。俱未字。

嗚呼！盛矣！天之祚太宜人何如也！因爲之賦麟趾終焉，而繫之銘。銘曰：萃有衆懿之謂德，萃有衆祉之謂福。其真以茂厥躬，其餘以施於嗣服。甑山之原，玄暉穆穆。億萬斯年，於何不淑！

明故浦母華太孺人墓誌銘①[二]

悲哉！浦子之爲志也，其不忍泯泯於母也，其稱曰：「始不肖先大夫佐太安，既遷貳夔州，誼不肯以一介自緇家植廛廛耳。已而吾父蒙難，所減更十之六；已而吾父不禄，所減更十之三。逋大起，吾母孑然俯仰其間，日夜皇皇，拮据不暇，久之，次第而已於逋。里人即莫不材吾母，咨嗟而道説之，而今已矣。」因大哭，少間又進曰：「始，不肖等幼無所禀學吾母，呼而謂曰：『汝叔祖味芹故明師，且其人端然長者，汝盍往事之？夫豈惟詩書之好是憑，庶幾其以家庇焉。』不肖等敬諾，徐而驗之，信何其智也，而今已矣。」又大哭，少間又進曰：「吾母生而慧發不群，稍長通孝經、内則、女

①　此篇崇禎本無。
[二]　此標題底本、四庫本、光緒本均作「浦母華太孺人墓誌銘」，據底本目録補。

儀大指。吴俗好佞佛，吾母獨不佞佛，有前爲施捨之説者，輒謝去，而曰：『實其言，將富者擅祥，貧者擅殃乎？殆必不然。』居恒聞一善言，見一善行，輒以誨不肖等，時時還而思之，依然著於耳也。而今已矣。」又大哭，予聞而傷之，且曰：「止其無復言，予知所以解子者矣。」遂爲誌而銘焉。誌曰：

孺人，姓華氏，西樓君女也。西樓君有弟曰東源君，實生孺人。西樓君壯，弗子，因女之。年十七，歸太學生鳳竹浦君。歸之二十一年而稱未亡人，稱未亡人之二十一年而亡，時萬曆甲申正月十七日也。距其生嘉靖丙戌七月二十五日，得年五十有九。

子二：長邦達，邑庠生，娶華懷竹女；次邦獻，娶郡學生華少峰女。女三：長適俞士弘，次適郁念曾，次適錢光霽。孫男四：元益，娶太學生王穉石女，邦達出；元選，聘邑庠生鄒存誠女，邦獻出；餘幼未聘。孫女六：一字華迪殷，一字邵某，俱邦達出；餘幼未字。邦達等卜以三月二十五日奉孺人合葬於石室山祖塋，鳳竹君之兆禮也。

顧憲成曰：「予聞鳳竹君且死，孺人之不欲生者數矣，徒不忍其二子耳，顧其心豈嘗須臾忘君耶？一旦得從君地下，快孰甚焉！而二子者方唏嘘嗚咽，煢然不自禁。

蓋婦之於夫，子之於母，其相爲娓娓如此，豈不深哉！非至性篤發，孰能幾之者乎？」夫是以知浦氏之必有興也。予師少弦張先生嘗爲二子乞言於予，及得余言，亦以爲然云。

銘曰：何以剥之？衷之旗也。何以復之？材之鎡也。服而夫君，鎮而子孫，秩秩振振。何以姤之？德之蓍也。[一]

明故高室朱孺人墓誌銘[二]

孺人年十九而歸靜逸高公也。既久而弗子，喟然嘆曰：「吾之業在樛木之三章矣。」爲捐囊中裝置媵，而又竟弗子也。久之，乃子從孫攀龍，所以撫字百方。稍長，就塾師，受句讀，每還，輒置懷間程日課，手果餌慰勞。每夜讀，洴澼絖而佐，不寢不休。蓋孺人殁，而攀龍痛可知也。曰：「攀龍之鞠於母二十有三矣，攀龍不能以一日娱也，惟是夙夜矻矻一編中，庶幾有躋於榮顯耳，是以實殉虛也；今者幸而舉於鄉，

[一]「服而夫君，……德之蓍也」，光緒本同，四庫本作「何以姤之？德之蓍也。服而夫君，鎮而子孫，秩秩振振」。

[二] 此標題底本及諸校本均作「高室朱孺人墓誌銘」，據底本目録補。

而吾母已矣，是以虛負實也，可奈何？」言悲咽不自勝。予聞而傷之，以爲是其母子之間至矣。因是而求孺人，乃益悉孺人。

孺人生一歲而失其母也，而固甚慧不倫，厥父慎齋公愛異之。既長，遂令贊家政，即内外一切，井井就理。比歸静逸公，而其姑浦輒委政焉，曰：「以是觀新婦能。」即又無不井井就理也。孺人性好施，期功黨里有所需，無不得意去。而其自奉甚菲，食不二簋，衣不文錦，垢污手自浣滌。既老，猶績不倦。攀龍以爲勤，乘間諷止之，孺人愀然手所握示曰：「是物也，吾女而佐吾父於朱者若而年，吾婦而佐若父於高者若而年，驟而棄之不祥，孺子休矣。」攀龍又言：「吾母病且二歲，未嘗廢衣冠，日惟焚香誦諸佛經。始，予外王母夢異人霞衣燦爛，手一果啖之，味甚殊，覺而遂娠吾母。吾母之生，口若時時持佛號者。及卒，體瑩瑩有光，擬得道云。」

顧憲成曰：「是非予所知也。予所知者，孺人耳。孺人，女而女，婦而婦，母而母，其於生死之際，何所不廓如也。自頃來海上，曇陽之事起，説者多好言怪。予是以略而弗論，而特論其可知者如此。」

孺人生於正德丁丑七月念七日，卒於萬曆甲申十月初一日，享年六十有八。子一，即攀龍，娶王氏。女一，嫁楊子。有孫女一，許字浦胤麟。静逸公將以是年十二月十有二日葬孺人於慧山黄家灣祖塋之次，而命攀龍乞銘於予。夫銘所以昭德也，不昭不如其已也，若孺人也者，予烏得而已諸。

銘曰：欲知其女視其父，暢然有家臻厥度；欲知其婦視其姑，洵兹蘋藻閒且都；欲知其母視其子，翩翩風雲發於趾。式言繫之畀大荒，九龍爲護允偕藏。

明故處士晴沙談翁墓誌銘①[二]

談之先得姓由郯子，至南宋而始籍梁溪，入皇朝有壽齋公者起，而其族遂大。五傳而爲贈御史紹，六傳而爲封刑部郎復，復生緯，官承事郎。緯生鵬，官七品，配成氏，生丈夫子三人，而翁爲季。

翁諱篝，字守謨，號晴沙，生於弘治癸亥正月二十五日，卒於萬曆己卯正月十一日。所著有鳴蛙集、五經音釋考、四書釋義。娶李氏，先翁十二年卒。子男二：長曰承俸，禮部冠帶儒士，娶王氏，繼娶吴氏；次曰儆，娶沈氏。女

① 此篇崇禎本無。

[二] 此標題底本、四庫本、光緒本均作「處士晴沙談翁墓誌銘」，據底本目録補。

三：一適李應時，一適邑諸生張應貞，一適劉聞譽。孫男二：正議，聘江陰縣諸生顧言女；立，未聘。俱承俸出。孫女九：承俸出者五，一適陸可立，一適俞顯祖，一適邑諸生陳爾耕，蓋手狀翁者也，一字陸汝賢，一未字；儆出者四，俱未字。

翁生弱，不嬉，長不遷也，與十山翁愷兄弟最歡，共業博士，家業翩翩，美文辭，見以爲一第，猶掇之耳，而竟弗第也。無何，而十山翁成進士，大喜曰：「吾雁行中有人哉！休矣，無所事吾矣！」而邑中縉紳先生雅知翁，咸目攝翁曰：「是夫也，何可令山林得之？」輒起迎翁，令子弟北面受經。當是時，補菴華公最負時譽，鮮與可顧，獨心善翁，蓋賓翁二十三年如一日也。翁年二十而館，六十而老，三四易帷而已，帷下諸生虛而來，實而往，多顯者，云翁孝友淳至。年十二，翁父秋航公役，而有司持之急，翁慨然以身代。縣令尹侯公見而異之，乃召翁師授經囹圄中。秋航公竟以翁免。秋航公家居，以嚴見憚，翁事之謹，動厭其意，處兄弟油油于于，内則森如也。翁之於人道，焕乎備矣！

翁故博學，而尤好開元、大曆語。時閉門獨坐，吟咏自適，而以其間肆於山水之間，曰：「九龍、二泉，吾西道主人也。」翁生平操履純白，皭然不淄，縣大夫修鄉飲禮，輒延翁爲重賓，翁謝曰：「夫飲，所以昭德也，不昭不如其已也，吾何德以堪之？」辭勿應，强而後可，其爲長者如此。

顧憲成曰：「陳伯子之狀翁云爾，余不習翁而習陳伯子，又因陳伯子而習翁之伯子勉菴君。勉菴君，恂恂者也。陳伯子有口德，污不至阿其所好，而其嘗從翁游者，復稱説翁不衰，翁之文獻具矣，不佞於是乎徵，乃爲次第其事而銘之。」

銘曰：其賓於塾也，萬以爲日而千奇；其賓於鄉也，千以爲日而百奇。孜孜屈乎不足，綿綿伸乎有餘。其賓於國也，胤以爲日，而誰爲奇？嗚呼！百在兹，千在兹，萬在兹，有翁在兹。

顧憲成全集卷六十二

涇皋藏稿十七

誌

明故承德郎山東濟南府別駕蓮巖黄先生暨配許孺人合葬墓誌銘

萬曆二十有四年丙申春二月戊午，前通判濟南府事蓮巖黄先生卒於泉州南安里，第越閏八月既生明孤，拱化命其弟拱振跣衰絰走水陸千里，來訃於顧憲成氏。憲成見之，駭然而哭也。哭相向皆失聲，既息，拱振致遺命屬憲成銘其墓。憲成又哭曰：「知予者，其先生也，夫何忍爲先生銘？」則又哭曰：「知先生者，其余也，夫何忍不爲先生銘？」遂頓首受命。拱振則又泣而請曰：「惟是先府君，實拜子之賜，其黄之子孫，世載明德，竊不揆敢徼先府君之餘，再以先母氏累。」憲成悚然起曰：「憲也不敢死先生，其敢死孺人？」又頓首受命，乃視狀。先生之狀曰：

先生諱一桂，字馨甫，别號蓮巖。始祖曰忠勇公，忠勇公蓋令南安，而長子孫其土世世焉。忠勇公生五府君，五府君生三致政公，又五世爲無懷公，無懷公生篤齋公，[一]是先生父也，娶於王而生先生。甫三歲而孤，王節母泣曰：「天乎，孰使吾翁無子而有子，吾子無父而有父乎？」攻苦蠶績，朝夕弗惰，以爲無懷公養，而其餘以資先生學。先生少本朗悟絶人，益曷曷自洗濯，從里中師受博士家言，率歲所而師稱弗能師也。年十六，遂晉邑諸生，曹憚焉。嘉靖乙卯，試學臺最，晉廩食。厥秋，舉於鄉，年二十有三耳。無懷公聞之，爲釂三觴，[二]而王節母喜可知也。顧其上春官，輒報罷。無何，無懷公及王節母相繼没，先生哀痛踰節，意鬱鬱不自禁，嘆曰：「吾尚可

[一] 四庫本卷十七第一葉注「闕」，所缺文字自本卷卷端至本句「無」字止。
[二] 「釂」，底本、崇禎本、光緒本作「嚼」，據四庫本改。

逐諸少年，鬭筆舌之奇乎？且休矣。」

隆慶辛未，遂謁選天曹，得浙之雲和令。雲和瘠而貧，人皆難之，先生不顧，矢心冰蘗，約己裕民。問所欲苦而替興之，削借差，汰馬役，孜孜不遑。先時，邑中水道久湮，汲者遠或數里，近猶二三里，暑雨祈寒，怨咨盈城。先生捐俸入佐，以調額募工疏水所源而導焉，民乃舒，至今賴之。近郊故多虎患，漸及於邑，或食豕官舍。先生牒禱城隍神，請先去苛政，而後大戒攻虎。旬日，有田夫遇虎於塗，手搏而斃之，履後遂息，邑人異焉。獨以清介孤立，任怨任謗，不爲監使所容。竟左遷寧波學博，先生不色愠也。第亟往，進諸生，日與校藝所短長，上下今古，獎其勤而作其怠，士用翕然。若今太史周公應賓、王公亘，吏部傅公光前、南昌王公佐，皆先生所賞鑒也。乙亥，攝慈溪篆，治如雲和。時邑有漁課三百金，吏白當如例受。先生曰：「取諸公而登諸私，[一]何例乎？」丙子秋，用南京兆聘，分校士於都，舉憲成

[一]「取諸公」，底本、光緒本均脱一「取」字，四庫本作「公也」，據崇禎本改。

等十四人。明年丁丑，擢濟南府通判，主岱宗香税，税多羡，[二]毫無私焉。或勸稍爲子孫計，先生謝曰：「吾於一官何有？惟父母寵命未沾之爲感感，是以三年淹，奈何以子孫故，爲父母羞乎？」會中蜚語，掛冠去之。不終日，比至家，四壁蕭然。時時從里父老游，茗酒相樂而已。有司高其行，賓鄉飲者再三，先生夷然不屑也。其爲長者如此。

孺人之狀曰：

孺人，姓許氏，諱端勤，生而淑惠，既嬪於黄，上則佐王節母，奉無懷公，婉而有則，無懷公大歡；下則奉王節母，佐先生讀，每夕挑燈刺繡，達旦不寐。已而，無懷公及王節母終，先生皆旅在京，孺人後先竭力斂事，必誠必信，無或憾。王節母有姪女，孤貧莫養，孺人收而字之，既長，而厚資嫁焉。先生曰：「微吾妻，吾幾不得稱人孫，稱人子矣！」

先生幼孤，鮮兄弟，事同產二姊甚恭以愛，孺人亦以伯姊禮，禮之終其身，先生曰：「微吾妻，吾幾不得稱人兄弟矣！」

[二] 上二句二「税」字，底本均作「棁」，據諸校本改。

先生之雲和，孺人扶病而從，既至，病加劇，且卒，手檢一縑，謂先生曰：「以此斂我，足矣，君庭如水，妾安敢以死溷君？」先生泣而諾之，曰：「吾所以志也，孺人可謂知大體矣。」

顧憲成曰：「信哉！丙子之秋，余見先生於金陵邸，以爲古貌古心，篤行君子也。甲申，余請告里居，先生杖策而過，余朝夕侍者三月。戊子冬，余徙官括蒼，遇諸嚴陵道中，遂奉之，至官舍，朝夕侍者又二月，因得益詳。先生内無城府，外無邊幅，一言一話，一步一趨，端慤不苟，先生亦不以余爲陋。自家居至於歷官，無所不語。其於孺人之賢，蓋縷縷不置也，大要狀所具略同，不誣矣。獨念余菰蘆中孱書生耳，無所短長，先生儼然國士遇之，所爲期且勖，耿耿流俗之外，厥誼甚高。乃余莽莽風塵，乍進乍退，進則多忤多尤，率不免意氣用事，無能樹尺寸以章先生之明；退則優游玩愒，頽然自廢。年來益復善病，倏忽向呻吟中浪擲日月，獨行顧影，獨寢顧衾，不勝慚負，何以無墜先生命哉？惟是先生之所以修諸身，刑諸家，施諸郡邑者，烺烺可紀。而孺人同心同德，相以無違，則其不朽者，固自在也。余小子何爲撫今追昔，感愴百端，聊以發余愧云爾。」

先生生於嘉靖癸巳，享年六十有四。孺人生於嘉靖辛卯，先二十四年卒，享年四十有二。孺人卒，娶林氏、曾氏，皆先卒。

子男五：拱化，娶劉；拱治，邑庠生，娶傅，卒；拱振，邑庠生，娶曾；欽極，邑庠生，娶莊，卒；拱寧，郡庠生，娶周。化、治、振、極，皆孺人出；寧，林出。女三：一許字王，林出；一未許，曾出；一未許，蔡出。孫男六：命衮，聘楊，化出；命紳，娶彭；命鞶，聘朱，嗣欽極；命繡，未聘，治出；命黻、命綖，俱未聘，振出；命纓，寧出。孫女八：一適許，餘未許字。

拱化、拱振、拱寧等擇以是年十二月初十日，奉先生與孺人合葬於王塘山之原，而林氏、曾氏附焉，禮也。

銘曰：紛而不可質者，遇也；固而不可格者，年也；積而不可佚者，德也；餘而不可竭者，福也；久而不可忒者，理也；貞而不可革者，石也。

明故處士景南倪公墓誌銘①

昔司馬子長著貨殖傳，談文者以爲千古絶調。予特嘉其取善之周，不擇巨細，乃

① 以下二篇崇禎本無。

世人卒諱言富。即爲子若孫者闡揚先懿，亦惟恐以富揜也，相習而爲諱，夫此何足諱也？富而好禮，可與褆躬；富而好行，其德可與澤物。顧人之用之何如耳。

吾錫故有東湖鄒公望，桂坡安公國，其人皆翩翩豪舉，其名與貲俱傾一時，本之各有所長，非苟而已也。予以爲國家得若人而用之，必有裨於會計。即不然，而一鄉有若人，可備一鄉緩急；一方有若人，可備一方緩急。作史者倣子長遺指，採而列之貨殖，附於陶、白諸人之後，豈爲過哉？

屬景南倪公卒，孤鎬等持晴宇華比部所爲狀，乞誌銘於予。予忽忽心動，跡公勉勉，拮据其産，非能與鄒、安兩公相伯仲，要其布衣起家，遵用繩墨，尺寸不苟。有足多者，竊謂：「兩公倜儻而近狂，公敦愨而近狷，未可概以蓬蓽之操擯之也。」因按狀而誌之曰：

公諱珵，字良玉，漢御史大夫寬之裔也。唐、宋間代有顯人，至吴縣監丞子雲始家吾邑梅李之祇陀，五傳爲元鎮公瓚，世稱雲林先生。其兄元珮公珏，嗜古好修，五傳爲迪功郎竹溪公宗實，始居坊前，是生守溪公澤，澤生南樓公栢，配張孺人，舉三子，而景南公爲長。

公生有異徵。稍長，課經生言，神奕奕旺。會南樓公家政旁午，兼以豪右齮齕之者衆，公憤然頓足而起曰：「彼以我爲非夫也耶？且男兒何必朱輪赤紱乃稱豪哉？」遂請於南樓公，願代理家政，南樓公壯而許之。無何，家隆隆起，里中見之皆驚服，相戒無犯。公復念南樓公春秋高，爲之栽花累石，徵其生平往來故知，相與煮茗烹醪，徜徉名勝，以娱其老。南樓公大喜曰：「吾今而知爲人父之樂也。」

已而南樓公病，籲天請代。比卒，柴毁骨立，幾以身殉，族屬莫不嗟異，曰：「是所謂五十而慕，非耶？」先是南樓公欲析箸，公愀然不自得，南樓公曰：「此莫非吾事，汝獨賢勞也。」强之，公乃盡摘其甲産，讓兩弟。未幾，兩弟俱早世，所以鎮撫其遺孤甚於己子。每日必先過兩家，擘畫畢，然後退而爲家計。兩家事稍有不當於意，必召諸孤面誨之，叮嚀諄切，涕淚交下。諸孤感激競奮，卓有成立。而重役至，則公又獨肩之。至今邑人知有景南公，不知有兩家，以皆在公卵翼中也。

公治生無他奇，惟勤儉是務。每旦鷄鳴而興，出内梱聞曉織聲則喜，過書齋見就明而讀則喜，出田間見披霧而畊則又喜。大小臧獲，量材授役，朝有課，夕有程，無敢以鹵莽報。生平不爲侏儒俳優之樂，不爲陆博圍碁之娱。宴客有節，不爲流連長夜之飲，曰：「是誤己且誤人，不可以訓。」其自奉也，蔬水適於膏粱，韋布適於紈綺，徒步適於車騎。卒然遇者，不知其爲公也。

與人交，推心置腹，不設城府，有負公者，亦夷然任之。終身未嘗先訟一人，即里有不平事就公質，務百方曉譬以解，甚而陰割已貲，從中調護，期於兩釋而後快。縣官編役，知公長者，輒問公云何，公具以對。多所縱舍，及役不滿數，又不難以身任。

環公居數十里間，饑者待食，寒者待衣，有叩必應，或不能償，置不問。歲戊子，道殣相望，公惻然憫之，捐粟千石應募，退，復私爲粥，以活老稺者無算。其能爲人分憂恤患類若此。而尤篤於水木本源之思，修尊賢祠，謂是雲林公所俎豆也；刻雲林遺集，謂是倪氏文獻所徵也；輯家乘，謂是祖宗脈絡所係也。

晚而猶子鐕罹不測，坐圜扉，公日抱鬱鬱，竟以成疾。至屬纊，猶泣謂諸子曰：「向者，爾大父與仲叔、季叔受誣，我老人力争得白，乃今何以下見爾大父及兩叔也？」嗟乎！此可以觀公矣。

公生於嘉靖庚寅十月初九日，卒於萬曆甲辰十二月初二日，享年七十有五以卒之。明年乙巳二月十六日，葬於蘇團橋祖塋之昭。配張孺人，先公三十三年卒，繼配吴孺人。

子五：長鎬，娶貢士陸鳳洲女，繼娶華如愚女，繼娶施右溪女；次鋼，娶邑庠彦浦少陵女；次錦，邑庠生，娶邑庠彦薛檢吾女；次鎰，娶武庠彦華和陽女；次銓，聘太學華完素女。女六：一適華仁彦；一適刑部主事華士標，即爲公狀者也；一適顧問達；一適江陰邑庠生薛同祖；一適許世芳；一字周如璞。孫男八：德源，聘鴻臚署丞吴六如女；德濟，聘孝廉張弦所女；德洽，未聘，鎬出。德清，娶太學王一所女；德淳，娶邑庠彦王心劬女；德涵，聘邑庠彦馬涵虚女；德滋，未聘，鋼出。德泳，聘邑庠彦華汝正女，錦出。孫女九：一適王繩之，一字華衮寵，一字華珉，一未字，鎬出；一字潘澍，一字鄭步曾，一諾張祺徵，鋼出；一未字，錦出；一未字，鎰出。曾孫男一，未聘，德清出。曾孫女一，未字，德淳出。

予惟鄒、安兩公之於貨殖也以略，公之於貨殖也以纖。以略者聚之易，散之亦易。宜乎！一擲千金，了無吝色，以纖者聚之難，散之亦難，於是殘縷必拾，遺糝必噉，夫何能遽忘積累之自乎哉？乃公所重在祖功宗烈，則見此之爲輕；所先在父子兄弟，則見此之爲後；所急在姻戚井里，則見此之爲緩。自少而壯而老，秉執一意，始終不遷，可謂識其大矣，是爲銘。

銘曰：以義詘利，以利詘義，離而相傾，抗爲兩敵；以義主利，以利佐義，合而相成，通爲一脈。人覩其離，翁覩其合，此上士之所不能訾，而下士之所不能測也，曾何愧乎？名卿碩人之烈！

明故禮部儀制司主事欽降南陽府鄧州判官文石張君墓誌銘

予自壬辰冬，因家季涇凡識君於燕邸，一見輒心重之。徐而相與語，見君論理必窮到頭，論事必窮到底，不作皮膚觀，則益心重之，謂家季曰：「是真可與共歲寒者。」乃家季不幸於丁未之夏即世，君爲文，哭之甚哀。越二歲，而君且繼之矣。天乎！何奪吾黨之亟？即隨往哭君，淚淫淫不能自休。

無何，君之伯子元鼎且具狀，乞予志其墓，屬病甚，乃令其弟元英來。予作而嘆曰：「天乎！君未可以死也！」已而又曰：「君可以未死也！」則又曰：「君不死矣。」

君生而敏，六歲就塾，師授書數過即成誦。八歲通書義，父素行翁教以檃括破題法。值卧懷中，對窗前月令作破，隨應曰：「漏清光於暗室，掛玉兔於當天。」翁大奇之。九歲，能攻長短句。十四，太府龍崗施公拔五邑才子弟校藝其中，應試與選。十六，龍溪王公講學荆溪，往聽之，因悟良知宗指，信聖人必可師，不欲局守章句。十八，素行翁捐館，居喪，哀毁如禮。服闋，補邑庠生，益自結束，負笈從名師，締納良友，相與考德問業，學日進。戊子，舉應天鄉試第六人。己丑，舉會試第十七人，廷試二甲進士。予告歸，省太夫人於家。辛卯，赴京謁選，分校順天鄉試榜首，沈何山從春秋房落卷中搜拔之，時以爲知人。壬辰，授刑部山東司主事，尋調禮部。癸巳春正月，敕諭禮部並封三皇子爲王，君偕石帆岳公暨家季謂：「册立重事，宜屬大廷公議。今諭札出元輔王婁江一人手，且一旦創出國朝二百年來未有之禮。」遂合疏争之，復倡議，與同曹郎詣各曹卿懇疏，百司和之。上意動，移札元輔。元輔亦悔禍出，三悞，疏請勿王三皇子，而啓皇長子出閣讀書。是舉也，時以爲還内降，定國本，有回天力焉，而人人爲君危。適南星趙公主計事，一時壬人以考功者而同事六人皆逐矣。不悦。時省中有以庶僚掛拾遺章者，部覆皆留，遂調旨切責。考功罷其官，衆正譁然不平，君復抗疏論救。上固怒争册立事，又犯之，有旨謫救考功令盡罷黜，執政大不君得鄧州判，尋念太夫人，以假歸。於是朝夕承歡，竭力子職，杜門深研易理，或爲詩歌及古文詞，間則旁及書法、畫法。然不甚喜作，意到則爲之，不則索之不應也。而特孜孜以學問爲事，與海内諸名賢聲應氣求。東溟管公倡道東南，標三教合一之宗，君相與質難數百言，管公心屈。

予兄弟從邑中同志修龜山先生東林之社，君時時造而臨之，諸所闡發，精懇的切，聽者莫不傾動。蓋君素稱敏悟，至其論學，每以端本源、敦行誼爲主，大要衣鉢伊川、晦菴兩夫子，而一切虚談渺論，厭弗屑也。又偕史際明、吴之矩倡立「麗澤大會」，每歲與毘陵、潤州輪舉切劘訂證，務以羽翼聖真聯屬道脈。跡君少年而掇高第，騰英掞藻，人知其爲文章之士而已；及乎立朝，危言危行，敝屣一官，[一]人知其氣節之士而已。乃其用心喫緊如是，天假之年所進，寧可量哉！故曰「未可以死也」。

乃君林居十九年，海内薦剡相屬，不爲色喜；銓曹推轂數十，上不報，不爲色愠。治家只守遺業，稍有贏入，[二]輒以施貧周乏。居恒不輕謁有司，至事關郡縣公是非、大利害，他人囁嚅不欲前者，輒毅然先之，任怨任謗，無少避忌。歲乙巳，郡守歐陽公延請入郡，分修府志。是年，修宜興一邑志成，再修名宦志，微顯闡幽，悉符輿論。先是，宜邑故行五年糧役，大姓坐廢箸者十九。姚江丁公來令宜，改行甲運法，民便之。迨後，漸因圖分有肥磽，[三]户額有多寡，解役有煩簡，當邑侯秦公審編，而五年之役議復紛紛起矣。君爲移書，陳條編之便七，而極言糧役之害，議得寢。又條上荆溪政

[一]「敝屣」，底本、光緒本作「敝蓰」，據四庫本改。
[二]「贏入」，底本、光緒本作「嬴入」，據四庫本改。
[三]「肥磽」，底本作「肥澆」，據四庫本、光緒本改。

要，曰：「清賦入，均徭役，謹使令，議倉役，議總税，平解役，平訟獄，禁窩訪，慎交與，重學校，釐奸剔蠹。」鑿鑿見之施行。歲戊申，江南大潦，撫臺周公疏請於朝，得頒蠲賑下諸有司。君請蠲均及於通邑，賑獨施之水鄉，邑侯喻公大然之，人服以爲公。

君天性慈和，督課諸子，必柔聲氣而理諭之，不聞有疾言。御臧獲以恩，即有犯，終不譴訶。人有衡氣，暴怒當前，微言道之，靡不立解。初，君釋褐比部，適當典獄有黠盜越獄逸，實在君代事前一日，例得分咎。君請之大堂孫公曰：「失事在主事，宜獨聽參，幸勿他及。」孫公壯之，從輕議，而更因是賢君，延譽不已，是則君之所施於人常厚，而其所求於人常薄，即膺多福而荐遐齡，豈不宜哉！故曰「可以未死也」。

及觀君於去來之際，竊有異焉。初，君生三日席燬，彌月復完，父素行翁閟之，以爲異徵。甫四齡，伯祖置諸懷，書「門」字示之，對曰：「門。」曰：「誰教爾？」曰：「形似，無教者。」於是以「米」「火」等字言其義，輒隨聲應，弗訛，夙慧如此。君宿有痰喘疾，因得内養法，静坐久却。至己酉春三月，偶患瘍，復發，至八月轉劇。適史奉常玉池、湯直指質齋執友萬在菴、萬顧菴、狄滙川、王道修、潘公完、萬奕甫、陳茂實相繼至，時時邀至榻前敘論，惟惓惓以國事及兩郡大會爲念，不一及身後事。廿六日晨刻，漸彌留，索筆書「知死知生，何所畏懼」八字，命付元鼎。時元鼎病，不在側也。少頃，執母徐太孺人手，曰：「娘老矣。」復邀諸友環向坐，諸友因曰：「兄平生學問到此正得力處，須定性。」君點頭，以手書「至定」。尋云：「得正而斃。」徐斂手於胸，作肅恭狀。迄廿七日丑時逝矣。先是癸卯秋，君偕元鼎應試句曲，試之夕，假寐以待旦，忽夢前身八歲時入梵宮，與群名僧説法，一僧指君曰：「此闍禪師轉身也，亦現作龐居士。」指掌紋驗之，衆咸謂然。夢中記闍禪師者爲面壁，公前代祖，忽轉頭，見素行翁撾君，責以不作宦，君亟曰：「爹勿予撲，此生壽不永，當爲僧，來生復爲父子，可永年而宦。」素行翁曰：〔二〕「無墮落否？」曰：「不退位中矣。」因覺，君嘗筆之以紀夢。由此言之，君豈生而存，死而亡者哉？故曰「死而不死也」。

嗟乎！未可以死而死，吾惜其局於人；可以未死而死，吾惜其局於天。至於死而不死，則形骸不能域，氣數不能囿，超然游於天人之表矣。此予之所以爲君異也。

君名納陛，字以登，别號文石。南唐時，門下侍郎居詠公生六子，季曰逵，避亂居義興之張溪，是爲義興初祖。傳十六世，而致遠公邇生。在元、明間，其季子曰新，字伯常。伯常生楫，楫生樵雲翁輯，輯生斗山翁楨。楨生子五，中曰素行翁希時，娶徐

〔二〕「素行翁」，底本作「行素翁」，據上下文及四庫本、光緒本改。

太孺人，生君於嘉靖四十年辛酉二月壬子之亥，距其卒，得年四十有九。元配陳孺人，故邑庠生少中公女。

生男三：長即元鼎，邑庠生，娶吴氏，故同邑孝廉存蚧公子邑庠生正誼君女；次即元英，郡庠生，聘武進故原任主事莫菴趙公冢孫上舍君錫君女，出嗣伯亦山公鉅，俱陳出；次元翼，聘同邑原任江西建昌府知府中復蔣公子孝廉如奇君女，出嗣伯羹堯公明德側室，盛氏出。女五：孟張，適郡庠生萬惟垣；仲張，字吴允初，俱陳出；叔張，字儲□□，[二]盛出；幼張，字吴□□，側室黄氏出；少張，未字，盛出。

墓在某地，葬以某年某月某日。

銘曰：生而死存乎命，死而生存乎性。性命各適，是曰得正。我爲君參，君爲我證。點頭斂手，居然究竟。而惜乎不知者，猶屑屑焉修短之競。

[二]「□□」，底本、光緒本此處均有兩字空格未刻，四庫本作「某」。後同。

明故薛母劉太孺人墓誌銘[一]

予少受業於方山先師之門，退而得謁其子景尼先生，已而與其孫以心兄弟游，切切偲偲，怡怡如也。因得習聞以心之母劉孺人之賢，三十餘年於兹矣。歲癸卯九月十九日，孺人卒。越乙巳春，以心等衰絰而過予，屬予文其墓中之石。相對黯黯，兩不勝情。予自惟淺劣，方山先師之所教詔，景尼先生之所引掖，以心兄弟之所切磨，愧不能至，中心未嘗不知向往也。乃今得益悉孺人而悚然有會焉，孺人以嘉靖壬辰四月之日生於武進之驛橋，[二]大父廷璽蘇州衛指揮僉事，配蔣碩人，年百歲，會莊皇帝戊辰詔選天下貢士碩人，家孫昌祚以武進庠生舉，巡撫林公潤言於朝，表其門曰「貞壽」。父大中户部書算，配唐令人，永州守有懷翁女，中丞荆川先生姊也。唐令人夙閑壼儀，孺人則之，不少軼於尺寸。年十九，歸景尼先生。景尼爲先師冢子，自丱角游郡庠，受知學使者，試輒高等。無何，里中構侮當事者，乘機傾害，禍且不測，孺

[一] 此標題底本及諸校本均作「薛母劉太孺人墓誌銘」，據底本目録補。
[二] 「四月之日」，底本、崇禎本、光緒本作「四月□日」，據四庫本補。

人獨曰：「是必無虞，曾參殺人，誰其信之？」已而果免。久之，景尼應辟，其年先師捐館。逾年，景尼亦卒。中外之觀釁者，如蝟毛而起，人情洶洶，孺人曰：「是不惟無虞，且固有益，稚子之失所天也早，庶幾其知警乎？可以立矣。」又久之，以身成進士，上書罷歸。已，起鳳翔教授，轉國子助教。復上書，出爲光州教授，於是以心亦舉於鄉，季子以□亦舉於庠矣。而生事日落，門可設羅，諸婢子嘖嘖有後言。孺人曰：「人苦不知足，吾老人至此，更復何望？所願政兒、教兒無忘做秀才時，敬兒無忘韋布時，家人輩無忘洶洶時，足矣。」予故聞孺人事親孝，少爲父母所鍾愛，比歸，問遺無虚日。問歸寧，與唐令人同卧起，依依不舍。事姑謹，不命之退不敢退。理家勤，督諸婢織紝刺繡，無閑晷。自奉約，布衣蔬食，終身不厭。與人慈，下至敗婦村嫗，待之欣然。有以緩急告者，傾篋笥不靳御下簡，晚年至不聞譙呵聲。持身恪，兀坐一榻終日，莫測其喜怒，見謂寧静柔婉，閫德淳備，乃其高識遠度又如此，不亦卓然有丈夫之概哉！

嗟乎！學者莫不服習詩書，誦説仁義，當其平居，偃仰自如；稍涉事變，輒爾手足失措，不勝其非意之惑。幸而乘時履會，得逞所欲，又不勝其非意之望。欣戚悲愉，惟物之役，莫能自主，此所謂鬚眉而冠者耳。詎可令孺人聞也，以身兄弟並負志操，海内之士相與共推讓之。説者謂以方山先師爲之祖，以景尼先生爲之父，宜其有是，自今言之，正以孺人爲之母耳，其所從來微矣。

孺人子三人：長敷政，即以心，娶無錫庠生吴公應祈女；次敷教，娶吉州守蔣公如京女；次敷敬，娶貢士董公汝孝女。三婦俱早卒。

敷政，子五人：憲皋，娶丹陽勑封推官姜公士康女；憲益，娶太學吴公世寧女；憲龍，娶太學惲公應雨女；憲韓、憲歐，未聘。

敷教，子四人：憲稷，娶泉州推官劉公純仁女；憲垂，娶孫公明德女；憲岳，聘無錫華公□□女；[一]憲牧，聘無錫庠生唐公道乎女。女三人：一適户部主事褚公國賢子玄生，一適無錫太學張公大任子鳳徵，一未字。

敷敬，子一人：憲周，聘無錫郡庠生陳公爾馭女。女四人：一字邑庠生黄公建中子□□，一字江西參政吴公之龍子□□，餘未字。

憲皋，子二人：□□，聘邑庠生劉公明祚女；□□，未聘。女二人：一字金壇庠生于公玉理子□□，一未字。

[一]「□□」，底本、崇禎本、光緒本此處均有兩字空格未刻，四庫本作「某」。後同。

憲益，子一人：□□，聘無錫庠生秦公二宜女。憲稷，子一人：□□，聘無錫庠生邊公彦昌女。憲龍，女一人，未字。

憲益、憲稷、憲龍、憲垂俱入學。稷與垂之婦先後夭，玄生亦卒。於是以心等卜以歲之某月某日，葬孺人於陽湖之祖塋，啓景尼先生之兆合焉，禮也。乃爲之銘。

銘曰：有孚在中，其儀不忒。危而知安，安而知節。施於有政，爲人倫式。子兮孫兮，永服無斁。

明故貞節錢母卞太孺人墓誌銘①

憶昔癸卯，予客琴川，景行錢伯子齋頭相與講德論道，切磨文義，因得聞其母卞太孺人之賢甚悉。今讀景行所爲卞太孺人狀，字字實録也。當嘉靖己未，行所先生甫成進士。庚申，遂捐館，卞太孺人年三十耳，慨然欲身從地下游也。已而念曰：「上有高堂，吾則婦而子矣；下有藐孤，吾則母而父矣。何以死哉！又何以生哉！」

① 此篇崇禎本無。

於是行所先生未了之事，咸起而肩之。其事舅姑虛菴公及趙宜人也，則以婦聞，生事葬祭，盡禮盡誠，宛乎行所先生之爲子也；其教伯子世揚也，則以母聞，尊師重友，必虔必慎，宛乎行所先生之爲父也；其蓄冢孫謙益也，則以王母聞，貽謀燕翼，無怠無替，宛乎行所先生之爲王父也。且屈己以伸其父九峰公之冤，又女而男，捐産以周其兄□□君之子；又姑而父，延宗人以教子姓。暨舍人子，則由親逮疏也，具資裝以歸楚中之嫠婦，則聯疏爲親也。至嫁娶一事，更饒典刑。爲世揚娶，則臬副顧一江公女，蓋鄉先生歿可祭於社者；爲謙益娶，則文學陳唐父君女。唐父，世揚之素交也。爲長孫女嫁，則中翰嚴道隆君少子，以行所先生春秋兩試，皆文靖公之所收，云行所先生其不死哉！景行高材篤行，人倫欽矚。謙益舉丙午南畿麟經第一人，父子之間，侃然以古道交勖於是。太孺人未了之事，又有人起而肩之矣。

故生於嘉靖之辛卯，卒於萬曆之甲辰，合之得七十有四者，太孺人之小年也，可以數計也。禮宗女表，聲施無窮，歷千百年如一日者，太孺人之大年也，不可以數計也，太孺人其不死矣！太孺人率循儒矩而故好佛，至老彌篤。臨卒，命沙彌誦十六觀，移榻向西方，口稱阿彌陀佛。已，起，沐浴敷坐，復以右脇着席，吉祥而逝。予因爲之銘。

銘曰：儒者之言曰生生，釋者之言曰往生，余不知母之往生，而知母之生生，何以爲母之生生？完行所公之志，則生；永行所公之祚，則生；昌行所公之後，則生。是爲母之生生，乃所以爲母之往生。

顧憲成全集卷六十三

涇皋藏稿十八

表

明故育菴盧公暨配趙太孺人合葬墓表①[一]

盧子文勳泣而告於其友顧憲成曰：「嗚呼傷哉！甚矣！吾父子之際也。」則又曰：「甚矣！吾母子之際也！吾父之卒五年，而不肖始成進士，是不覩也；不肖之成

① 此篇崇禎本無。

[一] 此標題底本、四庫本、光緒本均作「育菴盧公暨配趙太孺人合葬墓表」，據底本目録補。

進士三年，而吾母奄棄，是不享也。不肖其大不數於人子矣，惟是吾父吾母之芳徽淳懿，可按而數也。不肖幸辱於吾子，吾子重綴兄弟之好，假而張之一言，吾子之高義，其遂魁然儕九龍而十之。不肖將載之宗祊，永弗敢墜，願吾子之無讓也。」

顧憲成曰：「斯志也，南陔、白華之遺也，吾不敢不聽。雖然，子既得之矣，無所俟於吾。」

盧子聞之，茫然有間，復請曰：「何哉？願吾子之無固讓也。」

憲成曰：「吾非敢謾也。始者，子爲諸生，負矯矯聲，每試輒傾其諸生，衆以爲允，曰：『是夫也，大言爛爛，小言燦燦，不可幾也。』已而掇高第，釋褐祁州，[一]深衷邃畫，惟元元是勤。會其時，當事者迫修積穀之令，即不滿品次，第有譴，輒稱貸，而續之曰：『吾不忍以吾民博吾官。』監司聞而異之，左右治有不辨者，數移而屬諸子，子益翯翯自洗濯，不色驕，顧其大指，歸於便民而已。以故浹期而大辟得釋者三十六人，[二]諸遞減者無算。政大行，説者方諸渤海、潁川焉。子之所以張厥育菴公而不泯

[一]「釋褐」，底本作「什褐」，據四庫本、光緒本改。
[二]「得釋」，底本作「得什」，據四庫本、光緒本改。

於太孺人也，不既多乎？何所俟於吾？」

盧子曰：「果若子言，不肖之懼滋甚。不肖竊見吾父事親孝事，兄弟交友惟信。與鄰閈，雍雍無間，拯急如騖，讓利如遺。邑有大家中落者，吾父購得其居，因往視焉。其家孀婦也，忽有童子附耳語曰：『吾家有貂裘，若欲之乎？可入視且不若争直也。』吾父駭曰：『有是哉？』遂正色拒之，并棄所餘木石而還。有歙商黄海山者，賈於邑，其家忽以事趣歸，乃悉委其貲於吾父。無何，而倭難作，吾父謀徙城中，輒先輸其所委以入，而已産從之。倭退，其人至，亟趣見吾父，不暇吐一語，惟涕泗横流而已。吾父徐出其貲示之，笑曰：『封識無改乎？』其人大喜，剖槖金以謝，吾父固却不受。其中心嗜義如此。而居恒乃數口吾母賢曰：『是吾益友也。』其識正不減偉丈夫，不肖竊得而識之。當不肖得祁州，意不能無怏怏，吾母特曰：『何官不可爲？且夫官以人重乎？人以官重乎？』及抵祁，每日莅事，入必叩其狀云何，不肖具以對，即有所寬假，喜動顔色即不類，必曰：『孺子更念之，無令我愧雋氏之母。』愀如也，由斯以觀吾父吾母之芳徽淳懿，不可爲既也。不肖，孱書生耳，非有振也，豈其敢厚自棄於鹵莽，而以詩禮迷？顧退而考其行事，若得若失，概於吾父吾母，未及什一而千百也，若之何而張之？」已而曰：「不寧惟是，不肖其尤有深痛，於志法曰：『觀政進士，踰年以上，俱得内選。』彼其久也。[一]　不肖幾二年餘矣，而卒領州，[二]法曰：『凡選人先内而後外，其數訖於五、訖於十以爲常，庶幾巧者不得有所趨避云爾。』不肖名第三十有二，而卒領州。　無何，皇上以聖嗣誕生，加恩海内，山川草木靡不爗然與其光華，而不肖竟無由爲吾父吾母徼一命之寵，時時仰而思，俯而思，未嘗不呼天而痛也，不肖其大不數於人子矣。　吾子一言，而吾父吾母張不肖之志白，願吾子之無終讓也。」

於是憲成喟然嘆曰：「嗟嗟！育菴公之爲卓也，其樹德固也，而弗克耀也；太孺人之爲淑也，其衛物周也，而弗克永也；盧子之爲慟也，其創缺深也，而弗克慰也。爲之次而揭諸墓，俾百世而下，知祁大夫之有令父令母，而育菴公、趙孺人之有令子也，其亦可無憾焉！」

育菴公，名果，字時行，郡諸生，享年五十有五。　太孺人，享年六十有一。

嗚呼！予言而徵，其所享寧有涯哉！

[一]「彼其」，光緒本同，四庫本作「非甚」。
[二]「領」，底本、光緒本作「令」，據下文及四庫本改。

明故龍洲顧公暨室徐孺人合葬墓表[一]

嗚呼！是予叔父龍洲公及余叔母徐孺人之墓，而表之者不佞侄余憲成也。蓋余先世故居上舍里，自余先府君始遷涇。余居恒好問故里事，即從故里來者，輒就而詢焉，乃靡不稱數公也。

或曰：「甚矣，公之能任也。」始東夷中吾邑，邑令謀城之，命邑人分敦城事嚴。伯氏業繫獄矣，公聞而大駭。請於令，願得以身受繫而寬伯氏，令偉而許之，城成乃免。

或曰：「公甚晰於義利。」公嘗貿米溧陽，市有同舍商遺百金櫝而去，公檢櫝得之，故濡數日以待，而商且至矣，公委櫝示之。商驚嘆，欲剖其半爲謝，公固不可。

或曰：「公故負氣自喜。」始，公父心樓翁居市中，左右多博徒酒俠，恣行閭里，莫敢問。心樓公嫉之，間以語公，公乃召而觴之。既酣，好諷之，衆憚公，莫敢不聽。夕退，詰朝跡之，帖然矣。邑嘗下令覈田，公爲尸其事，一切匿漏盡出，奸豪拱手，無能

[一] 此標題底本及諸校本均作「龍洲顧公暨室徐孺人合葬墓表」，據底本目録補。

私上下者，里中大歡。

則又曰：「厥亦有若孺人。」孺人生十九而歸公，而公喜可知也。諸内外家務，畢躬佐之，秩如矣，其緒餘乃以及於筐筥錡釜之屬。或曰：「孺人善勤晨興程。」其臧獲夕而徵之，終其身以爲常，無佚。既罷篝燈而自爲程，子夜，里舍猶聞機杼聲也。如是而又將之以儉，或曰：「孺人非漫爲儉者也。」又能施，即有求，脱簪珥而濟之不靳，以是宗姓姻黨欣然無間言，故曰：「孺人非漫爲儉者也。」

憲成聞之，喟然起而嘆曰：「美哉，洋洋乎！何其悉也！」書不云乎：「表厥宅里，樹之風聲。」余宗殷殷，茂矣。以樹其外，度無踰公；以樹其内，度無踰孺人，是故於法宜表也。

公諱聚，字大成，别號龍洲。余叔祖心樓翁之仲子。孺人，尤塘徐海槎之女。子五人：曰原成，廩學宫，有聲；曰原道，克其家；曰原性，曰原良，曰原教，俱幼而慧。

於是憲成申之曰：「是翩翩者，異時並能躬致顯揚，表公及孺人者也。若夫不腆之辭，聊以爲之兆而已矣。」

明故茂才一菴許公墓誌銘①

公姓許，諱盛德，字貞一，一菴其號。公之先本姓盛，而自其大父信齋公王長於其戚氏許宗道家，因姓焉，已欲復之，而不果復也，以命其子。子三人，其次曰效静公應璧，是爲公之父，又不果復也，於是名公而繫之盛云。公生而齊敏，即其爲兒時，人無敢兒蓄之。稍長，日誦百言，時效静公用句讀授諸弟子，公從焉，遂通毛氏詩。已，次第從清菴俞先生、惠峰李先生、南州敫先生游，率虚往而實歸，意甚得。一日，操筆著經生言，門下皆驚，公不爲滿，益好，則昔古稱説先進，手録錢、王、唐、薛諸名家文句繹，而字惟之。弱冠補諸生，諸生咸遜公，即有司試公，輒置高等，名隆隆起，視一第掇之耳，而固不第，公愀然不懌。客曰：「是儻來者耳，何足煩公？」公謝曰：「若爲我言則是，爲我父母言則非，夫富貴於我何有哉？」

家貧，爲邑中塾師，自束修以上，一切致諸效静公，無私焉，曰：「吾以盡吾爲人子之心也。」有姊不克歸，公爲歸之，業傾其室中裝矣，不爲吝，曰：「吾以盡吾爲人弟

① 此篇底本、四庫本、光緒本均無，據崇禎本卷十六補。

之心也。」有弟盛業，不克娶，公爲娶之。又效静公欲以兩經傳家，命公受詩，命業受書。公擇其邑之媚於書者，令師事焉，而爲之行羔雁，曰：「吾以盡吾爲人兄之心也。」其汲汲於人倫如此。

嘗侍效静公疾，浹旬不食，浹月不寢，久之，疾良已。歲乙亥，效静公病亟，公大窘，率其伯子世卿禱於神，乞以身代。久之，而效静公竟卒。越一年，母張氏亦卒。公哭之慟，又以祖壠隘不能容，泣曰：「吾生無高堂以居二大人死，又不能辟地以葬，子職之謂何？」乃卜新阡，而身舍其旁。累土爲山，累石爲垣，備諸艱辛狀，數月鬚髮頓白。無何，而公亦卒矣。君子於是以公爲純孝。

公性故狷潔，當莊皇帝初，民間以訛言趣婚嫁，朝通媒妁，日未中而委禽，夕而婚矣。有欲娶其伯子者，公見，謂：「非禮也。」不從。及伯子爲邑諸生，又多有貴家欲娶之者，且請具千金之裝。公曰：「以貴適賤，以富適貧，之兩者微至德無以處之，吾懼孺子不堪也。」竟已。

伯子少有德慧，公喜，而第欲其亟成，誨之莊，伯子亦克用誨。年未二十而遊庠，甚得名譽，即四方人士，皆知吾錫有伯子也。福清施公守吾常，姚江鄒公、臨川周公後先令吾錫，皆才伯子，所爲推轂伯子甚篤。客聞而私焉，願獻百金爲壽，伯子不可，則以謂公，公怒曰：「客何爲者？如使予欲富，辭十百而受百，是爲欲富乎？」公，真篤行君子也。

與人交，不設畦畛，始終如一。即與公交者，見其然，亦無不推誠事公，不忍負公即邑人，亦多悉公者，而徒以公老於諸生間，又終身貧，竊疑公迂少其才，此淺之乎？窺公者也。顧憲成曰：「庚午之歲，余與伯子同游庠，如兄弟歡，以故最悉。」夫君臣也，父子也，兄弟也，夫婦也，朋友之交也，之五者天下莫大焉，公究其四矣，所未究者一耳，而伯子又翩翩稱名，諸生方當顯庸於時，則其一又將屬諸伯子，是誰非公之教也？匹夫而擅有五德，不既多乎哉？而少之吾聞原也繩樞而甕牖，顔也一簞食一瓢飲，以彼其才，宜何如也？公得從二子游足矣。

公娶吴氏，生二子，長即世卿，娶趙氏；次世臣，聘張氏。女一，許字王應祥。孫男二，時英、時雄。

公以嘉靖乙酉六月十三日生，以萬曆己卯九月十六日卒，以卒之明年十二月十有三日，葬墓在河滸之良向。

於是伯子不遠三千里緘狀而屬余銘，余憐而諾之，其因公而及效静公，因效静公而及信齋公，誠有概乎其名之也，以爲是則公有憾焉耳矣，雖然是在伯子銘曰：「爾德則亨，爾邁則屯，先師有言「富貴浮雲」，爾何醜乎？」諸生曰：「惟祖惟父，丕我其承。」

嗚呼！身與父孰尊？父與祖孰尊？祖與統孰尊？式彰爾名，百世之心，曰我知之矣，有兒世卿。

明故贈文林郎錢塘知縣少源聶公墓表①

予游虎林，徜徉湖山間，日與其村兒野老嬉，竊見其莫不歌且舞。錢塘牧之政，予灑然異之，方求識所謂錢塘牧而不得，而聶君儼然臨予，予覩其容温而莊，聽其言簡而則，乃豁然悟其得民之有自也。居亡何，奏予一編曰少源壙記，請曰：「先考事行也，塋木拱矣，心傷無似，[二]不能顯揚而光大之，今幸藉天子寵命，得改藏山陰高原，塋額且拓，屬弟心武礲五尺砆，以徼不朽，敢乞靈於吾子。」予嘉其善用孝，更念古之人「挹醴尋原、采芝求根」之義，遂不辭。而寄題之曰「新淦君子聶公之墓」。而序其行於下方。

① 此篇崇禎本無。
[二] 「心傷」，底本、光緒本作「心湯」，據四庫本改。

按記：聶之先，潭丘人也。高皇帝時，有國才者始徙南源里，世修隱德，幾傳而至統紹公，統紹公生而魁奇足智，善提衡其家。家驟起，偶譚媼，舉四子，公其第三子也，諱啓厚，號少源，自幼岐嶷，長而行安節和，於書無所不窺，而尤湛深於程、朱、温公諸籍，非徒事誦習已也。務以先聖賢爲軌法，身履而力行之。時時舉其詞，説其義，以訓家人。事二大人，夔夔如也；處兄弟間，怡怡如也。以父命代兄監總家，事無巨細，皆斷於公，而不自有。即業析炊貲財，恣所取不問，居鄉飲人以和。遘歲饑，輒推困以膏窶子釜，[二]間以餘鏹賦子户，有力弗能償者，往往折其券。夜警，獲偷兒，引炬視之，故將作役子也，輒佯爲不識也者而遣之，曰：「若真醉耶？」將作役子大慚，去而改行。人比公王彦方云：「公之爲德於鄉，類如此，宜其有錢塘牧，故説者咸謂：『由錢塘牧之爲子，可以知贈公。』予獨謂：『由贈公之爲父，可以知錢塘牧耳。』」

記又言公配黄孺人，沖惠勤樸，克相公，有古彤管之遺。由此觀之，不特可以知子於父，且可以知子於母。一門之内，是統是承，憲憲令德，宜其家人，施於有政，久而彌新，天之祚聶氏，曷可量哉！敬因表公而及之，復爲賦南山之五章以志。

[二]「困」，底本、光緒本作「困」，據四庫本改。

顧憲成全集卷六十四

涇皋藏稿十九

傳

雲浦陳先生傳

雲浦陳先生者，無錫之宅仁里人也，名忠言，更名以忠，字貞甫。先生生而恢奇多智，弱冠補邑諸生，居數年去，爲太學生。太學生之四年，舉明經。又四年，釋褐知寧鄉縣，已稍遷知寧州。無何，用事貶知寶鷄縣。居一年，復徙知光州。所在有聲跡，天下知其非庸人也。先生好讀書，能古文辭，又好孫、吴家言，徧通其指。少暇，輒習騎射，以爲即一日得備當世緩急，不虚耳！

先生有大度於天下，無所不可，簡而近人。其好善，天性也。其有當於意，即王公大人津津誦説之，終不以爲嫌；即在下輩，惟恐其不得亟聞於人。即其人故所習，恨知之晚；即不習，欣然遇之也。

當余結髮而習句讀，最微鮮耳，先生顧數見，賞異之，已數謂余弟：「若當不減而兄也。」先生亦數對客稱其子耕似己，或曰：「殆其勝之？」客笑謂：「固有父譽子者乎？」先生亦笑也，而曰：「自我有之，何不可者？我乃父，子自爲知己也。」

松陵王山人承甫著聲詩，隱於酒，往來燕、趙間，欲以陰求天下長者。而是時，先生適游太學，遇諸婁江王太史座上，心異之，徐引與語，大悦，曰：「吾相天下士多矣，無如足下者。」因從之游，不去，其大司成亦内奇先生，爲寛諸約束，益得自愉快，時時相對説劍，爲豪飲，酒酣，仰天嗚嗚，意氣淋漓，慷慨無賴。[一]間衣敝衣行市中，數問市人荆卿、高漸離安在？市人不省何語，以爲怪，呵之。先生愈喜，同舍生齊人王明經榮中誣，於法應得戍，衆冤之，莫敢發言，先生遽入，白諸大司成，壯而許之，王得落爲諸生，未幾，復舉於其鄉矣。先生以是，益藉藉公卿間，而顧愠謂王山人乘人之急

[一]「慷慨無賴」，崇禎本、光緒本同，四庫本作「慷無聊賴」。

而食其名，吾不忍爲也。

亞相慈溪袁公生貴甚，意薄小一世，而會從其客張户侯所，見先生文才之特，欲知先生，則以私於大司成。人謂：「此貴人，必無往。」先生曰：「固也。雖然，不可以貴人而賤我等耳！」遽往袁公一見，遽命酒如生平，歡坐語移日。先生侃侃益發舒，絕不以儒生故有所貶損，而袁公之下之益甚，左右皆驚，竊竊言：「渠何爲者？妄人耳！乃敢與我主人翁鈞！」聞者賢袁公而重先生。久之，客益日進，先生曰：「是徒爲名高者，非能解我也。」意頗厭之，遂與山人次第歸。歸而爲園，於居之偏，築室數椽，旁樹竹萬竿，日夜讀書其中。謂山人，而今而後，庶幾成一家之言，藏諸名山老矣。

山人張目不答，先生知其指，稍試爲吏，遂又哀然稱名吏也，而第其爲人廓落，人視之，表裏立見，亦立盡，不能陰陽與俱。又其才雄，形不爲人下，易傾也。又終其身不能博一第，既晚而後仕。少年耳目狹，尋常畜之，以故無繇越州縣以顯，而世亦無繇盡先生之用。余嘗從客言其意，先生默然良久，曰：「子知其一，不知其二。始，余爲寧鄉，以湖北暴胥，故惡於分巡，度旦夕廢耳，顧余投劾乞歸者三，不得也。直指且過寧勞予，余請曰：『明公必不去某者，其盡縛諸暴胥，以謝寧士民。』直指許之。其後竟以最遷。及其爲寧州，州最苦盧源賊，莫能誰何？余先後計下其渠魁數人，俘五十人，破散其黨數十百人，州賴以完。中丞擬特疏薦余矣。俄而，流賊二十四人道寧，且竄去。御史者不知何聞賊中寧也，上疏論余，而屏其功不録，竟以罪貶。功名之際，聖哲不能定而何以爲言乎？子休矣。」

先生又善邑人胡御史、通州顧少參、湖州范太史，[一]其人皆倜儻自喜，瑕瑜不掩，非闒然媚世，求免非刺者也。其善武進謝令，嘗忤一御史，坐論賓客故人相引而怠傲，先生獨迎而舍之，爲供具甚設，又爲資募辨客，百方居間，事得已。其居田善余先府君，日者善京山李大參及高邑趙計部。始，計部爲汝南司理，先生其屬吏也，而獨偉視先生，即往謁，司理輒止飲，飲輒醉，有時誤爲爾汝，先生覺之，前爲謝，司理笑曰：「其固以余爲非夫乎？」後遂不謝。及先生没，計部過余，爲涕泣而言先生也，退而相與撰次其行事。余往聞里中父老言，先生故嘉定人，[二]其先有道真者，與僧道衍善，嘗遺詩諷之，隱不報，乃稍稍自匿。一日，挈其妻子而來，因家焉。子孫皆貴，以

[一]「湖州」，底本、崇禎本作「胡州」，據四庫本、光緒本改。
[二]「嘉定」，底本、崇禎本作「加定」，據四庫本、光緒本改。

修約爲名。惟先生之父石村翁亦然，至於先生，又如此。見謂易豪耳。顧憲成曰：「予故與先生同里，里於邑爲東偏，其人木强少智略，於是乎有先生，者游，其慕説先生甚於其里；已，客燕，從四方長者游，其慕説先生又甚於其邑也。及余長，而從三吴長者游，其慕説先生甚於其里；已，客燕，從四方長先生之不易盡也。乃今慕説先生者，又甚於其在時矣。予於是而知先生之不易盡也。方以其淹於州縣之間，以死爲恨，嗟乎！誠以其淹於州縣之間，以死爲恨，夫何足以窺先生哉？」

鄒龍橋先生傳①

先生鄒姓，名懋昭，字汝德，别號龍橋，汀洲貳守右湖公進子，處士履坦公鉦孫，而宋右正言浩之裔也。

先生少秀穎。十歲，能文章。十六，遂補長洲縣諸生，每試輒高等。吴中雖彬彬多賢乎，皆已憚先生矣，而先生意益恭，常有以自下者。

會荆川唐太史講學毘陵，先生從之游，太史始進而與之談藝，豁如也；已，進而

① 此篇崇禎本無。

與之談心性之學，椎如也；已，又進而與之商天下之故，陳家國之理，往復質問不自休，纚纚如也。太史怪，問：「鄒子務外而遺内乎？」先生起，謝曰：「非敢然也。理學失而求之古，聖賢之格言具在；時務失而求之今，舍先生莫適耳。」太史心奇之。

歲丙午，遂舉於鄉矣。顧其上春官，輒不收。先生不樂，俄而奮曰：「吾乃藉一第爲重輕乎哉？其非夫也！」遽謁選，得楚之應城。應城故號巖邑，屬其時，復當接饑，先生愀然憫之。已責勸分衣，惡茹苦，爲吏民先，所以勤渠百狀，三月而邑改觀矣。未幾，乃調盈陵。又未幾，竟罷。

聞者大駭，客故難先生：「即爾將所稱説時務，非耶？其何以謝太史？」先生笑曰：「是吾之所以不愧太史也。曩令吾枉道而事人，徒以獵取顯榮而畢耳，然則太史其吐之矣。」客迫而究其所繇，先生不答。

及應城義河李公來守吾郡，故知先生爲令時事，數數稱説之，且曰：「當景藩與楚藩有疆事之争，既得氣矣，先生一言而中其巨璫。[二] 遂盡得諸奸民所獻籍，計乃沮。景藩索金於中丞徐公，先生復一言而挫其説。最後巨璫督邑租，耗倍五六，先生

[二] 「巨璫」，底本、光緒本作「巨鐺」，據四庫本改。按下文亦有「巨璫」。

復一言而奪之，邑恃以完，不亦烈乎！乃徒以賈禍，何如哉？」於是每干旄過先生之廬，輒徘徊不能去也。先生雅好修恬穆之操，既家居，益習爲簡。郡邑長吏自始至迄於遷去，一見而已，絕無所造請。暇則時時周行田野，樵兒牧穉，歡然以狎進，無間也，以此終其身。

先生娶華孺人，嘗比諸德耀。性好讀書，既老不倦，所著有蒲騷政略一卷，也足軒稿四卷，諧史二卷，集高士、列仙傳各二卷，卒年六十有二。

二子：長曰龍光，次曰鳳光。其人皆稟稟有章，君子以爲是先生之覆露子。顧憲成曰：「余獲游於龍光、鳳光間，以習先生跡，其表裏始終備矣。然而一仕，遽已不復振，何也？即先生亦以爲固然而不悔。或謂：『先生恂恂者耳，涉世非其質也。』事固不可知。世之才人辨士不少矣，顧亦往往坐困，此又何以焉？蓋先生既病，屬其二子曰：『吾即死，必裕春袁公銘吾墓。』夫袁公者，其必有以知之矣。」

鄭大夫平泉公傳

予髫年聞海鹽有淡泉鄭端簡公。迨長，悉端簡公狀，剛正侃侃自天植，終其身不一降心權貴，世稱「淡泉先生」。嗟乎！海內士無論知不知，皆稱端簡公。

迺不知端簡公，又有仲子大夫也。當世皇帝之庚申，端簡公以執法詔還，風烈，舟幾覆；大夫淩波赴救，立反風，幸無恙，是大夫之以孝生端簡公也。已而丙寅，端簡公捐館，大夫匍匐請於朝，曰：「嗟乎！安有臣如父，而歿無半通之綸者？」書上，穆皇帝軫念，遣官賜祭葬，贈謚，恩甚渥。且録，斬島夷功，廕一子入監讀書，榮問有加，是大夫之以孝不死端簡公也。[二]於是，海内士又無論知不知，稱端簡公。有子云：「嗟乎！大夫不朽矣！」作鄭大夫傳。

鄭大夫，諱履準，字叔平，平泉其別號。始爲博士弟子，尋以廕游太學。己巳，得南京都察院照磨。已而，丁顧宜人憂。壬申，復除原官。癸酉，遷詹事府主簿。甲戌、丙子、丁丑，歷轉左右參軍，既進宗人府經歷。戊寅，奏最，授奉政大夫，母顧，贈宜人；配沈，封宜人。壬午，遷順天府治中。癸未，遷南京刑部郎中。甲申，病作。丁亥卒，享年五十。

大夫生而娟秀，神顴奕奕。七齡授讀，如夙記，端簡公奇愛之，嘗磨其頂，嘆曰：

[二] 崇禎本卷十七缺第五葉，所缺文字自雲浦陳先生傳「予（崇禎本作『余』）故與先生同里」句「同」字起至本句「不」字止。

「此吾家驥兒也。」每試輒高等，邑負雋望者氣爲奪，而竟以隨侍端簡公南北敭歷，賓興不一逢，嘗喟然曰：「世固有不鳴不躍如鄭生者乎？」奮而起者再，既而曰：「丈夫安能與隙駒鬬日、穴鼠鬬名？」乃去。謁選得初官，非其好也。亡何，聞顧宜人訃，呼天大號，徒跣至門，哭極哀哀，盡血繼之，幾成滅生之痛。服闋，累遷留都別駕，聲日鵲起。巨卿元老有事，輒問鄭公云何，具以對，無不稱善。壬午秋，當比士大夫，慎按棘，外内惟謹。郎比部平允公恕，有定國之風焉。予嘗按其功狀，累累不勝書。其大者如照謝山之奸，勘黄原之罪，解張珂之網，脱芮禄之冤，他人之所歷，寒燠遞出入，而不獲披雲霧者，大夫不難一言平之。又廉介不可干以私，如指揮盧事發，坐上刑，陰托貴人囑之不可，飛謗書懼之不可。無已，密走賂誘，大夫厲聲曰：「去，而無污我清白吏子也！」大司寇陳公聞而器重之，戚暱任樞府邊帥。介客前來，奉千金爲壽，囑美遷，大夫絶如前，介聲益振，隱隱流動於兩都云。大夫又最重然諾，[二]酷知人痛癢，有吉凶緩急者，皆樂趨告。饑與粟，疾與醫，婚與室，喪與槥，以至廣學宫之湫隘，雪翁人之重辟，覆塾師祖氏之子若孫，葬賀氏之五喪而得吉壤也。宜其生而令譽，没

[二]「然諾」，底本、崇禎本作「然喏」，據四庫本、光緒本改。

而垂芳，稱端簡公，子有以也。所著有比部集，所選有唐詩彙韻、明詩彙韻，藏於家。子忠材、恕材，翩翩世其家聲。

贊曰：予歷大夫事而異之，當端簡公艱於嗣也，禱而夢，夢神冠而髯者，彷彿爲漢壽亭侯，携二子授端簡公，且曰：「畀而一子忠，一子孝。」覺而果孕。未幾，舉仲爲大夫。伯以上書杖闕下，爲直臣；仲磊磊多幹蠱，爲孝子。所稱天付，是耶？非耶？儻仲竟厥施致大用，其所衣被寧有既乎？雖然，嗇而身必豐而後人。予於二子卜之矣。

陳贈公暨杜太恭人合傳

甚哉！遇之足以移人也。是故處憂患則氣易歉，往往頹焉，以自弛而不振；處安樂則氣易盈，往往侈焉，以自放而不戢。何者？彼皆役於物，而中無主也。予讀陳志行先生所爲其贈公暨太恭人狀，瞿然而起。

贈公之先無可考，惟是倉浜之沙盆潭有一坯在，所傳陳充墳者，其始祖也。數傳而爲近橋公鑑。鑑生子六，中子曰思朴公泰，是生贈公。當陳盛時，兄弟聚而賈於倉橋之四維，橐良厚，無何，廢箸。伯兄奎偶不當於一李官，斃杖下。泰父子訟之臺，卒白寃狀，而李官罷不敘。無何，泰亦歿，贈公依其叔奭於北郭。已，徙南塘，會孫福以奴叛，再徙東膠。風景蕭颯，行路之人皆得過而揶揄之，而贈公顧皜皜自濯，[三]不肯落人後。又見志行英穎不凡，喜輒令從名師稟業，每晚歸，篝燈口授句讀，不精熟不已。鄰翁厭子夜伊吾聲，旦起，誚讓太恭人，亦謂贈公：「何苦穉子如是？」贈公笑曰：「爾他日享用此子，吾不逮也。」九歲，經書成誦，操筆爲舉子文，翩翩多奇。十三，試有司，見取。十七，補邑諸生，稍稍舒眉目矣。已，復浮沉子衿中，數年無知者。而贈公意氣彌鋭，更督其二幼子，不少寬假也。嘗手書堂聯曰：「欲高門第須爲善，要好兒孫在讀書。」又書卧榻聯曰：「守身如執玉，教子勝遺金。」居恒喜趙松雪書，時倣之，興到臨池，真草盈幅，僉謂逼真。暇則涉獵經史，犂然心解，至忠臣孝子義烈事，未嘗不反覆長太息也。此其志，豈不恢乎大哉？惜不幸早世。

比癸酉，志行舉於鄉。己丑，成進士，令確山，調中牟，入郎比部，出守吴興，聲華赫然盛矣。而太恭人又若不知其子爲官人也者，朝夕拮据，以十指爲生計，猶夫昔也；衣不重綺，食不兼味，猶夫昔也；有犯者，夷然笑而置之不校，猶夫昔也。志行

[三]「皜皜」，底本、崇禎本、光緒本作「嵩嵩」，據四庫本改。

間以俸錢奉，諸子間以粟菽奉，不欲取即取，留以周急，不妄耗。每戒志行宜守官，又戒諸子宜守家，無得一溷官舍。已，又謂志行：「族人多窶，汝父所憫也。」志行遂倣文正義莊例，衣食之，太恭人爲之解頤。至於求田問舍，爲子孫封殖計，未嘗一沾齒牙也。且曰：「回思向來懸磬空囊時，今不啻足矣，奈何猶不知厭！」由此觀之，恒情之所沮抑摧喪處，正贈公之所激昂奮發處也；恒情之所張皇炫燿處，正太恭人之所檢束收斂處也。非其中確然有主，役物而不爲物役，夫孰得而幾之？

顧憲成曰：「予與志行先生同里，知先生頗悉，先生自幼孤，立行一意，不苟隨俗。及舉南宮，裘且屢敝矣，讀其文遒勁迅發，光芒射人，不減少年之鋭，可謂翕而能張。至施於有政，見謂用摶擊豪强起聲，乃其拊循鰥寡，乳哺煢獨，煦煦而下之特甚。慮囚北畿，釋矜疑三百餘人，絶不挾聰明以逞也。退而居鄉，杜門掃軌，酬應稀簡，家徒四壁蕭然，與書生不殊，可謂高而能降，予實中心信服之，欣爲執鞭。先生言「吾少得礪峰莫師，霞村許師，中齋何師，苫洲丁師之力，嘗論及湖州之政」，又言「得鄉紳李參藩、章銓部、丁中秘、朱太史諸君子之力」。今跡贈公與太恭人之粹履卓識，歷歷如是，乃知得之家庭者固不少矣。因特採而傳之，以告世之爲人父爲人母者。

贈公，名萃，字集之，號近竹，年五十有四。太恭人，父杜，母施，年九十有七。嗚呼！是父是母是子，即以軌範千秋可也！

亞中大夫四川布政使司右參政豫菴華先生傳①

夫人有待言而傳者，言亦有待人而傳者。潛德隱義，弗耀於時，秉筆垂信者，借隻語爲華袞，其姓名遂得以燭千古，人待言也；若其節行高卓，播誦當世，即微朝野史書之，而口碑亦足以自永，好德者爰摭其實，以附於稱述之誼，言待人也。先生，其余言之所待者耶？余無樂乎言之永，而樂爲先生言也，於是作華先生傳。

華先生者，錫之鵝湖里人也，諱啓直，字禮成，别號豫菴父。余溪公舜欽官至知江西瑞州府，廉勤任職，卓有名績，嘗受異夢而得先生云。先生生而敏慧，讀書兩三過輒成誦，稍習爲舉子業，則已赤幟詞林，屢試必傾其曹，而又江南數巨族者，必推首華氏，而又父子世貴。顧其爲人恂恂愊實，無一儻蕩矜靡之態，在官在鄉，咸若處子。

① 此篇底本、四庫本、光緒本均無，據崇禎本卷十七補。此篇又見明别集叢刊第三輯第五十九册清宣統三年存裕堂木活字印本華豫菴先生集卷末豫菴華先生傳（以下簡稱「華豫菴先生集」）。故此篇以之爲校本。按二本皆有分段，整理時重新分段。

以嘉靖壬戌舉進士，補順天教職，丕振士風。御史薦爲道德文章第一，遷國子監丞，兩司成賢之，遷刑部浙江司主事，時户曹海公言事激切忤旨，瀕於重法，[一]先生陰爲保護甚力。已，次第丁内外艱，起復補刑部雲南司主事。請南，得兵部武選司主事，[二]尋遷武選郎中。南曹諸司，獨此稱劇，而事尤難於黄選、點運兩者，先生洞悉利弊，規畫允當。有以私請不得，竟謁尚書公，尚書公曰：「君固無難我，我獨爲君難華選部耳？」楚永州屬邊陲，猺獞雜處，[三]先生出爲永州知府，[四]以寬平持大體，民夷帖然。貴州故多苗民，有構不束於有司法，嘯聚數千人作亂。會先生爲按察副使，持檄往諭之，衆皆羅拜聽撫，貴藉以安。久之，遷四川布政司參政，於是先生實日益茂，名日益孚，望日益隆。好之者勸，忌之者慚，方當駸駸大用，而先生飄然歸矣。

跡先生之於仕也，始則避令而就教，繼則避北而就南。當其横被彈射，則晏然居之，不動聲色；及其漸登顯庸，則脱然棄之，不啻敝屣。淵識卓詣，種種非凡可窺。

[一]「重法」，華豫菴先生集作「國法」。

[二]「武選司」，崇禎本脱「司」字，據華豫菴先生集補。

[三]「猺」，崇禎本作「傜」，據華豫菴先生集改。

[四]「永州」，崇禎本作「永」，據華豫菴先生集改。

憶余童子時，業誦先生之文而悦之。丙子歲，侍先生於金陵，見其古貌古心，居然先進之禮樂，則益喁喁願爲之執鞭焉。

癸未大計，余適承乏銓曹，時有讒先生者，冢宰嚴公召余而問曰：「子之鄉有華憲副者，何如人也？」余對曰：「君子也。」公曰：「何以不理於人口？」余對曰：「世好圓，[一]先生以方；世好飾，先生以樸；世好佞，先生以直；世好繁，先生以簡。先生既與世左矣，世安得不與先生左？」公曰：「如此，信乎其爲君子也！[二]惟考功君之言亦然。」考功君爲姚江月峰孫公，故有人倫鑒，是可以觀先生矣。

先生既歸田，足不及城市，日惟杜門，手一編，興至，陶然數觴。田父野老，時相過從。家故清白，先生又不屑家人生産事，囊常羞澀，輒就所知假貸，貸而償，償而貸，如是以爲恒，意泊如也。卒之日，邑之人無問識與不識，皆爲嘆息，云子若孫俱彬彬，能世其家。

顧憲成曰：「吾邑有蒙泉汪先生，清節自老，不以一毫非義緇點行者，語及之而

[一]「圓」，崇禎本作「員」，據華豫菴先生集改。
[二]「信乎」，華豫菴先生集作「洵乎」。

汗背，惟先生亦如之。[二] 嗟乎！世之負赫赫名者不少矣，退而考其行事，往往不能無疑於妻子，以方先生其爲人賢不肖，何如也？余故列其概於篇，俾傳篤行者有考焉。」

[二] 「惟先生亦如之」後，崇禎本有「點行者語及之而汗背」九字，顯係衍文，據華豫菴先生集删。

顧憲成全集卷六十五

涇皋藏稿二十

祭文

哭莫純卿文

嗚呼！傷哉純卿！傷哉純卿！憶己卯之冬十一月二十六日，予與家季將北征，就子而别，當是時，寒雲盈空，凍雪積野，徘徊四顧，意態蕭颯。子進予而觴之曰：「丈夫有事四方，兹其始矣。」予感其意，飲立盡，而以其觴觴子，子復以其觴觴予，意甚壯也。既别，予心甚喜。

今年四月，予弟騰書言純卿疾病，時擁重裘，猶泠泠稱寒，予大驚。無何，而予弟言純卿就藥吴門，予益驚。又無何，有客從錫中來者，謂七月二十日過莫氏之里，見里人聚而咨嗟，入其里者狂若奔，出其里者悵然若有失也，予聞客言，心又益驚，就而窮其所以，客嚅嚅不肯答。無何，而蒼頭來訃，純卿七月之十四日卒矣。予聞之，如醉如夢，目不知所視，耳不知所聽，心不知所之，忽不自知其涕泗之横流也。稍定，乃爲位而哭之。又一月，始勉爲文，俾予弟告之純卿。

嗚呼純卿！天道之無知也，自昔而已然矣，何待至於子始信也？子佞不如甘，敢冀早達？子營不如頓，敢冀有家？子暴不如跖，敢冀有年？子戕不如湯，敢冀有後？予所痛者，予與子交數年矣。憶予始居涇里之上，數日不見子輒思，思輒題尺素以通，比發而子之問亦至，猶以爲次於見也。自是而予歸涇水如昨，子不可得而思矣。始，予由涇里入邑中，輒過子，過輒爲杯酒歡，微言縱論，無所不傾倒。自是而予歸入子之門，登子之堂，榱題棟桷如昨，子不可得而見矣。始，予過子，時時與楊生士初、陳生穉登、鄒生彦文偕，即過三子，必時時與子偕，自是而予歸，三子如昨，子不可得而偕矣。予與子頗負嘐嘐，其所相契，蓋不在形骸；其所相磨，蓋不在榮顯；其所相要，蓋不在一旦一暮，以爲似異乎人之友也。是故有予可而子否，有予否而子可，將以是庶幾於輔仁而互期其成，乃今求子之一可一否而不可得矣。

予客燕中，二年之間，子前後惠貽德音，不啻千百言。予性簡，頗不樂於風塵，而子惟恐其失之枯也；予性狹，不能漫與人同可否，而子惟恐其失之矯也。切切而規之，予誦其言，未嘗不發深省，以爲子固非誨予阿世也，乃今求子之一針一砭而不可得矣。

嗚呼純卿！奈何使予不痛子也！且予非特痛子也，而又爲子痛，雙親在堂，自是左右而承歡者誰？其可痛一也。煢煢嫂氏，自是終身而仰望者誰？其可痛二也。僅息二女，自是春秋而俎豆者誰？其可痛三也。

嗚呼！若是乎天道之無知，至於子而極也，子如知此，何爲乎好爲仁而不好爲佞乎？[二]胡爲乎好爲義而不好爲營乎？胡爲乎好爲遜而不好爲暴乎？胡爲乎好爲德而不好爲戕乎？

嗚呼！子不克早達，前子而不克早達者，若馬氏之援，非一人也，予不敢怨也，然而援也有家也，子之家何如矣？子不克有家，前子而不克有家者，若原氏之思，非一人也，予不敢怨也，然而思也有年也，子之年何如矣？子不克有年，前子而不克有年

[二]「仁」，底本、崇禎本、光緒本作「大」，據四庫本改。按「仁」與後「佞」對。

者，若賈氏之誼，非一人也，予不敢怨也，然而誼也有後也，子之後何如矣？維天蒼蒼，何所不覆；維地茫茫，何所不載；維萬物芸芸，何所不遂。而獨使子至此也，予其奈之何哉？

嗚呼！予羈跡天涯，病不能視子，死不能送子，而子已矣，予呼子而子不應，則呼其「蒼蒼」者、「茫茫」者、「芸芸」者以問子，而又不應，但仰而見夫日月之黯然，俯而見夫山川之寂然，中而隱隱若見夫子之若父若母、若嫂氏、若二女、若宗姓、若姻黨、若二三友生，莫不改容而變色，與日月山川相應而凄然，而子亦彷彿往來乎上下之間，追而呼之，而子卒不予應也。

嗚呼！予言有盡而意無盡。有盡者書而告子，其無盡者俟予異日歸而謁子之墓，呼而告之也。當是時，子能憐予而應之耶？

嗚呼！予顧生憲成也。告子者，予家季允成也。

嗚呼純卿！嗚呼純卿！尚享。

祭陳雲浦先生文

嗚呼傷哉！已矣乎！先生其遂不可得而起乎？嗚呼！先生之不可得而起也，天下莫不悲，而況於鄉乎？環先生之居，東西南北可數十里，莫不聚而嗟，泫然而繼之以涕泣，而況於不肖憲乎？

嗚呼！憶先府君徙涇里而家也，里人有狎其新而齮齕之者，有嫉其倨直而傾之者，又有外爲暱而内爲構者，其態前後非等，而獨先生善先府君，四十年一日也。先府君既以貧故，令予兩兄次第任家，不克究於學。後稍令不肖憲究之，又令弟允究之，里人有逆其無成而嗤之者，有逆其成而妬之者，又有陽爲助而陰以觀其何若者，其態亦前後非等，而獨先生左提右挈，惟恐其不即底於成，二十年一日也。嗚呼！何其德於予父子也！

先生嘗令寧鄉矣，能爲德於寧鄉；嘗守寧州矣，能爲德於寧州；又嘗令寶鷄矣，能爲德於寶鷄；嘗守光州矣，能爲德於光州；當其居田，能爲德於宗。用其材者，恤其窶者，教其少者，何則？既已受天子之命，乘堅策肥，儼然而居人上，固人理之所宜爾也。木有本，水有源，人有始，故范文正公曰：「自祖宗積德累世而有今日，吾奈何專享之？」此人情之所宜爾也，其德於予父子何哉！

且固未也。始，先府君不禄，適先生棄官而歸，未抵家，遽入拜，先府君於帷爲之出涕。又先府君方疾病時，聞先生歸也，喜見於色曰：「是固當，自是諸郎君得一意而修詩書之業矣。」及先生再出，予舉以告先生曰：「是真愛我者。」復爲之出涕。已從乞先府君傳，良久報曰：「噫！吾不忍也，每一下筆便須心折，姑徐之。」是先生之於先府君死生一日也。

當先生由光州扶病而歸，至亟矣，其道涇，輒問予兄弟無恙，及兩兄趨而視之，輒問憲客游無恙也。已，目予兩兄謂曰：「吾幸與子訣，而不得與子之弟訣。」又目予弟曰：「吾幸與子訣，而不得與子之兄訣，爲我語之，努力自愛。」已，又緘一幣寄焉，是先生之於予兄弟死生一日也，是安得而無痛乎？

嗚呼！人之痛先生也以公，屬於公者，其情可得而言，其言亦可得而盡也；予兄弟之痛先生也以私，屬於私者，其情不可得而言，即可得而言矣，其言不可得而盡也。先生識之卓，足以凌千古之上下；材之雄，足以備國家之緩急；文之奇，足以頡頏作述之材；氣之豪，足以傾動一世，咸樂與之共肝膽。憲等寧不知哀之惜之？而獨先生之所以德於予父子者，愈思而愈傷，愈久而愈不能解，何則？衆之所共在彼，而予之所專在此也。

嗚呼！泰、華誠高，仰之可陟；江海誠深，俯之可測。悠悠我懷，無方無極，呼彼昊天，不可致詰，人也可贖，百身奚恤？第不知先生之晤先府君也，有如先府君問曰：「孺子何以報先生矣？」則先生將何以爲答也耶？

嗚呼！尚享！

哭劉國徵文

萬曆十有二年四月初七日，劉國徵先生卒於家。越一月，其友顧憲成得其訃於其兄司農君，既爲位而哭之矣。又一月，移書告之曰：「嗟乎！國徵何以死哉？若是其亟也，其命也夫！其命也夫！」始，吾來燕中，有意乎天下之士也，見魏子懋權，與之語，大悦，恨相知晚。懋權曰：「若欲知閩中劉國徵乎？」因又知國徵也。國徵恂恂耳，就而叩其衷，憫俗之仁，居貞之簡，[一]邁往之勇，藻物之哲，無所不具，於是喟然嘆國徵之不可測也。當是時，天下滔滔，上下一切以耳目從事，士習陵遲，禮義廉耻，

[一]「簡」，底本、光緒本作「檢」，四庫本作「儉」，據崇禎本改。

頓然欲盡。吾三人每過語及之，輒相對太息，或泣下，客謂國徵：「若奈何與狂生通？」國徵笑不答，相得益歡，蓋國徵之所存遠矣。吾何能忘也？嗚呼！死生一也，無有二也。

國徵何選焉而置取舍於其間？惟是今之天下什一可喜，什九可憂，方諸疇昔，相去不能以寸度。國徵不免於懷也，國徵其悉之乎？南皋鄒氏之烈焉而徙，定宇趙氏之懇焉而違，復菴吴氏之亮焉而誹，勺原丁氏之切焉而詰，芸熊董氏之犯焉而挫，對玆黄氏之慼焉而投，健齋曾氏之剴焉而播，蓮洙孟氏之挺焉而擯，希宇郭氏之勤焉而摇，鴻泉范氏之詳焉而削。此時事之有形者也，猶可知也。若乃内權漸隆，外權漸替，君子小人如水如火，强而平之，幸須臾無恙耳，何以能日？此時事之無形者也，不可知也。國徵其悉之乎？庸得宴然而已哉？嗚呼！死生一也，無有二也。

吾跡國徵之生，而知其死也未嘗不以天下爲念；又跡國徵之死，而嘆世之食肉者殊爲徒生而可愧也。不寧惟是，今夫國徵之所自許何如也？業已第進士，未嘗一日在職，居恒撫膺扼腕，欲有所爲，輒不果。其修諸身者，又見其進，未見其止也。繇此觀之，國徵之誼，其猶自以爲徒生而可愧也。雖然，國徵往矣，而予及懋權所與國徵左右切磨，相期於聲氣之間者，固耿耿在也。而今而往，即國徵之所未究而懋權究焉，猶之自國徵也；又或懋權之所不究而予究焉，亦猶之自國徵也。夫何愧之與有？獨念材如國徵，立志如國徵，猶僅僅若是，而況予之不敏，將何以謝國徵也？其惟懋權乎？異日者，予當就懋權而裁焉。國徵有知，又將何以牖我二人也？嗚呼！死生一也，無有二也。

惟國徵實深圖之。憲成再頓首白。

哭魏懋權文

萬曆十有三年七月初一日，吴人顧憲成頓首，致書於魏懋權先生曰：

嗟乎懋權足下！何意足下乃遂與我長别哉！悠悠我心，誰復與語？即足下亦誰復與語？吾見世之知足下者不乏耳，要其至與不知等，何則？其知之者末也。計獨吾知之耳，足下上必欲堯、舜其君，下必欲堯、舜其民，故常憂；信心而言，信心而行，一切榮辱毁譽，不以滑其胸中，故常樂。常憂常樂，是吾之所以知懋權也，天下孰從而窺之？

嗟乎！世衰道微，人心離喪，浮破慤，枉蔑貞，淫掩良，争蔽讓，智者相與借詩書以文其奸，愚者謬以爲固然，步亦步、趨亦趨而已。當吾爲諸生業，惻然傷之，時時思有以矯其弊，莫能振也。既博一第，從縉紳先生游，時時私求，其人鮮遇者，乃獨足下之指與吾不異耳。徐而察之，非直不異而已，殆有甚焉，中心自以爲不及也。已而從足下得閩中劉國徵耳。居平相謂：「吾三人者，或先之，或後之，或衷之，其有濟哉！即不濟，卷而藏之何恨！求善價而沽，枉尺直尋，非吾質也。」顧造物者，昨年奪吾國徵，今年又奪吾懋權，吾其可如何哉？

嗟乎！天下之務，國家之故，懋權念之熟矣，而未及究也。間嘗歸而治其文辭，不求工，意獨好爲聲詩耳，又非其急也，直土苴畜之耳。吾欲就君家伯氏、叔氏問訊遺笥，揚榷而表章之，不足以昭懋權，是吾之所痛也；吾欲省覽生平之言，勉砥素心，償其未究，又能薄，不足以稱懋權，是吾之所懼也。懋權何以圖之？

嗟乎懋權足下！吾生長蘆菰中，習氣深重，惟足下是賴，足下誠弗我替，一降一陟，在帝左右，吾尚有望也。吾昔者稍修詩書之緒，每遇古之高賢偉士，輒掩卷太息，仰摩俯擬，庶幾想見其爲人。久之，恍然若有遇也，思若有啓也，行若有掖也，何況懋權乎？

蓋嘗聯軫而游，接袂而語，握手促膝，委輸肝膽，揭日月而薄山河者哉！其忘之也，爰奉尺素，薦諸几筵，足下其聽之，且爲我語國徵焉。

再哭魏懋權文

維萬曆十有三年，魏懋權先生卒，其友顧憲成既從其兄光禄君薦之尺一矣。越一年，憲成戒裝而北，顧瞻燕、趙之間，黯黯欲墮，遂迂道而趨南樂，上懋權巵酒，灑淚而告之曰：

憶昔予之謝病而南也，謄書邀足下會於清源之上，至荆門而始成别。當是時，晝則聯席，夜則聯衾，促膝把臂，靡所不竭，何其歡也！今者予再來而足下已矣。天乎！天乎！何其痛也！

當是時，足下謂予曰：「吾儕嘐嘐自負，所覩天下之事，不當於心，一正人退，一佞人進，意氣勃發，輒欲攘臂而起，請尚方之劍而後愉快，是不廣也。於是乃遂入山求深，入林求密，獨寐獨寤，寂然不復問人間馬牛，又無奈其嘐嘐者何？子以爲奚而可？」予笑不答。已，訪孟司馬我疆，[一]論學兩日夜，津津不休。余謂足下曰：「得此入手，何所不可？何取何舍？」足下亦笑不答。蓋其際微矣，不虞足下之遽然以逝

[一]「我疆」，底本及諸校本均作「我彊」，據小心齋劄記、顧端文公年譜等改，常提及「孟我疆」。

也。嗚呼已矣！

今者予且登足下之堂，憑足下之几，弔足下之靈。進而謁於太公，穆穆落落，嗟足下之所以爲子；坐對伯氏，侃侃之氣，隱見眉睫，嗟足下之所以爲弟；問訊季氏，方奉三尺活人河、洛間，嗟足下之所以爲兄；次第見二子戚而莊，敦固而多奇，嗟足下之所以爲父；周行環堵，秋草一庭，嗟足下之所以爲家；出門長叫，徬徨四顧，白雲亂流，落日將半，退而檢其囊，得故上申相國書及論救周别駕遺草，嗟足下之所以爲國。又得贈予一詩，中有曰：「要憐天下顧叔子，不爲人間吏部郎。」倚梧而思之，寸心欲碎，萬象俱失，不復能自持，嗟足下之所以爲友。嗚呼！足下已矣，予亦哭足下而去矣。

荆門在此，清源在彼。爾我之言，實共聞之。昔何以南？今何以北？日月不停，往來如昨，其誰能堪？即予敢替懋權，有如兹水。

嗚呼！尚享！

祭王澤山太親翁及陳太親姆文

嗚呼哀哉！不肖從令子伯氏、仲氏遊，猶兄弟也。其視吾翁猶父也，其視太姆猶母也。不肖往於歲丙子哭吾父矣，昨者歲己丑又哭吾母矣，今又哭翁哭太姆耶！

嗚呼！不肖嘗侍翁，竊見樸乎其容也，坦乎其言也，廓乎其衷也，有古長者之遺焉。蓋與吾父絶類，比小女歸翁家，爲翁冢孫婦，還而稱述太姆之懿，又種種不減吾母也，而今俱已矣。令子顧影自憐，且以憐不肖；不肖顧影自憐，且以憐令子。茫茫天壤，俯仰俱失，其忍哭翁哭太姆耶？雖然，不肖更有傷焉，不肖之失吾父也幾何時矣？前乎翁十五載於斯矣。不肖之失吾母也幾何時矣？前乎太姆一載於斯矣。均覆均載，何厚何薄？均怙均恃，何延何促？此不肖之所以更有傷也。傷吾父之不得爲翁，吾母之不得爲太姆也。乃令子猶然以淹在青衿爲恨，何也？

嗚呼！始不肖從事鉛槧，吾父日惟求師求友，爲汲汲羔雁玄纁，不惜稱貸以奉吾母。主中饋，朝夕供具惟謹，最勞瘁也。已，幸而舉於鄉，而吾父已矣。已，成一第，碌碌風塵，又無能左右承吾母歡，中間僅僅請告三載，又大半奪於酬酢。尋奉譴而還半載耳，而吾母已矣。乃令子少成若性，不教而閑，翁與太姆雍雍而坐觀其進，今即偃蹇諸生間乎？却得時時膝下宛轉周旋，究舞斑之樂。天性，内也；功名，外也。古人不以三公易一日，此耳。此不肖之所以益有傷也。傷不肖之不得爲令子也，其忍哭翁哭太姆耶？

涇泉可烹，涇蘋可摘。顧瞻几筵，萬感紛結。有懷欲摧，有言欲咽。神其鑒兹，庶幾我即。尚享！

祭中丞魏見泉先生

嗚呼！先生古之遺直也。嗚呼！先生古之遺潔也。如其道也，如其義也，斧鉞在前弗避也，鼎鑊在後弗駭也；非其道也，非其義也，千駟萬鍾弗視也，一介弗取也。是故爲司理則真司理，非若夫人之司理而已也者；爲直指則真直指，非若夫人之直指而已也者；爲中丞則真中丞，非若夫人之中丞而已也者。可謂巍巍堂堂，磊磊落落，宇宙間偉丈夫矣！惟我皇上之遇先生也，亦若異然，始而被謫，於時格未敢望，旦夕還也，無何而遂不次擢用，使先生得進而畢其忠；繼而出塡三晉，念太公老，乞歸，於時格未敢望，旦夕允也，無何而遂有俞命，使先生得退而畢其孝。嗚呼！此天也，非人之所能爲也。語云：「無欲之至，可動鬼神；至誠之極，可格天地。」先生當之矣。是故先生之生也，海内士無問識與不識，莫不仰而望焉，非若夫人之徒然生而已也者；先生之死也，海内士無問識與不識，莫不相顧吁嗟而流涕焉，非若夫人之徒然死而已也者。信可謂巍巍堂堂，磊磊落落，宇宙間偉丈夫矣！先生復何憾哉！

獨計先生一腔憂國憂民之心，耿耿未有已時，兹行晤崑溟、雲門兩先生，不知何以相慰？

憲等辱公家金玉道義之好，違兩先生且二十餘年，用之無補於行，舍之無補於藏，儻兩先生問及，又不知何以爲憲等解也？相望千里，欲即無從，聊寄一巵，薦我素衷。先生有靈，上之所以周旋帝側，下之所以擁衛蒼黎，中之所以夾持我二三友，生者豈其忘之哉！豈其忘之哉！

嗚呼！尚享！

祭龍崗施老師

嗚呼傷哉！夫何奪吾師之亟也？雖然，天之奪吾師，不惟見於今，而已見於昔；其奪之也，不惟在於天，而又在於人，固有從而予之者矣。得其細而不察其大，覩其顯而不核其微，是亦與於奪者也。當吾師之守毘陵也，無以異於黄氏之潁川，龔氏之渤海也，其心思無所不暨，而其惻怛愷悌無所不入。訟者至折以片言，輒歡然解散。庭中嘗虛，已乃築室而造士焉，士莫不洗濯志慮，求麗於昭明曰：「是真能成我者也。」爲之民者莫不曰：「真能生我者也。」於是擢東粵兵憲以行，又莫不相與咨嗟嘆息曰：「是奈何其驟去我也？」無何而難作矣。故曰：「天之奪吾師也，不惟見於今，而已見於昔。」

且方其難作始，不過獲戾於一人而已，莫不能知其誣也。士訟於庠，農訟於野，商訟於市，旅訟於途，莫不能言其誣也，而當路者業有成心，逆捍不聽。或曰：「夫有所受之矣，可若何？」相與掇拾浮僞，剥亂本實而難成矣，故曰「其奪之也，不惟在於天，而又在於人」。今夫世之知吾師者，其指可覼也，曰：「是何才而敏也？」又曰：「其好士也不遂，吐哺握髮矣，何其大也！」愚以爲此其昭然者耳，吾師禔身廉潔，一介不苟，而特不好爲皎皎，嘗語所知者曰：「人言毘陵故沃郡，乃不能令吾囊之不枵然者何？」

又，吾師洵好士，要以其暇及之耳。其所最注意無如民，其所最功德至於今隆積而不墜者，亦無如民也。若夫顒顒焉而語才則遺操，顒顒焉而語士則遺民，固已昧矣。而況於今之時，其瑣而無能者，類飾爲小廉，曲謹以干大利；其健而有力者，往往競於奇，見能於刀筆之間而弁髦詩書，以爲吾不欲借興賢育材博名高也。時趣如彼，其知吾師者如此，適足以相戾耳，故曰：「得其細而不察其大，覼其顯而未核其微，是亦與於奪者也。」嗚呼！吾師其遂賫志以没矣乎？

雖然毘陵即東南一彈丸之壤，而其中林林總總，不知幾何，率家尸户祝，飯食必禱。吾師即中道齟齬，不克究其施設，而嗣賢翩翩有文。一日奮而翱翔，所以光大吾師之緒未艾也，亦足快矣！獨憲等辱在吾師，誼兼生成，乃吾師之存也，既不能明目張膽，白見冤狀，揭之日月之下，及其一旦而溘然也，又不能走千里，酌卮酒，以薦几筵，伸無涯之感，進而有慚於欒生，退而有慚於孺子，其何以謝吾師也？吾師誠不我忘，庶幾乘翔風，軼飛雲，時上下於六龍之墟，使憲等憑而見之乎？不惟憲等，其亦使林林總總者得憑而見之乎？

嗚呼！尚享！

祭唐完初太史①

嗚呼！傷哉我完初也！不肖所願於完初者千萬，而胡遽至此也？不肖故椎魯無似，少而求友於一鄉，其人可指數也；壯而求友於四方，其人可指數也，寥寥耳。一見足下，欣然投合，足下亦弗我鄙也，勤而撫之。癸未之歲，遂以子與沐壻焉，道誼之

① 此篇底本、四庫本、光緒本均無，據崇禎本卷十八補。

好，肺腑之契，自以爲千古鮮並也。即有論説，每遇足下，未嘗不傾瀝底裏，上下其可否也，即有非僻之干、不祥之萌，每念足下，未嘗不瞿然起、悚然動、泯然而逆消也。不肖一以爲繩墨，一以爲藥石，而胡遽至此也？是予之戚也，非徒然也。

荆川先生上遡洙、泗，下泳濂、洛，中漸河、汾，三尺孺子，莫不喁喁景慕，想望風采，而足下爲之孫；凝菴先生克世厥美，豪賢長者，莫不竭蹷而奉奔走，而足下爲之子。以纘以述，以覲以揚，無涯之烈，於是乎在，而胡遽至此也？是君家之戚也。

非徒然也，足下恂恂退讓，若不勝衣而志參明聖，言視規，行視矩，凛不越尺寸，而神越六合。仁義之宫，詩書之府，禮樂之囿，幽閒澹泊，無所不快於意。而目蒿生民，爲名茂才，爲名孝廉，爲名太史，餘光未耀，足以照映人群。而胸含丘壑，然則其出如雨，萬物滋焉；其處如雲，萬物藏焉，而胡遽至此也？是天下之戚也。

傷哉我完初也！抑聞諸足下，故不傷也，當其病革，過者驚悼，語者咨嗟，凝菴先生暨太夫人亦相對泣也，足下笑曰：「生死等耳，吾不知孰勝，又奚惑焉？」嗒然而逝。

嗚呼！生死亦大矣，苟非有得於道，雖夫蓋世之才，兼人之辨，拔山之力，充棟之學，到此之際，不覺手足俱露，足下年僅三十有二而從容，乃爾近顔德矣。天假之日，其所究竟，孰得而測之，此不肖所以益爲足下傷也。

嗚呼！白日如故，青山不趨，彼一時也；登君之堂，接君之容，聆君之誨，此一時也。登君之堂，杳乎其莫可接矣，寥乎其莫可聆矣，足下其遂予棄乎？雖然足下固有不死者在也，其庶幾予鑒予格予歆乎？」

顧憲成全集卷六十六

涇皋藏稿二十一

事狀壽序

先贈公南野府君行狀

嗚呼傷哉！我家大人之逝也，不肖孤等自惟積戾弘深及於大，[一]故日煢煢在疚，無所愬語。罔極之謂何？而曾不得伸一朝之養。竭力之謂何？而曾不得如五尺之童。方尺之履，猶然相從以殉，若復湮墜懿美，薄諸草萊，無能徼寵靈於賢豪長者之

[一]「弘深」，四庫本避清高宗弘曆諱改作「重深」，光緒本則「弘」字缺筆。

側，以照臨其泉壤，是不肖不復得數於人子也。於是不肖孤奉伯兄、仲兄之命，抆淚而狀曰：

嗚呼！家大人姓顧，諱學，字文博，南野其别號也。顧之先，爲棘道之石紐鄉人。至宋，而將仕郎百七者遷邑之上舍里，十餘傳而爲處士公夔，娶於朱，實生家大人。

家大人生而倜儻負氣，不耐博士家言，獨遊於諸稗家，喜羅氏水滸傳，曰：「即不典，慷慨多偉男子風，可寄憤濁世。」又喜南華莊子，曰：「即不經，瀟灑自在，不受人間世諸約束，孔、孟之後，固應有此。」居閒與客論天下事，往往抗手掀髯長太息，里人壯之，推爲亭長，屬其耆老子弟，約曰：「舊日之事，衆爲政；新日之事，我爲政。不然，我無愛乎一亭長，其舍我。」衆曰：「可哉！」稍稍來白事，一切據理曲直之，亭中稱平。有携豕酒爲壽，則謝曰：「是區區者，而以爲余伐魯仲連，直應尸而祝之矣。」去之，人益附。

會里人爲邑長吏輸税，遂偕里人北遊天子都，見宫闕之美，官司之富，欣然曰：「可以廛矣。」已而曰：「吾不可使壠上之木，北向而懷我也。」乃歸。日黯然不樂，不問家人生産，逋累累集，其附家大人者曲周之。

家大人以爲醜，即日告諸墓，傾其産輸之所匄貸，家徙涇水之上居焉。居甚陋，風雨至，輒犯於寢帷。日一糜，夜一蓐，行道之人相呼，爾汝兄弟無知者，已試爲酒人、豆人、飴人、染人，漸能自衣食。環而居者，睥睨之齮齕，百端莫可難也。宵而謀諸室，聲發於甍，瓦躍，家大人寤驚，獲免。違而至於石村三年，産落無所存，家大人不勝憤，猛然欲有以自震於世，曰：「由此廢，必由此興，奈之何？」

其避人也，再徙涇，僦廛而市，平物價，一權度，廓然不較贏詘。出片言，婦人孺子皆信之，市道驟行。是時也，方數十里間，其有財者，公知家大人無一廛之産，輒懷金踵門而貸之，惟恐其不諾；其貧者，公知家大人無一錢可以貸人，至緩急有無，不求諸富人，而求諸家大人。家大人亦自知無一錢可以貸人，至人有求，輒挺身任之，不以無爲解。嘗曰：「多財而後能幹，究竟騃孺子耳。」其貸於人也，即其人倉卒亡，妻子有所不知，未嘗不息之，而歸其妻子；而貸人也，即其人負我，旁觀者皆有所不厭，而求之未嘗不應。以故義聲流動，家大人遂隱然望於鄉云。里傭有壯而無室者，所得力錢，純費於酒食，家大人甚恨，責其人令輸力錢歲爲息而與之室，里中幾無曠傭。

有逸金於肆之西偏，標而構逸者之名氏，得姑蘇跛人，召而歸之。他日，來市投三十金，退而發金羨者半，亦召而歸之。

洪人糴，既按價而輸之粟矣。越五日，粟價頓衰。家大人愀然，爲貶其價，徵洪人於塗而返金焉。

張氏兒有積逋於我，積不償，一二怨家弱視而强食之，不能禦，大鬻其産，密懷直而屬諸家大人，事解而徵，屬如徵而與。蓋張氏兒至今德家大人，每遇人數其事，輒欷歔而欲涕也。

或售其土田，未幾，售者欲謀而據之，詭辭以訟，弗克。家大人還而謂之曰：「爾何計之不精，爲此屑屑也？爾素號壯士，必欲得此者，其以膝與我售者。」跪而請遽返之，不復言直。

不肖等就學歲，延經師而教之，所事之禮最虔，即富貴人以爲不及。歲庚午，不肖補邑諸生。癸酉，弟允成補郡諸生，家大人戒曰：「孺子故少戇，脱令汝一旦儼然富且貴哉？驕大之色，當不能侵汝，吾何所患之？患汝從市井學象恭歸耳。夫象恭之壞人心也，比之驕甚矣，孺子無然！」

福清施公龍崗守吾常，闢龍城書院，選五邑士而課之，不肖與弟並遊其中。臨川周公念庭令吾錫，數進不肖。時弟方垂髫，試之，奇其才。有客從涇西來，裝百金，造家大人所而行囑焉，怒曰：「若賈我，又賈我孺子哉？我誠不慚於壟斷，何至向有司爲市，而以孔、孟貨三尺法也？」他日，有武陵客主於蒼頭奴家，欲因之以干家大人，蒼頭奴爲誦説前事，客愕然曰：「人言果矣。」逡巡而退。兩公聞其事，並賢之。周公又廉知其素，欲爲登名於義籍而置禮焉。吏胥陰以告，家大人呼不肖謂曰：「我賈人何短長於世？刑賞之所不得及也。今以孺子故，俾我姓名馳入於有司之庭，固已陋矣，將又竊孺子之餘艷，以驚耀里閈，其何顔見吴、越之士？必不可。」立遣不肖辭諸公，公愈賢之。已而，公知家大人故貧時有賜於不肖，家大人曰：「異哉！公恩澤滿四境，而勺泉不入於釜，獨奈何我以孺子故侵賢父母乎？」又遣不肖辭諸公，公愈不可，愈大賢之。

歲丙子，不肖與弟偕試留都，不肖有名，家大人間有憂色，始不肖之兩試而兩廢也，有喜色。不肖問曰：「大人何昔之喜而今之憂也？」曰：「吾聞士可以貧賤激也，激則耻，耻則憂，憂則動心忍性，長其不能，孺子挾策而試，有司以爲不才而廢之，孺子憂矣，老人安得不喜？今以一書生驟然爲東南最，閭閻之人盛容色而矜道之，所謂晝錦也，孺子喜矣，老人安得不憂？」不肖竦然起，對曰：「兒也謹受命矣。」

居無何，疾病，不肖等亟問醫家，家大人曰：「年之短長，譬如鳧鶴之脛，然不可改也。夫扁鵲、倉公至今存乎？吾無所醫矣。」不肖等泣，而請家大人不禁，及醫來，以藥進，不服也。里人聞其病也，人卜而人禱，競來視於寢，有泣失聲，家大人笑遣之。已而，病大漸，乃語不肖曰：「孺子其知之乎？予流徙之民也，長汝四男子，蒸嘗無殄，其庸多矣，願孺子孝弟力田，多行仁義。」且曰：「予家世屢空，人之無禮於予者衆，孺子苟得志，無修怨也。」言訖坐而起，命不肖等櫛手，自洮頮，理襟帶，談笑自若，明明不亂，可一二時而逝。

嗚呼傷哉！家大人廣額豐眉，巨目隆準，美鬚髯，吐聲如鐘。生平守甚介而意甚闊。與人交，肝膈肺腑，一視立見，意有所蓄，如噎物，必吐之而後已。或私焉戒曰：「勿泄也。」竟泄，人以爲尤，家大人不悔，久之知其無他腸，更厚遇之。對人眉目灑然，終日不能造出一佞辭。遇有不善，必變色而戒焉，凜凜不少假。

行里中，狼籍少年皆走匿，疾爲老氏、釋氏之言者，曰：「二氏與孔氏抗而爲三，必人傑也。」因令其徒倚爲糊口計哉！晚年讀閩人龍江林氏三教會編，大悦，自是排擯二氏，必援以爲證，尤疾巫祝人。有癘人爲淫鬼，所憑能言人災祥，趨而叩者，趾交錯於道，家大人曰：「有是乎？我其試哉！」往詢之，自晨迄於昏，噤不答。明日，而癘人復人語，里人病，多媚於神。家大人過必訶之曰：「夫神也，而向人間索賂哉？可賂當無踰萬乘之王，千乘之侯，何賴於汝矣？」里媪多事佛，最者持胎戒，春秋之祀不以犧牲，家大人曰：「何也？」曰：「懼傷物也。」曰：「若不穀食耶？夫禽獸草木無之而非物也，血食則傷禽獸之生，穀食則傷草木之生，若懼傷之二者，何擇矣？」人服其論。

嘗自謂曰：「吾有二癖，惡酒而喜事。」其説曰：「吾聞天、地、人名爲三才。才者，勇往力行之謂也，有如飽食而無爲，其亦不才也已矣。吾聞禹無間然之聖也，洪水之興，宇宙爲壑，禹不畏而獨畏酒。赫赫夏、商，没入於酒池之中，莫之援也，矧於匹夫，其敢犯之？吾寧見嗤於竹林豪矣。」故家大人徙涇三十餘年，門無酗客。有觴之者謝不赴，未嘗爲客於樽俎之前。間强起之，當之奇遇。其在三十餘年中，髮不暇握，食不暇哺，汲汲有所事，則益健有力，爲之加飯。稍暇即言疲，事至則又爽然起，神躍於毛骨之間。

性孝弟，當先王父之困於貧也，叔父數纔六歲即寄食於邑朱家。頃之，邑朱家覆，叔父莫可倚，家大人又適遊燕，不聞也。歸而失叔父所，大駭，奔覓之累日，遇於邑之南廓，相持哭，遂携歸，衣以其衣，食以其食。叔父感勵自奮，克有樹立。家大人病，叔父與其四子宵衣而侍，家大人復人給之田，顧謂曰：「惜爾伯涼薄，無以厚汝也。」嗚呼！亦足以觀矣。

家大人生於正德丙子正月初九日，卒於萬曆丙子十月十二日，年六十有一。

竊念家大人者，儻可謂之能自震者矣。非有一關一柝之寄，而能代人之憂；非有升斗之儲於家，而能急人之急；非有移風易俗之任，而能折人之邪；非有尋章摘句，多聞多見之學，而擬是非，策成敗，動中乎詩書；非有沾沾煦煦之術，可以悦人要譽於井里鄉黨。而及其逝也，皆爲搤腕而嘆，閔然有不平之色，問諸古人，當必有似者焉。特其生於粗僻之鄉，長於賈，老於布衣，其知之者不過饑寒困窮之人，即有口舌碑，何足以當天下後世之輕重？而諸孤又多凉德，救過不遑，何足以恢張我大人之懿美，播之子孫？是用戰慄危懼，日夜悼心，伏惟先生挾四海九州之望，掌萬物之是非，蓄仁人之德惠，幸收其什一而旌之，俾我家大人憑藉休明，世世有辭焉，則豈惟孤等實受嘉貺？其將仕公而下，與有榮施矣。謹狀。

母氏錢太安人六十徵言

蓋母氏生十有九歲而歸我先君，業不得逮先大父矣，而其事先大母，微婉有則。先大母性甚莊，又欲試母氏才，往往故以意求多焉，母氏有方曲事之，自唯喏而上，靡不如先大母之指者。家故貧，悉具篋中裝以爲供具。嘗一日大匱，先大母日昃不克飯，母氏損帷而易粟，從鄰婦摘蔬數莖，自吸其乳而劑之以進，先大母甘之，竟不知其所自也。居恒謂先君是不獨有婦，才進於德矣，先君念不得恢於詩書，以爲男子有事四方，奈何浮沉井里，間自頹廢。母氏知之，從容謂曰：「我在，君奚他虞？始吾請供爲婦也，今也請供爲子也，惟君所之耳。」先君遂慨然請行，凡再歷寒暑，先大母若不知先君之不在側也。而屬先大母病，則先君心動疾馳歸。久之，先大母即世。母氏摧毀不勝，遂得心疾，迄今不有瘳，里人難之。

已，先君益貧，遷涇里之上，隱市賣漿，家所居蔭一壁，煬一竈，人不堪其憂，母氏安焉，而時時目憲輩孺子識之。性警敏，閑於大義。御憲輩甚慈，而又甚肅，有不稱，不忍加而譙讓也。第終日默不與言，比其改也，而後復曰：「是而大母之教也，吾不敢墜。」迨憲與弟允后先舉於鄉，益加肅曰：「庶幾其免於墮乎？」素不習書，顧嗜書，聞憲輩誦聲，輒端坐以聽，移時乃已。間則令立左右，擇其有關於閫德者遞誦一章，先伯兄性、仲兄自，又次憲，與弟允，誦訖，復令解説所以，以是爲歡。

里媪有事佛者，時時前爲佛家言，母氏嘆曰：「固也。雖然，與夫子之言不類。」亦曰：「與吾孺子之言不類。」卒謝去，其識如此。

今年六十矣，而憲幸舉南宮，隸官司農氏。欲請歸，薦一觴爲壽，母氏亟賜命曰：「而忘而父之志乎？吾事而父且四十年，見而父每值其生之日，輒於邑不食，曰：『天乎，生我鞠我，今何在矣？』」及其年六十也，猶是志也。吾又聞君臣之大也，孺子始委質而驟言：「私不可，且而父常有慕乎燕，一再遊其間矣。成，而父者孺子。」

雖然，憲欲越三千里而自致於堂下者，終不可以已，惟是先君之志昭昭也，又不可以蔽，端意以思，不獲其處，庶幾先生長者，儼然有賜言焉，其施大矣。

母姓錢，外祖曰愛月公，有隱操。

奉祝伯兄伯嫂雙壽六十序

萬曆庚子，予伯兄居然六十太平矣，而伯嫂陸孺人偕焉。里中父老翩翩相率携巵酒而過之，美伯兄之仁讓，暨伯嫂之懿和甚具。仲兄謂弟憲成曰：「外德備矣，其於内德，猶有待也，弟盍言乎？」憲成對曰：「是弟之責也。」

憶昔吾父吾母，自上舍遷涇里，拮据生理，至艱辛矣，乃伯兄故敏慧，甫就塾，輒日進數行。稍長，從故茂才嚴横塘先生受業，課之文，斐然有章，先生異之，吾父吾母喜見於色。一日，伯兄忽跽而請曰：「兒也儒誠善，惟是大人勞矣，兒優游章句乎？請代大人息肩。」吾父壯而許之。已而，伯嫂來歸，則中饋之事，吾母亦一切倚辦焉。伯嫂承顔順志，怡然無忤，是幹蠱之勤也。

仲兄與予及季弟，次第授書，吾父曰：「孺子庶幾其有尺寸樹乎？」值仲兄善病，所以督予及季弟兩人倍切，隆師惇友，不惜假貸以赴之。二三親交相謂曰：「羔雁、玄纁、累費在耳目之前，龍虎、風雲、功名在歲月之後。奈何强其不堪而希其不必也？」伯兄、伯嫂咸笑而却之坦焉。居己於瘁，而予輩則享其安澹焉；居己於菲，而予輩則茹其厚用，得專心致志，無他撓惑。是友於之愛也。

當是時，伯兄、伯嫂實柄家政，出入盈縮，悉其綜之，恒情於此，其孰能不波？乃伯兄自一錢而上，悉登諸公焉，無以有己；伯嫂自一絲而上，悉禀諸公焉，無以有己，是一體之公也。仲兄遇事能斷，伯兄有所疑，輒就而謀焉，其可其否，往往舍己而從之不吝。予與季弟後先成進士，伯兄若固有之，毫不以加於人。又矜煢恤困，天性也，每遇夏秋二收，即有年，額顰而稱佃人之艱不求盈，[一]有所推移不求遂，甚者并其

[一]「額顰」，底本作「毀顰」，四庫本作「數顰」，據崇禎本、光緒本改。

本而負之，亦不問。年來食指漸繁，入不副出，往往假貸以充，行之自若不爲悔。伯嫂益以博大佐之，闔闠堂廡，門楣閭巷，盎然慈覆。予之得以進而安於朝，退而安於野，伊誰之錫？是及物之恕也。

語曰：「仁者壽。」夫勤以幹蠱，仁之則也；愛以友於，仁之施也；公以一體，仁之度也；恕以及物，仁之徵也。有此四美，壽不亦宜乎？仲兄曰：「善，請誦弟之言，以爲伯兄伯嫂觴。」季弟曰：「善，請誦兄之言，以爲伯兄伯嫂觴。」伯兄聞之，愀然顧伯嫂而言曰：「夫吾兩人，何以得有今日哉？則吾父吾母之賜也。吾父汲汲皇皇，終其身不得一日之暇；吾母幸而望七，又未嘗一日去藥石左右也，吾父吾母安在哉？而吾兩人晏然有此也。」言未訖，淚承睫而下。仲兄與予及季弟相對黯然，意不能自禁。稍間，予復進而言曰：「凡父母之愛其子也，甚於子之愛父母。吾父母昭昭在上，見吾兄吾嫂之履茲辰也，有不欣然樂乎？曰『猶吾在也』。人有恒言『長兄如父，長嫂如母』，予兄弟之得事吾兄吾嫂也，其亦依然吾父吾母之猶在也。」伯兄默不答，良久曰：「是則然竟亦何以舒吾情？」於是偕伯嫂肅衣冠拜吾父吾母祠下，手觴而顧者，三而後還，而次第受仲兄與予憲及季弟之觴。

鄉飲介大兄涇田先生行狀

嗚呼傷哉！吾兄乎！吾兄乎！已矣！不可復作矣！日居月諸，倏忽四更曆矣！諸孤卜得歲之十一月十九日，扶葬涇西阡，於吾父吾母乎依，將圖不朽於當世。立言大君子偕過予，屬予爲狀。相對流涕覆面，不能出一語，各罷去。

嗚呼！吾何忍狀吾兄哉！已而曰：「非吾其誰悉吾兄者？」宜狀。則又曰：「吾兄仁心爲質，胞與爲公。家庭之所習見，依然在目也；里巷之所流傳，昭然在耳也。若之何其委諸草莽？」又宜狀。謹次第而列之篇。

吾顧之先，於吴爲著姓，遭元末之亂，逸其譜，莫能詳。相傳自宋將仕郎百七府君實始家錫之上舍里，世業耕讀，以高貲雄里中，好行其德。三傳有諱廷秀者，益增修而光大之，鄉人至今相與誦説不衰。越我高大父如月府君，諱麟，以孝友稱。曾大父友竹府君，諱緯，邑諸生，生平無他嗜，獨嗜書。家坐是廢，蕭然四壁，不爲意也。大父侍竹府君，諱夔，淳謹自好，不幸早世，得年僅四十五，娶大母朱孺人，是生吾父贈承德郎户部主事南野府君，諱學，字文博，再遷涇里，家焉。忠信直亮，環數里内外，兒童婦女皆能道之。卒之日，里爲罷市。娶吾母錢太安人，能以恭儉佐吾父，白首相莊，稱合德云。生五子，[一]兄其長也，諱性成，字伯時，號涇田。兄生而通敏，六歲就塾師，受句讀，朗朗數行下。稍長，善屬對。

已而，從里中嚴茂才横塘先生習舉子文，落筆斐然，甚見賞異。時吾父方轉徙石村，意不樂，復還涇里，家徒四壁，寄身屠沽。兄一日構「事父母能竭其力」題，苦思不就，喟然嘆曰：「吾不能行之，安能言之？」歸而請於吾父曰：「大人勞矣，兒優游筆舌乎？請得代事。」吾父憐其意，許之。於是遂慨然任家督之責，一切拮据，精心果任，不少怠也；而會吾仲兄善病，兄憂之，數言於吾父，延名醫調治，藥籠之需，隨叩隨給，不少惜也；又言於吾父，延名師課予及季弟讀，供事惟虔，至稱貸以充羔雉，不少憚也。或謂：「功名事安可知，而强爲此矻矻？」兄笑而謝之。或又謂：「今日之家子爲政，他日之家衆爲政，盍早自計乎？」又笑而謝之。蓋兄自受家秉以來，一出一入，悉稟諸公，銖寸無私焉。非特無私而已，且於衣服，恒居其敝者，曰：「吾所便也。」於飲食，恒居其菲者，曰：「吾所安也。」而獨於予三人則加腆曰：「是實羸弱，不可以我爲程也。」吾父見而喜，以語吾母，交相慶也。及予與季弟後先成進士，人情於

[一]「五」，底本及諸校本均作「四」，據涇皋藏稿卷二十二先弟季時述改。

此，孰不冀有發舒，以明得意？而兄謹約如故，無改。惟是念吾父之壽僅踰六而遽見背也，念吾母之壽僅望七而復見背也。誠痛之深，悲之切，方在苫次，朝夕皇皇不少解也。迨既襄事，每上冢俯伏哭泣盡哀，至於老，不少衰也。路人聞之，莫不感動，以爲有終身之慕焉。

又念吾父居恒喜稱范文正之爲人語及義田一事，尤津津不啻口出，如將步之趨之然者，竟限於力不果。及吾父卒，吾母擬以所遺田三百餘畝分受予兄弟四人，遂偕予仲兄，請曰：「兒輩俱已長大，得自生活，願以此爲贍族之資，何如？」吾母大喜曰：「此爾父之志也。」於是每歲以春秋二時差其等而分給之。其不能婚不能葬者，亦各量有助焉。惟是所入常不足，以充所出；所施常不足，以滿所願，則又時時欿然不自得也。

其於人也，老者尊之，少者撫之，賢於我者下之，不如我者矜之，强弗友者容之。有以緩急告，必委曲爲濟，無或拒也。其人能償，聽之；不能，亦聽之。即不能而又以請，又應之如初，無或厭也。坐是産日削，逋且累累起矣，無或悔也。有以田産售，直必從優，如係親暱，越數收便令取贖。即力不能，預歸其産，令以漸而償，無或吝也。至其一念惻怛，與民同患，尤有異焉。見饑者則爲之憂無食，見凍者則爲之憂無衣。當東作時雨，稍慳，則爲之憂旱；稍溢，則爲之憂潦，幸而免矣。及西成時，又爲之憂，曰：「終歲勤動，得一飽乎？公私之逋，得相抵乎？」其於佃人，數叮嚀主者曰：「無求足，無求精，毋拘拘常額，耕者不食，食者不耕，可念也。」嘗有佃積逋不償，蒼頭以告，且曰：「歲行盡矣，無可待矣。」兄不答。至除夕，遽遣人貽之粟二方，錢百文。蒼頭訝而問之，兄又不答。復曰：「是且誨逋，將人人相率而效尤，明冬庭可羅雀矣。」兄卒不答。予猶記歲在戊子、己丑間，連值大祲，兄檢篋中，得券數紙，一一手自裂之，曰：「當此朝不饔，夕不飧，無令渠輩胸中猶有這些子在也。」又記一日，遇公差繫一人於舟，時嚴寒深雪，視其色，郎當甚，而且甚饑。詢之，則以官逋二金故，兄惻然曰：「是不凍死，必饑死，不然亦必中傷寒死矣，奈何以些須喪人一命？」因出酒勞公差，令釋之，且啖之以糜，入而括二金代完厥逋，竟不問其姓名也。久之，其人率妻子携一榼來謝，仰天數十叩首而去。一日家被火，召匠者修治，時值農冗，無不欲竟此而後朝食。適市有許姓者，於藥肆中鋸木，忽倒其廊，徬徨無奈，兄聞之動色，遽停工，令與許修治。各役感兄之義，踴躍争赴，不日而工竣矣。其急於爲人，類如此。

里有争率就質於兄，兄爲悉心排解，或不從，徐徐爲設酒食勸諭之。間有事屬兩難，或已聞諸官，輒陰損貲調停於中，卒歡然請罷。往往既罷，而兩家猶不知其所自，乃或有客緩頰，言某所某人丁某事某當路若叔氏所善也，某有司若季氏所善也，幸借一言居間，請得以不腆，佐觴爲公壽，則驚起曰：「此言何爲？至於我輒掩耳走。」又或左右倉卒，言某所某豪欺我摧辱我，則又笑曰：「此物奚宜至哉，我不能爲汝馬牛也，若無詎我，輒叱去。」而特其性稍卞，遇所不當意，輒徵色發聲，人或有不能堪。少徐之，未嘗不覺也；既覺，未嘗不悔也；既悔，未嘗不自訟也。引罪負咎，刻切迫至，若蹴踖無所容。

非特於儕輩然，即於子弟，亦忘乎己之爲尊行也；非特於子弟然，即於臧獲，亦忘乎己之爲主翁也。温顔款辭，就而相慰，無藏匿，無彌縫，無係吝，無矯飾，曠然如日月之食而更也。仲兄臨事果決，是非可否，無所依阿，兄有疑必就而商焉，往往舍己而從之，不以爲屈，曰：「吾不如仲之斷也。」予與季弟莽莽生計，兄代爲經理，不辭勤渠。數年來見兄精神稍不逮壯，不復敢以煩，亦既各有分主矣。偶有見聞，必就而語焉，曰：「某事當何如，某事當如何。」即與主裁不以爲嫌，曰：「兩弟不如我之悉也。」

始，予官户曹，兄貽書來言曰：「是錢穀之地也，最易膩人，盍慎諸？」予爲之悚然。既而移銓曹，兄又貽書來言曰：「是鏡衡之地也，知人實難，盍勉諸？」予又爲之悚然。及予奉譴而南謝曰：「吾父吾母所望於吾兄弟者何如，而出此言耶？弟負貴人，不負兄也。」及予再還，銓曹復被放，時季弟亦被謫歸矣。兄率之迎，謂予曰：「叔不負季，季不負叔，幸兩兄亦不負叔季。」吾聞「居官者不知有家，方能盡分；居家者不知有官，方能安分」，何意？於今見之，且吾兄弟少相嬉，長相習，壯而相抛也。每夜未嘗不入夢思，兹得聚首一堂，怡怡以老，尚何求乎？

先是，少宰栢潭孫先生官宗伯時，數向予詢兄起居，予具告之。先生嗟賞不去口。比予歸，先生緘一劄寄兄曰：「聊借此以表緇衣之好。」予歸，具冠服而致之兄，兄謝曰：「先生之意美矣，吾不堪也。」請辭。已而邑侯柴父母廉知吾兄，爲旌其門曰「一鄉首善」，則又辭。今邑侯林父母舉鄉飲，則又辭。辭不得，卒不赴也。予詢其故，兄曰：「二弟視世艷若浼，兄視世艷若飴，不亦愧乎？」予聞之，更不覺恍然自失也。

大率吾兄生平於「勢利」二字甚輕，於「天理人情」四字甚重。視其中，滿腔子一副慈悲；按其外，日用間一味方便。而又渾如純如穆如廓如，纖毫無所爲也。是故爲子則不忍咈親之心，爲父則不忍咈子之心，爲兄則不忍咈弟之心，處一家則不忍咈一家之心，處宗族則不忍咈宗族之心，處鄉黨則不忍咈鄉黨之心。至於强者或見以爲懦，智者或見以爲愚，巧者或見以爲拙，達者或見以爲拘，而兄自若也。至於儒我者，或嘗之以梗；愚我者，或嘗之以詐；拙我者，或嘗之以滑；拘我者，或嘗之以偷；而兄自若也。陶彭澤云：「無懷氏之民歟？葛天氏之民歟？」予不敢知，竊以爲列於古之所稱長者，庶幾其無愧也已矣。

兄生於嘉靖辛丑年七月十一日，卒于萬曆乙巳年正月十三日，得年六十五歲。娶陸氏，處士雲泉公女。

子六人：曰與淑，邑庠生，娶黄氏，承隱公女；曰與滌，國子生，娶李氏，邑庠生養沖公女，繼娶邵氏，國子生寓寰公女；曰與渥，邑庠生，初育於仲兄，既而歸，娶陳氏，敬淳公女，繼娶朱氏，瑶琴公女；曰與浚，邑庠生，娶華氏，原隆公女；曰與溉，國子生，則吾弟季時所育而子之者也，俱陸孺人出。曰與滋，娶夏氏，金吾恒所公女，側室康氏出。

女三人：一議郡庠生混塵秦公子坊；一育於與滌，議慕劬倪公子德沾；一育於與淑，議邑庠生澹衷黄公子某，殤。俱側室康氏出。

孫男六人：與淑出者四，曰椹，娶黄氏，邑庠生覲斗公女；曰棣，聘朱氏，九臺公女；曰檻，聘黄氏，逸所公女；曰楷，聘胡氏，我維公女。與渥出者一，曰榴，未聘。與浚出者一，曰橙，聘錢氏，三洲公女，殤。

孫女七人：與滌出者一，未議。與渥出者一，今爲與滌所女，議新吾周公子士及。與浚出者三，一議邑庠生廷俞唐公子道履，二未議。與滋出者二，一爲與淑所女，議國子生三川陸公子立中，一未議。

嗚呼！吾父生我，吾母鞠我，吾兄成我，自惟薄劣，莫能報百一焉。庶幾大人先生憐而賜之一言，吾兄死且不朽，惟憲亦死且不朽，敢九頓以請。

奉壽仲兄涇白先生六十序

萬曆丙午，仲兄適週一甲子，榜於客座曰：「六十而壽，人道之常也。然而在他人則宜，在吾則不宜。一以先伯兄之戚，不忍言壽；一以涼薄之德，不敢言壽；一以懶病之軀，不克承尊親歡而爲壽，敢辭。」予見之，謂弟季時曰：「仲兄爲尊親言耳，此家慶也，吾二人不得以是例，且仲兄之壽，道多矣，亦不得概以是辭也。」

憶昔吾父主家政，伯兄實佐之，備殫心力，迨吾二人治舉子業，師事原洛張先生時，仲兄善病，與藥石爲鄰。一日，言於吾父曰：「兒不能佐吾兄，猶能佐吾弟，請得再理佔畢，[二]以朝夕切偲其間，可乎？」吾父大喜，原洛先生試之文，立就，多奇警，試於郡邑，俱裒然前録。及予成諸生，遂罷去，不復事。客訝之，對曰：「始吾非真有功名想也，爲兩親耳，以爲不得之，弟將得之，我今弟幾得之矣，何必我哉？」至於朝夕切偲，則始終不替焉。吾父益喜，以語吾母，吾母亦喜，曰：「兄弟怡怡，吾老人復何憂！」其宜於吾父吾母有如此者。

比吾父違養，伯兄亦倦於勤矣，仲兄曰：「吾始者佐吾弟，今請佐吾兄。」一切拮据，靡不毅然身任。上者虔祖廟，惇宗盟，下者營堂構，籌出入，井井繩繩，各有條紀。伯兄曰：「微吾弟，吾何以慰吾父也？」吾母多病，仲兄憂焦萬狀，檢方製藥，躬爲劑量，不以委左右。吾母間有不快，宛轉膝下，曲爲寬解，俟其釋而後即安。伯兄曰：「微吾弟，吾何以娛吾母也？」已而吾母見背，後先兩大事並屬仲兄，仲兄盡瘁以將，必誠必信，勿之有悔。伯兄曰：「微吾弟，吾何以妥吾父吾母也？」以至有所疑，必就而商焉；有所行，必分而任焉；有所緩急，必協而濟焉。伯兄曰：「微吾弟，吾何以治吾家也？」其宜於兄有如此者。

[二] 「佔畢」，底本、崇禎本、光緒本均作「佔僤」，據四庫本改。

吾二人相繼得第，二十餘年於斯矣，而仲兄不知有官，未嘗隻字溷公庭也；居無何，相繼獲譴，一紀於斯矣，而仲兄不知無官，未嘗纖毫介於色也。非徒然也，且知吾二人之不諳治生也，而爲之擘畫，知吾二人之羸羸乎其弱也，而爲之調護。邇年，從同邑諸君子修復龜山楊先生東林書院，又知吾二人之亟於求友也，而爲之經理，其相體也以情，其相扶也以義，不出户庭，而獲多助之益，抑何遭逢之幸也。其宜於弟有如此者。

仲兄生平不二色，不華服，不侈味，間嘗集童子數人，習梨園之戲，聊寄意耳，不時御也。少喜豪飲，叔父東野公面呵之，自是遂有節。訓督子侄，必軌於正，無敢以惰，見有不恪，惟恐聞之。待臧獲，外嚴而内恕，有過輒原之，曰：「彼非故也，伎倆有限耳。」不求備也。其宜於家有如此者。

性開爽，不設機械，即有機械之者，冥不應。與人交，脱落形骸，不修苛縟。[二] 驟而遇之，見謂簡傲，久而知其無他也，更歡然信愛。論事是曰是，非曰非，不肯含糊。

[二]「脱落形骸，不修苛縟」，底本、崇禎本、光緒本均作「脱落形骸，不修苛褥」，四庫本作「脱略形骸，不修苛縟」，據文意改。

遇貴不諂，遇富不忮，遇窮乏矜憫周恤無吝也。有叩，量力而應之，無却也。又往往負不償，無責也。遇横逆，能忍無校也。性又喜客，客至，無問識與不識，迎而舍之，即終歲無厭也。其宜於人有如此者。

由此言之，仲兄之壽道多矣。

季時曰：「善！」遂偕過仲兄，爲仲兄誦之，相與捧觴以獻，仲兄曰：「吾不堪也。」已，忽泫然淚下，曰：「父兮生我，母兮鞠我，今安在也？」乃詣先祠再拜，三薦觴焉。又曰：「孔懷兄弟，同氣連枝，今何以爲情也？」乃詣伯兄之几再拜，三薦觴焉。而後退自觴也，亦以觴予二人，曰：「願共砥礪，以保暮齡，以答吾父吾母暨吾兄之靈，無怠。」予二人跽而謝曰：「敢不奉教？」於是諸子侄輩若浹等，次第上觴，仲兄次第受之，而亦次第還授之，曰：「願共砥礪，以赴壯齡，以答爾祖爾父爾伯爾叔之勤，無怠。」諸子侄咸拜而謝曰：「敢不奉教？」予視季時，語曰：「仲兄非特壽道多也，所以居壽亦有道矣。吾始以爲是家慶也，今觀仲兄之所以居壽，實家範也。安而能思，樂而能儆，天之祚我仲兄，曷可量哉！曷可量哉！」

顧憲成全集卷六十七

涇皋藏稿二十二

述

先弟季時述

嗟嗟！吾弟棄我而去，忽驚周歲矣！音容宛如，渺不可即，索居無賴，追念生平，時拈片紙書之，彌增人琴之感，不能詳也，聊存影響，無失本來面目云爾。搜揚表揭，寫此全真，尚有望於同好。

吾顧之先，於吴爲著姓，遭元末之亂，失其譜，[二]莫能詳。相傳自宋將仕郎百七府君實始家錫之上舍里，世業耕讀，以高貲雄里中，好行其德。三傳有諱廷秀者，義聲益著，鄉人誦説之，至今不衰。越我高大父如月府君，諱麟，有長者風。曾大父友竹府君，諱緯，邑諸生，以文行，爲時所重。大父侍竹府君，諱夔，淳謹不苟，不幸早逝，得年僅四十有五，娶大母朱孺人，是生吾父贈承德郎、户部主事南野府君，諱學，字文博，再遷涇里，家焉。忠信直亮，環數里内外，兒童婦女皆能道之。卒之日，里爲罷市。娶吾母錢太安人，能以恭儉佐吾父，白首相莊，稱合德云。生五子，長爲予大兄伯時性成，次爲予二兄仲時自成，又次予憲成，又次殤，吾弟則最少子也。

吾弟少敏慧而頗好弄。年十四，從少弦張師習舉子業，師弗善也，以語吾父，吾父曰：「是兒恐非落人下者。」張師曰：「吾亦知之，不激不奮耳。」吾父曰：「善。」遂令更他師，居半歲，忽謂予曰：「弟知過矣，弟知過矣，請歸而稟繩墨。」予大喜，言於張師而復之，衆未肯信。張師曰：「身請任之，無煩諸君慮也。」久之，果如所言，即耆艾宿儒，雅以端方見推者，皆謝不及，予因問弟：「何感而遽如是？」弟曰：「恐傷兩

[二]「失」，涇皋藏稿卷二十一鄉飲介大兄涇田先生行狀作「逸」。

大人心耳。」予曰：「此是做人根子，當與弟共勖之。[一]」

弟爲舉子家言，不甚經思，而簡拔遒勁，自不可及，同里雲浦陳先生一見而奇之。弱冠游郡庠，每試輒冠其曹，如臨川念庭周公、福清龍崗施公、姚江梅墩邵公，俱待以國士，又不獨賞其文也。

原洛張師嘗游毘陵荆川、方山兩先生之間，雅有聞，吾父令予與弟稟業焉。每語輒契，張師曰：「舉子業，未足以竟子。」復帥之見方山薛師，薛師喜，亟呼其兩孫締兄弟之交，而授以考亭淵源録，曰：「洙、泗以下，姚江以上，萃於是矣。異日其無忘老夫也。」兩孫蓋海内所稱大薛純臺、小薛玄臺云。

弟性介，辭受取予，纖毫不苟。癸未，自南宫還。讓里有蔡一懷者，篤行君子也，雅慕重吾弟，屬少弦張師爲介紹，率諸子北面稟業，且欲延致家塾，弟欣然從之。已而致束金，謝曰：「吾庶幾藉是避俗遠囂，收拾身心，不爲不受惠矣。況此君非有力者，其以諸郎見屬，實欲相與切磨於道義，非顓顓爲攻舉子業取青紫計也，吾奈何獨以利言乎？」壬辰，謫光州别駕，當路不欲煩，以事假差歸，曾景默中丞檄所司致俸

[一]「弟」，崇禎本、光緒本同，四庫本作「吾弟」。

薪，辭弗受。及沈太素中丞繼撫中州，復貽予書曰：「此不可以少佐三徑松菊乎？爲寄聲季君，勿拘拘也。」弟曰：「即爾何以謝曾中丞？」屬予力却之，於是歷十四年餘矣，計前後所積，可千金。比吾弟歿，州守璩公復齎二百四十金爲賻，屬邑侯平華林公來，言：「此沈中丞意也，願無煩往返。」兩孤乃以告於几筵而辭焉。

吾弟於身家事儘悠悠，惟是世道人心所係，則寤寐不忘。歲丙戌，赴大廷對策，指切時事，不少諱。其略曰：

臣聞之宋臣蘇軾曰：「天下無事，則公卿之言輕於鴻毛；天下有事，則匹夫之言重於太山。非智有所不能，而明有所不及，緩急之勢異也。方其無事也，雖齊桓之深信其臣，管仲之深得其君，以握手丁寧之間，將死垂絶之言，而不能去其區區之三豎。至其有事且急也，雖以唐代宗之昏庸，程元振之用事，柳伉之賤且疏，而一言以入之，不崇朝而去其腹心之疾，何則？言之於無事之世者，易以改爲，而常患於不及見信；言之於有事之世者，易以見信，而常患於不及改爲。此忠臣志士之所以深悲，天下之所以亂亡相尋，而世主所以不悟也。」

臣誦其言，未嘗不反覆嘆息也。恭惟陛下虚懷若渴，采及葑菲，進臣等於廷，賜之策問，不知陛下於臣之言，將重之如太山乎？抑輕之如鴻毛乎？抑臣有言而君不庸，非臣之罪也。君有求而臣不言，實臣之罪也。況臣感時發憤，有慨於中久矣。今明問及之，乃忍緘默以欺陛下耶？

凡陛下所以策臣者，無慮數十百言，究其指歸，賞罰二科而已。夫賞者勸天下之法，然有不倚於賞者，所以勸天下之意也；罰者，懲天下之法，然有不倚於罰者，所以懲天下之意也。法常有爲，意常無爲。有爲者，以運天下；無爲者，以宰天下。

今陛下式古訓，遵成憲，賞罰之道甚具而有法，然而德澤不究，法令不行，此無異故，則聖制言之矣。所以風厲之者非其本，督率之者非其實也。本也，實也，即臣愚所謂意也。臣愚竊觀當今之勢，而根極其體要，所以累皇上之意者大幾有二：皇上明以好示天下，而此二者恒陰移其所好；皇上明以惡示天下，而此二者恒陰移其所惡。二者何也？曰内寵之將盛也，曰群小之將逞也。夫人主席崇高，藉富有，無一不足以厭其欲、昏其志，而惟色爲甚。色之中人也微，而其溺人也最沉錮而不可解，聖王之所亟遠也。

昨者皇上以鄭妃奉侍勤勞，特册封爲皇貴妃，大小臣工不勝其私憂過計，因而請册立皇太子，因而請加封王恭妃，皇上不温旨報罷，則峻旨譴逐矣。夫皇太子，國之本也；忠言嘉謨，國之輔也，兩者天下之公也。鄭貴妃即奉侍勤勞，以視天下，猶爲皇上一己之私也。今也以私而掩公，以一己而掩天下，亦已偏矣。偏則皇貴妃或得以愛憎弄威福於内，其戚屬或得以愛憎弄威福於外。不獨此也，閹人侍妾又將乘其偏也，或得以愛憎弄威福於内外之間。若然，則賞罰云者，將不爲皇上之好惡用，而爲内寵之好惡用，欲其信且必未可也。夫人主之耳目惟一，而天下之耳目人主者且萬萬，雖甚神聖，其聰明宜未足以徧也，將必有所寄之。寄之，得其人則安，不得其人則危，非細故也。邇年以來，皇上明習政務，聽覽若神，蓋辨及左、高，察及淵魚，幾於偏矣。竊聞之道路，往往二三群小伺察而得之，此可謂寄得其人耶？不得其人耶？私計皇上非不知不得其人，而姑寄之者，其亦有不得已也。蓋曰：「朕向以天下事付張居正，而居正罔上行私，一時公卿臺省從風而靡，外廷之不足信明甚。故寄耳目於此輩，示天下莫能欺也。」

臣以爲不然。夫善爲治者，以全而收其偏，不聞以偏而益其偏。皇上懲居正之專，散而公之於九卿可也。若聚而寄之於此輩，則居正之專尚與皇上爲二，此輩之專且與皇上爲一。與皇上爲二，則救之也尚易；與皇上爲一，則救之也倍難，奈之何其弗思也？且此輩之始用事，適皇上鋭精求治之初，彼方見小信以自結，其所稱述指陳，類多依於公義，猶若未害。久之，則陽公而陰私矣；又久之，則純出於私矣。若然，則賞罰云者，將不爲皇上之好惡用，而爲群小之好惡用，欲其信且必未可也，德澤之壅，法令之尼，有由也。

臣愚以爲欲效忠於皇上，當自今日始；欲效忠於今日，當自兩者始。皇上視無事若有事，以臣言爲重於太山，則皇上之明也；皇上視有事若無事，以臣言爲輕於鴻毛，則臣之愚也。

時讀卷官大理寺卿心泉何公見之，諗於衆曰：「此生之言，何爲便堪鎖榜矣！」大學士婁江王公取閲之，易置二百二十三名。吾弟退而輒自傷，以爲恨不得達於皇上也。誠得達於皇上，即復擯斥，幸莫如之，何論其他？適南京右都御史剛峰海公屢爲房御史所詆，發憤曰：「臣下皆自處於私，奈何望皇上無私也？」於是與彭公旦陽、諸公景陽合疏言之，歷數其欺妄之罪，且曰：

人固有食穢自肥，而幸人之不我攻者矣。未有執己之貪，而不畏人之攻，反欲攻人之廉，且昌言於君父之前而無忌者，夫欲天下人爲裒甚易，爲瑞甚難。裒身享貪饕之利，而反得笑瑞之迂拙，臣等之所痛心也。昔司馬光言小人傾君子，其禦之之術有三，曰好名，曰好勝，曰彰君過而已。今觀裒之詆瑞千有餘言，大概不出此術之外。曰大奸極詐，欺世盜名，非所謂禦之以好名者乎？曰侮慢自賢，舉世皆濁己獨清，非所謂禦之以好勝者乎？曰貶奪主威，損辱國體，非所謂禦之以彰君過者乎？以裒之詆瑞，吹毛求瘢，宜無不至，而所據者不過如此。臣以爲適足以明瑞之無他瑕玷，而裒之陰險窺覘亦無所用其狡也。夫裒誠巧而合俗，瑞誠拙而忤世，然天理常存，人心不死，堂堂天朝，君子滿廷，明有禮樂，幽有鬼神，聖賢有名教，史册有公論，不意青天白日之下有魑魅魍魎如裒者出於其間也？陛下方重瑞惜瑞，借其人以風天下，而裒乃欲逆銷天下之氣節，抑慷慨之士如瑞者，令無容足之地。是陛下之所褒，裒之所必斥也；士君子之所師，裒之所必擯也。以如此妬賢仇正、潑惡無耻之人，而晏然居師表之位，驅天下之士風，而入於欺罔諂詐之俗，臣等有裂冠冕而去耳，不與之並立於朝也。臣等新進小生，發天下之清議，雖裒有奸如山，不可動摇，然公論既明，人心自快，裒雖頑鈍無恥，亦何面目一日立於東南諸士之上乎？臣等何仇於寰？何私於瑞？但恐是非之公，鬱而不宣，一海瑞尚不足惜，正人如瑞者相繼而指爲邪，則君子之道日消矣；一房寰尚不足畏，小人如寰者相繼而傾賢能，則小人之道日長矣。剥、復、否、泰之機，於是乎在不可不爲之深慮也。

疏奏，得削籍歸。癸巳，官儀部，有詔並封三王。衆議洶洶，於是又與岳公石帆、張公文石合疏言之，其略曰：

本月二十五日，皇上出禁中密札付元輔王錫爵私邸，臣等不知札中所云是何天語，第料得君如元輔眷，元輔如皇上信，無有遲緩册立，以負祖宗在天之靈。至次早，禮部出聖諭，則元子暨皇三子、皇五子一併封王，而錫爵亦且入閣辦事。

臣等始遂不能無疑，及聞人言嘖嘖封王之諭，乃錫爵以寸晷立就，即次輔趙志皋、張位並不得與聞。而禮臣羅萬化、科臣張貞觀、部臣于孔兼等俱至錫爵私寓，乃不得其一面，始知今日之詔，皇上以一人議之，臣等不至病狂喪心，寧敢無言以負皇上？

昔人有言：「天下事非一家私事。」蓋言公也。况以宗廟社稷之計，而可付之一人之手乎？皇上試清心而籌，今日册立一事，其關係何如？前而祖宗九廟之靈，後而子孫億萬年無疆之業，近而四海臣民之注望，遠而九夷八蠻之觀聽。君子小人之所顧盼，而咨嗟宮闈近習之所望風而承旨，社稷安危，在此一舉。皇上奈何易視之，而閣臣奈何嘗試之？

臣且不敢危言以激皇上，兼忤閣臣調停之意，亦不敢漫述漢、宋故典及祖宗朝遠事，以滋煩瀆。敬體皇上法祖一念，直據世宗肅皇帝、穆宗莊皇帝近事，請皇上法之世宗肅皇帝於嘉靖十八年册立東宫，該禮臣具題故實見在，並未有三王並封之事。而皇上創見之臣，故知皇上之必有不安於心也，且聖諭大旨，惓惓以皇后生子爲言，則皇上不記昔年正位東宫之日乎？維時仁聖皇太后亦在盛年，而穆宗莊皇帝曾不設爲「未必然之事，以少遲大計，法祖自近」，此言皇上可思也。

臣嘗讀聖祖寶訓，一字一句，無非維持宗社極慮，後來聖子神孫，師得其意，則國本固而社稷賴之。不然而虚借文辭，掩飾過舉，至良法美意，徒以藉奸臣而資固寵，忠臣義士所飲血椎心，寧死不忍見此舉動，以負祖宗二百年養士之恩於地下。

已而，考功郎趙公儕鶴司内計，盡公不撓，盡黜當路。私人當路，銜而計去之，於是又與于公景素、陳公員嶠、賈公太石、薛公玄臺、張公文石各抗疏言之。先是，己丑，薛玄臺因南都耿總憲定向以不送揭帖參御史王公藩臣，疏劾其阻塞言路，當路大恚之。座師内閣潁陽許公輒疏論玄臺，吏科都給事陳海寧復望風排擊。弟聞之，仰天浩嘆，上書許公極言之，其略曰：

閣下憤發於進士薛敷教之觸事，陳言至以貢舉非人自劾，且欲皇上敕下九卿科道：「各陳紀綱何爲而正？風俗何爲而淳？」允以爲無庸謀之九卿科道也。

朱子謂：「紀綱之所以振，以宰執秉持而不敢失。」臺諫補察而無所私，人主又以大公至正之心恭己於上而照臨之，是以賢者必上，不肖者必下，有功者必賞，有罪者必刑。天下之人自將各自矜奮，更相勸勉，以去惡而從善，而禮義之風、廉耻之俗已丕變矣。

惟至公之道不行於上，是以宰執臺諫有不得人，黜陟刑賞多出私意，而天下之俗遂至於靡然不知名節行檢之可貴，而唯阿諛軟熟、奔競交結之爲務，一有端言正色於其間，則群譏衆排，必使無所容於斯世而後已。此其形勢，如將傾之屋，輪奂丹艧，雖未覺其有變於外，而材木之心已皆蠹朽腐爛，而不可復支持矣。由此觀之，紀綱之正，風俗之淳，不在於以勢相脅，在於以道相成；不在於使人不敢言，在於使人無可言耳。

方今朝廷之上，果何如耶？允不能詳，請舉其略。近見吏科給事中陳某言路一疏大可異焉，彼悍然以言路自任，而謂：「『出於臺省，爲蕩蕩平平；不出於臺省，爲傍蹊曲徑』，不知言路者天下之公，非臺省之私也。出於公，即蕩蕩平平；出於私，即傍蹊曲徑。陳三謨、曾士楚輩曷嘗不臺不省不言，竟以爲何如也？其以今日爲臺諫者，上自乘輿，下及宰執，內從旂厦，外迨閭閻，[一]近由警蹕，遠至邊徼，何事不得言？言路不可謂塞。雖一學究得上書，一市井傭奴得擊鼓而訟，言路不可謂塞。即一二蹈尾披鱗，誤攖聖怒，相率營救，舉得畢其忌諱之言，言路不可謂塞。」其說美矣。

然言者如李君懋檜、劉君志選、高君桂、饒君仲等，何不聞其相率營救也？豈惟不救，或攘臂而助之攻矣。允嘗怪而思其故，始知李、劉、高、饒之

[一]「迨」，光緒本同，崇禎本作「及」，四庫本作「從」。

屬皆攖宰執之怒，犯臺諫之忌諱者也。其有攻無救，豈曰無謂？間有一二上攖聖怒，相率營救，亦誠有之。是乃杜欽、谷永附外戚而專攻上身之故，智其上書擊鼓之云，又無能爲宰執臺諫之重輕者耳，以此而遂謂言路不塞。雖張居正時，此路固未嘗塞也，何謂壬午以前爲諱言，壬午以後爲輕言也？其以近時行險僥倖之徒託身言路，功名富貴，操左券而收，故躁妄者争趨，頑鈍者争附。以允釋禍後所覩記，如前所稱李、劉、高、薛、饒五人外，其建言者，又不過黄君道瞻、盧君洪春、王君德新及允兄憲成耳。以庶官之夥，三四年之遥，僅僅幾人而止，何名争趨？何名争附？何名舉世輕言也？其以建言爲釣名，爲掩過，爲躐位，爲取捷徑？夫斯民也，三代之所以直道而行，是非有真，名亦何易釣，過亦何易掩也？即如彼附曾、王，又反駡曾、王，天下終不信其非權門之客；昏夜受遺，白日請禁，天下終不信其非壟斷之夫。至於「躐位」「捷徑」之説，則往時建言諸公信有一二如其所譏者，要亦晚節不終、務爲容悦，抑一節自喜、袖手旁觀者耳。設守其故，吾矯矯不變，則進退維谷，坎坷萬狀，吾未見其位之躐、徑之捷也。信若彼言，必使天下盡效，彼無違夫子，以順爲正，京堂美職，操右契而收，乃爲不躐位、不捷徑耶？且近時建言者每每有觸而云，非無上事而喟然嘆也。倘臨江父老罪無可矜，則道瞻不言；倘皇上不廢郊祀，則洪春不言；倘何尚書起鳴不構陷辛左都自修，則德新等不言；倘邵給事庶不請申出位之禁，則懋檜等不言；倘戊子順天科場毫無弊竇，則桂等不言；倘耿右都定向不逢迎當事，而以先發後聞參王御史藩臣，則敷教不言。何得詬建言者？不啓蟄而雷鳴，不嚮晨而鷄號也。其以今日時異勢殊，既無嚴嵩、張居正之威福，又無鄢、趙、曾、王諸人之阿比，何得有楊繼盛、艾穆、鄒元標之慷慨？夫以堯、舜之世，克艱不輟誨，慢游不輟規，贊襄不輟勸，損益不輟警，其亦何嘗不慷慨也？豈如彼狃於陳三謨、曾士楚之從容，便以慷慨爲奇，而謂堯、舜之世無得有是乎？且彼乞墦丐子反復趨附，以苟饜足，自其常態，宰執大臣富貴已極，豈有未饜？何苦爲彼曹所弄？徒以益人之富貴而損己之名實哉！

蓋孔子告顏淵以爲邦，深嚴佞人之戒。彼以方今第一佞人，首置天垣九卿科道，咸若彼曹，賢否何辨？功罪何核？善者何慕？不善者何懲？朝廷之所爲紀綱風俗已掃地盡矣。更何以令天下閣下欲爲根本之圖，講挽回之術？所願亟遠佞人，務近莊士，一切曠然與天下更始，則主德可回，相業可廣，人心可收，紀綱風俗，庶幾有瘳。否則未知所税駕也。

昔孔子大聖人也，見南子，則子路不悦；欲往公山佛肸，則子路不悦，而孔子且時復自喜曰：「自吾得子路，惡言不入於耳。」聖賢師友之相與如此。允不肖何敢望子路？而不敢不以孔子事閣下，懼以責舉非人累閣下也。

又見童儒試於有司，奔競成風，致孤寒往往遺落不得進，其在郡試一關尤爲喫緊，而取數甚窄，深爲扼腕，於是致書邊南亭郡伯言之，語云：「在廟廊則憂其君，在江湖則憂其民。弟庶幾焉。」

李見羅先生坐雲南報功事被逮，[一]竟罹大辟，輿論冤之。廣東布衣翟從先欲詣闕申救，不遠三千里，特過涇上商諸弟，弟極口從臾之布衣，又欲進澄海唐曙臺所輯禮經於朝，並爲代具疏草。海忠介被論，吴門李晉陽時爲庶吉士，憤然不平，具疏論救，會有尼者，不果。弟聞之，偕同年諸景陽、彭旦陽訪晉陽邸中，因從容詢之，晉陽欣然出原草視弟，弟擊節稱善，遂採其十之六爲疏以上。至今語及，猶德晉陽不置。

[一]「雲南」，底本作「雲雨」，據諸校本改。

其赴義若渴，不分人我。類如此。

吾弟天性孝友，雅爲吾父吾母所鍾愛。雖曰憐其少，亦其一段誠意懇惻深至，有以當吾父吾母之心也。不肖舉丙子，吾父遂棄養。每語及，輒相對欷歔。且曰：「吾父居恒好稱范文正公之爲人，津津不去口，此是萬物一體胚胎。念庭周師分俸佐讀，命無受，此是鳳凰翔於千仞風格。吾兄弟當無失此意。」癸未，舉南宮，遂移病歸，則以吾母善病也。丙戌，成進士，坐言事罷。會南太僕繼山沈公、南臺警亭陳公、按院厚齋荆公先後奏薦，奉旨起江西南康府教授，特懇於按院雍野李公代疏，請致仕。又以吾母年且望七，愈善病也。予，兄行中居三，僅長弟四年，而弟事予甚恭，不減於事兩兄。當歲乙未，予病甚，且瀕於危屢矣，弟憂之，寢食爲廢。予一夕夢弟手捧書一卷，視之則金縢篇也，覺而異之。頃之，復夢吾弟誦聲朗朗，伏而聽之，即金縢篇語，益異之。詰朝以告吾弟，弟默不答，而察其色甚喜，因再三詰之，乃曰：「弟頃者連夕私禱於上帝，願以身代兄，不可，願減算益兄算，即內人不知也。今既屢見兄夢上帝，其必矜而許之矣，所以喜也。惟是天機忌泄，願兄含之。」予曰：「有是哉？」已而，予果無恙。至於今，且一紀而餘矣，每默自循省，何以承此於弟哉？乃弟一旦奄逝，適符減算之請，而予竟不能爲弟代也。又安敢并弟一腔心事埋没？故特表而出之，且以示子孫無忘焉。

吾弟端毅清栗，不以私徇人，人亦不敢以私溷之。對客不作套語，與朋友交，表裏洞徹，邇不狎，遠不忘，往來竿牘不作寒暄語。高存之曰：「吾篋中藏有季時手裁數十幅，即寂寥數字，必有關係。他如上許相國及與羅布衣等書，一段正氣凛凛逼人，足令頑夫廉、懦夫立。至今讀之，猶有生色。」又曰：「季時真降魔手，今何處更得此人？」記得二十年前，魏懋權嘗謂予曰：「君家季公涇凡，大是不凡，自其來都，數相通訊，雖復聊且游戲，率有趣味可諷，觀人必於其微，吾以此得季公矣。」

萬曆十六年，邑大祲，餓莩盈道。時弟廩中僅有粟百石，輒捐其半以賑，一時士民翕然從風。是歲也，饑而不害。邑侯李元沖救荒録具載其事。

業師重所尤公歿，子甚幼。少弦張公歿，無子，並爲經紀其喪。門人孫申卿以遺孤見托，悉力維護，不恤恩怨。爲弟子則不負師，爲師則不負弟子，故曰：「一死一生，乃見交情。」

弟一日喟然發嘆，予曰：「何嘆也？」弟曰：「吾嘆夫今人講學，只是講學耳。」予曰：「何也？」曰：「任是天崩地陷，他也不管。」予曰：「然則所講何事？」曰：「在縉紳，只是『明哲保身』一句；在布衣，只是『傳食諸侯』一句。」予爲俯其首。又一日，讀朱子集，有曰：「海内學術之弊，只有兩端：江西頓悟，永康事功。若不竭力明辨，此道無由得明。」謂予曰：「此弊於今亦然，且昔也分而爲二，今也合而爲一，則其害更有甚焉。即令象山、龍川兩先生見之，當爲扼腕。」因取集中「無極辨」「王伯辨」與凡論及兩端者輯爲一編，名曰朱子二大辨，予爲序而行之。已，又摘其論及治道者輯爲惟此四字編，而自爲之序，擬欲上之朝，不果。

弟居恒呐呐，如不能出諸口，及遇是非可否，紛紜膠轕處，一刀兩段，略無粘帶，與同志商榷義理，品騭古今。衆論蜂起，徐出片言剖之，莫不豁然，以解其大指，一依於正。不喜爲通融和會之説，嘗謂：「吾輩一發念、一出言、一舉事，須要太極上有分，若只跟陰陽五行走，便不濟。」有疑其拘者，語之曰：「若大本大原見得透、把得住，自然四通八達，誰能拘之？若於此糊塗，便要通融和會，幾何不墮坑落塹，喪失性命也？吾輩慎勿草草開此一路，誤天下蒼生。」聞者咸悚。

吾弟善知人。有世之所翕然共推，而獨抉其隱；有世之所哄然交詆，而獨闡其幽。往往於一言一動、一嚬一笑之間，斷人生平，毫髮不爽。又善論事，有衆之所共喜以爲必成，而獨籌其敗；有衆之所共讁以爲必敗，而獨策其成。初時，聞者且信且疑，甚而且駭。徐而按之，如合符節。錢起莘嘗言：「吾黨殊不乏有心人，至推有眼者，須首季時。」以此也。

吾弟好以静，每日兀坐一室，不問户外事。好以整案頭，惟攤書一卷，既卒業而後，再以一卷易之。諸一切文具及鑴礪之屬，位置有常。予默記之，終歲如一日也。好以樸，衣不求華，食不求精，取給而已。左右使令，惟蒼頭一二人。間行里巷中，角巾布鞋，遇者不知其爲誰，自謂：「木石可居，鹿豕可遊也。」弟讀書不局章句，惟時時將本文吟諷，彷彿意象氤氳而止。間拈一二語，迥絶蹊徑，如九方皋相馬，超然得之牝牡驪黄之外。有勸其著述者，應曰：「吴康齋先生嘗病宋末箋註之繁，非徒無益，而反有害。章楓山先生亦曰：『儒先之言至矣，删其繁蕪可也。』」予竊深韙之，何敢復攘臂於其間？比殁，檢其篋，及遍訪諸知交間，僅得策一道，疏四道，書七十三紙，劄記八十一則，講義三章，像贊一通，哀辭四篇，詩六十九首，因爲次第成編，而命之曰小辨齋偶存。小辨齋，弟所讀書處也。

楊龜山先生寓吾錫，建有東林書院，歲久圮壞，高存之一日檢邑乘見之，謂弟曰：「叔時嘗欲構一讀書處，群二三友生切磨其中，此殆造化留以待叔時也。」弟喜而告予。時予方卧病，聞之蹶然而起，遂偕安、劉諸君子請於當道而修復之。每歲一大會，每月一小會，弟進而講於堂，持論侃侃，遠必稱孔、孟，近必稱周、程。有爲新奇險怪之説者，輒愀然改容，辭而却之，不少假借。退而與同志聚處，虚而能含，恭而能下，坦而有則，敦慤而無華。始見，恂恂然；繼見，穆穆然。久之，真誠溢出，不言而使人之意消。予丁衰年，方賴弟左右夾持，所欲求助於四方英豪，又賴弟密爲聯屬其間，乃今名失一愛弟，實并失一畏友，手足心膂，其將安托？正不知何以收之桑榆，送此餘生耳。

弟生而弱，夙不理於脾家，每有疾，輒不食。歲丙申九月，病大劇，不食者歷四十日，有以醫請者，默不答；有以祈禱請者，叱去之。舉家憂惶，莫知計所出。予以問問曰：「弟中何如？」弟曰：「亦只如常。」曰：「有痛否？」曰：「無之。」曰：「有所欲言乎？」曰：「何言？此時弟只有凝神定氣，循循默默，以待天機。若攙入他念，便是自暴自棄，且欲爲此身計，此身非我有，欲爲子孫計，一人各有一乾坤，吾無與也。」予服其達識，久之竟愈。嗣後亦時發，或一月愈，或半月愈，或旬日愈。予竊喜，以爲精神漸固，血氣漸堅，晚景當益佳無虞矣。乃去歲夏五月偶感微疾，至六月二十一日，竟不起，謂之何哉？抑弟在丙申，業已超然。死生之際，視世之依依戀戀，握手叮嚀，不能自割者，天淵矣。況去之十二年，其於斯日有進焉者乎？又何足以區區俗情爲弟慟也？獨予與弟，自少而長而壯，且鬖鬖白首，追念五十餘年間，或予倡而弟和，或弟倡而予和，或予所見以爲可而弟以爲否，或予所見以爲否而弟以爲可，相勸相規，忘爾忘汝。其怡怡也，既爲道義中天親；其切切偲偲也，又爲天親中道義。一旦永别，生趣頓盡，不復能自持耳。先是十九日之夕，有大星爍爍，從空而下，墜於小辨齋之後圃。時河旁居人相携乘涼，咸見而異之。二十一日之早，弟謂其室華孺人曰：「大菩薩來訪，且及門矣。」俗稱睢陽張公巡爲大菩薩云，華孺人怪，不敢問。弟遂不復語，夷然而逝。家人聞和鸞之聲，隱隱從空而上，踰時乃已。噫嘻，信奇矣！乃知弟之去來，應不偶然也。

有問於予曰：「昔明道、象山兩先生皆得年五十四歲，季時亦與之同壽，其到處可得言乎？」予默然久之，乃曰：「弟庶幾能見大意矣。」記得壬辰二月間，與弟燕坐，予問曰：「日來做何功夫？」弟曰：「上不從玄妙門討入路，下不從方便門討出路，畢竟如何是恰好處？」予曰：「喫緊只在認取自家。」弟曰：「弟默默自忖，半近狂半近狷，如之何？」予曰：「試舉看。」弟曰：「居恒妄，意欲作天下第一等人，不近狂乎？反而按其實，尚未能跳出硜硜窠巢也，不近狷乎？竊恐兩頭不着也。」予曰：「如此，雖欲不爲中行，不可得矣。」弟曰：「此甚難言。凡今世所謂中行，大率孔子所謂鄉愿也，弟何敢效焉？且弟檢點病痛，是一個『粗』字，去中行彌遠。」予曰：「此却是好消息，惟粗定，不走入鄉愿路矣，乃所以與中行近也。粗是真色，練粗入細，細亦真矣。狂狷原是粗中行，中行只是細狂狷，總不出一個真。若不論真與否，只論粗細，鄉愿且有細於中行處，非特狂狷不如也。」弟曰：「粗之爲害，亦正不小，猶幸自覺得耳。今但去密密磨洗，更無他說。」予曰：「尚有說在。」弟曰：「何？」予曰：「已曾說過了：喫緊只在認取自家。果能分明認取，一切病痛都是村魔野祟，見日自消矣。譬諸身處春秋，只認着孔子作主，五伯如何上前得？身處戰國，只認着孟子作主，七雄如何上前得？」弟曰：「此兄性善之指也，弟實死心搭地，信以爲決然，及反入身來，尋常無事，儘滔滔自在去。一遇塵紛，向來種種病痛，依舊又發，熟處難忘，如之奈何？」予曰：「這是你的事，與我說無用。」弟曰：「兄於此一一打得過否？」予曰：「我的事，與你說亦無用。」弟擬再問，予莞爾而笑，弟懷疑而去。越日侵晨，遽過予齋頭，予猶在寢，即披衣出見，弟迎謂曰：「原來這事只是如此，別無奇特。昨却多了一疑，攪得一夜不睡至天明。且如人欲適京，水則具舟楫，陸則具車騎，徑向前去，無不到者。其間偶遇艱阻，只須從從容容，耐心料理。若因此便爾着忙，妄生懊惱，甚者且以爲舟楫車騎之罪，這個喚做騎驢怪驢，又喚做騎驢覓驢，展轉不已，直教你東馳西騖，二二三三，被那些葛藤纏弄，到老並無下落，却只剩得一雙空手而歸，豈不大誤？」予欣然首肯，曰：「是是是！」弟遂出孔壇四景圖視予，一曰暮春風咏，一曰當暑絺綌，一曰江漢秋陽，一曰歲寒松栢。因請曰：「這是個鴛鴦譜，乞兄拈示金針。」予曰：「弟明明滿盤托出，何更問人？設令有人還問汝，譜鴛鴦的是誰？其何以對？我且櫛沐，弟且去，待此番再攬得一夜不睡，那時再作商議未晚。」弟大豁然，曰：「是是。原來這事端的只是如此，端的別無奇特，端的無可疑也，何用白日説夢？自是精神凝一，心境漸平。動静云爲，日覺穩帖，日覺安閑，日覺輕省，日覺簡易，乃至死生之際，都無纖毫粘帶，天假之年，尚安能測其所至哉？」

吾弟名允成，字季時，别號涇凡。萬曆癸酉，補郡諸生。己卯，舉鄉試九十五名。癸未，舉會試三十八名。丙戌，廷試三甲二百二十三名。是歲，奉旨回籍。戊子，起南康府教授，不赴，尋丁吾母憂。壬辰，再起保定府教授，陞國子監博士。癸巳，陞禮部儀制司主事。是歲三月，謫光州判官。生於嘉靖甲寅十月二十九日未時，卒於萬曆丁未六月二十一日未時，得年五十四歲。以己酉十一月十五日申時，葬陽鄱圩新阡。娶華氏，處士承軒公女。始無子，抱吾伯兄子而育之，名與溉，國子生，娶華氏，國子生繡嶺公女，贈刑部主事慎菴公孫女。已而得一子，名與演，娶吴氏，邑庠生揚華公女，禮科給事中震華公孫女。女三人：一適行人司司副霽陽公吴公子，郡庠生，欽錫慎齋公孫；一議光州學正玄臺薛公子，邑庠生，憲垂選貢生少尼公孫，浙江提學副使方山公曾孫，殤；一議商丘知縣本素華公子肇殷，贈商丘知縣次菴公孫。孫三：曰枘，曰檖，曰杭，俱與溉出。檖聘萬氏，邑庠生卓如公女，國子生同菴公孫女；餘未聘。孫女二：與溉出者一，許字國子生心澤吴公子明，光禄寺監事涘湖公孫，右春坊右諭德兼翰林院侍讀澤峰公曾孫；與演出者一，未字。

涇皋藏稿讀後①

潘承弼

顧端文公涇皋藏稿通行本以曾孫貞觀所刊遺書爲最善，此二十二卷本猶是明刻原本，前後無序跋，疑早經佚去。卷一第一葉版心下，有「錫山施繼封書、何愚刻」九字。按：書人姓名著列於版心下者，此爲特例。全書有朱筆點句塗乙，不知出於何人之手，彈氏指爲千里評點，真自欺欺人耳。端文爲東林黨首，砥厲節行。其立朝，政績卓然可觀。至其文章，雖不甚高古，而壹出於至誠，無粉飾雕琢之病。讀其書，凛然若不可犯，浩浩乎正氣，亘天地日月而不變者矣。提要以「春秋責備賢者，推原禍本，不能不遺恨於清流」而歸咎始事於公。愚謂：「公所撻伐權閹，誤國者也，快恩讎而争進取者，雖依託門墻，而非公所與附者也，謂東林之招禍，則可謂公之始禍。」是非正論乎？

戊寅八月七日，吴縣後學潘承弼敬讀於滬濱潤康村之寓廬。

① 此跋在底本卷末。原無標題，此標題爲編者所擬。